Victoria Vysotska
Lyubomyr Chyrun
Oleksandr Lavrut

Visão por computador baseada na tecnologia de aprendizagem automática: monografia

Victoria Vysotska
Lyubomyr Chyrun
Oleksandr Lavrut

Visão por computador baseada na tecnologia de aprendizagem automática: monografia

Tecnologias da informação para visão por computador baseadas em redes neuronais, inteligência artificial, reconhecimento de vídeo/imagem

ScienciaScripts

Imprint

Cover image: www.ingimage.com

This book is a translation from the original published under ISBN 978-620-4-98318-9.

Publisher:
Sciencia Scripts
is a trademark of
Dodo Books Indian Ocean Ltd. and OmniScriptum S.R.L publishing group

120 High Road, East Finchley, London, N2 9ED, United Kingdom
Str. Armeneasca 28/1, office 1, Chisinau MD-2012, Republic of Moldova, Europe
Managing Directors: Ieva Konstantinova, Victoria Ursu
info@omniscriptum.com

Printed at: see last page
ISBN: 978-620-8-63143-7

Conteúdo

Introdução

A visão por computador é a teoria e a tecnologia da criação de máquinas capazes de detetar, seguir e identificar objectos. Enquanto disciplina , científicaa visão por computador pertence à teoria e à tecnologia da criação de sistemas artificiais que recebem informações sob a forma de imagens. Os dados de vídeo podem ser representados de muitas formas, tais como sequências de vídeo, imagens de diferentes câmaras ou dados tridimensionais de um scanner médico. Enquanto disciplina tecnológica, a visão computacional procura aplicar teorias e modelos dc visão computacional para criar sistemas de visão computacional. Exemplos de tais sistemas seriam:

- Sistemas de controlo de processos (robôs industriais, veículos autónomos);
- Sistemas de videovigilância;
- Sistemas de organização da informação (por exemplo, para indexação de bases de dados de imagens);
- Sistemas de modelização de objectos ou do ambiente (análise de imagens médicas, modelização topográfica);
- Sistemas de interação (por exemplo, dispositivos de entrada para sistemas de interação homem-máquina).

A visão computacional também pode ser descrita como um complemento (mas não necessariamente o oposto) da visão biológica. Em biologia, a perceção visual dos de estuda-se seres humanos e vários animais. Como resultado, são criados modelos do funcionamento desses sistemas em termos de processos fisiológicos. Por outro lado, a visão computacional estuda e descreve os sistemas de visão computacional realizados por hardware ou software. O intercâmbio interdisciplinar entre a visão biológica e a visão por computador revelou-se bastante produtivo para os dois domínios científicos. As unidades de visão computacional abrangem a reprodução de acções, a deteção de eventos, o seguimento, o reconhecimento de padrões e a recuperação de imagens.

O domínio da visão por computador pode ser descrito como jovem e diversificado. Embora existam trabalhos anteriores, pode dizer-se que foi apenas no final da década de 1970 que se iniciou um estudo intensivo deste problema, quando os computadores puderam controlar o processamento de grandes conjuntos de dados, como as imagens. No entanto, estes estudos partiram geralmente de outros domínios e, consequentemente, não existe uma formulação padrão do problema da visão por computador. É ainda mais crítico o facto de não existir uma formulação normalizada para resolver o problema da visão por computador. Em vez disso, existem vários métodos para resolver uma variedade de problemas de visão computacional estritamente definidos, em que os métodos são frequentemente específicos de uma tarefa e raramente podem ser generalizados para uma vasta gama de aplicações. Muitas das técnicas e aplicações estão ainda numa fase de investigação aprofundada. No entanto, muitos métodos estão a encontrar aplicações em produtos comerciais, onde frequentemente fazem parte de um sistema mais complexo que pode resolver problemas complexos (por exemplo, na imagiologia médica ou na medição e controlo de qualidade em processos de fabrico). Na maioria das aplicações práticas de visão por computador, os computadores são pré-programados para resolver tarefas individuais, mas os métodos baseados no conhecimento estão a tornar-se cada vez mais generalizados.

Uma parte essencial da inteligência artificial é a programação automática ou a tomada de decisões em sistemas que podem realizar acções mecânicas, como mover um robô através de um determinado ambiente. Este tipo de processamento requer normalmente entradas fornecidas por sistemas de visão por computador para atuar como um sensor de vídeo e fornecer informações de alto nível sobre o ambiente e a operação.

Outros domínios que são por vezes descritos como pertencendo à inteligência artificial e que são utilizados na visão por computador são o reconhecimento de padrões e os métodos de formação. Consequentemente, a visão computacional é por vezes considerada parte da inteligência artificial ou do domínio da informática em geral.

A física é outra ciência que está intimamente relacionada com a visão por computador. Grande parte da visão por computador lida com métodos que requerem uma compreensão profunda do processo pelo qual a radiação electromagnética, normalmente no espetro infravermelhovisível ou , é reflectida pela superfície dos objectos e medida por um sensor de imagem para obter dados de vídeo. Os sensores de imagem mais complexos requerem também conhecimentos de mecânica quântica para compreender plenamente o processo de formação da imagem. Além disso, vários problemas de medição em física podem ser resolvidos utilizando a visão por computador (por exemplo, os relacionados com o movimento em líquidos). Por conseguinte, a visão por computador pode ser considerada como uma extensão da física.

O terceiro ramo da ciência que desempenha um papel vital na neurobiologia é o estudo dos sistemas biológicos da visão. Ao longo do último século XX, foi realizada uma extensa investigação sobre os olhos, os neurónios e as estruturas cerebrais relacionadas com o processamento de estímulos visuais nos seres humanos e em vários animais. Esta investigação conduziu a uma descrição grosseira e, ao mesmo tempo, complexa do funcionamento dos sistemas visuais "reais", que ajudou a resolver alguns problemas. Os resultados destes estudos levaram à criação de sistemas artificiais que imitam a operação e o funcionamento de sistemas biológicos semelhantes em diferentes níveis de complexidade. Além disso, alguns dos métodos de estudo desenvolvidos na visão por computador devem a sua origem à biologia. Muitas formas de processamento de sinais unidimensionais, geralmente sinais temporais, podem ser naturalmente alargadas ao processamento de sinais bidimensionais ou multidimensionais na visão por computador. No entanto, devido à natureza peculiar das imagens, há muitos métodos desenvolvidos no domínio da visão por computador que não têm análogos no domínio do processamento de sinais unidimensionais, o que, juntamente com a multidimensionalidade do sinal, torna a sub-região correspondente no processamento de sinais parte do domínio da visão por computador. Para além destas abordagens ao problema da visão computacional, muitas das questões estudadas podem ser aprendidas de um ponto de vista puramente matemático. Por exemplo, a maioria dos métodos baseia-se na estatística, na matemática de otimização ou na geometria. Finalmente, está a ser feito muito trabalho na aplicação prática da visão por computador em termos de como os métodos existentes podem ser implementados em software e hardware ou como podem ser modificados para atingir uma elevada velocidade de trabalho sem aumentar significativamente os recursos consumidos.

A Visão por Computador, o Processamento de Imagem, a Análise de Imagem, a Visão por Robôs e a Visão por Máquinas são áreas estreitamente relacionadas. No entanto, ainda não é claro se são secções do mesmo domínio mais vasto. Após uma análise mais atenta, pode parecer que são apenas nomes diferentes para o mesmo domínio. Para evitar confusões, é habitual distingui-las como áreas centradas num tema de estudo específico que são as mais importantes.

- O processamento e a análise de imagens centram-se principalmente no trabalho com imagens bidimensionais, ou seja, na forma de converter uma imagem noutra. Por exemplo, trata-se de operações de melhoramento do contraste pixel a pixel, de operações de seleção de margens , de redução do ruído ou de transformações geométricas, como a rotação de imagens.
- A visão por computador centra-se no processamento de cenas tridimensionais projectadas numa ou mais imagens, por exemplo, reconstruindo a estrutura ou outras informações sobre uma cena tridimensional a partir de uma ou mais imagens. A visão por computador depende frequentemente de pressupostos mais ou menos complexos sobre o que está representado nas imagens.
- A visão artificial centra-se em aplicações industriais, como robôs autónomos e sistemas de medição e inspeção visual. Isto significa que as tecnologias de sensores de imagem e as teorias de controlo estão relacionadas com o processamento de dados de vídeo para controlar robôs e que o processamento de dados em tempo real é efectuado por hardware ou software.
- Existe também uma área denominada Imagiologia, que inicialmente estava relacionada com a criação de imagens, mas que por vezes se ocupa do seu processamento e análise. Por exemplo, a radiografia trabalha com a análise de dados de vídeo para fins médicos.

- Por último, o reconhecimento de padrões é uma área que utiliza uma variedade de técnicas para extrair informações de dados de vídeo, principalmente com base numa abordagem estatística. Uma grande parte deste domínio é dedicada à aplicação prática destas técnicas.

Uma das aplicações mais críticas é o processamento de imagens em medicina. Este domínio caracteriza-se pela obtenção de informações a partir de dados de vídeo para determinar o diagnóstico médico de um doente. Por vezes, os dados de vídeo são obtidos através de microscopia, radiografia, angiografia, exames de ultra-sons, tomografia, tumores, aterosclerosc ou outras alterações malignas. O seu campo de aplicação também contribui para a investigação médica, fornecendo novas informações, por exemplo, sobre a estrutura do cérebro ou a qualidade do tratamento médico.

Outro ramo de aplicação da visão computacional é a indústria. Aqui, a informação é obtida para apoiar o processo de produção. Um exemplo é o controlo de qualidade, em que as peças ou o produto final são automaticamente verificados quanto a defeitos. Outro exemplo é a medição da posição e orientação das peças que o braço do robot levanta. As aplicações militares são talvez a maior área da visão computacional. Um exemplo óbvio é a deteção de soldados e veículos inimigos e o controlo de mísseis. Os sistemas de controlo de mísseis mais avançados enviam um foguete para uma determinada área em vez de um alvo específico, e a determinação do alvo ocorre quando o foguete atinge um determinado local com base nos dados de vídeo recebidos. Um termo militar moderno como "consciência de combate" sugere que vários sensores, incluindo sensores de imagem, fornecem um grande conjunto de informações sobre o campo de batalha que podem ser utilizadas para tomar decisões estratégicas. Neste caso, o processamento automático de dados é utilizado para reduzir a complexidade ou aumentar a fiabilidade das informações recebidas. Um dos novos domínios de aplicação é o dos veículos autónomos: subaquáticos, terrestres (robôs, automóveis) e aéreos. O nível de autonomia é medido a partir de veículos totalmente autónomos (não tripulados), em que os sistemas baseados na visão por computador apoiam o condutor ou o piloto em vários eventos.

Os veículos totalmente autónomos utilizam a visão computacional para a navegação, ou seja, para obter informações sobre a sua localização, criar um mapa do ambiente circundante e detetar obstáculos. Por exemplo, podem ser utilizados para tarefas específicas, como a deteção de incêndios florestais. Entre os exemplos de sistemas deste tipo contam-se os sistemas de aviso de obstáculos para automóveis e os sistemas de aterragem autónoma de aeronaves. Alguns fabricantes de automóveis demonstraram sistemas de controlo de automóveis autónomos, mas esta tecnologia ainda não atingiu um nível que permita o seu lançamento na produção em massa. Outros domínios de aplicação são o apoio à criação de efeitos vídeo para cinema e televisão e a vigilância. Cada domínio de aplicação da visão por computador acima descrito está associado a várias tarefas. Os problemas de medição ou de processamento, mais ou menos bem definidos, podem ser resolvidos utilizando muitos métodos. Alguns exemplos de tarefas típicas de visão computacional são apresentados a seguir.

1. Reconhecimento. Uma tarefa clássica da visão por computador, do processamento de imagens e da visão artificial consiste em determinar se os dados de vídeo contêm algum objeto, caraterística ou atividade caraterísticos. Uma pessoa pode resolver este problema de forma correta e eficiente, mas ainda não foi resolvido de forma satisfatória na visão por computador no caso geral de objectos aleatórios em situações aleatórias. As formas disponíveis para resolver este problema são adequadas apenas para objectos individuais, tais como objectos geométricos simples (por exemplo, polígonos), rostos humanos, símbolos impressos ou manuscritos, automóveis, e apenas sob determinadas condições, normalmente uma iluminação, um fundo e uma posição específicos do objeto em relação à câmara. A literatura descreve uma variedade de problemas de reconhecimento:

- Reconhecimento: Um ou mais objectos ou classes de objectos predefinidos ou aprendidos podem ser reconhecidos, geralmente juntamente com a sua posição bidimensional na imagem ou a sua posição tridimensional na cena.

- Identificação: É reconhecida uma instância individual de um objeto. Exemplos: Identificação de um rosto humano definido, de uma impressão digital ou de um veículo.
- Deteção: Os dados de vídeo são verificados relativamente a uma condição definida. Por exemplo, a deteção de possíveis células ou tecidos irregulares em imagens médicas. A deteção, baseada em cálculos relativamente simples e rápidos, é por vezes utilizada para encontrar pequenas áreas na imagem em análise, que são depois examinadas utilizando medidas que requerem mais recursos para obter a interpretação correta.

Existem várias tarefas especializadas baseadas no reconhecimento, tais como:

- Pesquisa de imagens por conteúdo: Encontrar todas as imagens de um grande conjunto de imagens com conteúdo específico. O conteúdo pode ser definido de várias formas, como em termos de semelhança com uma determinada imagem (encontrar todas as fotografias que são semelhantes a uma determinada imagem) ou em termos de critérios de pesquisa de alto nível que são introduzidos como dados de texto (ver todas as fotografias que mostram muitas casas que são tiradas no inverno e que não têm carros).
- Estimativa da posição: determinar a posição ou orientação de um determinado objeto em relação à câmara. Um exemplo de aplicação desta técnica seria a direção do braço do robô ao remover objectos da linha de montagem na linha de montagem.
- O reconhecimento ótico de caracteres é o reconhecimento de caracteres em imagens de texto impresso ou manuscrito, normalmente para tradução para o formato de texto mais conveniente para edição ou indexação (por exemplo, ASCII).

2. Movimento. Existem várias tarefas relacionadas com a estimativa de movimento, em que uma sequência de imagens (dados de vídeo) é processada para encontrar a velocidade de cada ponto da imagem ou da cena 3D, ou mesmo da câmara que efectua o disparo. Exemplos de tais tarefas são:

- A odometria determina o movimento da câmara (movimento e rotação) no espaço tridimensional com base em imagens.
- Seguimento, ou seja, seguir o movimento de um objeto (por exemplo, carros ou pessoas).
- O fluxo ótico é a determinação de cada ponto da imagem em relação ao plano da imagem, ou seja, o movimento aparente, que resulta do movimento do próprio ponto e da câmara.

3. Restauro de cenas. São fornecidas duas ou mais imagens de cenas ou dados de vídeo. O objetivo do restauro de cenas é reproduzir um modelo tridimensional de uma cena. No caso mais simples, o modelo pode ser um conjunto de pontos num espaço tridimensional.

4. Recuperação de imagens. A tarefa de recuperação de imagens consiste em remover o ruído (ruído do sensor, desfocagem de um objeto em movimento, etc.). A abordagem mais simples para resolver este problema consiste numa variedade de tipos de filtros, como os filtros passa-baixo ou passa-médio. Os métodos mais complexos utilizam ideias sobre o aspeto de áreas específicas da imagem e a sua transformação com base nessas ideias. Um nível mais elevado de remoção de ruído é conseguido durante a análise inicial dos dados de vídeo para detetar a presença de várias estruturas, como linhas ou margens. Em seguida, o progresso da filtragem é controlado com base nestes dados.

5. Sistemas de visão por computador. A implementação de sistemas de visão por computador depende muito do âmbito da sua aplicação. Alguns sistemas são autónomos e resolvem problemas específicos de deteção e medição. Em contrapartida, outros sistemas compreendem subsistemas mais extensos, que podem, por exemplo, conter subsistemas de monitorização de manipuladores mecânicos, de programação, de bases de dados de informações, de interfaces homem-máquina, etc. A implementação de sistemas de visão computacional depende também do facto de a sua funcionalidade ser pré-determinada ou de algumas partes poderem ser estudadas e melhoradas durante o trabalho. No entanto, há funções típicas de muitos sistemas de visão por computador.

- Aquisição de imagens: As imagens digitais são obtidas a partir de um ou mais sensores de imagem, que, para além de várias câmaras fotossensíveis, possuem sensores de distância, radares, câmaras ultra-sónicas, etc. Dependendo do tipo de sensor, os dados recebidos podem ser uma imagem 2D normal, uma imagem 3D ou uma sequência de imagens. Os valores dos pixels correspondem geralmente à intensidade da luz numa ou mais bandas espectrais (imagens a cores ou em escala de cinzentos). Podem ainda estar relacionados com várias medições físicas, como a profundidade, a absorção ou reflexão de ondas sonoras ou electromagnéticas, ou a ressonância magnética nuclear.
- Pré-processamento: antes de as técnicas de visão por computador poderem ser aplicadas aos dados de vídeo para extrair uma informação específica, é necessário processar os dados de vídeo para satisfazer alguns requisitos, dependendo do método utilizado. Exemplos:
    - Reamostragem para assegurar que o sistema de coordenadas da imagem está correto;
    - Remoção de ruído para eliminar a distorção introduzida pelo sensor;
    - Melhorar o contraste para que a informação de que necessita possa ser detectada;
    - Representação espacial em escala para distinguir melhor as estruturas numa imagem.
- Realce de pormenores: Os pormenores da imagem de diferentes níveis de complexidade são realçados a partir dos dados de vídeo. Exemplos típicos de tais informações são Linhas e limites e pontos de interesse localizados, tais como cantos, gotas ou pontos. Os pormenores mais complexos podem pertencer à estrutura, forma ou movimento.
- Deteção/Segmentação: Numa determinada fase do processamento, é tomada uma decisão sobre quais os pontos ou áreas da imagem que são essenciais para o processamento posterior. Os exemplos são:
    - Seleção de um conjunto específico de pontos de interesse para nós;

  - Segmentar uma ou mais áreas de uma imagem que contenham um objeto caraterístico.
- Processamento de alto nível: Nesta etapa, a entrada representa normalmente um pequeno conjunto de dados, como um conjunto de pontos ou uma área de uma imagem que se presume conter um determinado objeto. Os exemplos são:
  - Verificação de que os dados satisfazem as condições em função do método e da aplicação;
  - Estimativa de parâmetros caraterísticos, como a posição ou o tamanho do objeto;
  - Classificar o objeto encontrado em diferentes categorias.

6. Especificações OpenVX. No outono de 2014, o grupo Khronos, responsável pelo desenvolvimento das normas da família OpenGL e OpenCL, apresentou a versão final da especificação OpenVX 1.0, que define uma interface de programação de aplicações (API) para o desenvolvimento de aplicações e bibliotecas portáteis, de elevado desempenho e eficientes em termos energéticos para resolver problemas de visão computacional (deteção, seguimento e classificação de objetos em imagens e dados de vídeo). O OpenVX permite a utilização de uma série de algoritmos para reconhecer e monitorizar o movimento do rosto, do corpo e dos gestos, a automatização da videovigilância, os sistemas de assistência automática ao condutor, a reconstrução de objectos e cenas, a realidade aumentada, a inspeção visual, a robótica e muitas outras aplicações. O processamento de dados nas aplicações OpenVX é efectuado através da manipulação do gráfico de nós funcionais, cujo trabalho pode ser acelerado devido ao envolvimento de um processador gráficode , de um processador de sinais digitais e dispositivos de hardware adicionais, bem como do processamento separado de fragmentos (tiling).

Chapter 1. Desenvolvimento de um módulo de reconhecimento automático de alvos para um sistema de controlo de incêndios baseado na aprendizagem automática

O reconhecimento de alvos é uma prioridade nos assuntos militares. Esta tarefa é complicada pelo facto de ser necessário reconhecer objectos em movimento e de a topografia e as paisagens diferentes criarem obstáculos ao reconhecimento. As acções de combate podem ter lugar a várias horas do dia. Assim, o ângulo de iluminação e a iluminação geral devem ser tidos em conta. É necessário detetar o objeto no vídeo, segmentando os quadros de vídeo e reconhecendo-o e classificando-o. No trabalho, os autores propõem o desenvolvimento de um módulo de reconhecimento de alvos como componente do sistema de controlo de incêndios no âmbito da tecnologia da informação proposta através da utilização da inteligência artificial. A família de modelos de reconhecimento de padrões YOLOv8 foi utilizada para desenvolver o módulo de reconhecimento de alvos. Os dados foram recolhidos a partir de fontes abertas, em particular, de vídeos publicados em fontes abertas na plataforma YouTube. A principal tarefa do pré-processamento de dados é a classificação de três classes de objectos em vídeo ou em tempo real - APC, BMP e TANK. O conjunto de dados é formado utilizando a plataforma Roboflow com base em ferramentas de marcação e, posteriormente, ferramentas de aumento. O conjunto de dados é composto por 1193 imagens únicas - aproximadamente iguais para cada classe. O treino foi efectuado utilizando os recursos do Google Colab. Foram utilizadas 100 épocas para treinar o modelo. A análise é efectuada de acordo com as métricas mAP50 (precisão média média de 0,85), mAP50-95 (0,6), precisão (0,89) e recuperação (0,75). Existem perdas significativas devido ao facto de o fundo não ter sido tido em conta no estudo - treinar o módulo com base em dados validados (imagens) do fundo sem a técnica. Este será o próximo passo. É também necessário alargar a classificação dos objectos de equipamento militar.

1.1 Introdução

Atualmente, os principais exércitos do mundo esforçam-se por aumentar as capacidades dos seus principais modelos de equipamento e armas, modernizando a frota existente ou desenvolvendo os modelos mais recentes. O reconhecimento automático de alvos (Unidade de Reconhecimento Automático de Alvos) é a capacidade de um algoritmo ou dispositivo de reconhecer alvos ou objectos com base em dados recebidos de sensores, incluindo vigilância por vídeo, por exemplo, de veículos aéreos não tripulados (UAV), como drones ou de gravadores de vídeo em veículos de combate. Por outro lado, devido à crescente utilização de UAV para vigilância pelo inimigo, a segurança e a privacidade de muitos locais críticos podem ser comprometidas. Por conseguinte, são também um alvo legítimo para a deteção do controlo de incêndios.

A tecnologia da informação para o reconhecimento de alvos é uma componente essencial dos mísseis de cruzeiro e dos UAV, bem como do desenvolvimento de robots de combate ou de robots sapadores. O reconhecimento automático de alvos é utilizado não só em assuntos militares, mas também, por exemplo, na organização da procura de pessoas/objectos (no mar, na zona de catástrofes naturais, incêndios, etc.). Vários factores, em particular, complicam a tarefa de reconhecimento automático de alvos em condições de combate:

1. Possível movimento do objeto reconhecido;
2. O movimento do objeto (veículo de combate ou UAV), de onde provém a vigilância por vídeo e o posterior reconhecimento dos alvos;
3. Diferentes condições climatéricas;
4. Diferentes topografias e paisagens, incluindo faixas de floresta;
5. Presença de outros objectos que potencialmente não são alvos (edifícios, veículos de combate abatidos/destruídos, partes de estruturas como pontes, etc.);
6. Iluminação;
7. Potencialmente, o objeto que está a ser reconhecido não é um inimigo;

8. Parte do objeto reconhecido está escondido atrás de obstáculos;
9. O ângulo de observação para diferentes objectos é diferente (para os UAV de cima para baixo, para os veículos de combate não só para a frente/à volta, mas também para cima, por exemplo).

Como se pode ver, as condições de iluminação, os diferentes tamanhos dos objectos, os fundos em movimento e os vários contrastes do fundo afectam significativamente a qualidade, a eficiência e a velocidade do reconhecimento de objectos na videovigilância [1-2]. É necessário não só detetar o objeto no vídeo através da segmentação dos fotogramas de vídeo , mas também reconhecê-lo e classificá-lo (por exemplo, um drone ou um pássaro, um carro ou um edifício, etc.), o que geralmente acontece durante o movimento do objeto de vigilância e do observador do objeto em condições adversas em tempo real. A deteção de objectos voadores ou de objectos em movimento em condições desfavoráveis no vídeo é diferente da deteção de objectos normal, porque o tamanho de um objeto parado/movimento/voador e/ou parcialmente escondido atrás de outro objeto muda constantemente nos fotogramas, dependendo da sua distância e do movimento do objeto observador. Tem problemas como a baixa resolução, as mudanças de iluminação entre o dia e a noite, o fundo instável e as diferentes condições climatéricas. Além disso, a precisão do reconhecimento depende da qualidade da câmara de vigilância, cuja seleção durante as hostilidades não é um processo controlado. A complexidade da observação aumenta quando se reconhecem objectos em movimento de 2D (em frente da câmara) para 3D (de cima para baixo em diferentes ângulos e alturas), tendo em conta a escala e as proporções.

Do mesmo modo, reduz a precisão do reconhecimento de objectos visualmente semelhantes entre si e que diferem em pequenas caraterísticas ou na sua ausência quando vistos de diferentes ângulos ou quando o casco está parcialmente escondido atrás de outros objectos naturais ou edifícios (por exemplo, algumas modificações dos tanques da série T). Por conseguinte, a deteção e o reconhecimento de objectos parados/em movimento/voando/em movimento e/ou parcialmente escondidos por outros objectos no estado de imobilidade/movimento do observador em diferentes condições meteorológicas, paisagens, iluminação e a várias alturas têm um enorme âmbito de observação e uma elevada mobilidade. Existe uma grande necessidade de aplicações deste tipo no mundo real devido às diferenças de tamanho dentro do mesmo tipo de objeto e à resolução espacial do sensor. Assim, o objetivo do trabalho é desenvolver um método de reconhecimento de alvos em tempo real como componente do sistema de controlo de fogo devido à utilização de inteligência artificial.

1.2 Obras relacionadas

Nos últimos anos, durante a guerra em grande escala na Ucrânia, com a melhoria gradual da tecnologia de controlo dos drones, as imagens e vídeos de deteção remota dos UAV tornaram-se uma fonte essencial de dados operacionais. Ao mesmo tempo, equipar os veículos de combate com gravadores de vídeo para videovigilância com elementos de inteligência artificial e aprendizagem automática para reconhecimento de objectos em tempo real aumentará o nível de segurança dos combatentes com respostas adequadas e atempadas aos resultados do reconhecimento de alvos.

Quadros de vídeo→ segmentação de quadros de vídeo→ deteção de potenciais objectos→ deteção de objectos em movimento→ reconhecimento de objectos como potencialmente perigosos→ classificação de objectos→ identificação de objectos.

Hoje em dia, as redes neuronais e a aprendizagem profunda são normalmente utilizadas para tarefas como a segmentação de imagens [3-5], a deteção de objectos [6-8] e a classificação de imagens [9-11]. A maioria dos modelos de redes neuronais profundas atualmente aplicados, como o PSPNET [4], o U-NET [5], o RESNET [10] e o VGG [11], são desenvolvidos com base em conjuntos de dados de imagens (não vídeo) recolhidos manualmente em condições favoráveis, como o MS-COCO [12], o VOC2012 [13] e o VOC2007 [14]. Existem dois cenários gerais para a aplicação de métodos de deteção de objectos por teledeteção por um drone ou com base na vigilância por vídeo de um automóvel. Em particular, pressupõe-se o processamento de dados:

- Após o voo/viagem, utilizando computadores fixos (requer uma elevada precisão de deteção e identificação).
- Em tempo real durante o voo/viagem, quando o computador de bordo está no drone ou no automóvel, os dados de vídeo são processados de forma síncrona. Os parâmetros do modelo devem estar dentro de uma determinada escala para satisfazer os requisitos de funcionamento do equipamento incorporado. Uma vez satisfeitas as condições de funcionamento, a precisão de deteção do método também deve ser tão elevada quanto possível.

Por conseguinte, os métodos de deteção de objectos baseados em redes neuronais aplicados devem satisfazer requisitos diferentes para cada cenário.

Assim, os métodos de redes neuronais para a deteção de objectos em vídeos de teledeteção de drones ou de videovigilância em veículos de combate devem ser capazes de se adaptar às caraterísticas específicas destes dados. Devem ser concebidos para satisfazer os requisitos de processamento de dados pós-voo/viagem, o que pode proporcionar uma elevada precisão e velocidade de recuperação, ou devem ser concebidos como modelos paramétricos de menor escala que podem ser implantados em ambientes de hardware incorporados para processamento em tempo real em drones/veículos. Neste trabalho, propomos a aplicação de uma rede neural baseada na arquitetura YOLOv8 para o reconhecimento automático de objectos como alvos potenciais de um sistema de controlo de incêndios. Atualmente, têm sido propostos numerosos métodos de deteção de objectos baseados em redes neuronais, em particular, utilizando a série YOLO [15-22]. Ao contrário dos métodos de duas etapas, o método de uma etapa combina a localização e a classificação de objectos numa única etapa, permitindo a deteção de objectos em tempo real, tanto em computadores de secretária como em hardware incorporado. Estes métodos não só alcançam bons resultados de identificação, como também oferecem várias melhorias em áreas como os métodos de aumento dos dados de formação, os métodos de formação da rede, as funções de perda, as funções de ativação e as estruturas dos modelos de rede. O YOLOX, um modelo de rede neural com deteção de objectos numa só etapa, é proposto em [18]. Em [19], os autores propuseram um modelo de rede neural com deteção de alvos numa só etapa. Em [20], os autores investigaram a velocidade e a precisão óptimas da deteção de objectos com base no YOLOv4. Em [23], os autores descreveram a CSPDarkNet como a estrutura de base da rede, melhorando a capacidade de aprendizagem das redes neuronais convolucionais e permitindo que a rede mantenha a precisão da extração do mapa de caraterísticas. Em [24], os autores propuseram o método CrowdDet baseado numa rede neuronal para a deteção de alvos densos e mutuamente fechados em imagens. Na parte do pescoço da rede, foram introduzidos o módulo SPPF e o módulo PAFPN [25]. O autor continua a utilizar a CSPDarkNet [23] como rede de base, mas introduz a SiLU como uma função de ativação que resolve o problema da dispersão do gradiente quando a entrada da função ReLU é negativa e a saída é 0 [26-27].

Existem muitos estudos baseados em diferentes versões do YOLO, mas, ainda assim, o problema mais crítico na identificação de objectos é a deteção eficaz de pequenos objectos e a precisão da classificação de vários objectos em movimento [28-33] sob diferentes condições ambientais (por exemplo, um objeto com diferentes gradações de cor verde no fundo, bem como um espetro diferente da cor verde [34]) num fluxo de vídeo de qualidade de imagem variável [35-45] com subsequente storyboarding e segmentação das imagens correspondentes para identificação e classificação [46-63].

As imagens de deteção remota têm frequentemente grandes dimensões, fundos complexos e uma presença significativa de pequenos objectos. A solução proposta centra-se na otimização da deteção precisa de pequenos objectos à distância e de objectos em movimento em várias condições ambientais. A vantagem das redes da série YOLO é a utilização de cabeças de deteção de vários níveis, que permitem a deteção de objectos de diferentes tamanhos a partir de diferentes níveis de vectores de caraterísticas. A nossa abordagem centra-se principalmente na deteção de pequenos objectos, bem como de objectos em movimento, utilizando vectores de caraterísticas de camadas inferiores com maior resolução espacial. Para atingir este objetivo, utilizamos um módulo de aprendizagem automática para otimizar as suas caraterísticas semânticas. As cabeças de deteção podem obter vectores de caraterísticas com uma resolução espacial elevada e informações semânticas precisas, aumentando assim a precisão geral da identificação.

Na aprendizagem profunda, os métodos de extração de caraterísticas SIFT (Scale Invariant Feature Transform) e HOG (Histograms of Oriented Gradients) realizam esta tarefa aplicando alguns algoritmos de aprendizagem automática no topo do classificador. Alguns métodos de aprendizagem profunda são utilizados para imagens a cores, enquanto outros são aplicados a imagens IR. O processamento em tempo real de imagens IR é mais simples porque requer menos memória e capacidade de computação. Também não afecta as diferentes condições de iluminação. No entanto, é praticamente impossível recolher um conjunto de dados de treino para algumas áreas temáticas (por exemplo, equipamento militar durante a guerra). Os algoritmos da família YOLO, baseados na arquitetura CNN, são algoritmos amplamente utilizados e bem conhecidos para resolver problemas de deteção de objectos. Os modelos YOLO v4 e YOLO v5 são os mais utilizados. O YOLO v4, sendo uma versão modificada do YOLO3, utiliza uma rede parcial de estágios cruzados (CSPNet) na Darknet, criando uma nova espinha dorsal do extrator de caraterísticas denominada CSPDarknet53. Para aumentar a eficiência do algoritmo, o YOLOv4 utiliza um saco de brindes e um saco de ofertas especiais. Perda total de IOU (CIOU), regularização de bloqueio de abandono e muitas abordagens de expansão.

As redes de ativação Mish, Diou-NMS e de agregação de vias modificadas estão incluídas no pacote de especialidades. Mas o YOLOv5 é diferente das versões anteriores. Aqui, é utilizado o PyTorch em vez do Darknet. Utiliza o CSPDarknet53 como suporte estrutural. Este pipeline elimina a informação redundante sobre gradientes observada em pipelines de grandes dimensões. Incorpora a transformação de gradiente em mapas de caraterísticas, o que acelera a inferência, melhora a precisão e reduz o tamanho do modelo ao reduzir o número de parâmetros. Melhora o fluxo de informações usando uma rede de agregação de caminhos (PANet), resultando em três saídas de mapas de caraterísticas diferentes para previsão em várias escalas. Melhora a capacidade do modelo para prever eficazmente objectos pequenos e grandes. A imagem é enviada para a PANet para fusão de caraterísticas após a entrada na CSPDarknet53 para extração de caraterísticas. A velocidade de processamento do YOLO v4 e v5 varia entre 45 e 150 fotogramas por segundo. No entanto, ao contrário da R-CNN mais rápida, apresenta um erro de recuperação inferior e uma localização superior. Uma vez que cada grelha só pode oferecer duas caixas delimitadoras, também tem dificuldade em detetar objectos próximos e objectos pequenos. A mais recente adição à família de deteção de objectos YOLO é o modelo YOLO v8. É o detetor de objectos em tempo real mais rápido e mais preciso atualmente disponível. Todas as ferramentas baseadas no YOLOv8 superam os detectores de objectos anteriores em termos de velocidade e precisão.

1.3 Modelos e métodos

O artigo discute uma abordagem híbrida usando CNN-LSTM para melhorar o desempenho da deteção de equipamento militar com um fundo em movimento e diferentes distâncias, bem como o seu TANK/APC/BMP. As principais contribuições do capítulo são:

1. Coleção de imagens de fontes abertas para plataformas YouTube.
2. Modelo híbrido CNN-LSTM com afinação hiperparamétrica usando otimização Bayesiana para deteção de objectos.
3. Análise pormenorizada do modelo YOLOV8 em diferentes gamas de imagens e determinação da sua precisão com um valor de confiança específico.

Os algoritmos de deteção de objectos na aprendizagem profunda dividem-se principalmente em regionais e de regressão. A principal tarefa da deteção de objectos de equipamento militar é detetar um objeto num quadro em que estão presentes objectos de diferentes classes de alvos; por conseguinte, a classificação de objectos é um pré-requisito para a deteção de objectos utilizando uma caixa delimitadora. Os algoritmos baseados na regressão são utilizados principalmente para a deteção de objectos em tempo real. Trata-se de estruturas de um passo baseadas na regressão/classificação global que mapeiam diretamente os pixéis da imagem para as coordenadas da caixa delimitadora, reduzindo o consumo de tempo. Um dos modelos de reconhecimento de objectos mais rápidos é o YOLO, que pode analisar fotogramas até 150 FPS para redes pequenas. Embora o YOLO não seja o modelo mais preciso em termos de precisão média (mAP), teve um desempenho razoavelmente bom durante o treino.

No âmbito da deteção de objectos de equipamento militar, foi realizada uma experiência de reconhecimento e identificação automática de alvos do sistema de controlo de fogo. Foi implementada utilizando vários modelos de deteção de objectos. A experiência centra-se na implementação do algoritmo YOLO v8 para comparação com outras versões.

Algoritmos baseados em ofertas regionais. É proposta uma rede neural convolucional regional (R-CNN) para a correspondência de CNN. Em comparação com os modelos sem CNNs profundas, a R-CNN melhorou significativamente o desempenho da deteção em termos de precisão média (mAP). Tem várias desvantagens, incluindo uma formação dispendiosa em termos de dinheiro e tempo e, pior ainda, uma latência elevada (tempo de deteção). Com base no desempenho da R-CNN, a R-CNN rápida melhora a precisão acelerando a formação e o teste. A R-CNN rápida reduz drasticamente o tempo de treino e teste, mas as propostas regionais continuam a ser geradas utilizando métodos tradicionais que requerem muito tempo de pré-processamento. Propõe-se uma R-CNN mais rápida como solução para o problema do estrangulamento da proposta de região, que faz propostas de região através de uma rede neural. O R-CNN rápido/rápido e outros detectores de objectos que utilizam redes de propostas de regiões mostraram um desempenho superior em muitos testes. No entanto, nem sempre são bem sucedidos na deteção de pequenos objectos. As abordagens actuais são mais pobres em termos de repetibilidade e generalização quando as circunstâncias do mundo real estão em constante mudança, porque dependem de dados de imagem específicos.

Classificação de objectos de equipamento militar parados/em movimento/voadores e/ou parcialmente ocultos por outro objeto em condições adversas e em tempo real. A deteção de objectos voadores ou de objectos em movimento em condições desfavoráveis no vídeo é diferente da deteção de objectos normalizada, porque o tamanho de um objeto parado/em movimento/voador e/ou parcialmente escondido atrás de outro objeto está constantemente a mudar nos fotogramas, dependendo da sua distância e do movimento do objeto observador. Tem problemas como a baixa resolução, as mudanças de iluminação entre o dia e a noite, o fundo instável e as diferentes condições climatéricas. Além disso, a precisão do reconhecimento depende da qualidade da câmara de vigilância, cuja seleção durante as hostilidades não é um processo controlado. A complexidade da observação aumenta quando se reconhecem objectos em movimento de 2D (em frente da câmara) para 3D (de cima para baixo, em diferentes ângulos e alturas), tendo em conta a escala e as proporções. Da mesma forma, reduz a precisão do reconhecimento de objectos visualmente semelhantes entre si e que diferem em pequenas caraterísticas ou na sua ausência quando vistos de ângulos diferentes ou quando o corpo está parcialmente escondido atrás de outros objectos naturais ou edifícios. Os métodos de deteção de objectos baseados na aprendizagem profunda para várias tarefas incluem a deteção de faixas de rodagem, sistemas de veículos inteligentes e a deteção de objectos em movimento, incluindo equipamento militar. O módulo de observação para reconhecimento e identificação automática de alvos do sistema de controlo de tiro M é representado por um modelo de simulação através de uma tupla:

$$M =< I, O, R, U, N, \alpha, \beta, \gamma >, \qquad (1.1)$$

em que I é um conjunto de dados de entrada sob a forma de um fluxo de vídeo de uma câmara de vídeo, $I = \{i_1, i_2, i_3, i_4\}$; O é um conjunto de dados iniciais sob a forma de reconhecimento e identificação de objectos de equipamento militar, $O = \{o_1, o_2, o_3\}$; R são regras básicas para o processamento dos dados de entrada do fluxo de vídeo, $R = \{r_1, r_2, r_3, r_4, r_5\}$; U são parâmetros para o processamento dos dados de entrada do fluxo de vídeo, $U = \{u_1, u_2, u_3, u_2, u_{(3)}\}$; N é uma rede neural para aprender o reconhecimento, a identificação e a classificação de objectos de equipamento militar, tais como TANQUES/BMP/APC;α é um operador de análise e de elaboração de histórias dos dados de entrada do fluxo de vídeo;β é um operador de processamento de imagens através da segmentação e análise de objectos segmentados;γ é um operador de reconhecimento, identificação e classificação de objectos de equipamento militar, tais como TANQUES/BMP/APC.

Os principais processos do modelo de vigilância para o reconhecimento e identificação automáticos dos alvos do sistema de controlo de incêndios são o "Processamento do fluxo de vídeo", o "Processamento de imagens", a "Aprendizagem automática" e a "Classificação de objectos". O processo de "Processamento de um fluxo de vídeo" será descrito por uma sobreposição:

$$M_{(AU)}, = \mu^\circ\beta^\circ\alpha \quad (1.2)$$

$$M_{(AU)((} = \mu\beta\alpha\ (i_1, i_2, i_3), r_1, u_1), u_{2)}, \quad (1.3)$$

em queμ é o operador para reconhecer quaisquer objectos potenciais na imagem (edifícios, pontes, equipamento militar, etc.); i_1 é um conjunto de dados do fluxo de vídeo e de imagens do original; i_2 é um conjunto de imagens de equipamento militar; i_3 é um conjunto de dados de fundo da paisagem; r_1 são as regras para enquadrar o fluxo de vídeo numa imagem; u_1 é um conjunto de condições para formar imagens a partir de um fluxo de vídeo; u_2 é um conjunto de requisitos de análise de imagens, incluindo a filtragem do ruído.

O processo de "processamento de imagens" será descrito por sobreposição:

$$M_{(CU)}, = \chi^\circ\beta^\circ\alpha \quad (1.4)$$

$$M_{(CU)((} = \chi\beta\alpha\ (C_{AU}, i_2, i_3, i_4), o_1, r_2, u_3), r_{3)}, \quad (1.5)$$

em queχ é o operador de reconhecimento de potenciais objectos de equipamento militar na imagem; i_2 é um conjunto de fotografias de equipamento militar; i_3 é um conjunto de dados de fundo da paisagem; i_4 é um dicionário de imagens validadas de equipamento militar; o_1 é o conjunto de todos os objectos reconhecidos na imagem; r_2 são regras de segmentação da imagem; r_3 são regras de análise do segmento da imagem; u_3 é um conjunto de condições de processamento da imagem. O processo de "Aprendizagem automática" será descrito como:

$$M_{(UL)}, = \omega^{\circ}\gamma^{\circ}\beta^{\circ}\alpha \quad (1.6)$$

$$M_{(UL)} ((= \omega\gamma\beta\alpha \ ((C_{CU}, i_{1}), o_{2}, i_{4}), u_{4}), r_{4}), \quad (1.7)$$

em queω é o operador de identificação de um objeto reconhecido de equipamento militar em múltiplas imagens cortadas do fluxo de vídeo; i_1 é um conjunto de dados do fluxo de vídeo e imagens do original; i_4 é um dicionário de imagens validadas de equipamento militar; o_2 é o conjunto de todos os objectos reconhecidos de equipamento militar na imagem; r_4 são regras de aprendizagem automática da rede neural para identificação de equipamento militar; u_4 é um conjunto de condições para reconhecimento e identificação de objectos de equipamento militar.

O processo de "Classificação de objectos" será descrito da seguinte forma:

$$M_{(US)}, = \lambda^{\circ}\gamma^{\circ}\beta^{\circ}\alpha \quad (1.8)$$

$$M_{(US)} ((= \lambda\gamma\beta\alpha \ ((C_{US}, i_{1}), o_{3}, i_{4}), u_{5}), r_{5}), \quad (1.9)$$

em queλ é o operador da classificação do objeto identificado de equipamento militar em múltiplas imagens cortadas do fluxo de vídeo; i_1 é um conjunto de dados do fluxo de vídeo e de imagens do original; i_4 é um dicionário de imagens validadas de equipamento militar; o_3 é o conjunto de todos os objectos identificados de equipamento militar na imagem; r_5 é uma regra para a classificação do equipamento militar; u_5 é um conjunto de requisitos para a classificação dos objectos reconhecidos de equipamento militar. A análise é efectuada através de classificação ou agrupamento, que segmenta de acordo com critérios específicos. Embora a recolha de informação ocorra de forma automática, é ainda necessário implementar estes estudos de acordo com o reconhecimento, identificação e classificação de objectos em condições desfavoráveis, em movimento e com má qualidade de imagem, bem como o correspondente processamento dos resultados. A eficácia do processamento do fundo correspondente e dos objectos nele contidos também afecta significativamente os resultados da investigação (por exemplo, verde num fundo verde ou parte de um objeto escondido atrás de outro objeto). Um dos critérios mais importantes desta tecnologia é a capacidade de recolher dados em função do período do dia e da estação do ano e da sua periodicidade, devido a uma alteração do fundo resultante de hostilidades activas numa determinada zona.

1.4 Experiências, resultados e discussão

No trabalho, os autores propõem o desenvolvimento de um módulo de reconhecimento de alvos como componente do sistema de controlo de fogo no âmbito da tecnologia de informação proposta através da utilização de inteligência artificial.

A família de modelos de reconhecimento de padrões YOLOv8 foi utilizada para desenvolver o módulo de reconhecimento de alvos. É a versão mais recente do produto de deteção de objectos e segmentação de imagens em tempo real da Ultralitics. O YOLOv8 é fornecido com os seguintes modelos pré-construídos:

- Os modelos de classificação de imagens foram pré-treinados na base de dados ImageNet e tinham 224 resoluções de imagem.
- Pontos de controlo da segmentação de instâncias treinados no conjunto de dados de segmentação COCO com uma resolução de imagem de 640.
- Pontos de controlo de deteção de objectos treinados no conjunto de dados de deteção COCO com uma resolução de imagem de 640.

A saída é executada a quase 105 fotogramas por segundo no GPU de um computador portátil moderno médio, enquanto o modelo grande corre a uma velocidade média de 17 fotogramas por segundo.

O YOLOv8 utiliza a estrutura PuTorch, uma estrutura para o desenvolvimento de redes neurais profundas do Facebook. O YOLOv8 tem várias vantagens em relação a outras ferramentas, incluindo:

1. A maioria dos serviços suporta o fornecimento de capacidade de computação.
2. Um grande número de métodos de aplicação e utilização de modelos.
3. O elevado nível de exatidão é confirmado por testes nos conjuntos de dados COCO e Roboflow 100.

Tal como referido anteriormente, o YOLOv8 atinge uma elevada exatidão no conjunto de dados COCO. Por exemplo, o modelo YOLOv8m - atinge 50,2% de mAP quando medido no COCO. Quando comparado com o Roboflow 100, um conjunto de dados que avalia especificamente o desempenho do modelo em diferentes domínios, o YOLOv8 teve um desempenho significativamente melhor do que o YOLOv5. Além disso, o YOLOv8 fornece aos programadores uma lista significativa de funcionalidades. Ao contrário de outros modelos que dividem as tarefas entre muitos ficheiros Python diferentes, o YOLOv8 vem com uma interface CLI que torna o treino do modelo mais intuitivo.

O serviço Google Collaboratory, mais conhecido por "Colab", foi utilizado para a formação. O "Colab" é uma versão em nuvem do Jupyter Notebook. A utilização do Colab não requer a instalação e execução ou a atualização do hardware do computador para satisfazer os requisitos intensivos de CPU/GPU do Python. Além disso, o Colab fornece acesso gratuito à infraestrutura de computação, como armazenamento, RAM, potência de computação, unidades de processamento gráfico (GPU) e unidades de processamento tensorial (TPU).

Os métodos utilizados durante o estudo do conjunto de dados formado:

1. Inverter - Horizontal (inverter o objeto de imagem horizontalmente);
2. Rotação - Entre -15° e +15° (rotação do objeto de imagem - no sentido dos ponteiros do relógio ou no sentido contrário ao dos ponteiros do relógio num grau de -15° a +15°);
3. Brilho - Entre -25% e +25% (alterar o brilho da imagem para aumentar a resistência do modelo a alterações na iluminação e nas definições da câmara - de -25% a +25%);
4. Recorte - 3 caixas com 10% de tamanho cada (recorte uma parte da imagem - 3 caixas com 10% de tamanho cada);
5. Caixa de contorno: Desfoque - Até 2,5px;
6. Caixa delimitadora: Ruído - Até 15% dos pixéis.

Os dois últimos pontos são utilizados para expandir o nível da caixa delimitadora ao formar/gerar novos dados de treino, alterando apenas o conteúdo das caixas delimitadoras da imagem original. O aumento de escala da imagem é o processo de aumentar o tamanho de um conjunto de dados através da manipulação dos dados de treino existentes. O zoom ajuda o modelo a generalizar melhor para uma vasta gama de contextos. Por exemplo, é possível alterar o brilho ou a escuridão de um objeto em relação ao seu fundo. Ou talvez desfocar o objeto contra o seu fundo para tarefas que envolvem frequentemente fotografar objectos em movimento rápido. As modificações apenas na caixa delimitadora conduziram a melhorias sistemáticas, especialmente para modelos que eram pequenos conjuntos de dados (vários milhares de fotografias). Também é possível alterar as cores de apenas objectos na imagem OCR, desfocar apenas objectos em movimento, como equipamento militar em vários tons de verde, rodar objectos, como objectos na vista aérea, e inverter a orientação dos objectos para criar efeitos de espelhamento semelhantes aos presentes na maioria das situações de câmara. Antes do desenvolvimento do módulo de reconhecimento automático de alvos do sistema de controlo de tiro, foi organizado o espaço de trabalho e definidas as regras de acesso ao armazenamento de dados e de processamento dos dados relevantes. O serviço Google Collaboratory, mais conhecido por "Colab", foi utilizado para a formação. O "Colab" é uma versão em nuvem do Jupyter Notebook. A principal tarefa do pré-processamento de dados é a classificação de três classes de objectos em vídeo ou em tempo real - APC, BMP e TANK. De seguida, foi criado e preenchido o conjunto de dados correspondente. Os dados foram recolhidos a partir de fontes abertas, em particular, de imagens de vídeo publicadas em fontes abertas na plataforma YouTube (vídeos da promoção da tecnologia Rashka nos primeiros dias da guerra no território da Ucrânia e de desfiles militares de equipamento russo). Este processo incluiu a procura de imagens e vídeos dos objectos acima mencionados e a marcação dos objectos correspondentes. O conjunto de dados é formado utilizando a plataforma Roboflow baseada em ferramentas de marcação e, posteriormente, em ferramentas de aumento. O conjunto de dados é composto por 1193 imagens únicas - aproximadamente igualmente para cada classe. Após a aplicação de métodos de pré-processamento e argumentação de imagens, o conjunto de dados tem a seguinte forma (Tabela 1.1):

```
comboio: ../comboio/imagens
val: ../valid/images
teste: ../test/images
nc: 3
nomes: ['bmp', 'btr', 'tank']
```

Tabela 1.1. Distribuição dos dados no conjunto de dados

Tipo de conjunto	Valor absoluto	Valor relativo
Conjunto de comboios	2490	87%
Conjunto válido	225	8%
Conjunto de teste	138	5%

O treino foi efectuado utilizando os recursos do Google Colab. Foram utilizadas cem épocas para treinar o modelo. Os resultados estatísticos do treino da rede neural são apresentados nas Fig. 1.1-1.2. A análise foi efectuada de acordo com as métricas mAP50 (precisão média), mAP50-95, precisão e recuperação (Fig. 1.1). A AP (precisão média) é uma métrica popular para medir a precisão dos detectores de objectos, como a Faster R-CNN, a SSD, etc.

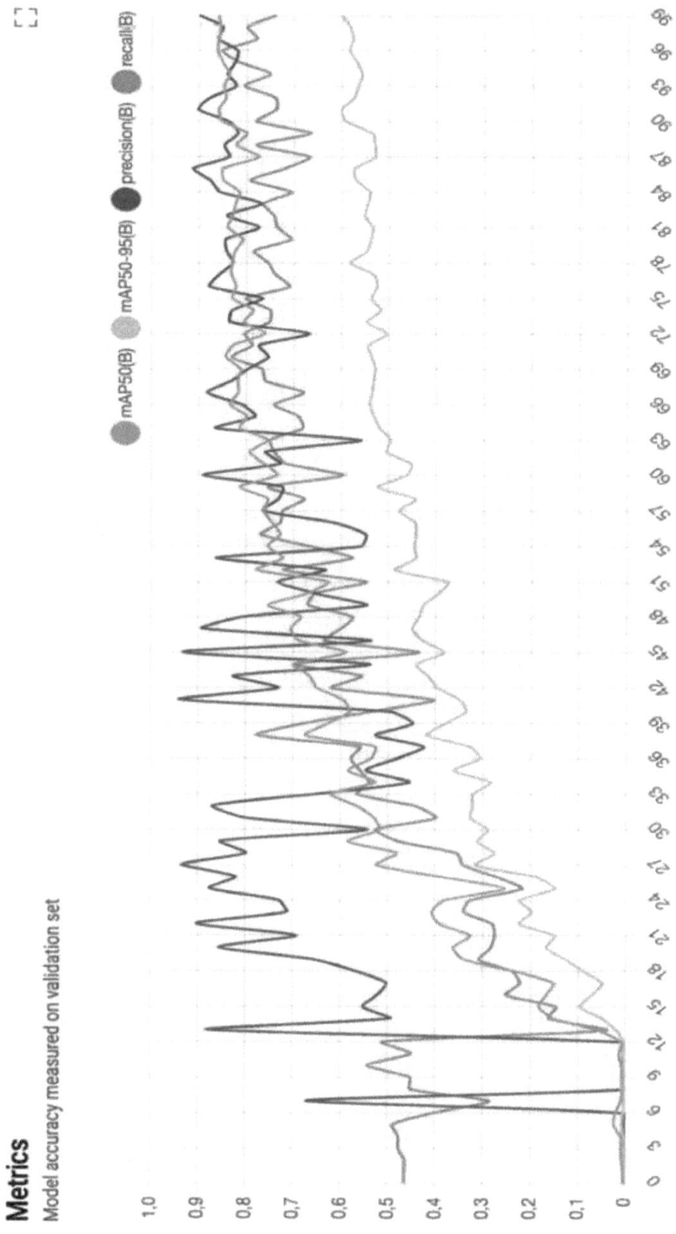

Fig. 1.1. Gráfico de exatidão *do modelo*

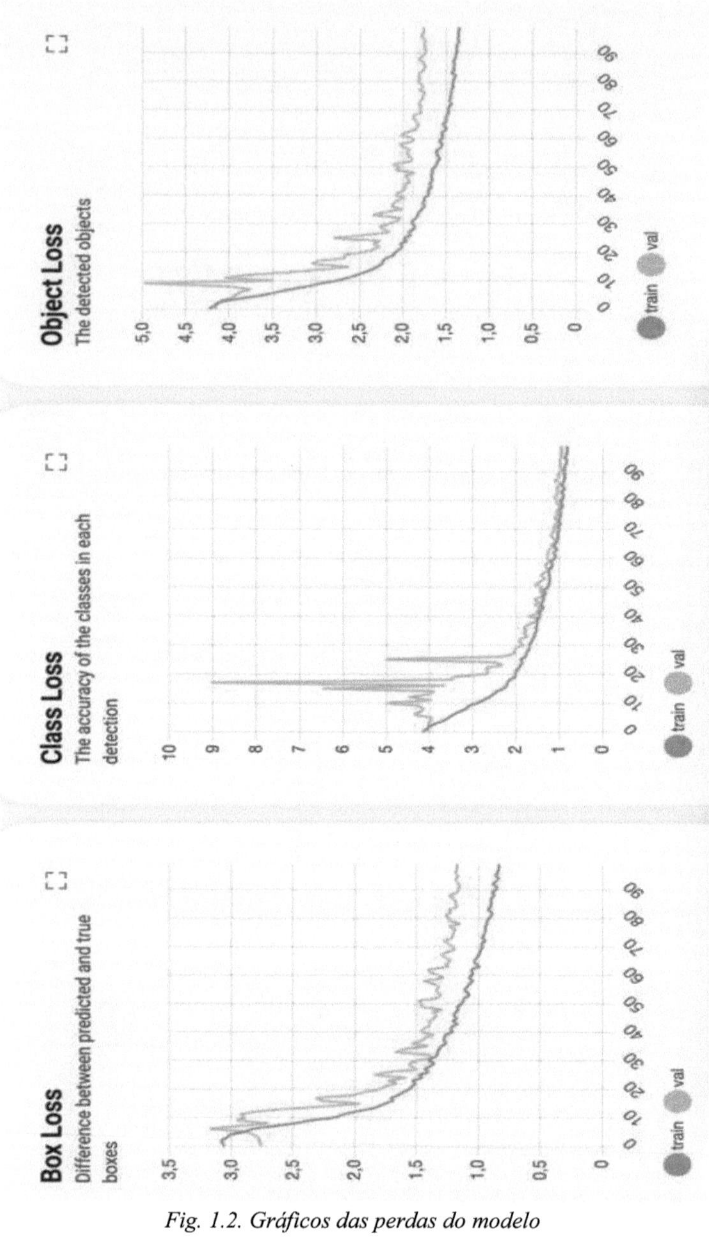

Fig. 1.2. Gráficos das perdas do modelo

A precisão média calcula a precisão média para a recuperação no intervalo de 0 a 1. É uma medida da precisão do modelo, tendo em conta apenas as detecções "fáceis". mAP50-95: Exatidão média calculada com diferentes limiares de IoU que variam entre 0,50 e 0,95. Dá uma imagem completa do desempenho do modelo em vários níveis de complexidade de deteção

A precisão mede a exatidão das suas previsões. Por exemplo, que percentagem das suas previsões está correta? A recordação mede a capacidade de encontrar todas as amostras positivas. Por exemplo, podemos encontrar 75% de todos os casos positivos possíveis nas nossas melhores previsões.

Como podemos ver na Fig. 1.1, a métrica Precisão dá uma enorme oscilação no início e torna-se mais semelhante ao mAP50 no final à medida que o número de ensaios aumenta.

O mAP50-95 tem valores maus (0,5-0,6) no final, à medida que o número de tentativas aumenta. A métrica Recall tem um valor relativamente constante no intervalo de 0,85-0,75 após metade das experiências efectuadas (épocas). Não é um resultado suficientemente bom e necessita de mais investigação e treino do modelo num conjunto maior de dados reais. A métrica Precisão dá resultados ligeiramente melhores - no intervalo de 0,85-0,89.

As Fig. 1.3-1.5 mostram exemplos de funcionamento do sistema. Existem perdas significativas devido ao facto de o fundo não ter sido tido em conta no estudo - treinar o módulo com base em dados validados (imagens) do fundo sem a técnica. Este será o próximo passo. É também necessário alargar a classificação para objectos de equipamento militar - que é precisamente o T-64, o E-72 ou o T-90.

Fig. 1.3. Exemplo de reconhecimento de objectos da classe BMR

Fig. 1.4. Um exemplo *de reconhecimento de objectos da classe TANK*

Fig. 1.5. Exemplo de reconhecimento de objectos da classe BMR

1.5 Conclusões

O reconhecimento de alvos é uma prioridade nos assuntos militares. Esta tarefa é complicada pelo facto de ser necessário reconhecer objectos em movimento e de a topografia e as paisagens diferentes criarem obstáculos ao reconhecimento. As acções de combate podem ter lugar noutras alturas do dia. Por conseguinte, o ângulo de iluminação e a iluminação geral devem ser tidos em conta. É necessário detetar o objeto no vídeo, segmentando os fotogramas de vídeo, reconhecendo-o e classificando-o. O treino foi efectuado utilizando os recursos do Google Colab. Foram utilizadas 100 épocas para treinar o modelo. A análise foi efectuada de acordo com as métricas mAP50 (mean Average Precision), mAP50-95, precisão e recordação. O método proposto pode ser utilizado para identificar objectos de natureza militar e reconhecer alvos para criar (modernizar) sistemas modernos de controlo de incêndios de equipamento militar moderno.

1.6 Referências

[1] S.S. Aote, et al., Um método melhorado de aprendizagem profunda para a deteção e reconhecimento de objectos voadores, SIViP, 2023. doi:10.1007/s11760-023-02703-y.

[2] Z. Zhang, Drone-YOLO: Um Método de Rede Neural Eficiente para a Deteção de Alvos em Imagens de Drones, Drones 7 (2023) 526. doi:10.3390/drones7080526.

[3] K. He, G. Gkioxari, P. Dollár, R. Girshick, Mask R-CNN, em Actas da Conferência Internacional do IEEE sobre Visão por Computador, Veneza, Itália, 22-29 de outubro de 2017, pp. 2961-2969.

[4] H. Zhao, J. Shi, X. Qi, X. Wang, J. Jia, Pyramid scene parsing network, in Proceedings of the IEEE Conference on Computer Vision and Pattern Recognition, Honolulu, HI, EUA, 21-26 de julho de 2017, pp. 2881-2890.

[5] O. Ronneberger, et al., U-net: Convolutional networks for biomedical image segmentation, in Proceedings of the Medical Image Computing and Computer-Assisted Intervention - MICCAI 2015: 18th International Conference, Munique, Alemanha, 5-9 de outubro de 2015, Springer: Berlin/Heidelberg, Alemanha, pp. 234-241.

[6] S. Ren, K. He, R. Girshick, J. Sun, Faster R-CNN: Rumo à deteção de objectos em tempo real com redes de propostas de regiões, Adv. Neural Inf. Process. Syst. 28 (2015).

[7] R. Girshick, Fast R-CNN, em Actas da Conferência Internacional do IEEE sobre Visão por Computador, Santiago, Chile, 7-13 de dezembro de 2015, pp. 1440-1448.

[8] R. Girshick, J. Donahue, T. Darrell, J. Malik, Rich feature hierarchies for accurate object detection and semantic segmentation, in Proceedings of the Conference on Computer Vision and Pattern Recognition, Columbus, OH, USA, 23-28 June 2014, pp. 580-587.

[9] G. Huang, Z. Liu, L. Van Der Maaten, Weinberger, K.Q. Densely connected convolutional networks, em Actas da Conferência do IEEE sobre Visão por Computador e Reconhecimento de Padrões, Honolulu, HI, EUA, 21-26 de julho de 2017, pp. 4700-4708.

[10] K. He, et al., Deep residual learning for image recognition, em Actas da Conferência do IEEE sobre Visão por Computador e Reconhecimento de Padrões, Las Vegas, NV, EUA, 27-30 de junho de 2016, pp. 770-778.

[11] K. Simonyan, Zisserman, A. Redes convolucionais muito profundas para reconhecimento de imagens em grande escala, arXiv 2014, arXiv:1409.1556.

[12] T. Lin, M. Maire, S.J. Belongie, L.D. Bourdev, R.B. Girshick, J. Hays, P. Perona, D. Ramanan, P. Doll'ar, C.L. Zitnick, Microsoft COCO: Common Objects in Context. arXiv 2014, arXiv:1405.0312. URL: http://xxx.lanl.gov/abs/1405.0312.

[13] M. Everingham, L. Van Gool, C.K.I. Williams, J. Winn, Zisserman, A. Resultados do Desafio de Classes de Objectos Visuais PASCAL (VOC2012). URL: http://www.pascal-network.org/challenges/VOC/voc2012/workshop/index.html.

[14] M. Everingham, L. Van Gool, C.K.I. Williams, J. Winn, A. Zisserman, Resultados do Desafio das Classes de Objectos Visuais PASCAL (VOC2007). URL: http://www.pascal-network.org/challenges/VOC/voc2007/workshop/index.html.

[15] G. Jocher, A. Chaurasia, J. Qiu, YOLO by Ultralytics. 2023. URL: https://github.com/ultralytics/ultralytics/blob/main/CITATION.cff.

[16] C.Y. Wang, A. Bochkovskiy, H.Y.M. Liao, YOLOv7: Trainable bag-of-freebies sets new state-of-the-art for real-time object detectors, in Proceedings of the IEEE/CVF Conference on Computer Vision and Pattern Recognition, Vancouver, BC, Canada, 18-22 June 2023; pp. 7464-7475.

[17] C. Li, et al. YOLOv6: Uma estrutura de deteção de objectos de fase única para aplicações industriais, arXiv 2022, arXiv:2209.02976.

[18] Z. Ge, S. Liu, F. Wang, Z. Li, J. Sun, Yolox: Excedendo a série yolo em 2021. arXiv 2021, arXiv:2107.08430.

[19] G. Jocher, et al. Ultralytics/Yolov5: V6.0-YOLOv5n 'Nano' Models, Integração Roboflow, Exportação TensorFlow, Suporte OpenCV DNN, 2021. URL: https://zenodo.org/record/5563715.

[20] A. Bochkovskiy, C.Y. Wang, H.Y.M. Liao, Yolov4: Velocidade e precisão óptimas da deteção de objectos, arXiv 2020, arXiv:2004.10934.

[21] J. Redmon, A. Farhadi, YOLO9000: Better, faster, stronger, in Proceedings of the IEEE Conference on Computer Vision and Pattern Recognition, Honolulu, HI, EUA, 21-26 de julho de 2017; pp. 7263-7271.

[22] J. Redmon, S. Divvala, R. Girshick, A. Farhadi, You only look once: Unified, real-time object detection, in Proceedings of the IEEE Conference on Computer Vision and Pattern Recognition, Las Vegas, NV, USA, 27-30 June 2016, pp. 779-788.

[23] C.Y. Wang, H.Y.M. Liao, Y.H. Wu, P.Y. Chen, J.W. Hsieh, I.H. Yeh, CSPNet: A new backbone that can enhance learning capability of CNN, in Proceedings of the IEEE/CVF Conference on Computer Vision and Pattern Recognition Workshops, Seattle, WA, USA, 14-19 June 2020, pp. 390-391.

[24] X. Chu, A. Zheng, X. Zhang, J. Sun, Deteção em cenas lotadas: One proposal, multiple predictions, em Proceedings of the IEEE/CVF Conference on Computer Vision and Pattern Recognition, Seattle, WA, EUA, 13-19 de junho de 2020, pp. 12214-12223.

[25] S. Liu, L. Qi, H. Qin, J. Shi, J. Jia, Rede de agregação de caminho para segmentação de instância. Nos Anais da Conferência IEEE sobre Visão Computacional e Reconhecimento de Padrões, Salt Lake City, UT, EUA, 18-23 de junho de 2018, pp. 8759-8768.

[26] X. Glorot, A. Bordes, Y. Bengio, Deep sparse rectifier neural networks, in Proceedings of the Fourteenth International Conference on Artificial Intelligence and Statistics, Ft. Lauderdale, FL, EUA, 11-13 de abril de 2011, pp. 315-323.

[27] S. Elfwing, E. Uchibe, K. Doya, unidades lineares ponderadas por sigmoides para aproximação da função de rede neural na aprendizagem por reforço, Neural Netw. 107 (2018) 3-11.

[28] V. Vysotska, et al., Fast Color Images Clustering for Real-Time Computer Vision and AI System, CEUR Workshop Proceedings 3664 (2024) 161-177.

[29] M. Nazarkevych, V. Lytvyn, M. Kostiak, N. Oleksiv, N. Naconechnyi, Método de preenchimento de conjuntos de dados e reconhecimento de objectos em movimento em sequências de vídeo com base em YOLO, CEUR Workshop Proceedings 3654 (2024) 265-276.

[30] M. Nazarkevych, M. Kostiak, N. Oleksiv, V. Vysotska, A.-T. Shvahuliak, A YOLO-based Method for Object Contour Detection and Recognition in Video Sequences, CEUR Workshop Proceedings 3654 (2024) 49-58.

[31] R.M. Peleshchak, V.V. Lytvyn, M.A. Nazarkevych, I.R. Peleshchak, H.Y. Nazarkevych, Influência da morfologia da rede neural Symmetry na métrica de deteção de minas, Symmetry 16(4) (2024) 485.

[32] V. Vysotska, N. Sharonova, M. Shirokopetleva, O. Dolhanenko, A. Chupryna, S. Smelyakov, Investigação de métodos para a avaliação da nitidez da imagem em fotografias de pessoas, Actas do Workshop CEUR 3664 (2024) 255-272.

[33] Z. Hu, et al., Programação de sistemas de um modelo de identificação de doenças baseado em imagens médicas, em Proceedings of SPIE - The International Society for Optical Engineering, 2024, 12938, 129380F.

[34] S. Tsybulia, O. Lavrut, V. Lytvyn, T. Lavrut, M. Nazarkevych, V. Vysotska, Análise de métodos de agrupamento para a determinação das caraterísticas das cores do terreno, Actas do Workshop CEUR 3387 (2023) 103-116.

[35] V. Lytvyn, V. Vysotska, V. Mykhailyshyn, A. Rzheuskyi, S. Semianchuk, Desenvolvimento de sistema para análise de dados de fluxo de vídeo, Avanços em sistemas inteligentes e computação 1020 (2020) 315-331. doi: 10.1007/978-3-030-26474-1_23.

[36] V. Motyka, Y. Stepaniak, M. Nasalska, V. Vysotska, People's Emotions Analysis while Watching YouTube Videos, CEUR Workshop Proceedings 3403 (2023) 500-525.

[37] O. Yakovleva, A. Kovtunenko, V. Liubchenko, V. Honcharenko, O. Kobylin, Face Detection for Video Surveillance-based Security System, CEUR Workshop Proceedings 3403 (2023) 69-86.

[38] K. Dergachov, L. Krasnov, O. Cheliadin, R. Kazatinskij, Métodos de melhoria da qualidade dos dados de vídeo e desenvolvimento de ferramentas para sistemas de visão móvel, Advanced Information Systems 4(2) (2020) 85-93. doi:10.20998/2522-9052.2020.2.13.

[39] V. Barsov, O. Plakhotnyi, O. Kosterna, Investigação do método para aumentar a precisão da determinação de objectos no fluxo de vídeo de baixa resolução, Advanced Information Systems 5(2) (2021) 91-97. doi:10.20998/2522-9052.2021.2.12.

[40] E. Sabziev, Determining the location of an unmanned aerial vehicle based on video camera images, Advanced Information Systems 5(1) (2021) 136-139. doi:10.20998/2522-9052.2021.1.20.

[41] O. Tymochko, V. Larin, S. Osiievskyi, O. Timochko, A. Abdalla, Método de processamento de recursos de informação vídeo para sistemas de navegação de aeronaves e controlo de movimentos, Advanced Information Systems 4(1) (2020) 140-145. doi:10.20998/2522-9052.2020.1.22.

[42] L. Moskvych, Y. Riepina, K. Shcherbinin, Aplicação de abordagens inovadoras à segmentação de vídeo num processo penal, Actas do Workshop CEUR 2870 (2021) 1792-1805.

[43] T. Kovaliuk, N. Kobets, G. Shekhet, T. Tielysheva, Análise de conteúdo de vídeo em streaming e geração de publicidade contextual relevante, atas do workshop CEUR 2604 (2020) 829-843.

[44] D. Reynolds, R. Messner, Deteção de Cópia de Vídeo Utilizando a Transformação Log-Polar, Revista Internacional de Computação 15(1), (2016) 8-13.

[45] M. Baharon, M. Abdollah, N. Abu, Z. Abidin, A. Idris, Transcodificação segura de vídeo em computação móvel em nuvem, Revista Internacional de Computação 17(4) (2018) 208-218.

[46] W. Liu, J. Li, Z. Ye, O. Kochan, CN-Unet: Uma rede robusta baseada em convolução profunda para segmentação de imagens médicas, CEUR Workshop Proceedings 3387 (2023) 29-39.

[47] V. Hnatushenko, P. Kogut, M. Uvarov, On Satellite Image Segmentation via Piecewise Constant Approximation of Selective Smoothed Target Mapping, Applied Mathematics and Computation 389 (2020). doi: 10.1016/j.amc.2020.125615.

[48] B. Rusyn, et al., Deep Learning for Atmospheric Cloud Image Segmentation (Aprendizagem profunda para a segmentação de imagens de nuvens atmosféricas), nos anais da 11.ª Conferência Internacional do IEEE sobre Eletrónica e Tecnologias da Informação, ELIT 2019, pp.188-191.

[49] B. Rusyn, R. Kosarevych, O. Lutsyk, V. Korniy, Segmentação de imagens de nuvens atmosféricas obtidas por deteção remota, nos anais das conferências internacionais sobre Engenharia Avançada em Radioeletrónica, Telecomunicações e Informática TCSET 2018, pp.213-216.

[50] R. Kosarevych, et al., Spatial point patterns generation on remote sensing data using convolutional neural networks with further statistical analysis, Scientific Reports 12(1) (2022) 14341.

[51] R.J. Kosarevych, B.P. Rusyn, V.V. Korniy, T.I. Kerod, Segmentação de imagens com base na avaliação da tendência dos elementos da imagem para formar aglomerados com a ajuda das caraterísticas do campo de pontos, Cibernética e análise de sistemas 51(5) (2015) 704-713.

[52] R. Kosarevych, O. Lutsyk, B. Rusyn, Deteção de pixels corrompidos por ruído de impulso utilizando padrões de pontos aleatórios, Visual Computer 38(11) (2022) 3719-3730.

[53] B. Rusyn, O. Lutsyk, R. Kosarevych, T. Maksymyuk, J. Gazda, Extração de caraterísticas de imagens de deteção remota multiespectrais com base na binarização multi-limiar, Scientific Reports 13(1) (2023) 19655.

[54] B. T. Truong, S. Venkatesh, Video abstraction: A systematic review and classification, ACM transactions on multimedia computing, communications, and applications 3(1), (2007) 3-es.

[55] J. Eggermont, et al., Optimizing computed tomographic angiography image segmentation using Fitness Based Partitioning, Lecture Notes in Computer Science 4974 (2008) 275-284.

[56] M. Nazarkevych, et al., Evaluation of the Effectiveness of Different Image Skeletonization Methods in Biometric Security Systems, International Journal of

Sensors Wireless Communications and Control 11(5) (2021) 542-552. doi: 10.2174/2210327910666201210151809.

[57] M. Medykovskyy, P. Lipinski, O. Troyan, M. Nazarkevych, Métodos de proteção de documentos formados a partir de elementos latentes localizados por fractais, nos anais da IEEE Xth International Scientific and Technical Conference" Computer Sciences and Information Technologies"(CSIT), 2015, setembro, pp. 70-72.

[58] D. B. Goldman, B. Curless, D. Salesin, S. M. Seitz, Schematic storyboarding for video visualization and editing, Acm transactions on graphics (tog) 25(3) (2006) 862-871.

[59] M. U. Sreeja, B. C. Kovoor, Em direção a estruturas específicas de gênero para resumo de vídeo: Um inquérito, Journal of Visual Communication and Image Representation 62 (2019) 340-358.

[60] V. N. Mandhala, D. Bhattacharyya, B. Vamsi, N. Thirupathi Rao, Object detection using machine learning for visually impaired people, International Journal of Current Research and Review 12(20) (2020) 157-167.

[61] N. V. Nguyen, C. Rigaud, J. C. Burie, indexação de imagens de banda desenhada digital baseada em aprendizagem profunda, Journal of Imaging 4(7) (2018) 89.

[62] M. Nadeem, H. Shen, L. Choy, J. M. H. Barakat, Smart diet diary: real-Time mobile application for food recognition, Applied System Innovation 6(2) (2023) 53.

[63] B. Van Eden, B. Rosman, Uma visão geral da visão de robôs, nos anais da IEEE Southern African Universities Power Engineering Conference / Robotics and Mechatronics / Pattern Recognition Association of South Africa (SAUPEC / RobMech / PRASA), 2019, janeiro, pp. 98-104.

Chapter 2. Agrupamento rápido de imagens a cores para sistemas de visão computacional e de inteligência artificial em tempo real

2.1 Introdução

Este capítulo descreve o desenvolvimento de um algoritmo de agrupamento de imagens a cores para um sistema de visão computacional e de inteligência artificial (IA) em tempo real. Uma caraterística essencial do algoritmo é a utilização preliminar de muitos algoritmos rápidos de pré-processamento de imagens para otimizar a preparação de dados para um agrupamento eficiente no espaço de cores. O algoritmo de agregação proposto centra-se no processamento de agregados de forma arbitrária. O documento apresenta os resultados de experiências de processamento de imagens a cores monocromáticas e não monocromáticas. Estes resultados de agrupamento são apresentados como imagens e agrupamentos no ambiente Unity. São dadas recomendações para utilização prática, conclusões e ligações a repositórios de resultados de experiências. A análise dos resultados de muitas experiências mostra que o algoritmo de agregação adaptativa proposto pode ser utilizado eficazmente em sistemas potentes de visão por computador e de inteligência artificial e em sistemas incorporados de potência relativamente baixa, ajustando os parâmetros às especificidades do problema. As ferramentas inovadoras [1-3] e o desenvolvimento de tecnologias modernas para o reconhecimento de padrões [4, 5] centram-se cada vez mais na utilização de novos modelos e algoritmos de IA [6] (principalmente agrupamento, redes neuronais artificiais (NN) e classificação). Embora os modelos de pré-processamento [1, 6], as soluções nos domínios das TIC [7], da robótica com a utilização de sistemas integrados [8-10] e dos sistemas de segurança [11-13] sejam também de grande interesse em alguns aspectos.

Este grande interesse pelos sistemas de inteligência artificial está associado à sua aplicação prática em sistemas de reconhecimento de padrões, que têm êxito comercial. Utilizando a tecnologia de pesquisa baseada em imagens, esses sistemas e aplicações (comerciais centrados nos dados) são utilizados com êxito na pesquisa de produtos em lojas em linha, em sistemas de identificação automóvel e biométrica, em sistemas de pagamento sem contacto em supermercados baseados na tecnologia de reconhecimento facial e em muitas outras aplicações.

Nos últimos anos, foram propostos muitos novos modelos e algoritmos de agrupamento. Ao mesmo tempo, nem todos satisfazem os requisitos modernos em termos de eficiência computacional, principalmente quando utilizados em sistemas incorporados. Qual é a razão para isso? A maioria dos algoritmos recalcula iterativamente a posição das observações globais dos centros do agrupamento. O problema é que o número de observações pode ser demasiado grande. Considerando o tamanho das imagens modernas (de 8 a 64 MP), o número de observações em aglomerados densos e na sua envolvente pode ser estimado em centenas de milhares [1].

Ao mesmo tempo, os algoritmos clássicos como o k-means, o deslocamento para a média e os seus análogos e modificações são relativamente eficientes na construção de agrupamentos esféricos devido à utilização da função de distância. No entanto, têm problemas com a construção de clusters de forma arbitrária.

Consequentemente, o agrupamento torna-se um estrangulamento nos algoritmos modernos de visão por computador. Por conseguinte, apesar de todas as vantagens do agrupamento, este é frequentemente abandonado devido à complexidade computacional inaceitável e/ou à inadequação do processamento de agrupamentos de forma arbitrária. Para resolver estes problemas, propomos neste trabalho um algoritmo rápido para a construção de clusters de forma arbitrária. A parametrização do algoritmo permite adaptá-lo eficazmente tanto a sistemas de servidores relativamente robustos como a sistemas integrados relativamente menos potentes. Salvo indicação em contrário, os dados de entrada são uma imagem a cores em formato RGB.

2.2 Obras relacionadas

Nas últimas décadas, o método de agrupamento k-means ganhou grande popularidade na análise de imagens, servindo como uma ferramenta eficaz e poderosa para o agrupamento de dados. O agrupamento de imagens a cores utilizando o método k-means é uma área de investigação ativa que atrai a atenção dos investigadores em visão computacional e processamento de imagem. Nos seus trabalhos, os autores exploram a aplicação do algoritmo k-means em vários domínios da atividade humana, como a quantização de imagens a cores [14], a segmentação de imagens do céu [15] e a medicina [16]. Os autores introduzem um algoritmo de agrupamento para resolver o problema do enviesamento do tamanho dos agrupamentos, um problema comum em métodos convencionais como o K-means [17]. Embora o K-means equilibrado forneça clusters de tamanho igual, é lento. O algoritmo heurístico proposto oferece uma alternativa mais rápida e com menor enviesamento. Divide sucessivamente os clusters maiores e optimiza os centróides quando o número desejado é atingido, permitindo o ajuste de enviesamento e erro. A estimativa exacta do número de materiais numa imagem hiperespectral é crucial para várias tarefas de processamento de imagens hiperespectrais, tais como a classificação e a mistura. Num trabalho [18], os autores introduziram um algoritmo que utiliza princípios de agrupamento para estimar o número de materiais na imagem. Uma direção importante é o processamento de imagens de baixa qualidade com ruído ou perdas de pixéis.

No artigo [19], os autores propõem reduzir a complexidade computacional dos métodos de agrupamento de imagens espectrais através da introdução de um procedimento de subamostragem que reduz para metade o número de pixéis para classificação. Este procedimento preserva a estrutura espacial da imagem. Uma das direcções promissoras no domínio da agregação é a dos métodos baseados nos princípios da agregação de subespaços esparsos, que agrupam assinaturas espectrais, assegurando a sua representação esparsa. Nos últimos anos, tem havido um número crescente de trabalhos [20-22] sobre clusterização espetral. Na pesquisa abordada por este artigo [20], os autores abordam a questão do agrupamento de imagens espectrais, visando identificar grupos e distribuições dentro das assinaturas espectrais sem a necessidade de um estágio prévio de treinamento. Os métodos baseados na clusterização de subespaços esparsos agrupam as assinaturas espectrais em diferentes subespaços, falando a representação menos densa de cada pixel e garantindo a sua afiliação à mesma classe. Apesar da sua elevada precisão, estes métodos deparam-se com o desafio de aumentar a complexidade computacional à medida que o número de pixéis cresce. Este trabalho propõe uma abordagem para reduzir para metade o número de pixéis para a classificação de imagens espectrais através de um procedimento de subamostragem que elimina cada segundo pixel adjacente, preservando a estrutura espacial da imagem.

Na agregação de imagens hiperespectrais (HSI), é possível extrair informações valiosas sobre a agregação para classificar objectos naturais, monitorizar o ambiente e outras tarefas. A agregação espetral é um dos métodos de agregação mais populares e tem sido aplicada com êxito na agregação de imagens hiperespectrais, atraindo uma atenção significativa. No entanto, a maioria destes métodos não tira partido da informação espacial em HSI, que poderia melhorar a correlação de pixéis e melhorar a precisão. Neste artigo [21], com base nas caraterísticas físicas da HSI, é proposta uma nova abordagem, designada por agrupamento de imagens hiperespectrais baseado na informação espacial e no agrupamento espetral (SISC). Ao combinar a janela espacial e os factores espectrais, o algoritmo utiliza a informação espacial-espetral conjunta, reconstrói o ponto central e revela a estrutura espacial local utilizando pontos espaciais próximos.

O domínio da imagiologia espetral compressiva (CSI) envolve a aquisição de projecções aleatórias de uma cena espetral. Convencionalmente, é necessária uma reconstrução computacionalmente dispendiosa da cena 3D subjacente antes de aplicar tarefas de pós-processamento, como o agrupamento. Os trabalhos anteriores centraram-se na adaptação das matrizes de deteção para melhorar a qualidade da reconstrução e os resultados subsequentes do pós-processamento. Em contrapartida, este documento [22] apresenta uma nova abordagem hierárquica adaptativa para criar uma matriz de deteção na câmara de um só pixel. A abordagem proposta permite o agrupamento de pixels diretamente no domínio comprimido. Em cada passo do modelo hierárquico, uma matriz de deteção é adaptada para facilitar a extração de caraterísticas de agrupamento diretamente a partir das medições comprimidas. O mapa de segmentação final é obtido através de votação por maioria a partir de resultados parciais de agrupamento em cada passo da hierarquia. As redes neuronais são uma ferramenta poderosa para extrair caraterísticas de alto nível das imagens, o que as torna promissoras no agrupamento de imagens. Várias arquitecturas de redes neuronais, incluindo redes neuronais convolucionais profundas (CNN), autoencoders e redes adversárias generativas (GAN), são ativamente exploradas para melhorar o processo de agrupamento e aumentar a precisão na identificação de padrões semelhantes. Os trabalhos [23-27] apresentam tendências e resultados vitais da aplicação de redes neuronais em tarefas de agregação de imagens, identificando simultaneamente desafios e perspectivas nesta área de investigação.

2.3 Imagem pré-processamento

Tendo em conta a arquitetura e os algoritmos dos modernos sistemas de visão por computador e das redes neuronais, distingue-se geralmente a fase de pré-processamento da imagem. Esta fase tem por objetivo preparar a imagem para um processamento mais eficiente e rápido. Neste contexto, o primeiro passo da fase de pré-processamento consiste em reduzir a escala da imagem.

O fator de redução da escala e o filtro anti-aliasing são geralmente selecionados experimentalmente, de acordo com os requisitos de eficiência, tendo em conta as caraterísticas do equipamento do sistema de visão por computador. Os autores deste artigo realizaram uma série de experiências, tendo chegado às seguintes conclusões.

Quando a escala é reduzida uma vez, é utilizada uma janela quadrada cujo tamanho linear é um número inteiro superior a 1 (2, 3, ...). Se planear reduzir a escala iterativamente e trabalhar com a pirâmide de imagens, então o tamanho linear da janela, tal como quando se trabalha com SNS [1], deve ser um múltiplo de uma potência de um número inteiro superior a 1. Para alterar rápida e suavemente a escala sem perder detalhes significativos da cena, são normalmente consideradas potências de 2 (2, 4, 8, ...). Relativamente aos filtros de suavização, os autores testaram a diluição, o cálculo da média e uma série de filtros adaptativos [8]. Verificou-se que o desbaste é o melhor em termos de eficiência temporal. Normalmente, a sua qualidade é apenas ligeiramente inferior à dos outros filtros. Com uma qualidade de imagem de entrada elevada, o desbaste não é inferior em comparação com outros filtros. Por conseguinte, recomenda-se que o filtro de afinamento seja utilizado por defeito.

O seguinte filtro de média (2.1) é ótimo para a transmissão mais realista de pequenos detalhes se existirem recursos computacionais suficientes e quando se processam imagens pequenas. Além disso, nestas condições, este filtro é ótimo para a suavização do ruído em termos de tempo e de qualidade.

$$r = \frac{1}{W}\sum_{i=1}^{n} r_i \cdot w_i\,,\ W = \sum_{i=1}^{n} w_i, \quad (2.1)$$

em quer_i é o nível de brilho para o componente do modelo de cor na vizinhança (cada elemento é processado separadamente um do outro) ew_i são os coeficientes de peso [1, 8]. Na prática, o filtro médio é mais frequentemente utilizado com .$w_i = 1$

Os filtros adaptativos são, especialmente com janelas de grandes dimensões, inaceitavelmente suaves em pequenos detalhes, linhas e fragmentos de limites de objectos [1, 8]. São também caracterizados por uma estimativa de complexidade não linear (frequentemente quadrática). Por conseguinte, a sua utilização é inaceitável sem uma justificação especial.

Para reduzir a complexidade do agrupamento, para além de reduzir a escala, propõe-se otimizar a grelha de partição do espaço RGBH, em que *H*(*r*, *g*, *b*) é a frequência dos valores (*r*, *g*, *b*) no espaço RGB.

Ao preparar os dados para o agrupamento, uma imagem é digitalizada e é formada uma matriz *H*(*r*, *g*, *b*). As células desta matriz armazenam dados sobre a frequência de distribuição das cores (*r*, *g*, *b*) nos pixels da imagem. Em seguida, o agrupamento das áreas de cor no espaço RGB é efectuado utilizando esta matriz.

Para uma imagem a cores padrão (tipo 24 bits) no modelo RGB, são definidas$2^8 \cdot 2^8 \cdot 2^8 = 16\ 777\ 216$ cores possíveis. Para muitas aplicações, dada a natureza iterativa do agrupamento, o processamento de um número tão elevado de células não é aceitável em termos de complexidade computacional. É também desnecessário porque a análise dos resultados da experiência mostra que o conteúdo de muitas células não é informativo.

Numa situação destas, é aconselhável reduzir o número de células no espaço RGB. Para tal, aumentamos a grelha de partição do espaço RGB utilizando o fator$d = 2^n$ (Fig. 2.1). Numerosas experiências mostraram que os melhores resultados são obtidos nos passos 4 e 8. Na maioria das experiências, foi possível reduzir a complexidade do agrupamento em cerca de 64 (512) vezes sem diminuir a qualidade, utilizando células alargadas 4 · 4 · 4 (ou 8 · 8 · 8). Nestas condições, o espaço RGB é primeiro dividido em células alargadas com um passo$d$, após o que a frequência é calculada para estas células através da adição das frequências das células unitárias (*r, g, b*).

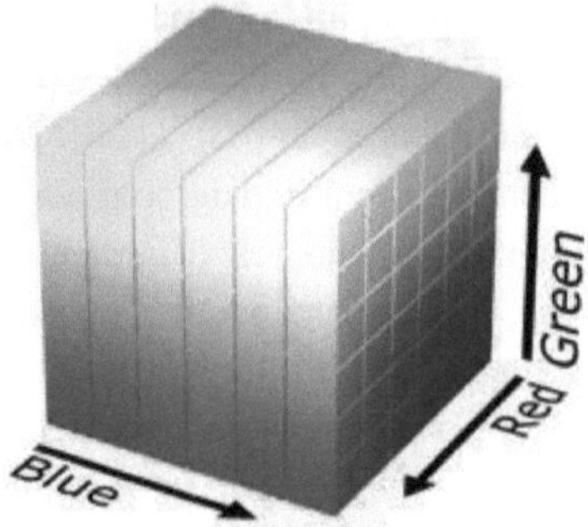

Fig. 2.1. Ampliação da grelha de partição do espaço RGB [28]

Para uma construção adequada de grupos de forma arbitrária, está planeado (isto será descrito abaixo) analisar as linhas de nível da função *H*(*r, g, b*). A análise das distribuições típicas *H*(*r, g, b*) mostrou o seguinte. Quase todas as imagens têm um ou vários objectos dominantes. A frequência da região cromática do objeto dominante é, em regra, várias ordens de grandeza superior às frequências dos outros objectos da imagem. Visualmente, esta frequência parece um pico separado no histograma. Nesta situação, considerar todas as linhas do nível de distribuição *H*(*r, g, b*) é redundante e desnecessariamente trabalhoso.

Propõe-se a quantização da frequência num número pré-determinado (optimizado na fase de formação) de níveis$k$ para encontrar um equilíbrio entre a complexidade computacional e a qualidade. Para tal, é utilizada uma lei de quantização não linear (análoga à escala logarítmica) para neutralizar a influência dos objectos dominantes na imagem. Para este efeito, é proposta uma função flexível de formação dos limites dos níveis de quantização de$k$ frequência:

$$b_j = \frac{Max}{k}(k - j) \cdot c^j, \quad (2.2)$$

em que$b$ é o limite de quantização do nível , ;$jj = 0, \dots, kMax$ é a frequência máxima,c é o coeficiente de supressão da frequência de pico dos objectos dominantes (Fig. 2.2).

$Max := 10000 \qquad k := 20 \qquad j := 0..k$

$b10_j := \frac{Max}{k} \cdot (k - j) \cdot 1^j \qquad b09_j := \frac{Max}{k} \cdot (k - j) \cdot 0.9^j \qquad b08_j := \frac{Max}{k} \cdot (k - j) \cdot 0.8^j$

Após a determinação de todos os parâmetros dos modelos, o pré-processamento da imagem é efectuado de acordo com o seguinte algoritmo:

1) a imagem é redimensionada para o tamanho pretendido;

2) a imagem resultante é digitalizada:

- as frequências das células são encontradas na grelha alargada no espaço RGB;

- as frequências encontradas são quantizadas de acordo com (2.2). Depois disso, os níveis de quantização$j = 1, \dots, k$ são utilizados em vez das frequências.

2.4 Agrupamento de dados

O algoritmo de agrupamento é iterativo. As iterações externas do algoritmo são utilizadas para enumerar e considerar sequencialmente os níveis($j = 1, \dots, k$) de quantização da frequência das células no cubo RGB. As iterações internas são utilizadas para construir agrupamentos no nível de quantização atual, tendo em conta os resultados de agrupamento nos níveis anteriores. Assim, os níveis de quantização são vistos de cima para baixo, começando pelos níveis mais significativos ($j = 1, \dots, k$). Para o nível$j$, os clusters de células adjacentes com uma frequência ao nível$j$ são construídos utilizando o método das ondas. No espaço RGB tridimensional, duas células distintas(r_ξ, g_ξ, b_ξ) e(r_η, g_η, b_η) são consideradas adjacentes se for satisfeita a seguinte condição

$$|r_\xi - r_\eta| \leq 1 \; AND \; |g_\xi - g_\eta| \leq 1 \; AND \; |b_\xi - b_\eta| \leq 1. \quad (2.3)$$

Estes clusters são numerados por ordem crescente. Os clusters construídos a partir de células do mesmo nível serão chamados simples. Os clusters adjacentes construídos no nível atual e num dos níveis anteriores, se existirem, são fundidos. Os clusters que têm células adjacentes são considerados adjacentes.

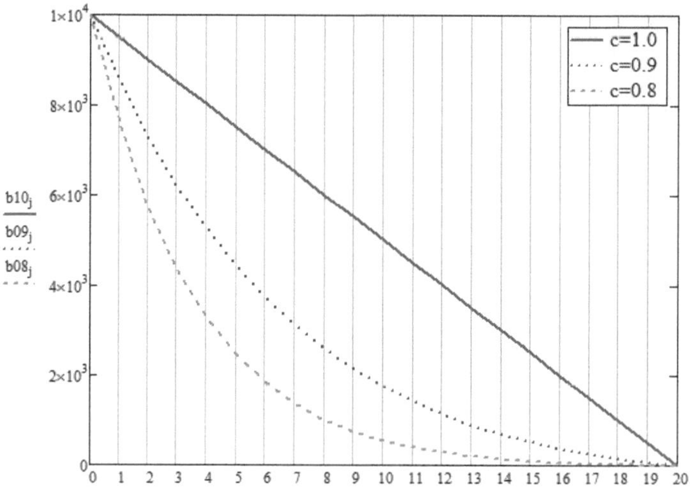

$b10_j =$	$b09_j =$	$b08_j =$
10000	10000	10000
9500	8550	7600
9000	7290	5760
8500	6196.5	4352
8000	5248.8	3276.8
7500	4428.675	2457.6
7000	3720.087	1835.008
6500	3108.93	1363.149
6000	2582.803	1006.633
5500	2130.813	738.198
5000	1743.392	536.871
4500	1412.148	386.547
4000	1129.718	274.878
3500	889.653	192.415
3000	686.304	131.941
2500	514.728	87.961
2000	370.604	56.295
1500	250.158	33.777
1000	150.095	18.014
500	67.543	7.206
0	0	0

Fig. 2.2. Listagem, onde: a) família de funções para quantização de frequências; b) limites dos níveis de quantização em forma numérica

Um cluster resultante da fusão de clusters é designado por cluster composto. Tal como um cluster simples, recebe um novo número. Utilizamos a numeração contínua para numerar os clusters (Fig. 2.3 - Fig. 2.5).

Para garantir a estabilidade do método de agrupamento ao ruído e às sombras dos objectos (para que os agrupamentos não sejam falsamente combinados num único agrupamento), pelo menos o nível mais baixo$j = k$ não é considerado na construção dos agrupamentos. Neste caso, podemos perder objectos de pequena dimensão. Neste caso, podemos perder objectos de pequena dimensão, mas manteremos uma estrutura aninhada adequada de objectos de grande dimensão. A informação sobre eles em cada iteração é armazenada em três tabelas durante a construção de clusters. A primeira tabela (Cluster) armazena informações gerais sobre todos os clusters (Tabela 2.1, Tabela 2.4, Tabela 2.7).

Fig. 2.3. O resultado da primeira iteração ($j = 1$). Foram formados dois clusters simples com o mais alto nível de significância.

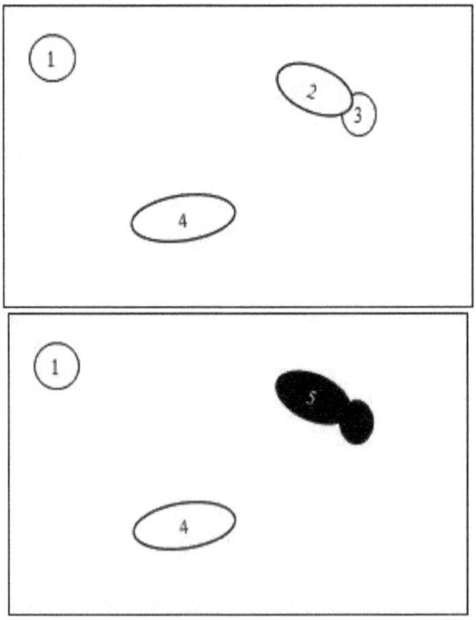

Fig. 2.4. O resultado da segunda iteração ($j = 2$). Foram formados dois clusters simples com os números 3 e 4. Em seguida, foi formado um cluster composto com o número 5, combinando os clusters número 2 e 3

Esta tabela armazena o número do cluster (numeração contínua), o tipo de cluster (simples/composto), o número do nível ($j = 1, \dots, k$) em que o cluster é construído e o número do cluster na tabela de clusters simples/compostos. A segunda tabela (S-Cluster) armazena informações sobre clusters simples (Tabela 2.2, Tabela 2.5, Tabela 2.8). Esta tabela armazena o número de um agrupamento simples no sistema de numeração contínua de agrupamentos simples, o número de um agrupamento simples na tabela Cluster e uma referência à matriz de coordenadas das células$\{ [r, g, b]_i\}_i$ a partir das quais o agrupamento simples é construído. A terceira tabela (C-Cluster) armazena informações sobre clusters compostos (Tabela 2.3, Tabela 2.6, Tabela 2.9). Esta tabela armazena o número do cluster composto no sistema contínuo de numeração de clusters compostos, o número do cluster composto na tabela Cluster e a tupla de clusters a partir da qual o cluster composto é construído.

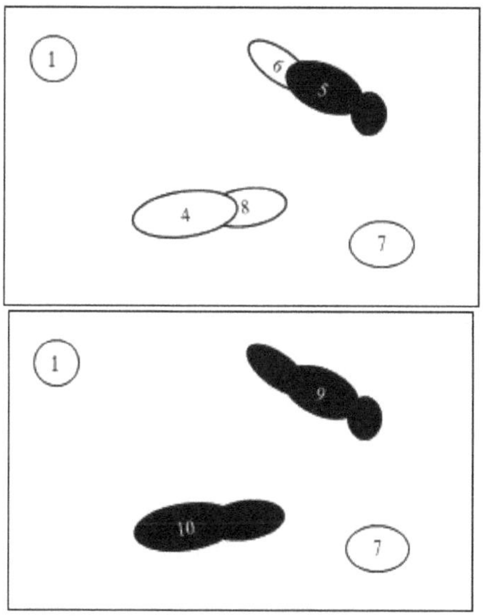

Fig. 2.5. O resultado da terceira iteração ($j = 3$) . Foram formados três grupos simples com os números 6, 7 e 8. Em seguida, formaram-se dois clusters compostos com os números 9 e 10

Tabela 2.1. Cluster (Após a 1ª Iteração)

Número de cluster	Tipo de cluster	Nível Número	Número de cluster na tabela de cluster S- / C

1	S	1	1
2	S	1	2

Tabela 2.2. Aglomerado S (Após a 1ª Iteração)

Número do cluster S	Número do cluster S na tabela de clusters	Referência da matriz de células S-Cluster
1	1	SC[1]
2	2	SC[2]

Tabela 2.3. Cluster (Após a 2ª Iteração)

Número de cluster	Tipo de cluster	Nível Número	Número de cluster na tabela de cluster S- / C
1	S	1	1
2	S	1	2
3	S	2	3
4	S	2	4
5	C	2	1

Tabela 2.4. S-Cluster (após a 2ª iteração)

Número do cluster S	Número do cluster S na tabela de clusters	Referência da matriz de células S-Cluster
1	1	SC[1]
2	2	SC[2]
3	3	SC[3]
4	4	SC[4]

Tabela 2.5. Aglomerado C (Após a 2ª Iteração)

Número do cluster C	C-Número do cluster na tabela de clusters	C-Cluster Tuple of Clusters
1	5	(2,3)

Tabela 2.6. Cluster (Após a 3ª Iteração)

Número de cluster	Tipo de cluster	Nível Número	Número de cluster na tabela de cluster S- / C
1	S	1	1
2	S	1	2
3	S	2	3
4	S	2	4
5	C	2	1
6	S	3	5
7	S	3	6
8	S	3	7
9	C	3	2
10	C	3	3

Tabela 2.7. S-Cluster (Após a 3ª Iteração)

Número do cluster S	Número do cluster S na tabela de clusters	Referência da matriz de células S-Cluster
1	1	SC[1]
2	2	SC[2]

3	3	SC[3]
4	4	SC[4]
5	6	SC[5]
6	7	SC[6]
7	8	SC[7]

Tabela 2.8. C-Cluster (Após a 3ª Iteração)

Número do cluster C	C-Número do cluster na tabela de clusters	C-Cluster Tuple of Clusters
1	5	(2,3)
2	9	(5,6)
3	10	(4,8)

A utilização das estruturas de dados propostas permite organizar e utilizar eficazmente um modelo relacional-hicrárquico para armazenar e processar informação sobre clusters, considerando o seu conteúdo aninhado. Adicionalmente, é possível armazenar a tabela Níveis (Tabela 2.9) com o número do primeiro registo de cada nível de clusterização ($j = 1, \dots, k$) na tabela Cluster por conveniência.

Tabela 2.9. Níveis (Após a 3ª Iteração)

Nível Número	Primeiro na tabela de clusters
1	1
2	3
3	6

2.5 Experiência

Durante a experiência, foram utilizadas duas imagens de automóveis (Fig. 2.6). As dimensões de cada imagem eram de 1 megapixel.

Fig. 2.6. Imagens do automóvel para experiências [29, 30]; objectos dominantes - céu, superfície da estrada, automóvel

Foram implementadas duas fases para delinear regiões homogéneas durante a experiência. Na primeira fase, o pré-processamento da imagem foi efectuado utilizando o método descrito na secção. Para reduzir a complexidade do agrupamento, foi optimizada a grelha de partição do espaço de cor RGBH, em que $H(r, g, b)$ representa a frequência dos valores (r, g, b) no espaço de cor RGB

Para a segunda fase da experiência, foram formados cinco conjuntos de dados durante o pré-processamento, cada um representando uma matriz unidimensional de frequências de cor na imagem processada na paleta RGB:

- Paleta RGB não optimizada - 16.777.216 cores possíveis (2^8·2^8·2^8).
- Utilizando uma célula 2x2x2, a frequência de cores consecutivas e vizinhas na célula 2x2x2 é somada em 2.097.152 cores possíveis.
- Utilizando uma célula 4x4x4, a frequência das cores consecutivas e vizinhas na célula 4x4x4 é somada numa - 262.144 cores possíveis.
- Utilizando uma célula 8x8x8, a frequência de cores consecutivas e vizinhas na célula 8x8x8 é somada numa - 32.768 cores possíveis.

- Utilizando uma célula 16x16x16, a frequência de cores consecutivas e vizinhas na célula 16x16x16 é somada numa - 4.096 cores possíveis.

O algoritmo da experiência foi implementado em C# na plataforma .NET Framework. A visualização da segunda etapa, especificamente a clusterização, foi realizada utilizando o motor Unity 3D [31].

A segunda fase, o processo de agrupamento, foi implementada utilizando o método descrito na Secção 3.2, com base no conjunto de dados de frequências de cores preparado durante o pré-processamento. O tempo de execução da fase de clusterização foi medido para cada conjunto de dados. O motor Unity 3D foi utilizado para visualizar o processo de agrupamento.

2.6 Resultados

Utilizaremos o pacote Unity e a representação clássica de imagens para visualizar e avaliar a qualidade dos resultados da agregação. Como mostra a análise dos resultados experimentais, as baixas estimativas da complexidade do agrupamento são totalmente confirmadas. O tempo de um agrupamento single-threaded não optimizado de uma imagem de 1 MP (processador - Intel Core i5 6600k 3,7 GHz, RAM - 16 Gb DDR4) para células 4x4x4 praticamente significativas é de aproximadamente 0,25 segundos, e para células 8x8x8 é de aproximadamente 0,0225 segundos. Em termos de qualidade, a situação é a seguinte. Numa primeira aproximação, todos os objectos da imagem podem ser divididos em duas categorias principais: monocromáticos e não monocromáticos. A qualidade do agrupamento dos objectos monocromáticos pode ser considerada bastante aceitável. Quanto aos objectos não monocromáticos, obtemos muitos tons desfocados para um objeto com uma frequência baixa em vez de um único tom com uma frequência alta.

Os clusters correspondentes são construídos e combinados nos níveis inferiores. Nas piores condições, são combinados no nível mais baixo. Ao mesmo tempo, são também combinados com clusters adjacentes de outros objectos. Como resultado, as cores de vários objectos formam um único agrupamento. Vamos considerar a situação com exemplos. Como dados iniciais, consideremos os carros mostrados na Fig. 6 (parâmetros de agrupamento: número de níveis$k = 20$, coeficiente de supressão$c = 0.75$, tamanho da célula $8 \cdot 8 \cdot 8$). Comecemos por analisar os dados "bons" para o carro comparativamente monocromático da Fig. 6.a. Como esperado, os objectos dominantes com uma frequência elevada foram os primeiros a destacarem-se relativamente bem. No início, um céu monocromático foi agrupado pelo 9° nível (Fig. 2.7.a). De seguida, um grupo com tons de preto destacou-se no 13° nível (Fig. 2.7.b). De seguida, o cluster correspondente à parte unicolor do carro foi construído no 15° nível (Fig. 2.7.c). Depois disso, no nível 15, as cores insaturadas (localizadas perto do eixo da escala de cinzentos) começaram a combinar-se (Fig. 2.8). Porque é que isso acontece? Para compreender as razões, vejamos o que acontece no espaço de cores nos níveis 13 (em cima à esquerda) a 20 (em baixo à direita) sem os níveis 18 e 19 utilizando o Unity (Fig. 2.9). A partir do nível 14, os clusters fundem-se gradualmente no espaço de cor, especialmente perto do eixo da escala de cinzentos. Isto deve-se à construção de grupos com cores correspondentes a objectos diferentes.

Fig. 2.7. O agrupamento de fragmentos monocromáticos da cena da Fig. 2.6.a.

Fig. 2.8. O resultado da combinação de fragmentos não saturados da cena da Fig. 2.6.a. (Nível 15).

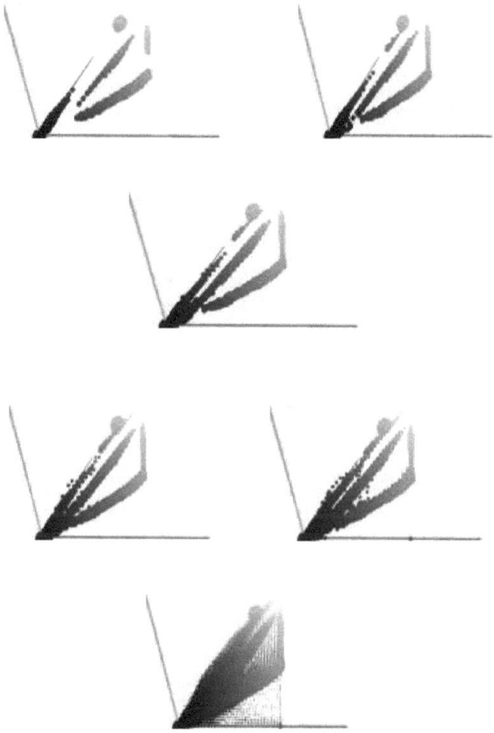

Fig. 2.9. Visualização do resultado em Unity (distribuição das frequências de cor dos pixels na paleta RGB (0-256) para a imagem analisada, com valores de cor nos eixos (vermelho, verde, azul))

Fig. 2.10. O resultado do agrupamento de automóveis na Fig. 2.6.b.

Consideremos os dados "maus" nas mesmas condições iniciais. Consideremos um carro não monocromático (devido a uma iluminação irregular) na Fig. 2.6.b. Relativamente aos objectos dominantes, os objectos azuis, cinzentos e pretos agrupam-se relativamente bem no 10º nível (Fig. 2.10.a-c). O fragmento colorido do carro só aparece no 11º nível (Fig. 2.10.d). No mesmo nível, a fusão dos grupos começa significativamente na região das cores insaturadas (Fig. 2.10.e). É ainda mais visível no 12º nível (Fig. 2.10.f). A parte colorida do carro destaca-se mais ou menos apenas no 14º nível e funde-se imediatamente num grupo com outros objectos (Fig. 2.11). A parte colorida do automóvel destaca-se mais ou menos apenas no 14º nível e funde-se imediatamente num grupo com outros objectos (Fig. 2.11). Isto deve-se à grande variedade de cores da parte vermelho-violeta do automóvel e à inseparabilidade desta nuvem no cubo RGB das cores adjacentes (Fig. 2.12). Todos os resultados de agrupamento (Fig. 2.9 e Fig. 2.12) mostram um efeito interessante. As cores saturadas dos objectos, qualquer que seja a sua distribuição no cubo RGB, estão localizadas de forma bastante compacta no plano ao longo da componente H do modelo HSV. Além disso, estes dados 3D podem ser processados e filtrados. Além disso, a saturação S do objeto também muda ligeiramente para dados "bons" (carro laranja na Fig. 2.9). Por este motivo, a forma do agrupamento do objeto repete a secção triangular formada pelo semi-plano de cor e pelas arestas do cubo RGB. Os resultados de agrupamento das imagens consideradas em todos os níveis podem ser consultados aqui [32].

Fig. 2.11. O resultado do agrupamento de automóveis da Fig. 2.6.b.

Figura 2.12. Visualização do resultado em Unity (distribuição das frequências de cor dos pixels na paleta RGB (0-256) para a imagem analisada, com valores de cor nos eixos (vermelho, verde, azul)) (níveis 10 - 18, 20).

2.7 Discussões

Os resultados das experiências indicam a elevada eficiência do método proposto para a agregação de imagens a cores. O agrupamento demonstra a capacidade de extrair eficazmente regiões de cor, tornando-o promissor em sistemas de visão computacional e de inteligência artificial em tempo real.

Um dos principais méritos do sistema desenvolvido é a sua elevada velocidade de processamento em tempo real. Como mostra a tabela, a fusão de frequências de cores adjacentes em células 4x4x4 e 8x8x8 durante a fase de pré-processamento produz atrasos temporais mínimos no agrupamento, mantendo uma qualidade satisfatória. Esta caraterística torna o sistema eficaz e rápido em condições que exigem um tratamento rápido dos dados.

Tabela 2.10. Resultados de agrupamento

Tamanho da célula	Número de cores	Tempo, segundos	Eficiência de agrupamento
1x1x1	16 777 216	120-180	Excelente
2x2x2	2 097 152	10	Excelente
4x4x4	262144	0,25	Excelente
8x8x8	32768	0,0225	Bom
16x16x16	4096	<0,01	Mau

A avaliação da qualidade do agrupamento confirma uma precisão e fiabilidade suficientemente elevadas na delineação de várias regiões de cor nas imagens. O desempenho do algoritmo conduz a grupos claros e distinguíveis, afirmando a sua aplicabilidade num vasto espetro de dados visuais. Além disso, o sistema demonstrou robustez a variações nas condições, tais como alterações na iluminação, na resolução da imagem e no ruído. A análise comparativa com outros métodos realça uma vantagem vital do sistema desenvolvido: ao contrário do método k-means, não necessita de um número pré-determinado de clusters. O método k-means pressupõe que o número de clusters é conhecido de antemão, o que pode ser uma limitação em cenários do mundo real em que o número de clusters pode ser variável e desconhecido. O sistema desenvolvido mostra a determinação automática do número ótimo de agrupamentos com base nas caraterísticas intrínsecas dos dados. Aumenta significativamente a flexibilidade e a aplicabilidade do método quando o número de clusters delineados numa imagem não é pré-determinado. Esta abordagem é preciosa em condições de tempo real, em que é necessária uma adaptação instantânea às condições variáveis e à dinâmica dos dados. A determinação automática do número de clusters reduz a necessidade de reconfiguração, tornando o método mais conveniente e versátil para vários cenários de utilização. O método de agrupamento desenvolvido tem muitas aplicações práticas, incluindo o processamento de dados em fluxo contínuo em tempo real, o reconhecimento automático de objectos em imagens e a otimização de processos de visão computacional em inteligência artificial. As possíveis direcções para investigação futura incluem o aperfeiçoamento do método para lidar com diferentes tipos de imagens, a expansão da funcionalidade para cenários multitarefa e a realização de investigações aprofundadas sobre o impacto dos parâmetros nos resultados do agrupamento.

2.8 Conclusões

O documento propõe um algoritmo de agrupamento rápido baseado na utilização consistente do pré-processamento e do agrupamento dos pixéis da imagem no espaço RGB. Na fase de pré-processamento (a), a escala é primeiro reduzida e (opcionalmente) a imagem é suavizada, (b) as frequências de cor agregadas são encontradas na grelha ampliada do espaço RGB, (c) é efectuada a quantização adaptativa das frequências das células dessa grelha em RGBH.

O algoritmo de pré-processamento proposto permite preparar rapidamente os dados e reduzir o número de células espaciais enumeradas em várias ordens de grandeza aquando da construção de agrupamentos em RGBH. Por conseguinte, a complexidade da agregação de dados em RGBH é reduzida. Obtemos as seguintes conclusões com base na média dos dados experimentais (o escalonamento não é tido em conta como procedimento padrão): 1) a amostragem da grelha é, na maioria das vezes, efectuada com um fator de 4 (ou 8), pelo que o número de células no espaço RGBH é reduzido 64 (ou 512) vezes; 2) o número de níveis de quantização varia geralmente entre 16 e 32, enquanto a frequência de algumas células pode atingir 10 000 ou mais. Nesta situação, as gradações de frequência diminuem de 100 a 1000 vezes. Como resultado, o algoritmo proposto permite agrupar dados quase instantaneamente. Foi utilizado o seguinte sistema informático para as experiências: CPU - Intel Core i5 6600k 3,7 GHz, RAM - 16 Gb DDR4. O software foi executado localmente num único terço. São processadas imagens a cores com um tamanho de 1 MP e o número de níveis $ék = 20$. Nestas condições, o tempo de agrupamento é: a) para 1x1x1 células - vários minutos, o resultado não é muito estável (não tem sentido prático); b) para 2x2x2 células - cerca de 10 segundos; c) para 4x4x4 células - cerca de 0,25 segundos; d) para 8x8x8 células - cerca de 0,0225 segundos. A elevada eficiência do algoritmo proposto (tendo em conta a possibilidade de processamento paralelo dos dados) permite a sua utilização para o agrupamento e segmentação mesmo em sistemas embebidos de potência relativamente baixa.

Devido à parametrização abrangente, os algoritmos de pré-processamento podem ser ajustados às caraterísticas do problema que está a ser resolvido.

O algoritmo de clustering proposto permite a construção adequada de clusters de forma arbitrária para objectos relativamente monocromáticos, considerando a posição das linhas de nível. Permite também a criação de uma hierarquia de agrupamentos (correspondente às linhas de nível), o que é essencial para separar objectos próximos em termos de cor na imagem durante o processamento subsequente. Infelizmente, os objectos não sólidos (normalmente iluminados de forma irregular) podem não ser processados adequadamente, uma vez que as suas cores são altamente difusas e tornam-se adjacentes às cores de outros objectos.

2.9 Referências

[1] Rafael C. Gonzalez, Richard E. Woods Digital Image Processing, 4ª edição Pearson/Prentice Hall, 2018. - 1168p.P. S. abril, R. Plant, The patent holder's dilemma: Buy, sell, or troll?, Communications of the ACM 50 (2007) 36-44. doi:10.1145/1188913.1188915.

[2] I. Ruban, et. al., O aumento da eficácia do cálculo da deteção de objetos aéreos combinando radares de vigilância no sistema coerente // Revista Internacional de Tendências Emergentes em Pesquisa de Engenharia. - Vol. 8. (№ 4), 2020. - P. 1295-1301.

[3] V. Lishchenko, et al. Propostas para melhorar a informatividade da vigilância aérea em sistemas de radar MIMO baseados em radares bidimensionais // Intern. Scient.-Pract. Conf. Problemas de Infocomunicações. Ciência e Tecnologia (PIC S&T), 9-12 de outubro de 2018, Kharkiv. - P. 153-156.

[4] S. Orozco-Arias et al., "SENMAP: Uma arquitetura de rede neural convolucional para curadoria de bibliotecas LTR-RT de genomas de plantas", 2021 IEEE 2º Congresso Internacional de Engenharia Biomédica e Bioengenharia, Bogotá DC, Colômbia, 2021, pp. 1-4, doi: 10.1109/CI-IBBI54220.2021.9626130.

[5] Lishchenko V., et al. O método de aumentar o alcance de deteção de veículos aéreos não tripulados em sistemas multiradar baseados em radares de vigilância // IEEE 39ª Conferência Internacional sobre Eletrónica e Nanotecnologia (ELNANO), 16-18 de abril de 2019, Kiev, Ucrânia. - P. 559-562.

[6] C. Mejia-Escobar, et al. "Improving Facial Expression Recognition Through Data Preparation and Merging," in IEEE Access, vol. 11, pp. 71339-71360, 2023, doi: 10.1109/ACCESS.2023.3293728.

[7] B. Zhao, J. R. Sveinsson, M. O. Ulfarsson e J. Chanussot, "Algoritmos de redução de dimensionalidade de misturas (semi) supervisionadas de analisadores de fatores e misturas profundas de analisadores de fatores para classificação de imagens hiperespectrais", IGARSS 2019 - Simpósio Internacional de Geociências e Sensoriamento Remoto IEEE 2019, Yokohama, Japão, 2019, pp. 887-890, doi: 10.1109/IGARSS.2019.8898932.

[8] Ruban I., et. al. Provisão de Sobrevivência de Sistema Móvel Reconfigurável na Exposição à Radiação Electromagnética de Alta Potência. Processamento do Workshop CEUR. - Kyiv, Ucrânia, 2017. - P. 105-111.

[9] Serkov A., et al. Sinais de banda ultra larga em sistemas de controlo de veículos aéreos não tripulados. Conferência Internacional do IEEE sobre "Sistemas, serviços e tecnologias confiáveis", 2019, pp. 26-29.

[10] Tkachov V., Tokariev V., Dukh Y., Volotka V. Method of Data Collection in Wireless Sensor Networks Using Flying Ad Hoc Network // IEEE International Scientific-Practical Conference "Problems of Infocommunications, Science and Technology", 2018, Kharkiv, Ucrânia, 9-12 de outubro. - P. 197-201.

[11] Yevdokymenko M. Investigação da abordagem tensorial para fornecer qualidade multimédia em redes de infocomunicações. Actas do Workshop Ceur 2019, Vol. 2654, pp. 227-239.

[12] Yevdokymenko M., Mohamed E., Onwuakpa P. Ethical hacking and penetration testing using raspberry PI // 2017 4th International Scientific-Practical Conference Problems of Infocommunications. Ciência e Tecnologia (PIC S&T), Kharkiv, 2017. - P. 179-181.
[13] Kuzminykh I., et al. Investigation of the IoT device lifetime with secure data transmission (Investigação do tempo de vida dos dispositivos IoT com transmissão segura de dados). Notas de aula em Ciência da Computação, Springer, Cham. Vol. 11660. - P. 16-27.
[14] H. Palus e M. Frackiewicz, "Deterministic vs. Random Initializations for K-Means Color Image Quantization", 2019 15th International Conference on Signal-Image Technology & Internet-Based Systems (SITIS), Sorrento, Itália, 2019, pp. 50-55, doi: 10.1109/SITIS.2019.00020.
[15] S. Dinc, R. Russell e L. A. C. Parra, "Cloud Region Segmentation from All Sky Images using Double K-Means Clustering," 2022 IEEE International Symposium on Multimedia (ISM), Itália, 2022, pp. 261-262, doi: 10.1109/ISM55400.2022.00058.
[16] F. Lopez-Tiro, et al. "Localization of blood vessels in in-vitro LSCI images with K-means," 2021 IEEE International Instrumentation and Measurement Technology Conference (I2MTC), Glasgow, Reino Unido, 2021, pp. 1-5, doi: 10.1109/I2MTC50364.2021.9460100.
[17] A. Ito, "Successive Binary Partition K-means Method for Clustering with Less Cluster Size Bias", 2022 7th International Conference on Signal and Image Processing (ICSIP), Suzhou, China, 2022, pp. 772-776, doi: 10.1109/ICSIP55141.2022.9886452.
[18] J. Prades, A. Salazar, G. Safont e L. Vergara, "Experimental Study of Hierarchical Clustering for Unmixing of Hyperspectral Images," 2021 IEEE International Conference on Aerospace Electronics and Remote Sensing Technology (ICARES), Bali, Indonésia, 2021, pp. 1-5, doi: 10.1109/ICARES53960.2021.9665201.
[19] J. Bacca, K. Sanchez e H. Arguello, "Sparse Subspace Clustering for Hyperspectral Images with Missing Pixels", 2019 XXII Simpósio de Imagem, Processamento de Sinais e Visão Artificial (STSIVA), Bucaramanga, Colômbia, 2019, pp. 1-5, doi: 10.1109/STSIVA.2019.8730242.
[20] Y. Wei, C. Niu, H. Wang e D. Liu, "O agrupamento de imagens hiperespectrais com base em informações espaciais e agrupamento espetral", 2019 IEEE 4th International Conference on Signal and Image Processing (ICSIP), Wuxi, China, 2019, pp. 127-131, doi: 10.1109/SIPROCESS.2019.8868487.
[21] C. Hinojosa, et al. "Projeto de matriz de deteção de câmera de pixel único para agrupamento espetral comprimido hierárquico", 2019 IEEE 29º Workshop Internacional sobre Aprendizado de Máquina para Processamento de Sinais (MLSP), Pittsburgh, PA, EUA, 2019, pp. 1-6, doi: 10.1109/MLSP.2019.8918856.
[22] J. Lopez, et al. "Fast Subspace Clustering Algorithm with Efficient Similarity-Constrained Sampling for Hyperspectral Images," 2021 IEEE 31st International Workshop on Machine Learning for Signal Processing (MLSP), Gold Coast, Austrália, 2021, pp. 1-6, doi: 10.1109/MLSP52302.2021.9596507.
[23] K. Smelyakov, A. Chupryna, O. Bohomolov e I. Ruban, "The Neural Network Technologies Effectiveness for Face Detection," 2020 IEEE Third International Conference on Data Stream Mining & Processing (DSMP), 2020, pp. 201-205, doi: 10.1109/DSMP47368.2020.9204049.
[24] K. Smelyakov, A. Chupryna, O. Bohomolov e N. Hunko, "The Neural Network Models Effectiveness for Face Detection and Face Recognition," 2021 IEEE Open Conference of Electrical, Electronic and Information Sciences (eStream), 2021, pp. 1-7, doi: 10.1109/eStream53087.2021.9431476.
[25] K. Smelyakov, et al. "Eficiência da convolução de imagens", 2019 IEEE 8ª Conferência Internacional sobre Optoelectrónica Avançada e Lasers (CAOL), 2019, pp. 578-583, doi: 10.1109/CAOL46282.2019.9019450.
[26] M. Tonin e R. L. de Queiroz, "On Quantization of Image Classification Neural Networks for Compression Without Retraining," 2022 IEEE International Conference on Image

Processing (ICIP), Bordéus, França, 2022, pp. 916-920, doi: 10.1109/ICIP46576.2022.9897466.
[27] Kyrychenko, I., et. al. "Selection of Artificial Neural Networks for Disease Prediction", 2023 7th International Conference on Computational Linguistics and Intelligent Systems (COLINS-2023), 2023. - CEUR-WS, 2023, ISSN 16130073. - Volume 3387, PP. 236-248.
[28] Colour Space: https://cdn.firespring.com/images/36580bd4-0617-45db-9623-941537eab10d.png
[29] Imagem do automóvel: https://www.autocentre.ua/wp-content/uploads/2018/05/Die-Besten-bis-5000-Euro-TueV-Report-2018-1200x800-17fa1ff16f0bfc7a.jpg
[30] Imagem do automóvel: https://auto.ironhorse.ru/wp-content/uploads/2018/06/Q8-side.jpg
[31] https://unity.com
[32] https://drive.google.com/drive/folders/1MHdinKBlqIGuwz0Irtm4zYV10Ca-XLAK

Chapter 3. Desenvolvimento de um sistema inteligente de monitorização por drones da dinâmica ambiental urbana

O capítulo visa melhorar a eficiência da gestão da cidade com base no desenvolvimento de sistemas de apoio à decisão de acordo com os resultados da monitorização e análise dos parâmetros do ambiente urbano. Para atingir o objetivo da investigação, serão desenvolvidas tecnologias e métodos de recolha, acumulação e apresentação de parâmetros do ambiente urbano, bem como o conceito desenvolvido de visualização e métodos para a análise da dinâmica de parâmetros a partir de sensores de drones.

3.1 Introdução

O objetivo do projeto é aumentar a eficiência da gestão da cidade com base no desenvolvimento de sistemas de apoio à tomada de decisões com base nos resultados da monitorização e análise dos parâmetros do ambiente urbano em Lviv. A implementação do projeto melhorará a qualidade de vida da população e assegurará o desenvolvimento sustentável das cidades [1-6]. Tarefas que devem ser resolvidas no desenvolvimento do projeto:

- A configuração de drones e de um conjunto de equipamentos que lhes permitam monitorizar um conjunto de parâmetros do ambiente urbano (temperatura, humidade, poluição sonora, nível de oxigénio, dióxido de carbono e monóxido de carbono, ecologização);
- O algoritmo intelectual para a formação da rota do movimento dos drones na área da cidade; desenvolvimento de métodos para a verificação automática de mapas cadastrais;
- Métodos de análise complexa de dados acumulados e sua visualização.

O desenvolvimento e a aplicação destas tecnologias permitir-nos-ão avaliar o estado ecológico da cidade, identificar as zonas problemáticas, constituir a base de apoio à tomada de decisões relativas ao desenvolvimento da cidade, etc. [7-14]. As tecnologias desenvolvidas podem ser ampliadas e alargadas a outras cidades e países.

3.2 Descrição pormenorizada do projeto

Estão a ser desenvolvidas tecnologias e ferramentas que melhorarão a qualidade e o nível de monitorização das alterações urbanas e das caraterísticas ambientais através da análise de dados de câmaras de vídeo e sensores móveis [15-20]. Os drones transmitirão os dados para formular propostas de resolução de problemas locais, nomeadamente a redução da poluição atmosférica, a verificação de mapas cadastrais, a ecologização dos territórios locais, etc. Para o acompanhamento qualitativo das alterações urbanas, propõe-se:

- Utilização de drones como agentes e colectores de informações relevantes com a capacidade de gerir de forma inteligente a sua rota de deslocação;
- Formação e utilização de um conjunto de sensores modernos que permitem obter os valores de parâmetros específicos do ambiente urbano no espaço (em zonas específicas da cidade, a diferentes alturas) e no tempo com geo-referenciação. Os sensores permitem monitorizar os seguintes parâmetros: temperatura ambiente, humidade, nível de oxigénio, dióxido de carbono, ruído, iluminação no escuro e, se necessário, outros parâmetros;
- Desenvolvimento de métodos para a análise da qualidade da ecologização das zonas urbanas locais com base nas imagens fotográficas e de vídeo recebidas, em combinação com outras caraterísticas do ambiente urbano (temperatura, humidade, nível de oxigénio, dióxido de carbono), para a tomada de decisões destinadas a melhorar o estado da ecologização;
- Desenvolvimento de métodos de verificação automatizada de mapas cadastrais da cidade utilizando fotografias e vídeos obtidos com a ajuda de um drone;
- Criação de métodos de análise dos resultados da monitorização dos parâmetros urbanos e da sua visualização, permitindo o acesso à administração local e

aos habitantes. Desenvolvimento do geoportal da cidade existente, adicionando-lhe novas camadas de informação de acordo com os resultados da monitorização dos parâmetros urbanos;

- Aplicação de métodos de aprendizagem automática para estudar o sistema de análise dos resultados da monitorização para desenvolver soluções e medidas para ajustar os parâmetros do ambiente urbano e prever a dinâmica das caraterísticas urbanas.

3.3 O projeto inclui

A execução do projeto baseia-se em métodos científicos inovadores e avançados e em tecnologias modernas de monitorização das alterações urbanas. A formação do sistema baseia-se na análise de dados pré-montados a partir de sensores e câmaras de vídeo. Inicialmente, os drones recebem várias rotas que cobrem toda a metrópole em diferentes períodos do dia. As rotas com cada partida subsequente são automaticamente ajustadas de acordo com a prioridade, e as rotas de outros drones são consideradas (para excluir a duplicação da monitorização do local).

Os moderadores estabelecem inicialmente as condições, caraterísticas e indicadores que determinam as áreas prioritárias do estudo (com base em avaliações de peritos). A estrutura do sistema de monitorização dos parâmetros urbanos é apresentada na Fig. 3.1 [1-14].

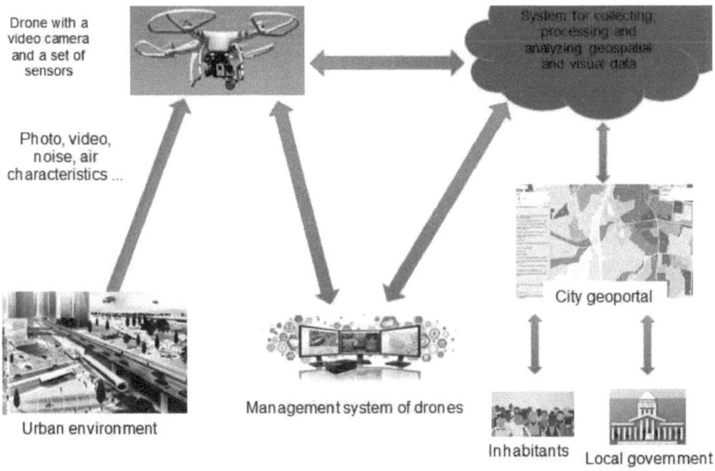

Fig. 3.1. A estrutura do sistema de monitorização das caraterísticas urbanas

Com base na análise de um conjunto de dados durante um longo período e utilizando algoritmos de auto-aprendizagem, a prioridade das tarefas de monitorização para um drone é automaticamente determinada. Os dados acumulados são analisados, resumidos, integrados e visualizados com uma sobreposição no mapa eletrónico do geoportal da cidade (Fig. 3.2). A participação de uma pessoa neste processo é minimizada. Existe uma troca constante de informações entre sistemas semelhantes de diferentes metrópoles para garantir a qualidade dos sistemas de formação e melhorar os algoritmos de análise e de previsão.

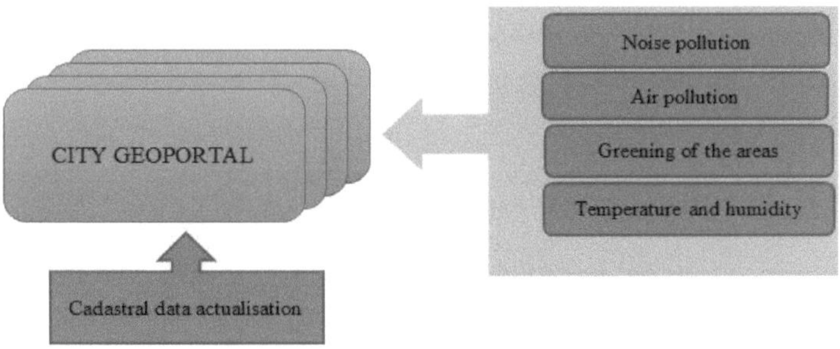

Fig. 3.2. Complemento do geoportal da cidade

As estatísticas acumuladas durante um longo período permitirão ajustar as regras de aprendizagem do sistema de gestão dos drones. O intercâmbio de dados acumulados entre metrópoles permitirá a análise comparativa das alterações urbanas e a interdependência das caraterísticas monitorizadas para a previsão a curto e longo prazo da evolução da situação e o desenvolvimento de soluções adequadas para a gestão dos parâmetros urbanos (Fig. 3.3). Os dados estatísticos acumulados sobre os resultados da monitorização do ambiente urbano constituirão a base para a análise do estado do ambiente e para o desenvolvimento de decisões de gestão sobre o impacto da administração local.

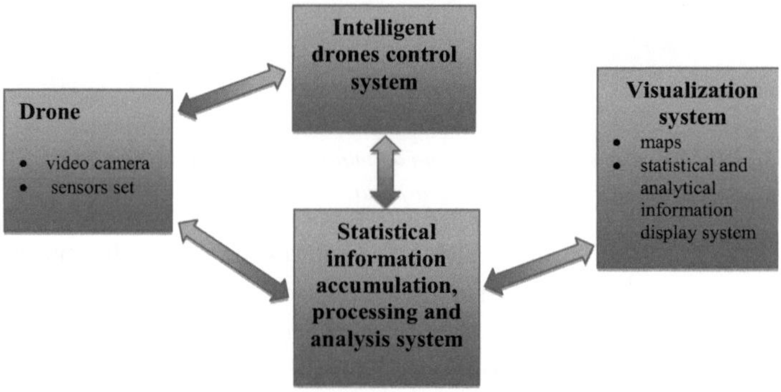

Fig. 3.3. Processo de monitorização das caraterísticas urbanas DROMOS

Para realizar a investigação no âmbito do projeto, está prevista a utilização do seguinte ***equipamento***: um drone do tipo helicóptero com uma carga útil de pelo menos 1 kg, resistência ao vento até 15 m/s com uma câmara a bordo e um sistema de estabilização de imagem; sensores de temperatura, humidade, oxigénio, dióxido de carbono; medidor de ruído; um conjunto de microcontroladores. Está previsto o aluguer do equipamento para poupar dinheiro.

3.4 Resultados que se espera alcançar

A execução do projeto terá um impacto global no ambiente social da cidade, fornecerá a base para um nível qualitativamente novo de gestão do ambiente urbano, melhorará o controlo e a compreensão do estado da situação ecológica nas cidades para desenvolver soluções para a sua melhoria, o que aumentará a qualidade de vida, reduzirá o impacto dos factores negativos na saúde humana, aumentará a atratividade da cidade para as pessoas e aumentará os investimentos, assegurará o desenvolvimento sustentável da cidade. O significado científico e técnico dos resultados esperados:

- Desenvolvimento do algoritmo inteligente para a formação de rotas de drones para monitorização de caraterísticas urbanas;
- Desenvolveu métodos de análise dos dados acumulados dos resultados da monitorização dos parâmetros urbanos e da sua visualização;
- Desenvolvimento de metodologia para a verificação de mapas cadastrais com base em fotos e vídeos de drones.

Os principais ***resultados práticos do projeto são***:

- Requisitos para as caraterísticas técnicas dos drones para utilização em tarefas de monitorização de parâmetros urbanos;
- Requisitos para a configuração de sensores para monitorização de parâmetros urbanos;
- Desenvolvimento do geoportal da cidade existente, acrescentando-lhe novas camadas que reflectem os resultados da monitorização;
- Criação de uma base de informações para apoiar a tomada de decisões do governo local sobre a gestão da cidade no âmbito da melhoria da situação ambiental;
- Melhoria da qualidade do ambiente urbano, melhorando a qualidade de vida e assegurando um desenvolvimento urbano sustentável;
- Estabelecimento de cooperação científica e técnica entre cientistas de instituições parceiras no âmbito do projeto.

Os resultados do projeto estarão disponíveis para instituições educativas, científicas e socio-ambientais, em parte para fins de segurança, e estarão abertos a residentes comuns. De acordo com os resultados do projeto, serão elaborados relatórios científicos, capítulos em publicações científicas e relatórios em conferências científicas e práticas. O projeto prevê o desenvolvimento de todas as tecnologias, tendo em conta a possibilidade da sua distribuição e aplicação em diferentes cidades de diferentes países, em particular na UE.

O impacto económico esperado do projeto a curto prazo é a poupança de custos através da utilização de uma tecnologia de monitorização mais barata e eficaz dos drones da cidade, em comparação com a utilização de aviões e helicópteros. A longo prazo, a criação de um ambiente urbano favorável e o reforço da atratividade da cidade conduzem à atração de investimentos.

Perspectivas de desenvolvimento do projeto. Os resultados obtidos com as tecnologias e os algoritmos desenvolvidos no âmbito do projeto proporcionarão a oportunidade de prosseguir a investigação nas seguintes direcções:

- Desenvolvimento de métodos de monitorização das caraterísticas urbanas por uma rede (enxame) de drones com análise e visualização da informação em tempo (quase) real;
- Desenvolvimento de métodos e meios de controlo das árvores em todos os tipos de espaços verdes (parques, ruas e pátios verdes, etc.), tendo em conta a composição das espécies, a idade, o estado, etc;)
- Identificação das espécies de árvores que morrem devido às alterações climáticas; formação de um programa de desenvolvimento estratégico e substituição da composição de espécies de vegetação nas cidades;
- Criação de tecnologias de controlo e análise do desenvolvimento habitacional existente (densidade, qualidade, número de habitantes, composição demográfica e disponibilidade dos elementos necessários ao bom funcionamento da habitação tais como escolas, jardins de infância, bibliotecas, lojas, farmácias, policlínicas, etc.);
- Identificação de anomalias térmicas em zonas urbanas;
- Desenvolvimento de mapas 3d para o geoportal da cidade para ajudar os serviços especiais da cidade (salvamento, polícia, serviços de emergência, etc.) e os prestadores de serviços a resolver os problemas que surgem.

3.5 Objectivos do presente projeto

O objetivo do projeto é desenvolver tecnologias e criar uma rede de monitorização de alguns parâmetros urbanos baseados na infocomunicação, tais como as emissões de substâncias nocivas para a atmosfera, os níveis de luz, a intensidade do tráfego, etc., dinâmica das suas alterações e interdependências ao longo de uma ampla gama de tempos de amostragem, ferramentas de monitorização e monitorização de vídeo, colocadas em drones que se deslocam ao longo de trajectórias (rotas) pré-determinadas para análise operacional e resolução de tarefas urbanísticas locais como o controlo de fumos, poeiras e gases É essencial enfatizar a importância da redução das emissões, da gestão do tráfego, da deteção operacional e localização de emergências, do estado e da dinâmica da ecologização de territórios densamente povoados, etc

Os objectivos são a recolha de dados através de sensores móveis e câmaras de vídeo e a análise do nível de emissões nocivas para a atmosfera. A tarefa consiste em monitorizar o nível de emissões tóxicas na cidade por meio de sensores móveis e câmaras de vídeo (câmaras de calor, câmaras de visão nocturna, câmaras de infravermelhos, etc.) em drones, uma vez que os sensores fixos não permitem a cobertura de toda a área, a monitorização a diferentes altitudes e a dinâmica das mudanças espaciais. A análise da distribuição temporal e espacial das estatísticas permite analisar e prever as alterações do nível de emissões nocivas para a atmosfera, em função da hora do dia, do dia da semana ou da época do ano. Um sistema baseado na inteligência artificial e em métodos de auto-estudo deve estabelecer regras de controlo das emissões nocivas para a atmosfera e fornecer uma base para a elaboração de propostas adequadas para a identificação de locais perigosos por diversos motivos (por exemplo, emissões de veículos e sua concentração em planos horizontais e verticais, emissões nas ruas mais movimentadas, emissões de empresas industriais e indústrias múltiplas nos territórios dos aglomerados populacionais, evaporação de combustível, que criam situações perigosas no óleo das estações, etc.).

Otimização de rotas de drones tendo em conta estatísticas pré-colhidas com localização de zonas e sua classificação por urgência de análise. A tarefa é analisar as rotas anteriores dos drones com a localização de zonas problemáticas com poluição, sem iluminação adequada e durante períodos específicos de engarrafamentos para permitir a previsão automática de rotas subsequentes, tendo em conta a prioridade do território para a investigação e recolha de informações. Utilizando métodos de inteligência artificial, o sistema aprende a ajustar as rotas consoante a época do ano, a hora do dia, a prioridade das áreas de estudo e os problemas de investigação, como emergências, incêndios, emissões nocivas, qualidade da luz ou engarrafamentos.

A separação das emissões provém dos transportes, da indústria e de outras fontes. Em função dos tipos de sensores e câmaras de vídeo instalados, o sistema identifica diferentes tipos de emissões atmosféricas perigosas, tendo em conta a aproximação ao nível de concentração perigosa (nível de concentração no ar, previsão da direção de distribuição, por exemplo, em jardins de infância, escolas, edifícios residenciais ou não residenciais, etc.). Elaboração de propostas de ecologização dos territórios localizados a partir dos resultados do acompanhamento da monitorização das emissões, das zonas prometedoras de paisagismo (telhados de edifícios, expansão do território dos parques, mudança das árvores existentes para outras mais adaptadas, etc.). Não apenas os dados recolhidos para localizar as zonas de ultrapassagem ou de aproximação dos níveis críticos de poluição, mas também para analisar as zonas onde existem espaços e oportunidades para o paisagismo necessário, como a disponibilidade de telhados de casas para acolher minisadas (forma do telhado, falta de complementos técnicos ou outros, etc.).

O controlo da iluminação das ruas e dos territórios no escuro é uma forma de reduzir a criminalidade. A tarefa consiste em analisar a qualidade da iluminação das zonas territoriais, onde mais frequentemente, no período de escuridão, ocorrem acidentes, infracções penais, acidentes com pessoas, etc., com a formação de recomendações para aumentar/diminuir a iluminação, o tempo de ligar/desligar a iluminação.

Utilização de drones para avaliação preliminar da emergência. Ao receber uma chamada pelo número de telefone do serviço de bombeiros e do pessoal de salvamento (por exemplo, na Ucrânia - 112, nos EUA e na Coreia do Sul - 911. Nos países da União Europeia - 112), um drone é enviado para avaliar a situação na emergência nacional até o momento da partida / durante a partida do equipamento, estimado: rota de condução, possibilidade de condução na rota calculada proposta, tipo e escalas da Assembleia Nacional para a escolha ideal do equipamento (por quantidade e tipo).

A utilização de câmaras de vídeo móveis para monitorizar a situação nas estradas está a monitorizar a situação (identificando infracções e obstáculos que podem levar a uma redução da capacidade da estrada) e as intensidades de tráfego para prever engarrafamentos e desenvolver recomendações para a gestão do tráfego.

Formação do sistema por métodos de inteligência artificial com base em dados preliminares recolhidos para a possibilidade de monitorização autónoma da rota calculada de movimentação de equipamento especial para o local de emergência e monitorização do próprio local de emergência para determinar a composição óptima (tipo e quantidade) de equipamento especial de serviços especiais (serviço de bombeiros e salvamento, polícia, ambulância, serviços de gás, etc.). Todos os habitantes de uma metrópole estão interessados em proporcionar condições de vida de qualidade, nomeadamente às crianças. A Comissão incentiva o desenvolvimento de sistemas de controlo ambiental e de medidas de resposta às alterações ambientais. Os sistemas de codificação fixos e as mensagens de passagem de perigo são atualmente insuficientes e não satisfazem as exigências de rapidez e eficácia de resposta à evolução da situação. Além disso, atualmente, não existem sistemas que permitam antecipar as ameaças em determinadas zonas. A recolha e a acumulação de dados estatísticos e o seu tratamento rápido através de tecnologias modernas e de métodos de inteligência artificial facilitarão a tomada de decisões e o desenvolvimento de medidas destinadas a melhorar as condições de vida nas áreas metropolitanas.

Um dos objectivos do projeto é garantir o acesso dos habitantes das áreas metropolitanas aos resultados da monitorização das alterações urbanas e das condições ambientais nas áreas metropolitanas (indicadores de poluição, ecologização, segurança de vida, etc.) através da comunicação de informações através de um recurso de informação especialmente criado com elementos de previsão. Para recolher dados para a formação prática em sistemas de inteligência artificial, é necessária uma monitorização abrangente e em grande escala das alterações urbanas e dos parâmetros ambientais não só de uma cidade, mas também de diferentes cidades com diferentes condições em vários países.

3.6 Plano de execução das obras

O diagrama de Gantt na Fig. 3.4 apresenta a duração das tarefas do projeto e as reuniões diárias. As principais fases do projeto:

WP.1. Configuração do drone. O WP 1 foi concebido para desenvolver requisitos para a configuração do drone para implementar as fases básicas da recolha de informação operacional no âmbito do projeto proposto.

T.1.1. Realizar investigação conjunta sobre a utilização de drones no ambiente urbano e determinar os requisitos para a sua configuração.

T.1.2. Pesquisar a configuração do drone de acordo com os requisitos desenvolvidos para a implementação do projeto proposto.

T.1.3. Ensaios com drones

T.1.4. Análise dos dados

T.1.5. Modificação das exigências de configuração do drone em função dos dados recebidos.

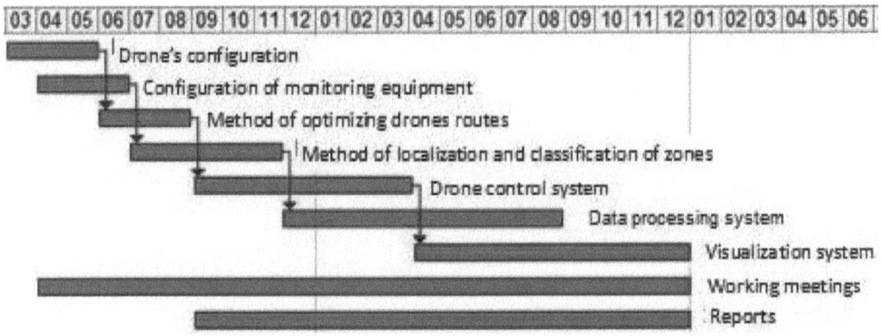

Fig. 3.4. Diagrama de Gantt das principais etapas do projeto DROMOS

WP.2. Configuração dos equipamentos de monitorização. O objetivo desta etapa é desenvolver os requisitos para a configuração dos equipamentos de monitorização das caraterísticas urbanas

T.1.1. Análise e seleção de equipamentos para monitorização com recurso a drones e requisitos para a sua configuração.

T.1.2. Desenvolvimento de requisitos para a instalação de equipamento de monitorização.

T.1.3. Equipamento de ensaio.

T.1.4. Requisitos Modificação da configuração do equipamento de acordo com os dados recebidos.

WP.3. Método de otimização das rotas dos drones. Esta etapa visa desenvolver um método de otimização da rota dos drones, tendo em conta os dados estatísticos preliminares recolhidos.

T.3.1. Desenvolvimento de algoritmos para a otimização das rotas dos drones

T.3.2. Implementação do método de otimização das rotas dos drones como um módulo do programa.

T.3.3. Testar este módulo de software.

WP.4. Método de localização e classificação das zonas. O objetivo desta etapa é desenvolver um método para a localização das zonas, tendo em conta os dados estatísticos preliminares recolhidos e a sua classificação por urgência de análise e desenvolvimento da técnica de verificação dos mapas cadastrais.

T.4.1. Desenvolvimento dos algoritmos de localização e classificação das zonas

T.4.2. Desenvolvimento do método de verificação dos mapas cadastrais.

T.4.3. Desenvolvimento de métodos de análise dos resultados da monitorização das caraterísticas urbanas e sua visualização com a disponibilização de acesso às autoridades municipais e aos residentes

WP.5. Sistema inteligente de controlo de drones. Esta fase visa desenvolver a estrutura de um sistema inteligente de controlo operacional de drones baseado em métodos de aprendizagem automática.

T.5.1. Desenvolvimento da estrutura do sistema de controlo do drone.

T.5.2. O desenvolvimento do modelo de simulação para o sistema.

T.5.3. Efetuar correcções de acordo com os dados recebidos

T.5.4. Melhorar os algoritmos de correção automática das rotas dos drones em função da prioridade e tendo em conta as rotas dos outros drones.

WP.6. Sistema de acumulação, processamento e análise de informação. Esta fase tem como objetivo desenvolver a estrutura e os algoritmos do sistema de acumulação, tratamento e análise da informação para aumentar a eficiência da recolha dos dados necessários e identificar as zonas críticas das caraterísticas urbanas.

T.6.1. A estrutura do sistema e os algoritmos Desenvolvimento para acumulação, processamento e análise de informações

T.6.2. Análise dos dados acumulados através de sensores móveis e câmaras de vídeo e análise do nível de emissões nocivas para a atmosfera.

T.6.3. Preparação de capítulos científicos com base nos resultados da investigação.

WP.7. Sistema de visualização. O objetivo desta fase é desenvolver a estrutura e os algoritmos do sistema de visualização para mapear os dados operacionais recebidos sobre as alterações urbanas e os resultados da verificação da carta cadastral no mapa eletrónico da cidade.

T.7.1. Desenvolvimento da estrutura e dos algoritmos de funcionamento do sistema de visualização.

T.7.2. Análise do sistema de visualização.

WP.8. Workshops de colaboração. O objetivo desta fase é organizar a colaboração entre os participantes no projeto para o planeamento e a implementação passo a passo do trabalho e das fases do projeto.

T.8.1. Investigação e análise de métodos de classificação das emissões de fontes fixas e móveis.

T.8.2. Desenvolvimento de esboços de propostas para os próximos convites à apresentação de propostas no âmbito de programas como o Horizonte 2020, etc.

T.8.3. Discussões sobre a apresentação das informações urbanas recolhidas para posterior elaboração.

T.8.4. O planeamento do controlo da iluminação das ruas e das zonas escuras é uma das formas de prevenção da criminalidade.

T.8.5. Discussão da implementação do módulo do sistema de formação utilizando métodos de inteligência artificial com base em dados preliminares recolhidos; preparação de publicações típicas.

WP.9. Gestão do Projeto. O WP é responsável pelas actividades relacionadas com a coordenação do projeto; inclui a gestão técnica, administrativa, financeira e jurídica do projeto. O objetivo do WP9 Gestão do Projeto é assegurar uma gestão eficaz do projeto, incluindo a administração diária, a coordenação do projeto e o acompanhamento dos trabalhos em curso.

T.9.1. Gestão global do projeto.

T.9.2. Coordenação do projeto.

T.9.3. Comunicação interna, colaboração e aprendizagem.

WP.10. A Disseminação e Comunicação. Ao longo do ciclo de vida do projeto, este pacote de trabalho centrar-se-á na disseminação (com o objetivo de divulgar os resultados do projeto e alcançar o maior impacto possível) e na comunicação (com o objetivo de dar visibilidade ao projeto e aos seus resultados).

T.10.1. Página Web do projeto e acções de sensibilização.

T.10.2. Divulgação dos resultados do projeto.

O trabalho colaborativo será organizado através de conferências pessoais periódicas por Skype e de intercâmbios entre professores e alunos. As conferências realizar-se-ão todos os meses. Os alunos poderão planear e realizar o trabalho passo a passo. As reuniões introdutórias serão abertas a outros membros dos laboratórios e instituições envolvidos no projeto.

Quadro 3.1 . Relação com o programa de trabalho DROMOS

N	Tese do programa de trabalho	Realização
1	O objetivo desta ação é apoiar várias actividades que melhorem a qualidade e a monitorização das alterações urbanas e ambientais, como a poluição atmosférica, os níveis de luminosidade, a intensidade do tráfego, etc., através da análise de dados de câmaras de vídeo móveis e de sensores de drones para formular propostas de fornecimento de tarefas locais, como o paisagismo de zonas locais, a regulação do tráfego, a identificação nacional, etc.	Propomos a criação de um laboratório de investigação virtual (como parte integrante do sistema global Smart City) para monitorizar as alterações urbanas utilizando drones apropriados e um sistema inteligente de análise das estatísticas recolhidas. Além disso, o sistema deve formular propostas para apoiar a tomada de decisões para atenuar ou corrigir as alterações urbanas negativas. Os sistemas de monitorização existentes utilizam normalmente sensores fixos ou câmaras de vídeo que fornecem controlo apenas em determinadas áreas e não mostram a escala total das alterações urbanas nas áreas metropolitanas. Não reflecte o estado real do ambiente (emissões de instalações fixas e móveis, zonas mal iluminadas, falta de paisagismo nas grandes áreas metropolitanas, etc.). Deve ser desenvolvido um sistema para identificar e analisar problemas, cada um caracterizado pelas suas caraterísticas e condições - emissões nocivas de objectos fixos e móveis, o nível de iluminação dos territórios e a identificação de emergências. Uma tarefa adicional é desenvolver recomendações para planear as rotas de patrulha da polícia com base nas informações recolhidas pelos drones sobre a iluminação e as situações criminogénicas em territórios específicos.

N	Tese do programa de trabalho	Realização
		Propõe-se que o sistema seja desenvolvido através da introdução de abordagens inovadoras que permitirão ao sistema aprender com os dados recolhidos anteriormente, ajustar as rotas e selecionar áreas territoriais e tarefas prioritárias para o estudo. Por exemplo, se um drone numa determinada área e num determinado momento recolhe dados de contaminação e nesse momento recebe um sinal de emergência, deve mudar para a análise de tráfego e estimativa de rotas de tráfego de máquinas únicas para o local de emergência, avaliação preliminar de emergência para determinar o tipo e a quantidade necessária de equipamento especial. Assim, poupa-se tempo para corrigir as acções dos funcionários da AN, determinando preliminarmente o número de participantes e o equipamento, o que melhorará a eficácia da liquidação da AN. Após a recolha dos dados e a sua transmissão aos serviços especializados, o drone deve regressar à sua tarefa anterior, caso disponha dos recursos necessários, ou regressar à base. Recolhidas durante um longo período, as estatísticas permitirão ajustar as regras de formação desses drones intelectuais. O intercâmbio de dados acumulados entre áreas metropolitanas melhorará significativamente a formação de drones (em diferentes áreas urbanas, a frequência de eventos de vários tipos pode ser diferente, mas a formação de drones em diferentes conjuntos de dados resultará numa distribuição uniforme da experiência). Neste caso, a formação em drones aumentará a eficiência da recolha dos dados necessários e da identificação de emergências face às rápidas alterações urbanas. Depois de monitorizar as alterações urbanas, a sua identificação, classificação e priorização são essenciais. Deve ser feita de forma automática ou, na ausência de dados suficientes, de forma semi-automática com uma equipa de analistas, especialistas e moderadores das regras de formação do sistema de monitorização.

N	Tese do programa de trabalho	Realização
2	Estas propostas centrar-se-ão em métodos científicos inovadores e de ponta e nas tecnologias actuais de monitorização das alterações urbanas.	A formação do sistema é organizada para analisar os dados previamente recolhidos pelos sensores e câmaras de vídeo. Inicialmente, os drones recebem várias rotas que cobrem toda a metrópole em diferentes alturas do dia. As rotas em cada partida subsequente são automaticamente ajustadas por prioridade, tendo em conta as rotas de outros drones (para evitar a duplicação da monitorização do local). Os moderadores estabelecem inicialmente as condições, as caraterísticas e os indicadores que determinam a prioridade das áreas de estudo (com base na opinião de peritos). Com um grande conjunto de dados, o drone determina automaticamente a prioridade de tais tarefas. O envolvimento humano neste processo é minimizado. Propomos a estabelecer uma troca constante de informações entre drones e sistemas de diferentes áreas metropolitanas para garantir a formação contínua dos sistemas.
3	Estas propostas devem também promover uma interação estável e integrada entre os vários níveis do sistema de monitorização das alterações urbanas, as instituições de investigação, os peritos nestes domínios e outras instituições, organizações industriais e organizações não governamentais.	Colégios, universidades, serviços de salvamento, serviços de paisagismo urbano, serviços ambientais e empresas de inovação podem utilizar o nosso laboratório de investigação e monitorização das alterações urbanas. Também será interessante para as empresas testarem codificadores, câmaras de vídeo e software relevantes e identificarem novas vias de desenvolvimento. A definição de uma estratégia de monitorização das alterações urbanas aumentará o interesse do cidadão comum em seguir as alterações ecológicas na sua cidade, em fazer propostas para a análise de determinados territórios e em analisar determinadas áreas de alterações urbanas que não são previstas pelas capacidades actuais do sistema. Para isso, é essencial manter uma ligação de feedback constante entre os drones urbanos e metropolitanos recebidos e analisados pelos drones metropolitanos e pelos residentes metropolitanos, instituições ambientais, instituições educativas, serviços de controlo relevantes e serviços

N	Tese do programa de trabalho	Realização
		especiais. Suponhamos que este último precisa de comunicar diretamente com os residentes. Nesse caso, é aconselhável utilizar um recurso de informação baseado na Web onde estes possam acompanhar a dinâmica das emissões em algumas regiões da sua metrópole, os níveis de iluminação, a disponibilidade de emergências, etc., a situação atual e em retrospetiva, bem como as previsões. Também é possível fazer sugestões para analisar métricas específicas de uma determinada área metropolitana, analisar parâmetros que ainda não foram estudados, reportar outros eventos, entre outros. O módulo relevante do nosso recurso de informação deve monitorizar as estatísticas de consulta para determinar a exatidão da informação. O desenvolvimento de projectos comerciais conjuntos no sector público e na indústria aumentará a motivação para monitorizar as alterações urbanas e abordar eficazmente os problemas sociais e ambientais de uma determinada sociedade metropolitana.
4	Aumentará o número de investigadores e inovadores, incluindo mulheres, que monitorizam as alterações urbanas para melhor resolver os problemas ambientais e sociais da sociedade. Consequentemente, a longo prazo, esta ação contribuirá para um desenvolvimento urbano sustentável, melhorando o acompanhamento das alterações urbanas, com a perspetiva de se expandir pela Europa e pelo mundo e de aumentar a gama de produtos inovadores com valor social.	Propomos a construção de uma rede de sistemas de monitorização das alterações urbanas com recurso a drones, onde serão criadas equipas com o equipamento adequado para realizar projectos socioambientais conjuntos ou para participar em projectos de análise ambiental. Cada equipa deve incluir especialistas em ecologia e sociologia, tecnologias da informação e engenharia informática, ciências forenses e de emergência, entre outros. Além disso, em cada sector devem estar representados homens e mulheres. A iniciativa ajudará a gerar mais ideias para analisar e monitorizar as alterações urbanas, uma vez que se sabe que olhar para o problema de diferentes ângulos provoca o nascimento de novas ideias inovadoras para resolver os problemas colocados pelos projectos de investigação. Cada equipa escreve a sua lógica (método ou algoritmo) para analisar as alterações urbanas. Na fase seguinte, as propostas recebidas são pesquisadas, os pontos de contacto são procurados e a

N	Tese do programa de trabalho	Realização
		prioridade das tarefas de monitorização é definida. Depois disso, sugerimos a recolha de estatísticas de diferentes áreas metropolitanas e de outros países para recolher e analisar com as equipas adequadas para melhorar e modificar as regras de aprendizagem do sistema. Isto não pode ser feito de forma rápida e eficiente sem as equipas relevantes das indústrias listadas.

É por isso que a nossa proposta está relacionada com o programa de trabalho sobre estas questões:

- O DROMOS incidirá sobre processos tecnológicos inovadores de monitorização e análise de alterações urbanas, com a possibilidade de formação de propostas de melhoria de indicadores de análise, rotas de drones, regras de troca de dados entre drones e sistemas de outras áreas metropolitanas, regras de formação do sistema de monitorização de resultados de monitorização e muito mais. Fornecer soluções específicas para Smart City.
- Utilizaremos o intercâmbio internacional de resultados de monitorização e trabalharemos em equipas globais para formular novos requisitos para a monitorização das alterações urbanas. Utilizaremos métodos inovadores, tecnologias e conselhos de partes interessadas e instituições relevantes.
- O nosso Laboratório Virtual de Investigação para a Monitorização das Alterações Urbanas será criado para desenvolver novos métodos, abordagens e algoritmos destinados a melhorar as condições de vida sociais e ambientais nas áreas metropolitanas. Além disso, planeamos fornecer feedback aos residentes destas áreas urbanas. A nossa intenção é estimular o seu interesse e envolvimento na resolução dos seus problemas socio-ecológicos e das tarefas da sua cidade natal. Oferecerá perspectivas a longo prazo para melhorar as condições de vida socio-ecológicas nestes territórios, no país e na UE.
- O DROMOS será um recurso de serviço aberto para instituições de ensino e investigação, instituições socio-

ambientais e para fins de segurança, parcialmente aberto ao cidadão comum.

- O acompanhamento das transformações urbanas ligará a ecologia e a indústria, a sociologia e o cidadão comum, as emergências, incluindo as situações catastróficas, e a ciência, que resolve os problemas e evita a sua formação ou, pelo menos, atenua os seus efeitos.
- Podemos recolher estatísticas sobre o progresso/regressão das alterações urbanas, não só numa determinada área metropolitana ou país, mas também em toda a UE e noutros países, e avaliar a relevância e a prioridade das tarefas de eliminação dos efeitos dessas alterações urbanas.

Porque utilizamos drones no projeto DROMOS:

- Cobertura rápida e ágil da área de voo para monitorização horizontal e vertical;
- A capacidade de ajustar a rota de voo durante o voo, tanto automaticamente como com o operador;
- Recolha rápida de dados da área requerida e transmissão do sinal de perigo quando necessário em determinadas condições sem regressar à base.

Os sensores e as câmaras de vídeo são utilizados para atingir os seguintes objectivos

- Diferentes tipos de codificadores permitem-lhe recolher diferentes informações sobre o ambiente, a iluminação, os incêndios, as emergências, etc;
- As diferentes configurações e potências da câmara permitem também recolher diferentes informações ambientais - identificação do fumo do incêndio, o nível de iluminação, a disponibilidade de espaços verdes, as formas dos telhados e outras áreas ajardinadas, a presença de caixas nas vias de transporte, os engarrafamentos, os acidentes, etc;
- A capacidade de ajustar remotamente e automaticamente os sensores e a câmara de vídeo;
- Identificação automatizada de codificadores e câmaras de vídeo avariados.

Laboratório de Monitorização das Alterações Urbanas:

- A capacidade de trocar dados de forma rápida e ágil dentro do laboratório, entre os participantes e os drones, e entre laboratórios de outras áreas metropolitanas e instituições diversas, com foco educacional, científico e socioambiental, bem como com serviços especiais (resgate, ambulância, polícia, etc.);

- Um elemento de competição entre laboratórios para determinar os melhores conjuntos de regras de controlo dos drones, treinando o sistema de monitorização das alterações urbanas;
- Muitas pessoas estão interessadas em monitorizar e ajudar a monitorizar o nível das alterações urbanas, especialmente entre as mulheres (mais de);
- Localização de dados operacionais para atingir rapidamente os objectivos.

Porque é que a aprendizagem automática aumenta o interesse dos alunos pela ciência:

- Análise rápida e ágil de grandes conjuntos de dados;
- A capacidade de acrescentar e modificar tanto as regras de formação como outras regras necessárias, nomeadamente a previsão de eventos, alterações de itinerário, identificação de engarrafamentos e acidentes, identificação de emergências, identificação da quantidade de substâncias nocivas na atmosfera;
- Simulação de situações concretas;
- Realização de objectivos;
- A necessidade de criar novas regras de formação para o sistema com a emergência de novas condições para alterar a direção do acompanhamento das alterações urbanas;
- Formação de novas regras para a criação de propostas pelo sistema - novas rotas, novas áreas ajardinadas e muito mais.

3.7 Conclusão

O projeto proporcionará uma oportunidade de intercâmbio científico entre as instituições da Ucrânia e da Alemanha. Estão previstos vários níveis de intercâmbio:

- Os investigadores ucranianos poderão trabalhar com cientistas alemães e testar o funcionamento do sistema utilizando novos dados;

- Os investigadores ucranianos utilizarão o projeto para aprender e utilizar métodos e ferramentas automatizados desenvolvidos na Alemanha para monitorizar as caraterísticas urbanas das grandes cidades. Começarão a desenvolver algoritmos para otimizar as rotas dos drones, tendo em conta dados estatísticos preliminares recolhidos com a localização de zonas e a sua classificação por urgência, que poderão ser úteis em futuros projectos comuns;
- Os cientistas e o pessoal docente poderão trabalhar em conjunto em tarefas científicas, verificar os seus métodos e instrumentos com base em novos dados, discutir os aspectos científicos do projeto e preparar publicações e relatórios normalizados. Os intercâmbios também proporcionarão palestras e seminários para os estudantes das universidades parceiras.

Para um acompanhamento de qualidade das alterações urbanas, sugerimos:

- Utilizar os drones como observadores e colectores de informações actualizadas;
- Utilizar sensores e câmaras de vídeo modernos em drones para monitorizar o estado atual do espaço e do tempo que não dispõem de sensores e câmaras de vídeo fixos;
- Criar um laboratório para analisar as estatísticas recolhidas através da monitorização das alterações urbanas por drones, com a participação de pessoal de empresas e empresas inovadoras;
- Podem ser utilizadas abordagens inovadoras, como os métodos de aprendizagem automática, para ensinar o sistema de análise dos resultados da monitorização das alterações urbanas a tomar decisões e medidas para corrigir as alterações urbanas.

As regras do jogo (ou melhor, do tráfego aéreo) confirmarão, mais cedo ou mais tarde, que, à medida que as tecnologias evoluem, os drones estão a ganhar mais oportunidades e a tornar-se mais acessíveis às empresas. A difusão das práticas agrícolas de precisão facilitará um maior desenvolvimento do mercado dos veículos aéreos não tripulados, a eficiência dos recursos de produção e o controlo das alterações urbanas. Os veículos aéreos não tripulados (VANT, raramente UAV) ou drones provaram ser uma tecnologia fiável para a criação de mapas, planos e outros produtos de geodados. Em modo autónomo, mas sob o controlo apertado do operador, os VANT podem realizar fotografias aéreas para criar produtos fotográficos e de vídeo, produzir produtos cartográficos e modelos 3D, monitorizar alterações e efetuar diferentes cálculos. A fotografia aérea não necessita de um aeródromo e das infra-estruturas associadas. Os pilotos certificados de UAV (UAVs) estão prontos para se deslocarem prontamente a qualquer local da Ucrânia, para se adaptarem às particularidades do terreno e dos objectos de estudo, para considerarem todos os riscos possíveis e para assegurarem um resultado garantido. Instruções para a utilização dos resultados na infocomunicação em linha: ortofotos, modelo digital do terreno, modelo digital do terreno, modelo 3D, plano topográfico, base do plano diretor, zonagem, análise da utilização dos solos, inventário ou auditoria dos terrenos comunitários, atribuição de um local/objeto para pesquisa de investidores, bases para projectos de construção, modelação de zonas de inundação, avaliação dos riscos de deslizamento de terras ou de inundação, planos de situação, acompanhamento da construção, escavação, avaliação do impacto ambiental, mapas interactivos, cartografia rodoviária ou ferroviária, cartografia e avaliação de riscos para linhas de transmissão, conceção de fibras ópticas, desenvolvimento e atualização de planos de evacuação, conceção de sistemas de segurança, avaliação de perdas (documentação de acidentes e resultado de catástrofes naturais).

3.8 Referências

[1] Golej, J., Adamuscin, A.: A visão geral do sector da construção ecológica na Eslováquia. EAI Endorsed Transactions on Energy Web 19(23): e8. https://eudl.eu/pdf/10.4108/eai.13-7-2018.158874. (2019)

[2] Chen, N., Chen, Y., You, Y., Ling, H., Liang, P., Zimmermann, R. (2016, abril). Processamento dinâmico de fluxo de vídeo de vigilância urbana usando computação em nevoeiro. Na segunda conferência internacional do IEEE sobre grandes dados multimédia (BigMM), 105-112. IEEE.

[3] Ermacora, G., Toma, A., Bona, B., Chiaberge, M., Silvagni, M., Gaspardone, M., Antonini, R. (2013). Uma arquitetura de robótica em nuvem para um serviço de gerenciamento e monitoramento de emergência em um ambiente de cidade inteligente. (Turim, Itália: Tech. Rep.)

[4] Chen, N., Chen, Y., Song, S., Huang, C. T., Ye, X. (2016, outubro). Vigilância urbana inteligente usando computação em nevoeiro. No Simpósio IEEE/ACM de 2016 sobre Computação de Borda (SEC),95-96.

[5] Banzhaf, E., Hofer, R. (2008). Monitorização de tipos de estruturas urbanas como indicadores espaciais com fotografias aéreas CIR para uma gestão ambiental urbana mais eficaz. IEEE Journal of Selected Topics in Applied Earth Observations and Remote Sensing, 1(2): 129-138.

[6] Kharchenko, V., Sachenko, A., Kochan, V., Fesenko, H. (2016, julho). Modelos de confiabilidade e capacidade de sobrevivência de sistemas integrados baseados em drones para monitoramento pós-emergência de NPPs. Em 2016, Conferência Internacional sobre Tecnologias Digitais e de Informação (IDT), 127-132. IEEE.

[7] Sachenko, A., Kochan, V., Kharchenko, V., Roth, H., Yatskiv, V., Chernyshov, M., ..., Fesenko, H. (2016). Sistema móvel de monitorização pós-emergência para centrais nucleares. Em ICTERI, 384-398.

[8] Hahanov, V., Gharibi, W., Litvinova, E., Chumachenko, S., Ziarmand, A., Englesi, I., ..., Khakhanova, A. (2017). Monitoramento e controle de tráfego orientado para a nuvem com base na infraestrutura virtual inteligente (2017-01-0092). Documento técnico da SAE.

[9] Fonstad, M. A., Dietrich, J. T., Courville, B. C., Jensen, J. L., Carbonneau, P. E. (2013). Estrutura topográfica do movimento: um novo desenvolvimento na medição fotogramétrica. Processos da superfície terrestre e formas de relevo, 38(4): 421-430.

[10] Ham, Y., et al. (2016). Monitorização visual de sistemas de infraestruturas civis através de Veículos Aéreos Não Tripulados (UAVs) equipados com câmaras: uma revisão de trabalhos relacionados. Visualização em Engenharia, 4(1): 1.

[11] Lima, S., Barbosa, S., Palmeira, P., Matos, L., Secundo, I., Nascimento, R. (2017, julho). Revisão sistemática: Técnicas e métodos de monitorização urbana em sistemas inteligentes de transporte. In 13th International Conference on Wireless and Mobile, 17:9.

[12] Gallagher, K., Lawrence, P. (2016). Sistemas não tripulados e gestão a partir de cima: as implicações práticas dos UAVs para aplicações de investigação que abordam a sustentabilidade urbana. Em Urban sustainability: Policy and praxis, Springer, 217-232.

[13] Anderson, K., Gaston, K. J. (2013). Veículos aéreos não tripulados leves revolucionarão a ecologia espacial. Frontiers in Ecology and the Environment, 11(3): 138-146.

[14] Casella, E et al. (2016). Drones como ferramentas para monitorizar as alterações da topografia das praias no Mar da Ligúria (NW Mediterrâneo). Geo-Marine Letters, 36(2): 151-163.

[15] Lytvyn, V., Vysotska, V., Peleshchak, I., Rishnyak, I., Peleshchak, R. (2018) Dependência temporal da morfologia do sinal de saída para o neurónio oscilador não linear baseado no modelo de Van der Pol. Revista Internacional de Sistemas e Aplicações Inteligentes, 10: 8-17.

[16] Lytvyn, V., Peleshchak, I., Vysotska, V., Peleshchak, R. (2018) Reconhecimento de informações espectrais de satélite com base na síntese de redes neurais dinâmicas modificadas e técnicas de processamento de dados holográficos, Na Conferência Científica e Técnica Internacional sobre Ciências da Computação e Tecnologias da Informação (CSIT), 330-334.

[17] Zdebskyi, P., et al. (2019) Desenvolvimento de uma aplicação para reconhecimento da vista a fim de controlar o ponteiro do rato. Actas do Workshop CEUR, Vol-2386: 55-74.

[18] Chyrun, L., et al. (2019) Dados heterogéneos com desenvolvimento de sistema de agregação de conteúdo acordado. Actas do Workshop CEUR, Vol-2386: 35-54.

[19] Chyrun, L., Burov, Y., Rusyn, B., Pohreliuk, L., Oleshek, O., Gozhyj, A., Bobyk, I. (2019) Desenvolvimento de um sistema de monitorização de alterações de recursos da Web. Actas do Workshop CEUR, Vol-2386: 255-273.

[20] Chyrun, L., Gozhyj, A., Yevseyeva, I., Dosyn, D., Tyhonov, V., Zakharchuk, M. (2019) Desenvolvimento de um sistema de monitorização de conteúdos Web. Actas do Workshop CEUR, Vol-2362: 126-142.

Chapter 4. Análise de grandes volumes de dados para reconhecimento de imagens multiespectrais com base na aprendizagem profunda technology

O problema atual do reconhecimento de imagens multiespectrais é investigado. São utilizadas redes neuronais para a solução. O modelo da rede neural, o seu número de camadas, as funções activadoras, a otimização e o número de neurónios em cada camada foram selecionados com êxito. Utilizando estes parâmetros óptimos, obtém-se uma precisão de 97% para esta aplicação.

4.1 Introdução

Big Data em tecnologia da informação é um conjunto de conteúdos não estruturados e estruturados tão grande que os métodos tradicionais não podem ser aplicados. Trata-se de uma aceleração fenomenal da acumulação e complicação de dados. No mundo atual, o intercâmbio de grandes quantidades de informação, incluindo imagens, é comum. O reconhecimento atempado de imagens neste fluxo de conteúdos resolverá muitos problemas prementes em vários domínios da atividade humana. Os métodos e técnicas analíticos aplicáveis aos grandes volumes de dados destacados no relatório McKinsey são os métodos de extração de dados, o crowdsourcing, a fusão e integração de dados, a aprendizagem automática, as redes neuronais artificiais, a aprendizagem em conjunto, o reconhecimento de padrões, a análise preditiva, a modelização por simulação, a análise estatística e a visualização de dados analíticos. Existem muitos métodos de classificação de dados na aprendizagem automática, sendo os mais famosos a regressão logística, a floresta aleatória, o Bayes ingénuo, a máquina de vectores de apoio, os vizinhos mais próximos, o classificador de árvores de decisão e a rede neural artificial. O reconhecimento de imagens multiespectrais está diretamente relacionado com a aprendizagem automática, especialmente com as redes neuronais [1]. As redes neuronais são algoritmos semelhantes ao cérebro humano e concebidos para detetar padrões [2]. As redes neuronais são formadas na aprendizagem e são idênticas ao cérebro humano [3]. São constituídas por funções numa rede artificial denominada parâmetros, por vezes designados por neurónios, que permitem ao computador aprender e afinar-se através da análise de novos conteúdos como os grandes dados [4-6].

Cada parâmetro é uma função que produz dados depois de receber uma ou mais entradas. Estas saídas são então transmitidas à camada seguinte de neurónios, que introduz o seu processo e produz resultados diferentes. Estes resultados são depois transmitidos à camada seguinte de neurónios até que cada camada de neurónios seja considerada. A última camada de neurónios não recebe qualquer entrada da camada anterior. Esta última camada de neurónios produz o resultado final [7-8]. Existem muitas implementações de software de redes neuronais como tecnologia de aprendizagem automática. A maioria destes programas centra-se na classificação de imagens. Estas imagens podem ser qualquer coisa, como um produto de consumo específico, um organismo vivo, uma caligrafia, etc. As possibilidades práticas de um modelo deste tipo são vastas e lucrativas.

4.2 Obras relacionadas

O processo abordado neste artigo científico é o desenvolvimento de software de reconhecimento de imagens militares. Este processo está diretamente relacionado com a visão por computador e não apenas com assuntos militares. A principal atividade do software será a classificação de imagens de acordo com os dados de entrada. O Departamento de Defesa dos EUA lançou um programa de visão artificial em 2017, denominado Algorithmic Warfare, de um grupo interfuncional com o nome de código "Project Maven". A inteligência artificial identifica veículos, pessoas e carros e rastreia objectos de interesse para os analistas. O projeto Maven centra-se na visão computacional, um aspeto da aprendizagem automática e profunda que extrai de forma independente objectos específicos de imagens em movimento ou fixas [9]. Neste processo, são utilizadas redes neuronais biológicas. A aprendizagem automática profunda é definida como a aplicação dessas redes neuronais a tarefas de aprendizagem.

4.3 Materiais e métodos

A classificação utiliza um conjunto de dados de treino para obter as melhores condições de fronteira que podem ser utilizadas para definir cada classe-alvo. Depois de determinar as condições de fronteira, a tarefa seguinte é prever a classe-alvo. Os projectos baseados na aprendizagem profunda são diferentes dos projectos de software tradicionais. As diferenças residem nas tecnologias, nas competências necessárias para conceber a inteligência artificial e na investigação profunda. Para implementar a tarefa técnica ao criar inteligência artificial, deve ser utilizada uma linguagem de programação que seja flexível, estável e tenha ferramentas disponíveis. A linguagem Python preenche todos estes critérios [10-13]. Python oferece um código conciso e fácil de ler. Algoritmos sofisticados e fluxos de trabalho universais estão por detrás da inteligência artificial e da aprendizagem profunda, mas a simplicidade do Python permite aos programadores escrever sistemas robustos. Como resultado, os programadores estão a fazer todos os esforços para resolver problemas de aprendizagem automática em vez de se concentrarem nas nuances técnicas da linguagem. Uma das principais razões pelas quais o Python é a melhor linguagem para a aprendizagem profunda é o acesso a muitas bibliotecas. A rede neural principal é um modelo construído com a biblioteca TensorFlow 2.0. O TensorFlow é uma interface para desenvolver algoritmos de aprendizagem profunda e implementá-los para os executar. O sistema flexível pode criar vários algoritmos, incluindo aprendizagem profunda e inferências para modelos de redes neurais profundas [14-24]. O Keras é o componente mais importante da biblioteca TensorFlow para o projeto [4, 25-26].

4.4 Experiências

Antes de começar a desenvolver software, é necessário construir a sua estrutura. Decidimos decompor o projeto para facilitar a utilização, os testes e a implementação de experiências e exemplos de aplicação em condições naturais. É essencial porque podemos efetuar testes, experiências, etc., sem alterar o código principal do produto de software. A estrutura do produto de software é constituída por várias partes, nomeadamente o código do programa, os conjuntos de dados [27] e os ficheiros auxiliares. Os conjuntos de dados incluem um conjunto de dados de treino e um conjunto de dados de teste que são armazenados em formato CSV. A estrutura de dados consiste nos seguintes atributos:

- Os infravermelhos são radiações electromagnéticas com comprimentos de onda superiores aos da luz visível. Os comprimentos de onda dos cobertores vão desde o limite vermelho nominal do espetro visível de cerca de 700 nanómetros (frequência 430 THz) até 1 milímetro (300 GHz).
- O vermelho é a parte do espetro eletromagnético visível ao olho humano. Tem um comprimento de onda de 700 nm e 4,29 * 1014 Hz.
- O verde é a parte do espetro eletromagnético visível ao olho humano. Tem um comprimento de onda de 550 nm e 5,45 * 1014 Hz.
- O azul é a parte do espetro eletromagnético visível ao olho humano. Tem um comprimento de onda de 450 nm e 6,66 * 1014 Hz.

Contêm também 150 elementos de amostragem: o teste de treino contém 121 elementos (cerca de 80% do conjunto total de dados) e o teste de ensaio 29 (cerca de 20%). O código do programa inclui os seguintes módulos:

- Experiments.py - o módulo foi concebido para realizar experiências no modelo. Em particular, é possível ver gráficos de processos, estatísticas e cronogramas de execução para diferentes parâmetros do modelo.
- Network.py - o módulo foi concebido para realizar as principais actividades da rede neural. A sua criação, treino e preservação são implementados neste módulo.
- Network_exp.py é um módulo de software concebido para experiências com uma rede neural com um número variável de neurónios na primeira camada oculta.
- Network1.py - o módulo foi concebido para apresentar uma matriz de discrepâncias.
- Project.py - implementa a interface do utilizador.

- Test.py foi concebido para testar um módulo guardado utilizando um conjunto de dados de teste.
- Os ficheiros auxiliares incluem o seguinte:
- Good_model.h5 - o ficheiro destina-se a guardar o modelo final da rede neural.
- Rocket1.ico é um atalho para a implementação de software.

O código do programa é implementado apenas na linguagem de programação Python. Desenvolvemos uma versão mínima do produto de software. É possível introduzir a posição no plano de coordenadas e o vetor de quantidades para o seu reconhecimento posterior. Exemplo um: A entrada é o vetor de quantidades e coordenadas onde foi reconhecido um objeto aeronáutico. Os dados de origem apresentam um ponto no plano de coordenadas e a classe especificada à qual o objeto pertence. Os processos descritos e os resultados são apresentados na Fig. 4.1. A Fig. 4.2 mostra como a rede neural avalia bem o objeto . O gráfico mostra que a probabilidade de o objeto pertencer à classe das aeronaves é muitas vezes superior à das outras duas classes. O segundo exemplo tem dados de entrada semelhantes, nomeadamente quatro dígitos que variam de 0 a 1 e coordenadas. Os resultados do modelo e dos dados de entrada podem ser vistos na Fig. 4.3. Para mais informações sobre o segundo exemplo, ver a Fig. 4.4. Esta figura mostra a desvantagem de o modelo ter um pequeno erro no reconhecimento de aviões e mísseis. O valor do objeto pertence à classe dos aviões. Embora mais elevada do que as outras, a probabilidade de pertencer à classe dos mísseis está próxima do mesmo valor. A matriz de correlação do conjunto de dados para o treino é apresentada na Fig. 4.5. De acordo com a matriz de correlação, é possível picar, mas as colunas contentam-se com os pousios. Existem sinais de "vermelho" e "infravermelho", o menor número de árvores em pousio, "azul" e "vermelho" / "infravermelho".

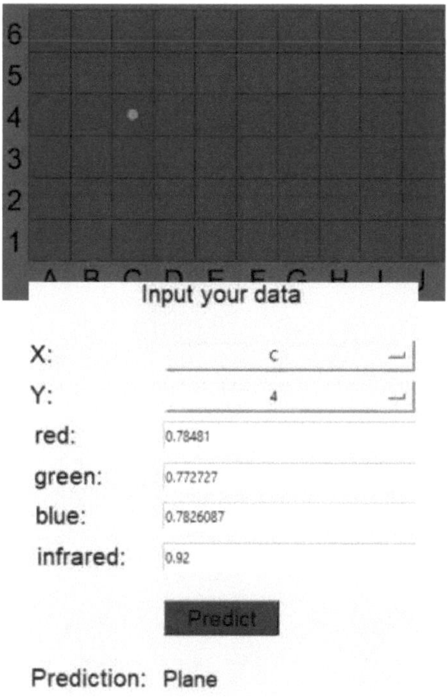

Fig. 4.1. Primeiro exemplo de I/O

O primeiro estudo de precisão e perda está associado a uma rede neural de três camadas. O segundo é com uma rede de quatro camadas. Os resultados são apresentados nas Figuras 4.6-4.7. Nestas figuras, pode ver-se que a precisão final com cada época de aprendizagem nos modelos de três e quatro camadas é quase a mesma, pelo que se deve utilizar um modelo menos dispendioso em termos de hardware: um modelo de três camadas.

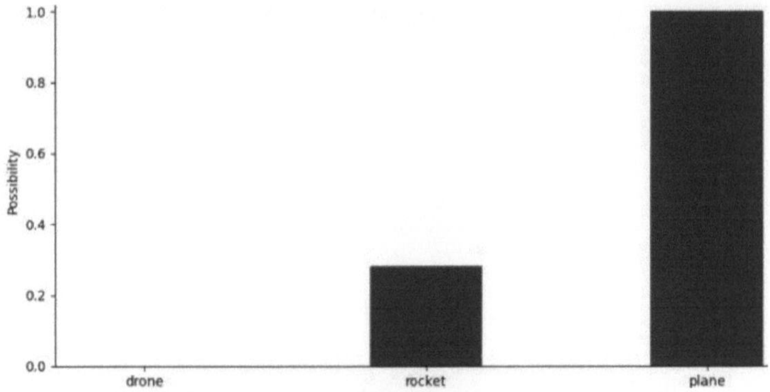

Fig. 4.2. Informações adicionais para o primeiro exemplo

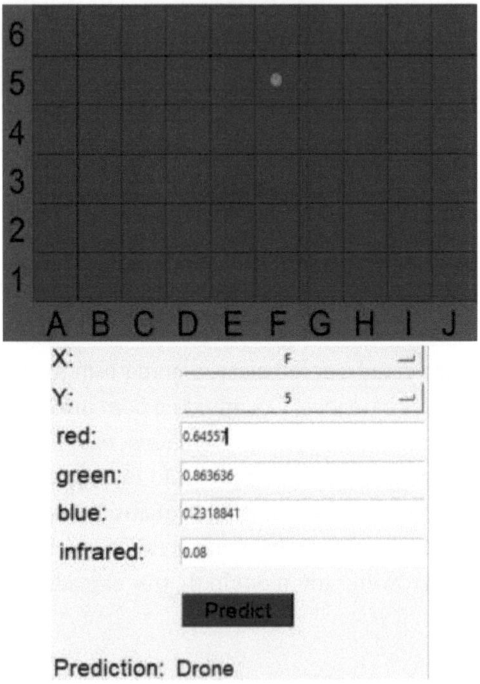

Fig. 4.3. O segundo exemplo de E/S

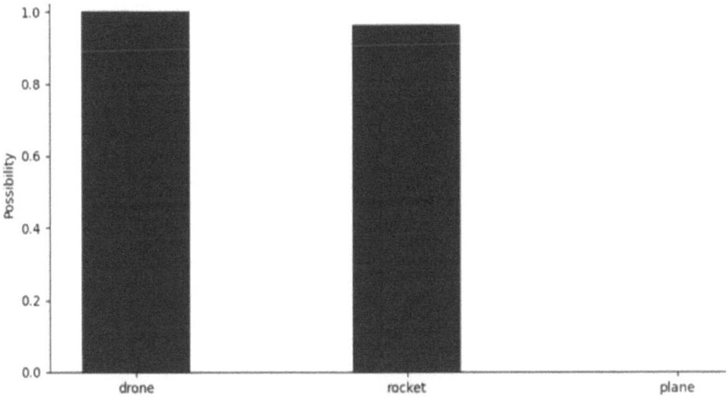

Fig. 4.4. Informações adicionais sobre o segundo exemplo

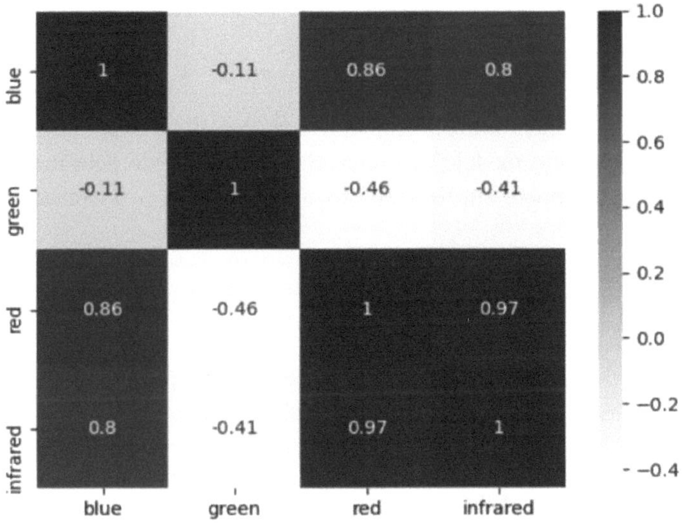

Fig. 4.5. Matriz de correlação com o conjunto de dados para treino

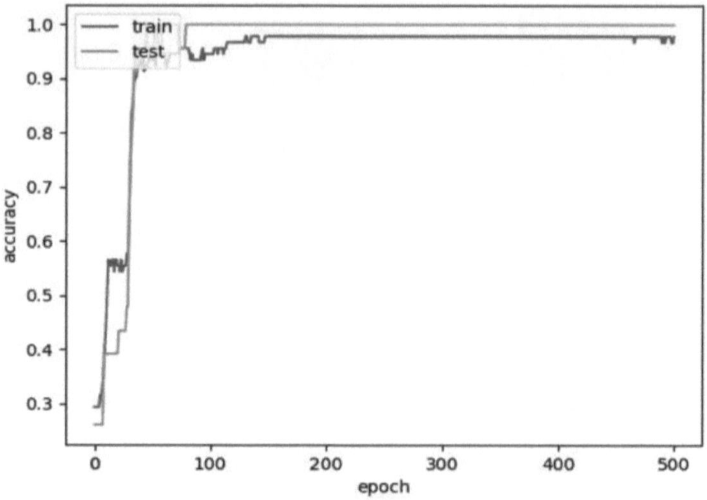

Fig. 4.6. Gráfico de exatidão para o modelo de 3 camadas

A diferença entre os modelos de 3 e 4 camadas é que o crescimento do modelo de 4 camadas é mais rápido pelo mesmo número de épocas em comparação com o modelo de 3 camadas.

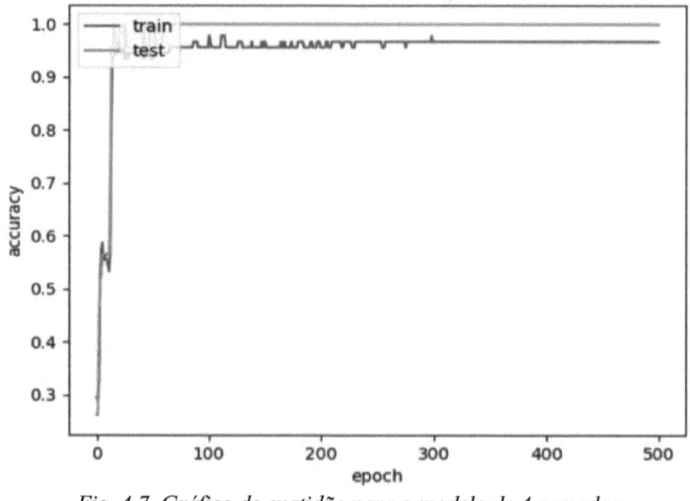

Fig. 4.7. Gráfico de exatidão para o modelo de 4 camadas

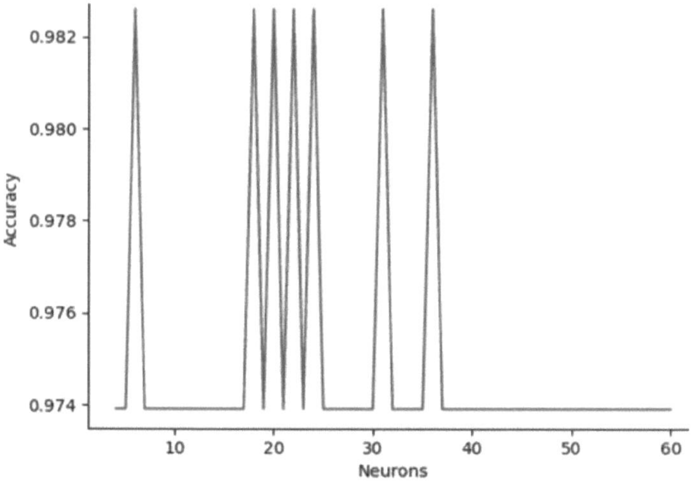

Fig. 4.8. Gráfico da precisão com o aumento de neurónios na primeira camada

De acordo com a afirmação selecionada no parágrafo anterior, deve ser utilizado no futuro um modelo de rede neuronal de 3 camadas. A primeira camada é alimentada com uma matriz com uma dimensão de 4 números de dupla precisão que variam entre 0 e 1. Na camada original, existem três neurónios fixos. Por conseguinte, o número de neurónios só deve ser alterado numa camada oculta. O intervalo de neurónios será de 4 (dimensão dos dados de entrada) a 60 (número máximo permitido dadas as limitações do hardware). O número de neurónios na primeira camada oculta é apresentado na Fig. 4.8-4.9. De acordo com estes resultados, todos os neurónios no intervalo selecionado têm aproximadamente a mesma precisão, que varia entre 97,39% e 98,26%. No entanto, à medida que o número de neurónios aumenta, o parâmetro de perda diminui.

Uma vez que a precisão não se altera, e as perdas não afectam significativamente a eficácia da implementação do software, particularmente com o aumento do número de neurónios, começam a diminuir mais lentamente. A decisão final é escolher o número de neurónios para a camada oculta 17.

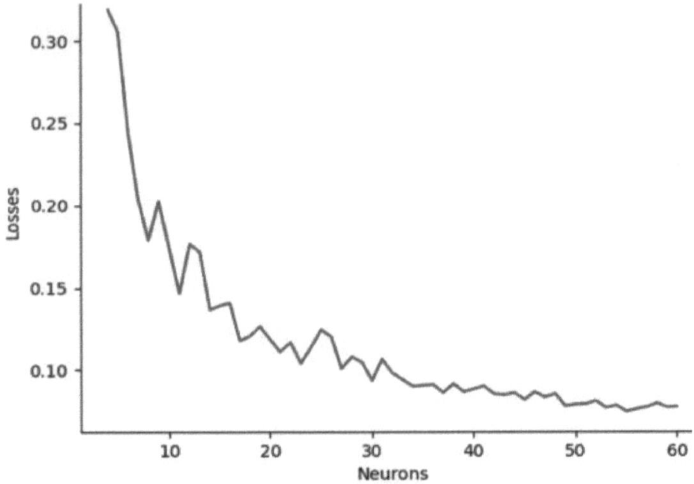

Figura 4.9. Gráfico das perdas com o aumento de neurónios na primeira camada

4.5 Resultados

Depois de implementar com sucesso a versão inicial do nosso projeto, começámos a testar os dados iniciais, os processos e os parâmetros durante a execução do programa. Na Fig. 4.10, há um gráfico das alterações na imprecisão, com a precisão no conjunto de dados de teste, e nas perdas, com as perdas no conjunto de dados de teste. A cada época de treinamento do modelo de rede neural, a precisão aumenta e as perdas diminuem. Também se pode utilizar uma matriz de incompatibilidade para analisar a exatidão dos resultados reais. Ela é mostrada na Fig. 4.11. Utilizando esta matriz, é possível saber mais sobre a precisão dos resultados. Em particular, podemos dizer que o modelo reconhece perfeitamente os drones, mas tem resultados menos positivos na identificação de mísseis e aeronaves.

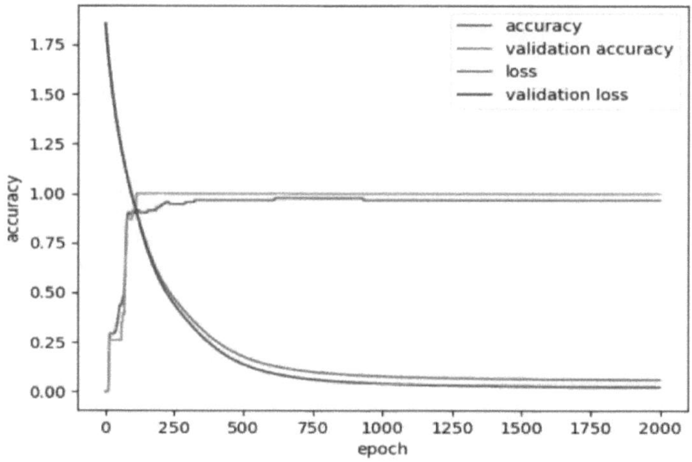

Fig. 4.10. Gráfico da exatidão e das perdas

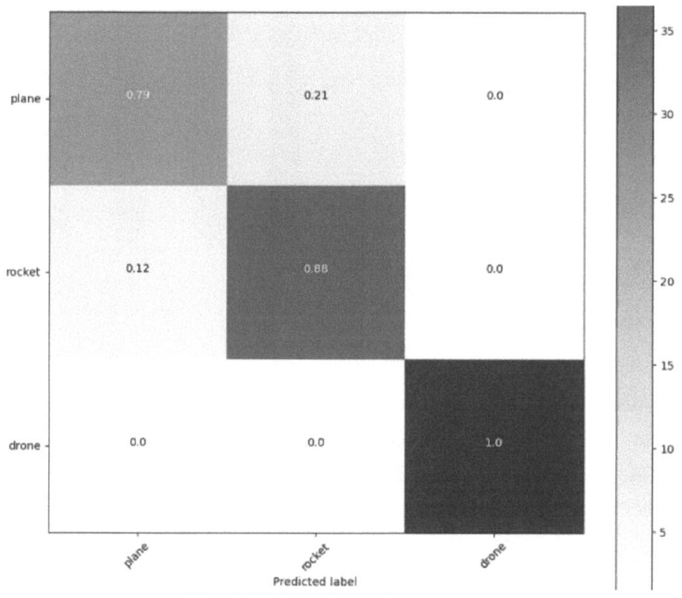

Fig. 4.11. Matriz de discrepâncias

4.6 Discussão

Para criar um excelente modelo de rede neural, especifique os parâmetros relevantes mais adequados para esta área de utilização. Depois, pode começar a trabalhar com qualquer modelo de três camadas. No nosso caso, os parâmetros iniciais foram os seguintes:

- A camada de entrada é constituída por 4 neurónios.
- A camada oculta é constituída por 12 neurónios com uma função activadora de tangente hiperbólica.
- A camada de origem contém três neurónios e tem um ativador sigmoide.
- Os parâmetros adicionais também incluem a função de otimização do modelo, que determina o passo com que a rede aprende.

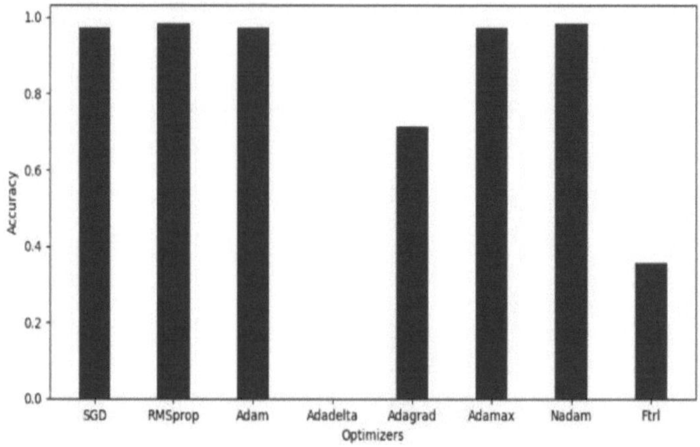

Fig. 4.12. Resultado do estudo do melhor optimizador

Em primeiro lugar, é necessário determinar que caraterísticas são adequadas para o critério de precisão da primeira camada oculta. Os resultados da experiência são apresentados nas Fig. 4.13-4.14. Assim, todas as funções activadoras selecionadas oferecem uma excelente precisão. Por conseguinte, devem ser calculadas por outro critério. Em particular, deve escolher a função tangente hiperbólica porque a Fig. 4.14 mostra o valor médio das perdas. É mais utilizada para o problema da classificação multiclasse. O seu centro está situado em zero.

Outras funções não são particularmente adequadas para o fim a que se destinam. Por exemplo, a função SELU não se destina à utilização de uma rede convolucional devido a determinadas deficiências, como os neurónios ReLU mortos.

Depois de determinar a melhor função de ativação para a primeira camada oculta, é necessário decidir qual a função de ativação para a camada de origem. O resultado do estudo é apresentado na Fig. 4.15-4.16. Se escolhermos com base em dados adicionais, é evidente que a função sigmoide tem uma vantagem em termos de precisão e perdas.

O programador pode modificar a rede neuronal, interagir com a aplicação e efetuar a depuração. Os cenários ramificados e os fluxos alternativos são implementados através da emissão das mensagens adequadas no final da análise. Também é possível "confirmar o resultado", pelo que a rede neuronal itera a aprendizagem em função do objeto analisado. O diagrama de precedentes é apresentado na Fig. 4.17-4.18. Considerando a parte de software do sistema, o diagrama de precedentes será semelhante ao da Fig. 4.18-4.20. Em particular, o programador pode integrar a aplicação num outro sistema. O técnico pode receber dados do sistema ligado e apresentar informações mais detalhadas sobre um objeto específico com a ajuda de uma funcionalidade adicional de saída de dados. Em particular, se a sincronização for impossível ou falhar, o técnico pode introduzir os dados manualmente e obter o resultado.

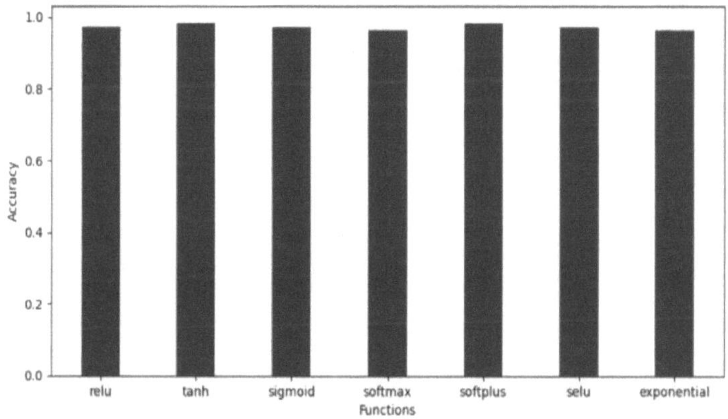

Fig. 4.13. Resultado do estudo da função óptima do ativador para a primeira camada oculta do modelo

```
4/4 [==============================] - 1s 1ms/step - loss: 0.1012 - accuracy: 0.9739
4/4 [==============================] - 0s 1ms/step - loss: 0.1080 - accuracy: 0.9826
4/4 [==============================] - 0s 1ms/step - loss: 0.3213 - accuracy: 0.9739
4/4 [==============================] - 0s 1ms/step - loss: 0.4575 - accuracy: 0.9652
4/4 [==============================] - 0s 1ms/step - loss: 0.1589 - accuracy: 0.9826
4/4 [==============================] - 0s 1ms/step - loss: 0.0884 - accuracy: 0.9739
4/4 [==============================] - 0s 1ms/step - loss: 0.0692 - accuracy: 0.9652
```

Fig. 4.14. Informações adicionais sobre a experiência para estudar a melhor função do ativador

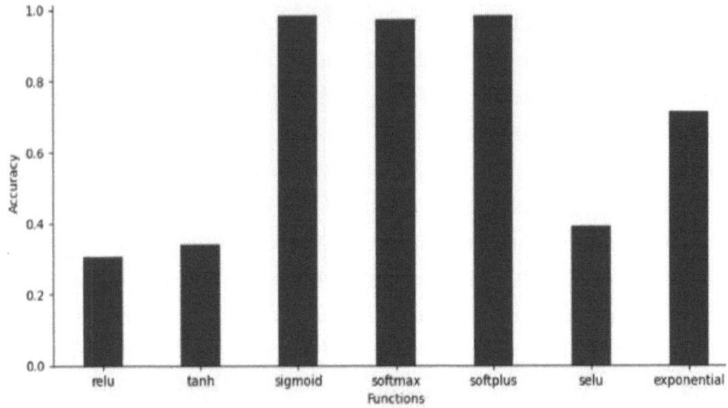

Fig. 4.15. Resultado do estudo da função óptima do ativador para a 2ª camada oculta do modelo

```
4/4 [==============================] - 1s 3ms/step - loss: 1.0795 - accuracy: 0.3043
4/4 [==============================] - 0s 2ms/step - loss: 1.0986 - accuracy: 0.3391
4/4 [==============================] - 0s 2ms/step - loss: 0.1039 - accuracy: 0.9826
4/4 [==============================] - 0s 2ms/step - loss: 0.1017 - accuracy: 0.9739
4/4 [==============================] - 0s 0s/step - loss: 0.1369 - accuracy: 0.9826
4/4 [==============================] - 75s 25s/step - loss: 1.0986 - accuracy: 0.3913
4/4 [==============================] - 0s 1ms/step - loss: 0.2637 - accuracy: 0.7130
```

Fig. 4.16. Informações adicionais sobre a experiência para estudar a melhor função do ativador

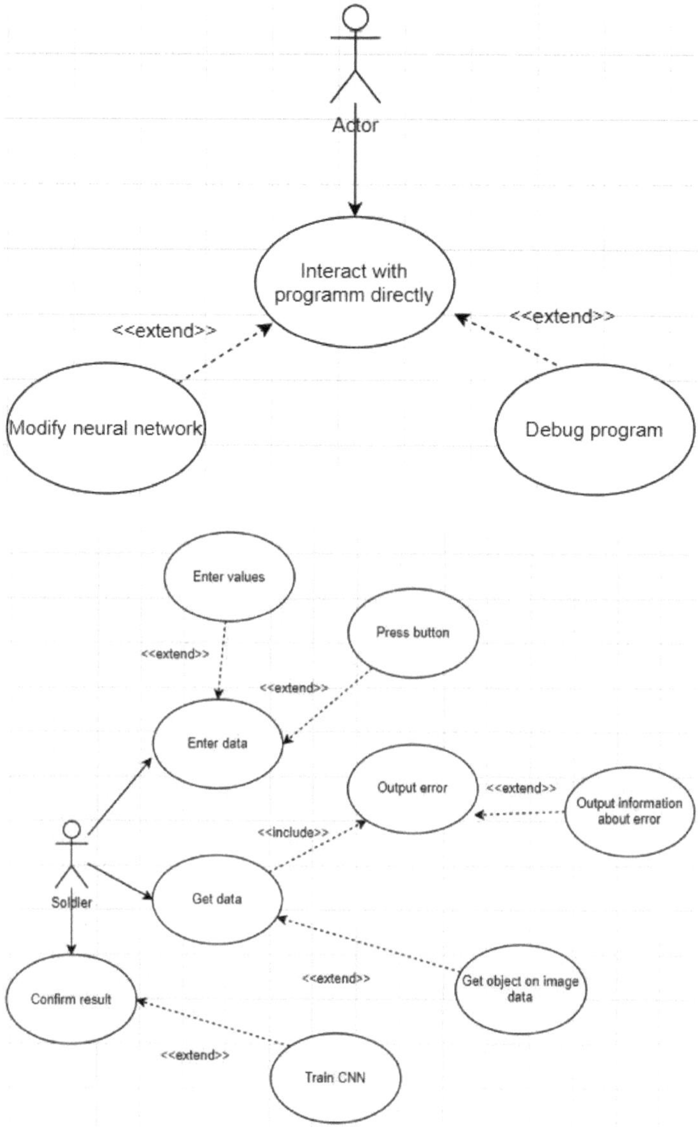

Fig. 4.17. Diagrama de precedentes: a) Programador, b) Soldado

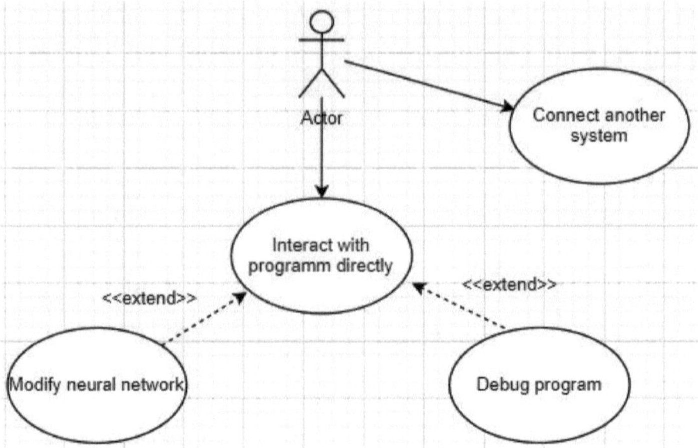

Fig. 4.18. Diagrama de utilização modificado para o programador

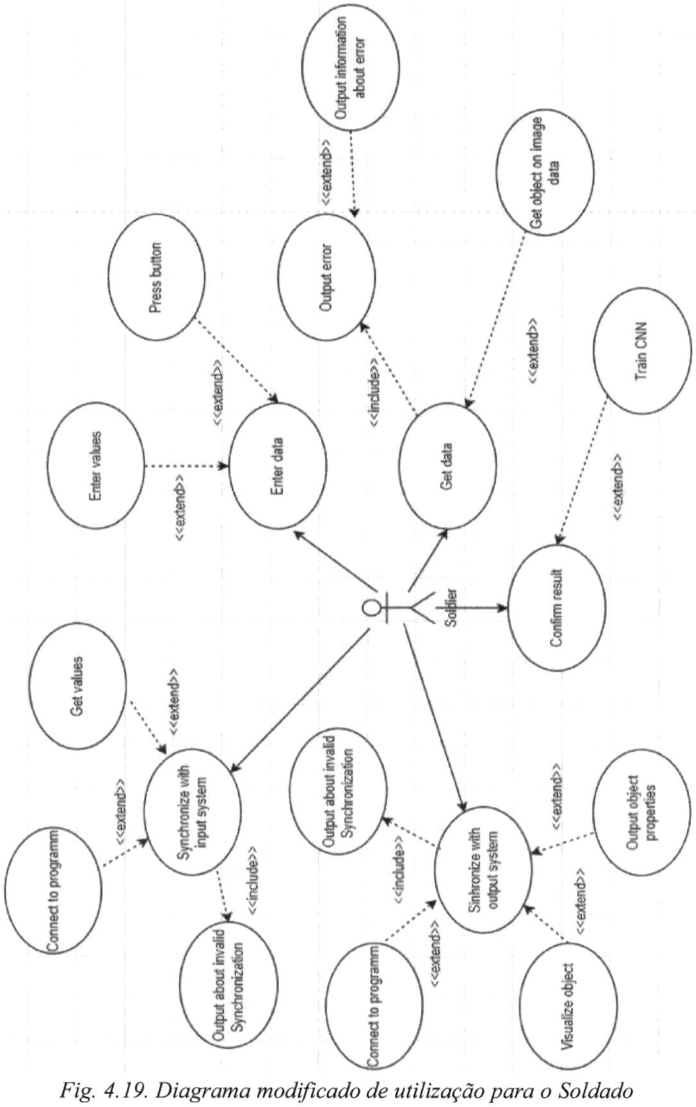

Fig. 4.19. Diagrama modificado de utilização para o Soldado

4.7 Quadro modificado de precedentes

O diagrama de classes, construído com base no gráfico de precedentes de acordo com a tarefa técnica, é apresentado na Fig. 4.20. Foram criadas classes adicionais "Trabalhador" e "Anexo" para facilitar a utilização. Na classe "Trabalhador", são inicializados os campos que estarão nas classes "Funcionário" e "Programador". Na classe "Aplicação", serão implementadas as funções e os campos que reflectem o estado do software. As seguintes áreas estão encapsuladas na classe "Trabalhador":

- ID é um campo que apresenta o ID na base de dados.
- O empregado responsável é um campo de tipo de fita, a posição ou responsabilidade de uma pessoa.
- Salário - um campo inteiro que reflecte o salário.
- Experiência profissional - um campo inteiro que reflecte a experiência profissional.
- Nome do empregado é um campo do tipo faixa de opções que apresenta o nome do empregado.
- A classe "Soldado" interage com a classe "Anexo" e imita os campos da classe "Trabalhador". Em particular, na classe "Soldado", existem os seguintes campos:
- Patente - Um campo de fita que reflecte uma patente militar
- ID da unidade militar - Um campo inteiro que contém o ID da unidade militar na base de dados.
- A identificação do comandante é um campo inteiro que contém a identificação do líder militar.

Os seguintes métodos também são implementados nesta classe:

- Introduzir dados - aceita uma matriz de dados inteiros. É apresentada uma matriz de entrada, que mostra a imagem em formato numérico.
- Obter resultado - de acordo com as acções da aplicação, obter o resultado da fita do programa, ou seja, a classe do objeto reconhecido.
- Confirmar o resultado - um método que interage com a aplicação e fornece o treino da rede neural.

A classe Developer também herda campos da classe Worker e interage com a classe Application. Não contém os seus campos de dados, mas inclui os seguintes métodos:

- Abrir o código principal do programa - o método é necessário para começar a configurar diretamente as propriedades da rede neuronal ou da aplicação.

- Alterar as definições da rede neuronal - o método foi concebido para alterar diretamente as propriedades da rede neuronal ou modificar os processos em que a rede neuronal funciona.

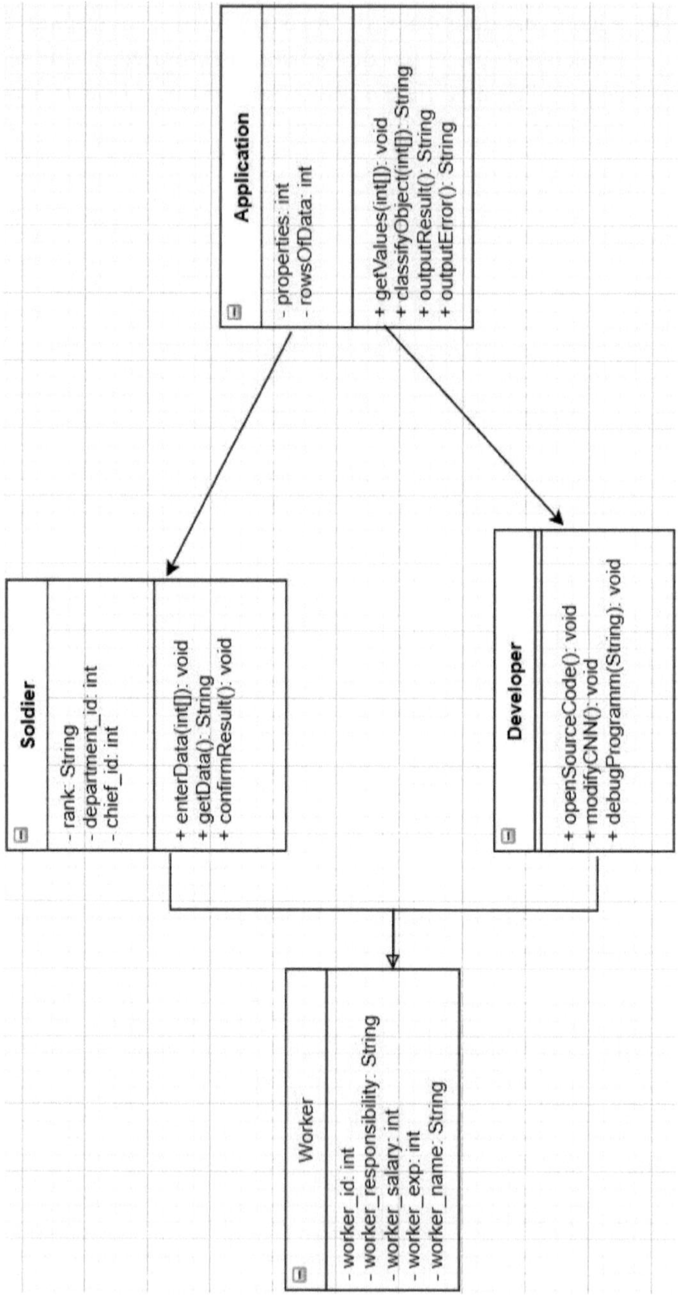
Application
- properties: int
- rowsOfData: int
+ getValues(int[]): void
+ classifyObject(int[]): String
+ outputResult(): String
+ outputError(): String
Soldier
- rank: String
- department_id: int
- chief_id: int
+ enterData(int[]): void
+ getData(): String
+ confirmResult(): void
Developer
+ openSourceCode(): void
+ modifyCNN(): void
+ debugProgramm(String): void
Worker
- worker_id: int
- worker_responsibility: String
- worker_salary: int
- worker_exp: int
- worker_name: String

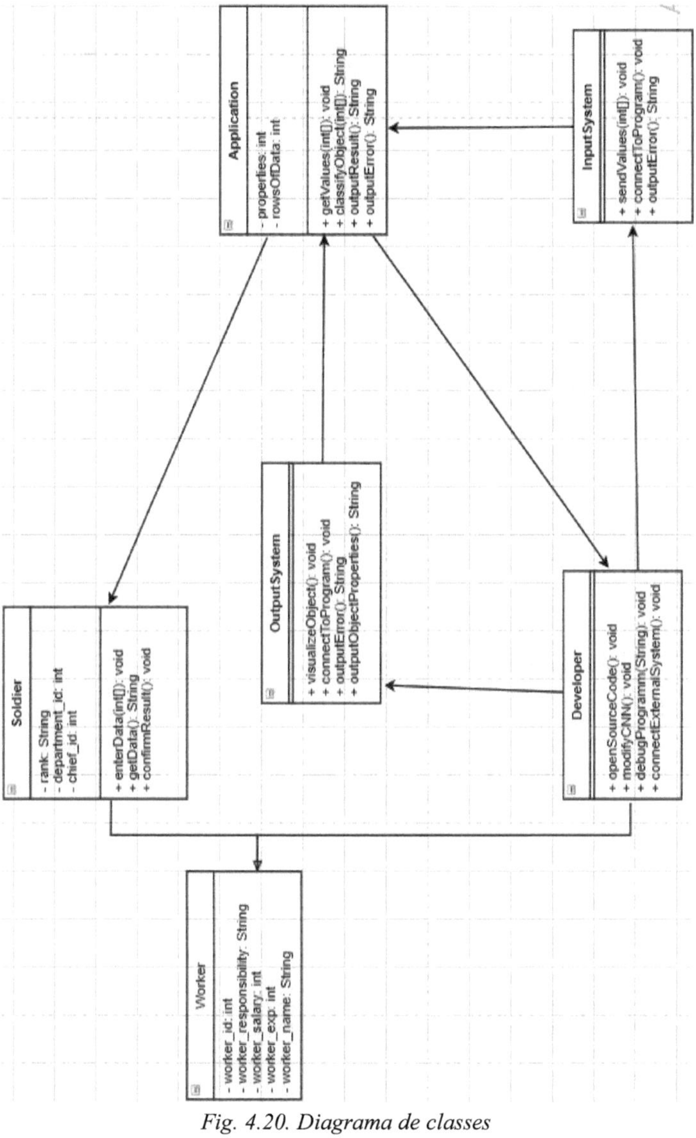

Fig. 4.20. Diagrama de classes

- Executar a depuração - Depurar a aplicação de acordo com a mensagem de erro.
- A classe "Apêndice" reflecte o estado da rede neuronal. Em particular, contém os dados que caracterizam o modelo da

rede e os dados com os quais a rede foi estudada. Inclui igualmente os métodos seguintes:

- Obter entrada - obter um conjunto de dados do utilizador que caracterizam a imagem.
- Classificar dados de entrada - classificar utilizando um modelo de rede neural.
- Resultados de saída - após uma classificação bem sucedida, apresentar os resultados em gráficos.
- Exibir mensagem de erro - se os dados de entrada não cumprirem os requisitos definidos na rede, exibir a mensagem de erro.

Suponha que modifica o projeto de acordo com a versão melhorada do gráfico precedente. Nesse caso, serão utilizadas mais duas classes para apresentar sistemas externos que fornecem entradas diretas e informações mais detalhadas. A classe Sistema de Entrada não contém campos de dados, mas inclui os seguintes métodos:

- Enviar uma matriz de números - envia uma variedade de números para o software de classificação de objectos.
- Ligar a uma aplicação - sincronizar com uma aplicação.
- Apresentar mensagem de erro - apresenta uma mensagem de erro.
- A classe Sistema de saída não contém campos de dados, mas inclui os seguintes métodos:
- Obter resultado do programa - envia uma matriz de números para o software de classificação de objectos.
- Ligar a uma aplicação - sincronizar com uma aplicação.
- Visualize os resultados - apresente a imagem, especifique a classe do objeto e selecione o objeto na imagem.
- Saída de propriedades adicionais do objeto - apresenta outras propriedades calculadas de acordo com a imagem e o resultado da classificação.
- Apresentar mensagem de erro - apresenta uma mensagem de erro.

Na Fig. 4.21, o diagrama de cooperação do cenário bem sucedido e alternativo é apresentado de acordo com a tarefa técnica. Numa estratégia bem sucedida, o técnico começa por introduzir os dados no programa e, em seguida, o programa classifica e apresenta o nome da classe a que o objeto pertence. Após a conclusão bem sucedida, o técnico recebe e confirma o resultado da performance. Num cenário alternativo, ocorreu um erro de software durante o processamento dos dados de entrada. Neste cenário, um programador está ligado e efectua a depuração do programa. Se desenhar um diagrama de cooperação para uma versão melhorada do software, este será semelhante ao da Fig. 4.22. O técnico introduz dados, ou seja, imagens, num sistema de entrada externo. Em seguida, este sistema, após uma ligação bem sucedida à aplicação, envia uma série de números para o software concebido. A aplicação classifica então o objeto e envia estes dados para o sistema de saída. O sistema de saída visualiza a informação original e apresenta propriedades adicionais do objeto. Após a conclusão, o técnico recebe os resultados e a sua confirmação. A Fig. 4.23a apresenta um diagrama de sequência para um cenário de sucesso. O objeto soldado introduz dados no programa. Em seguida, o programa recebe o foco de controlo. Classifica o objeto e apresenta os dias. Depois, o soldado recebe os dados e confirma-os. Na Fig. 4.23b, é apresentado o diagrama do cenário alternativo. Mostra um objeto adicional - um programador de software. Neste cenário, o programa recebe os resultados do soldado e classifica-os. No entanto, ocorreu um erro durante o processo. O programa mostra esta mensagem. De seguida, o programador deve abrir o código do programa e validá-lo. Também vale a pena desenvolver um gráfico para futuras pesquisas na direção deste software.

A Fig. 4.24 mostra um diagrama de sequência para um cenário de sucesso se os sistemas I/O estiverem ligados ao programa. O soldado liga o sistema de introdução de dados e introduz os dados. Em seguida, o sistema de entrada transmite esses dados para o software desenvolvido. O programa classifica os dados de entrada e emite dados brutos de saída. Em seguida, liga-se ao sistema de saída e visualiza e apresenta informações adicionais sobre o objeto classificado. No final do cenário, o soldado pode obter os dados e confirmar os resultados. O procedimento da Fig. 4.25 começa com o soldado que introduz os dados no programa. Se o programa aceitar a entrada, o processo continua e o programa classifica o objeto com sucesso. Depois de apresentar os resultados, o soldado pode recebê-los e confirmá-los. Se ocorrer um erro durante a interação com o programa, este apresenta uma mensagem de erro. Em seguida, o programador deve abrir o código principal do programa e efetuar a validação. Na Fig. 4.25, ocorre um cenário semelhante, mas existem outros processos de negócio para o sistema de entrada e saída de dados. O software desenvolvido em está num diretório e contém vários módulos. Em particular, os módulos incluem funções de E/S, um módulo que implementa a classe de rede neural e um ficheiro que contém os parâmetros do modelo de rede neural armazenado. O software requer a entrada de dados do ambiente externo, após o que a função de entrada os recebe e gera para classificação. O modelo de rede neural armazenado é utilizado durante a classificação. As funções de saída produzem o objeto classificado.

Para plotar os componentes para um cenário ampliado, é necessário utilizar sistemas de entrada e saída adicionais como componentes de diagrama. Neste caso, o utilizador introduz os dados no sistema de entrada, após o que os dados são transmitidos na forma adequada ao software para posterior classificação. Após a classificação, os dados originais são transmitidos como dados de origem brutos, que serão visualizados através do sistema de saída.

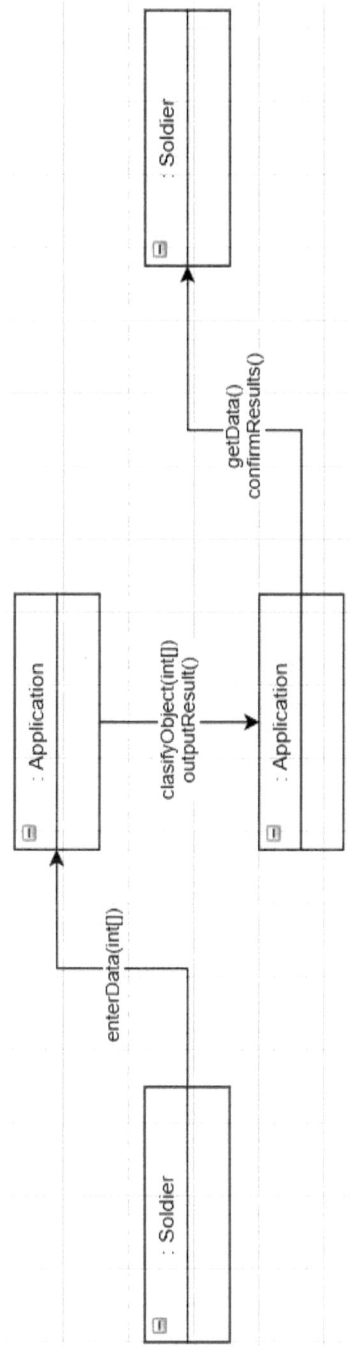
: Soldier
enterData(int[])
: Application
clasifyObject(int[])
outputResult()
: Application
getData()
confirmResults()
: Soldier

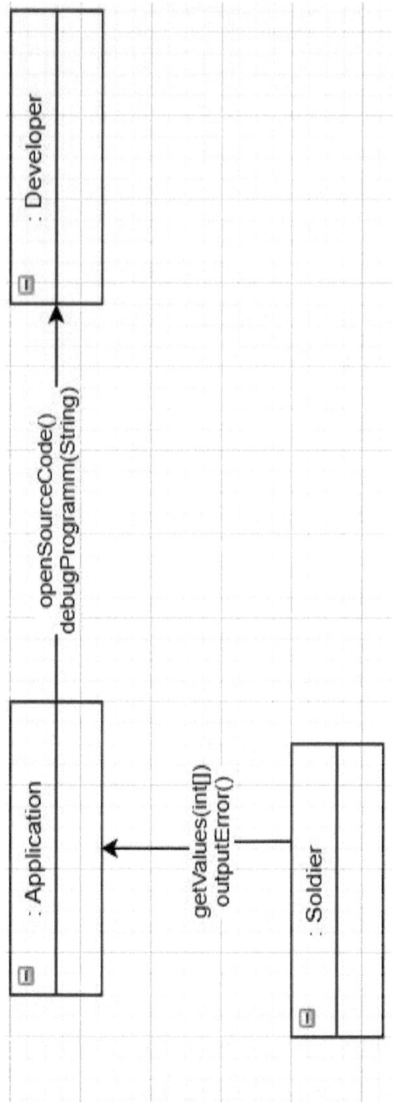

Fig. 4.21. Diagrama de cooperação

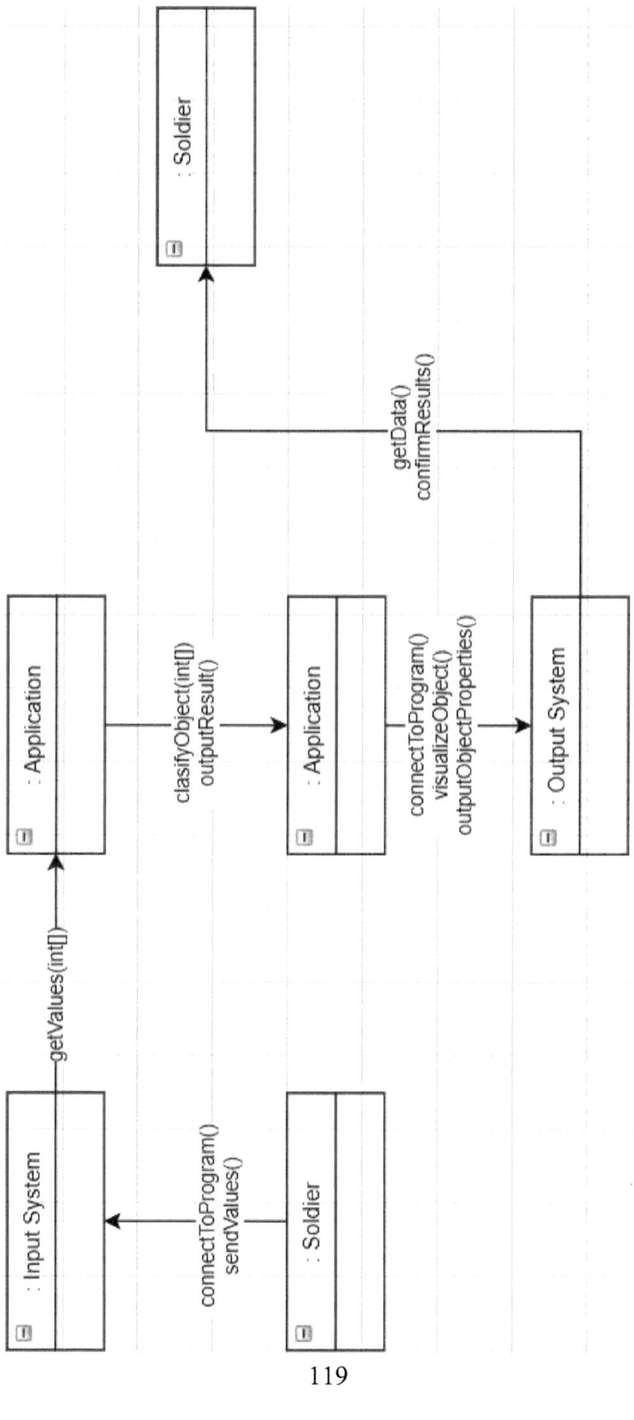

: Input System
: Soldier
connectToProgram()
sendValues()
getValues(int[])
: Application
clasifyObject(int[])
outputResult()
: Application
connectToProgram()
visualizeObject()
outputObjectProperties()
: Output System
getData()
confirmResults()
: Soldier

Fig. 4.22. Diagrama de cooperação do projeto melhorado

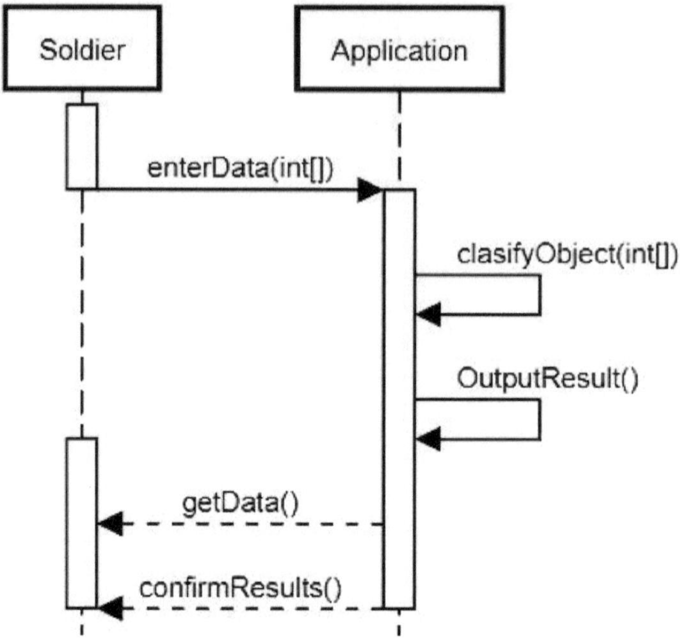

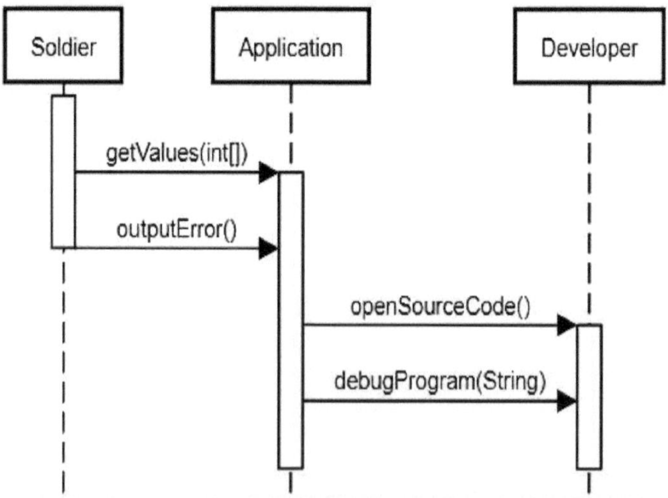

Fig. 4.23. Diagrama de sequência para um guião bem sucedido

Diagrama de sequência para um cenário alternativo

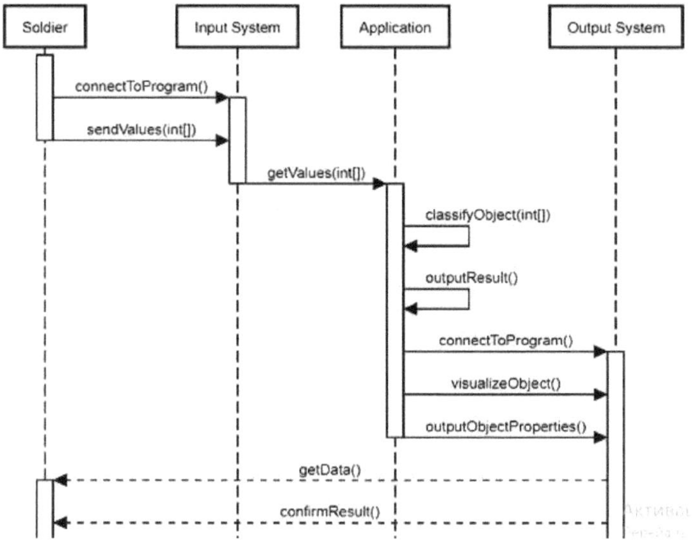

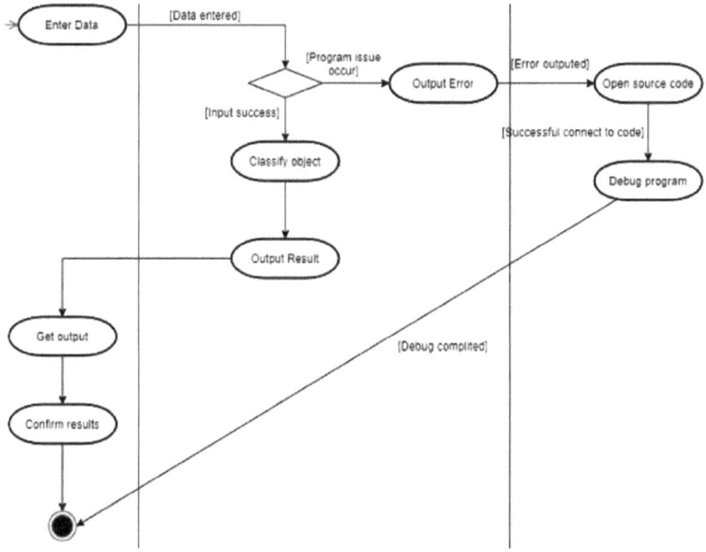

Fig. 4.24. Diagrama de actividades

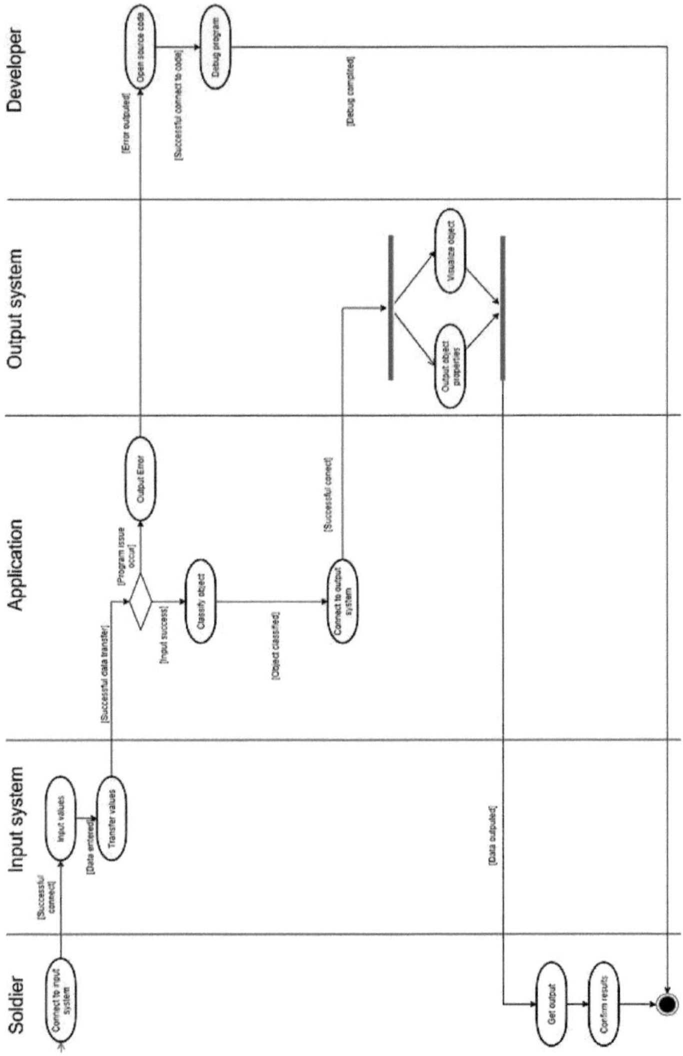
Soldier
Input system
Application
Output system
Developer
Connect to input system
[Successful connect]
Input values
[Data entered]
Transfer values
[Successful data transfer]
[Program issue occur]
Output Error
[Input success]
Classify object
[Object classified]
Connect to output system
[Successful conect]
Output object properties
Visualize object
[Error outputed]
Open source code
[Successful connect to code]
Debug program
[Debug completed]
[Data outputed]
Get output
Confirm results

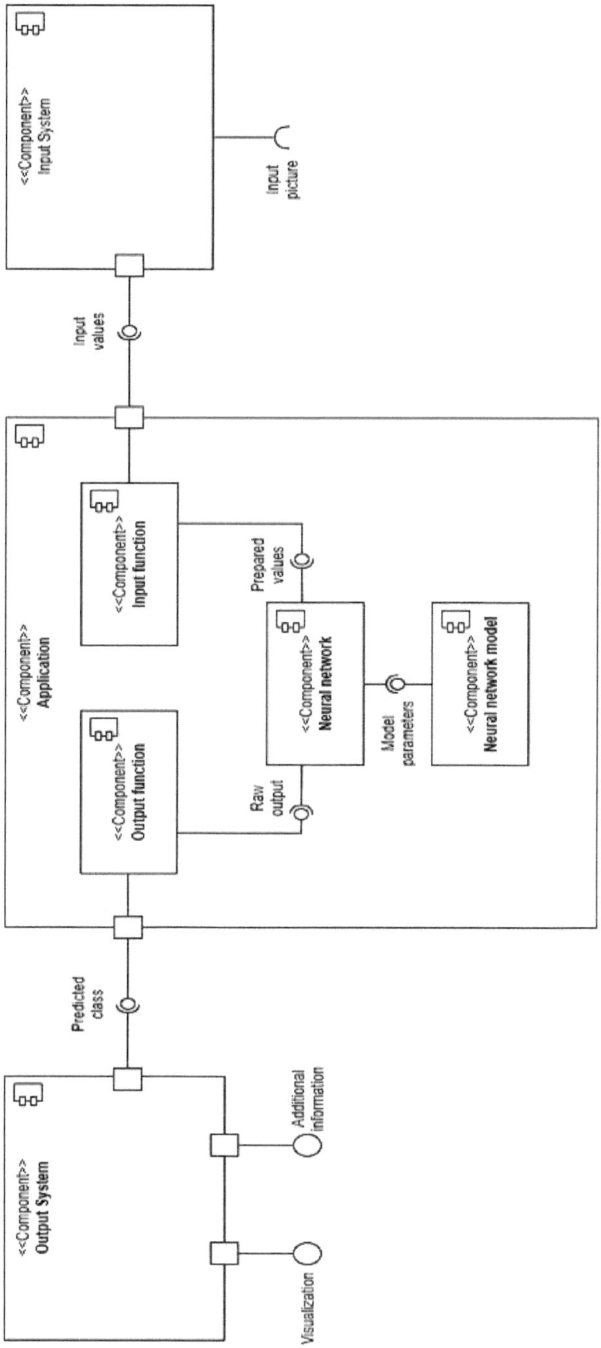
<<Component>>
Input System
Input picture
Input values
<<Component>>
Application
<<Component>>
Input function
Prepared values
<<Component>>
Neural network
Model parameters
<<Component>>
Neural network model
Raw output
<<Component>>
Output function
Predicted class
<<Component>>
Output System
Additional information
Visualization

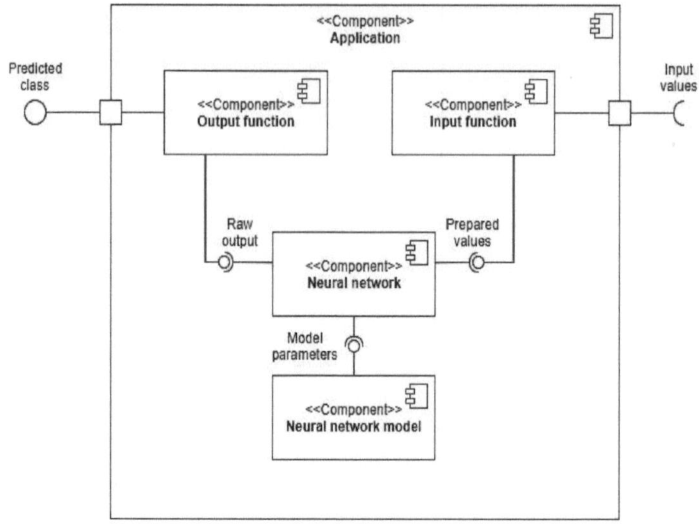

Fig. 4.25. Diagrama de componentes

Até agora, desenvolvemos com sucesso uma rede neural e uma interface inicial com o utilizador. O seu estado inicial é mostrado na Fig. 4.26. 4. 13.27 mostra os seus componentes. Os principais elementos que formam a interface são um painel para introduzir informações e uma grelha de coordenadas.

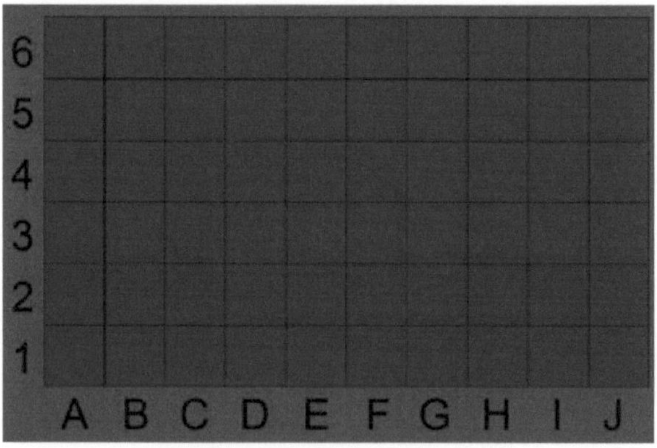

Fig. 4.26. Interface do utilizador

1. Menu pendente para definir as coordenadas horizontalmente.

2. Menu pendente para definir as coordenadas na vertical.

3. Campos para introdução de dados que caracterizam o objeto para posterior reconhecimento.

4. Botão para iniciar o processo de classificação.

5. Campo de saída do resultado.

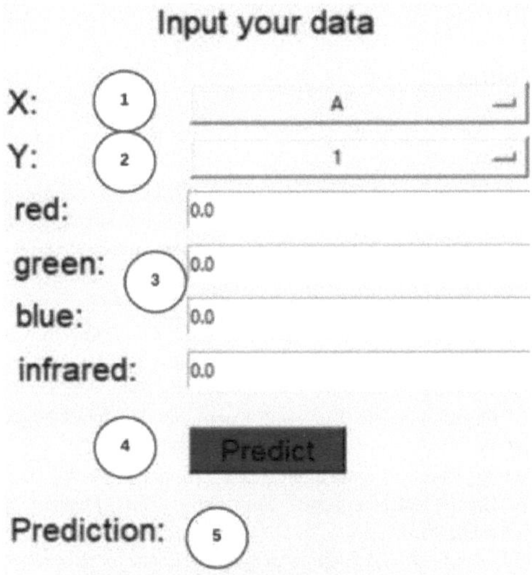

Fig. 4.27. Painel de introdução de dados

As figuras 4.26-4.27 mostram os resultados reais na interface do utilizador. Em particular, foi realizado um exemplo de controlo. Parâmetros do exemplo de controlo: coordenadas na linha horizontal "E", coordenadas na linha vertical "3", parâmetro "vermelho" = 0,6455, "verde" = 0,8636, "azul" = 0,2318, "infravermelho" = 0,08. Elementos adicionais que são visualizados aquando da emissão dos resultados:

1. O ponto do objeto na grelha;
2. Parâmetros selecionados no painel de introdução de dados;
3. Classe de objeto prevista.

4.8 Conclusões

A relevância do tópico e os análogos que resolvem um problema semelhante são confirmados. São também apresentados exemplos de materiais e métodos relevantes para a resolução do problema. O modelo de rede neural, o seu número de camadas, as funções activadoras, a otimização e o número de neurónios em cada camada foram selecionados com sucesso. Com estes parâmetros óptimos, obtém-se uma precisão de 97% para esta aplicação. MVP implementado. O utilizador do site pode introduzir os dados de entrada da imagem e definir as coordenadas do local onde foi feita a observação.

4.9 Referências

[1] C. Nicholson, "A Beginner's Guide to Neural Networks and Deep Learning", https://wiki.pathmind.com/neural-network

[2] O. Knocklein, "Classification Using Neural Networks", https://towardsdatascience.com/classification-using-neural-networks-b8e98f3a904f

[3] M. Abadi, A. Agarwal, P. Barham, "Aprendizagem automática em grande escala", http://download.tensorflow.org/paper/whitepaper2015.pdf

[4] Keras, https://keras.io/about/

[5] Cheryl Pellerin, "Project Maven to Deploy Computer Algorithms to War Zone by Year's End", https://www.defense.gov/Explore/News/Article/Article/1254719/project-maven-to-deploy-computer-algorithms-to-war-zone-by-years-end/

[6] S. C. Liew, "Electromagnetic Wavesm" Centre for Remote Imaging, Sensing and Processing, 2006.

[7] C. Starr, "Biology: Concepts and Applications", Thomson Brooks, 2005.

[8] G. Elert, "The Electromagnetic Spectrum, The Physics Hypertextbook," Hypertextbook.com, 2010.

[9] B. Chen, "7 funções de ativação populares que deve conhecer na aprendizagem profunda e como utilizá-las com o Keras e o TensorFlow 2, https://towardsdatascience.com/7-popular-activation-functions-you-should-know-in-deep-learning-and-how-to-use-them-with-keras-and-27b4d838dfe6

[10] Porque é que Python é tão popular na aprendizagem automática e na IA? https://asperbrothers.com/blog/why-python-for-machine-learning/

[11] A. Beklemysheva, "Porquê utilizar Python para IA e aprendizagem automática?" https://steelkiwi.com/blog/python-for-ai-and-machine-learning/

[12] Porque é que Python é a linguagem mais popular utilizada na aprendizagem automática, https://medium.com/@UdacityINDIA/why-use-python-for-machine-learning-e4b0b4457a77

[13] O espetro visível, https://www.britannica.com/science/color/The-visible-spectrum

[14] B. Rusyn, V. Ostap, O. Ostap, "A correlation method for fingerprint image recognition using spectral features," International Conference on Modern Problems of Radio Engineering, Telecommunications and Computer Science, 2002, pp. 219-220.

[15] B. Rusyn, "Critérios de construção dos sistemas de caraterísticas óptimos no reconhecimento de imagens", Problemy Upravleniya I Informatik, 1997, 36-40.

[16] V. Lytvyn, I. Peleshchak, R. Peleshchak, R. Holoshchuk, "Deteção de imagens de entrada multiespectrais utilizando redes neurais artificiais não lineares", Conferência Internacional sobre Tendências Avançadas em Radioelectrónica, Telecomunicações e Engenharia Informática, 2018, pp. 119-122.

[17] V. Lytvyn et al., "Encriptação de informações com base na síntese de uma rede neural e do algoritmo AES", Tecnologias avançadas de informação e comunicação, AICT, 2019, pp. 447-450.

[18] R. Peleshchak et al. "Modelo de tomada de decisão baseado numa rede neural com ligações sinápticas diagonalizadas", Advances in Intelligent Systems and Computing, 2019, 853, pp. 321-329.

[19] I. Tsmots, M. Medykovskyy, O. Skorokhoda, "Síntese de componentes de hardware para redes neurais paralelas de grupo vertical", Ciências da Computação e Tecnologias da Informação, CSIT, 2015, pp. 1-4.
[20] V. Danylyk et al., "Detecting Items with the Biggest Weight Based on Neural Network and Machine Learning Methods", Communications in Computer and Information Science, 2020, 1158, pp. 383-396.
[21] A. Demchuk et al., "Commercial content distribution system based on neural network and machine learning" [Sistema de distribuição de conteúdos comerciais baseado em redes neuronais e aprendizagem automática], CEUR Workshop Proceedings, 2019, 2516, pp. 40-57.
[22] M. Smaida, S. Yaroshchak, "Bagging of Convolutional Neural Networks for Diagnostic of Eye Diseases", Actas do workshop do CEUR, 2020, Vol-2604, pp. 715-729.
[23] I. Khortiuk et al., "Sistema de pontuação baseado em redes neurais para a identificação de fatores na perceção de imagens", atas do seminário do CEUR, 2020, Vol-2604, pp. 993-1003.
[24] V. Golovko et al., "Deteção de painéis solares fotovoltaicos em fotografias de satélite com base em redes neurais convolucionais", Aquisição inteligente de dados e sistemas informáticos avançados, 2017, pp. 14-19.
[25] Keras, https://www.kaggle.com/residentmario/keras-optimizers
[26] Optimizadores Keras, https://keras.io/api/optimizers/ftrl/
[27] Conjunto de dados, https://www.kaggle.com/uciml/iris

Chapter 5. Desenvolvimento de um sistema de fluxo de tráfego para uma cidade inteligente

O trabalho é dedicado ao desenvolvimento de um sistema de informação em que o movimento de veículos é um elemento central. Outro elemento fundamental é a investigação e o desenvolvimento de fundamentos teóricos e metodológicos e de ferramentas matemáticas para a realização de todo o tipo de tarefas de gestão destes fluxos, de melhoria da rede de transportes e de manutenção da qualidade sonora das estradas. Para isso, foram levantadas as seguintes questões neste documento: análise dos métodos existentes para resolver vários problemas relacionados com o tráfego de uma grande cidade; desenvolvimento de uma abordagem formalizada para resolver esta classe de problemas; desenvolvimento de um algoritmo para otimização destas tarefas; implementação de algoritmos desenvolvidos no complexo programa de gestão de tráfego. Como resultado, foram resolvidos problemas práticos específicos relacionados com a gestão do fluxo de tráfego de uma grande cidade, foi provada a adequação dos modelos e algoritmos desenvolvidos e foi demonstrada a utilidade da sua utilização.

5.1 Introdução

As infra-estruturas de transportes são uma das infra-estruturas mais críticas que asseguram a vida das cidades, aldeias, regiões, regiões e mesmo países [1-7]. De acordo com a definição, trata-se de um conjunto de objectos específicos (empresas) envolvidos na construção, reparação e manutenção de estradas, pontes, etc. A infraestrutura de transportes assegura a disponibilidade e a preservação das vias de transporte em condições adequadas. Inclui caminhos-de-ferro, estações e apeadeiros ferroviários, auto-estradas, transportes públicos, ruas, companhias aéreas e aeroportos, vias fluviais e portos, portos marítimos, estações de autocarros, linhas de elétrico, etc. Nos últimos anos, muitas grandes cidades esgotaram totalmente o potencial de desenvolvimento da rede de transportes. É por isso que o planeamento optimizado das redes de transportes, a melhoria da organização do tráfego e a otimização dos transportes públicos, industriais e de outros tipos de vias se tornaram particularmente importantes [8-15]. Devido à utilização intensiva das infra-estruturas, o sector dos transportes é uma componente essencial da economia e um instrumento padrão utilizado para o desenvolvimento [16-20]. Uma infraestrutura de transportes estável, eficiente e bem apoiada permite que os residentes urbanos e rurais participem em oportunidades económicas e tenham acesso a serviços essenciais.

5.2 Análise do sistema do objeto de investigação

Uma árvore de objectivos é um princípio estruturado e hierárquico (distribuído em níveis) de um conjunto de objectivos de um sistema, programa ou plano, no qual se aloca o objetivo geral ("o topo da árvore"), subordinado à sua subcultura do primeiro, segundo e subsequentes níveis ("ramos da árvore") [8]. O nome "árvore de objectivos" deve-se ao facto de os objectivos apresentados esquematicamente se assemelharem a uma árvore invertida.

O termo "árvore" envolve uma estrutura hierárquica (do mais velho para o mais novo) obtida através da divisão do objetivo geral nas suas subculturas. O método da árvore de objectivos está orientado para a obtenção de uma estrutura relativamente estável de objectivos, problemas e direcções. Para o conseguir, ao construir a versão inicial da estrutura, é necessário ter em conta os padrões de formação de objectivos e utilizar os princípios da formação de estruturas hierárquicas.

Este método é amplamente utilizado para prever possíveis tendências no desenvolvimento da ciência e da tecnologia e para compilar objectivos pessoais, profissionais ou empresariais. Uma árvore de objectivos liga objectivos prospectivos e tarefas específicas em cada nível hierárquico. Ao mesmo tempo, o objetivo de ordem superior corresponde ao topo da árvore e, abaixo de vários níveis, encontram-se os objectivos locais (tarefas), que permitem alcançar os objectivos do nível superior.

Na construção de uma "árvore de objectivos", a sua conceção baseia-se no método "do geral para o específico". O fim da decomposição do objetivo ocorre quando o processo subsequente é inadequado para o objetivo principal. Em geral, a estrutura da árvore de objectivos é a seguinte: a raiz de uma árvore é um objetivo geral formulado sob a forma de uma ou duas frases numa língua natural. Os níveis seguintes são aspectos do objetivo geral, se necessário - exemplos posteriores que podem ser representados como uma hierarquia de subobjectivos e, finalmente, o nível das "folhas" da árvore - critérios. Os critérios podem ser quantitativos - isto é, medidos diretamente e representados por valores numéricos com uma dimensão particular - ou qualitativos - os valores obtidos de peritos e processados por métodos sistemáticos. Assim, na primeira fase, , vamos formar o principal objetivo global do sistema, que tem uma natureza estratégica e de longo prazo e visa a introdução e o funcionamento do sistema. Uma vez que o sistema só pode ter um objetivo principal (geral), este sistema de informação tem - a gestão dos fluxos de tráfego (cidades) (Fig. 5.1).

1.1. Composição quantitativa e qualitativa do transporte Recolha de dados e controlo;

1.1.1. Número de uma câmara que cumpre os requisitos estabelecidos;

1.2. Recolha de dados e organização dos transportes públicos;

1.2.1. Otimização do intervalo de tráfego dos transportes públicos;

1.2.2. Informação rápida sobre a chegada do transporte;

2.1. Análise e otimização dos semáforos;

2.1.1. Funcionamento eficaz dos semáforos;

2.2. Recolha do estado das estradas em diferentes condições meteorológicas;

2.2.1. A rapidez do pedido de equipamento para a desobstrução das estradas;

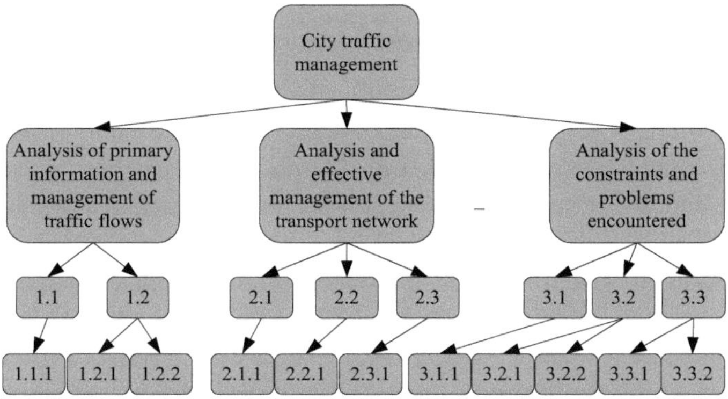

Fig. 5.1. Árvore de objectivos do sistema de informação dos fluxos de tráfego de uma grande cidade

2.3. Monitorização das estradas;

2.3.1. Calendários efectivos dos trabalhos de reparação;

3.1. Recolha de dados e obtenção de capital financeiro;

3.1.1. Otimização das tarifas dos serviços de transporte;

3.2. Visão geral dos relatórios e resolução de problemas;

3.2.1. A prontidão da informação aos condutores sobre os engarrafamentos;

3.2.2. Rotas óptimas de congestionamento;

3.3. Obtenção e minimização de informações da polícia sobre infracções;

3.3.1. O número ótimo de polícias;

3.3.2. Maximização da pena.

O principal objetivo do desenvolvimento é analisar o ambiente externo e interno do sistema e avaliar os seus recursos e capacidades. Na segunda fase, decomporemos o objetivo principal do sistema para o segundo nível (aspectos do objetivo geral). A formação dos objectivos do segundo nível (aspectos) nas direcções está em consonância com o objetivo estratégico principal, que deve garantir a sua implementação. Neste caso, estes aspectos são a análise da informação primária e a gestão dos veículos, a análise e a gestão eficaz da rede de transportes, a análise dos constrangimentos e a resolução dos problemas. Os aspectos de objetivo geral caracterizam as direcções especializadas de atividade e funcionamento do sistema. Cada direção representa uma esfera claramente definida da atividade especializada do sistema. Na terceira fase, decompomos os objectivos do segundo nível (aspectos do objetivo geral) pelas tarefas específicas (subaspectos do objetivo geral). Para o primeiro aspeto, ao decompor, existem novas saídas: recolha de dados e monitorização da composição quantitativa e qualitativa dos transportes, recolha de dados e otimização dos transportes públicos; para o segundo - análise e otimização dos semáforos, recolha de dados sobre o estado da autoestrada em diferentes condições meteorológicas, monitorização do estado das estradas; e, consequentemente, para o terceiro, recolha de dados e angariação de capital financeiro, uma visão geral da denúncia e resolução do problema da corrupção, receção de informações da polícia sobre a violação e minimização da mesma. Na fase seguinte, as decomposições descrevem as "folhas" da árvore, que são os critérios para atingir o objetivo. Como se mostra na Fig. 5.1, os seguintes critérios para atingir o objetivo principal do sistema de informação dos fluxos de tráfego de uma grande cidade pelos subaspectos do objetivo geral são o número de câmaras que satisfazem os requisitos, a otimização do intervalo dos transportes públicos, a eficácia da informação sobre a chegada dos transportes, o funcionamento eficaz dos semáforos, a velocidade de chamada dos veículos para a limpeza das estradas, os horários eficazes de execução das obras de reparação, a otimização das tarifas dos transportes serviços, a eficácia da informação aos condutores sobre os engarrafamentos, as rotas óptimas de colapso do tráfego, o número ótimo de polícias, a maximização das sanções. A interação do sistema com os elementos do ambiente, com suficiente exaustividade, será reflectida na notação do DFD (fluxogramas, Diagramas de Fluxo de Dados) utilizando o diagrama de contexto, e o detalhamento será construído através da construção da hierarquia DFD dos seguintes níveis.

Os DFDs descrevem o fluxo de informação de qualquer processo ou sistema. Utilizam símbolos como rectângulos, círculos e setas, bem como pequenas etiquetas de texto para mostrar os dados que entram e saem, os pontos de armazenamento e os percursos (transferência de informação) entre cada destino [9]. Estes diagramas podem ser utilizados para analisar ou criar um novo sistema. O fluxograma de dados pode ser mais pormenorizado por níveis. Os níveis DFD são numerados 0, 1 ou 2; por vezes, pode ir-se até ao nível 3 ou para além dos seus limites. O nível de pormenor exigido depende da quantidade do que se está a tentar alcançar. O nível de DFD 0, também chamado de diagrama de contexto, é representado na Fig. 5.2.

Trata-se de uma panorâmica básica de todo o sistema de informação de tráfego de uma grande cidade a analisar e modelizar. Foi concebido para ser claro e apresentar o sistema como um sistema único de alto nível com interligações e objectos externos. O diagrama de contexto pode ser facilmente compreendido por um vasto público, incluindo partes interessadas, analistas de negócio e programadores. Este diagrama de contexto representa apenas um processo primário "assegurar a gestão dos fluxos de tráfego (cidades)" e as seguintes entidades externas: "fluxos de tráfego", "elementos da rede de transportes", "serviço de correção das infracções", "serviço de controlo dos engarrafamentos", "serviço de gestão pública dos transportes", "serviço de gestão dos semáforos" e "serviço de controlo rodoviário", que asseguram a gestão dos fluxos. O DFD de nível 1, representado na Fig. 5.3, apresenta uma repartição mais pormenorizada das partes da carta de contexto. Aqui estão as principais funções desempenhadas pelo sistema, separando o sistema de alto nível nos seus subprocessos.

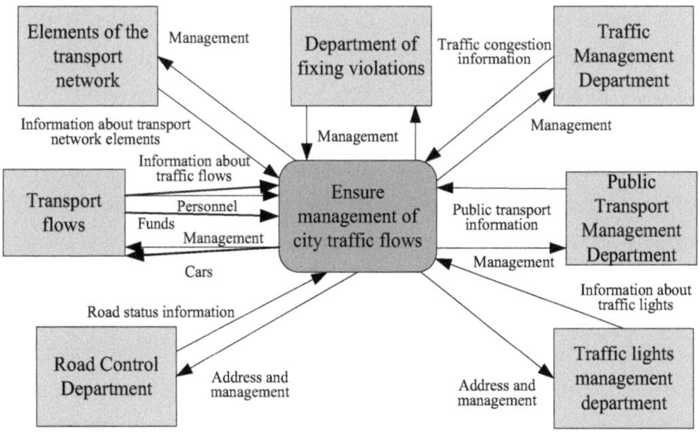

Fig. 5.2. Diagrama de contexto do sistema de informação dos fluxos de tráfego de uma grande cidade

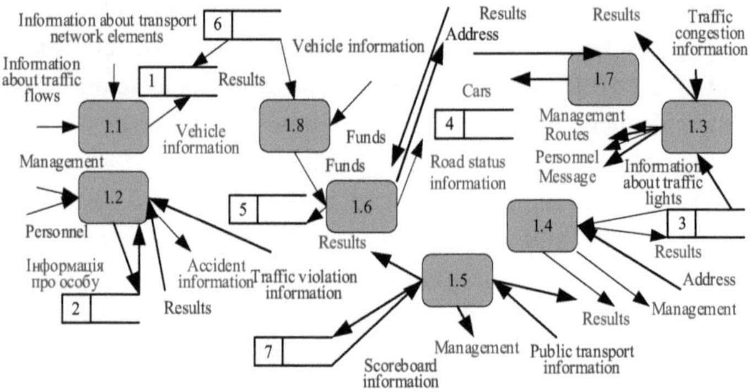

Fig. 5.3. Fluxograma dos dados do primeiro nível

Bases de dados: 1 - Informação sobre veículos; 2 - Comunicação de infracções; 3 - Informação sobre semáforos; 4 - Relatório sobre trabalhos de reparação; 5 - Cartões; 6 - Informação sobre serviços de transporte; 7 - Informação sobre as caraterísticas do placard.

Processos: 1.1 - Recolher informações sobre os veículos a partir das câmaras de vigilância; 1.2 - Corrigir infracções; 1.3 - Resolver problemas de congestionamento; 1.4 - Assegurar a utilização adequada dos semáforos; 1.5 - Otimizar os transportes públicos; 1.6 - Verificar o estado das estradas; 1.7 - Verificar o estado do tempo nas estradas; 1.8 - Efetuar o pagamento dos serviços de transporte.

A partir deste diagrama, é evidente que, de acordo com a norma, não existem novas entidades, mas apenas duplicados das entidades existentes no contexto. Além disso, existem novos processos (subprocessos) e armazéns de dados. Os subprocessos neste quadro são "recolher informações sobre os veículos", "corrigir infracções", "resolver problemas de congestionamento", "otimizar o tráfego dos transportes públicos", "assegurar a utilização adequada dos semáforos", "monitorizar o estado das estradas", "efetuar o controlo do tráfego rodoviário" e "fornecer o pagamento dos serviços de transporte". Além disso, existem 7 armazéns de dados no mapa: "informações sobre os veículos", "informações sobre os serviços de transporte", "relatórios de infracções", "informações sobre os semáforos", "informações e caraterísticas das tabelas", "mapas" e "relatórios sobre a realização de trabalhos de reparação". Nesta fase, o diagrama descreve mais pormenorizadamente a essência do sistema. No entanto, na minha opinião, pode ser mais decomposto para descrever alguns dos subprocessos em pormenor. Como resultado, chegámos ao nível 2 do DFD. O DFD nível 2 está dividido em mais partes, como o gráfico de 1° nível. Será necessária uma descrição mais pormenorizada do sistema para atingir o nível de detalhe necessário sobre o funcionamento do sistema. Para começar, considere o processo de "recolha de informações sobre veículos" (Fig. 5.4).

Fig. 5.4. Pormenorização do processo de recolha de informações sobre os veículos

O diagrama mostra novos processos: "determinar locais sem câmaras de observação", "instalar câmaras de vigilância" e "reconhecer números de máquinas e outras caraterísticas". Os resultados destes processos serão registados no armazenamento de dados "informação sobre veículos", que será utilizado no futuro pelo sistema na execução de outros métodos. Em seguida, decompomos o processo de "correção das infracções" (Fig. 5.5). Vemos que, neste diagrama de segundo nível, existem novos processos: "reparar os acidentes de viação", "reparar as infracções", "atrasar o infrator", "aplicar um castigo", "chamar os agentes da polícia", "chamar uma ambulância se necessário". A essência externa do "Departamento de Reparação de Infracções" enviará informações e recolherá todos os resultados. Todas as infracções e acidentes de viação registados, com informações sobre o local, a hora, a data, a pessoa, a infração e o respetivo castigo , serão armazenados no armazém de dados "comunicação de infracções", que a polícia também utilizará para analisar a frequência dos acontecimentos relevantes cometidos por essa ou outra pessoa, a fim de determinar as sanções a aplicar a essa pessoa. Este armazenamento de dados está representado num gráfico de nível superior. O processo de resolução do problema do congestionamento é muito relevante e, ao mesmo tempo, bastante complicado. Inclui vários subprocessos com muitas entidades e armazenamento de dados. A forma como o sistema de informação irá resolver este problema é mostrada abaixo (Fig. 5.6).

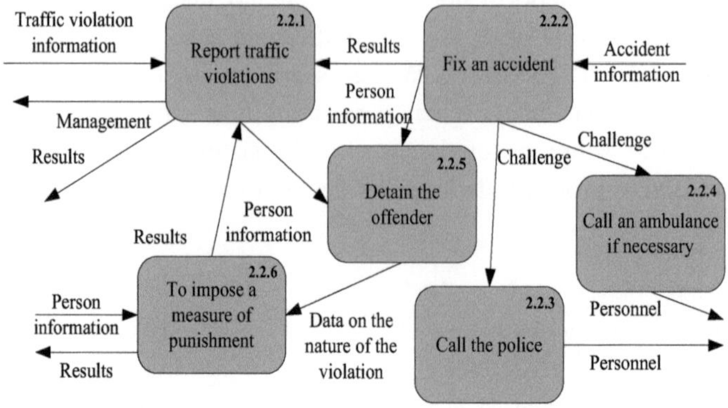

Fig. 5.5. Detalhe do processo de correção das violações

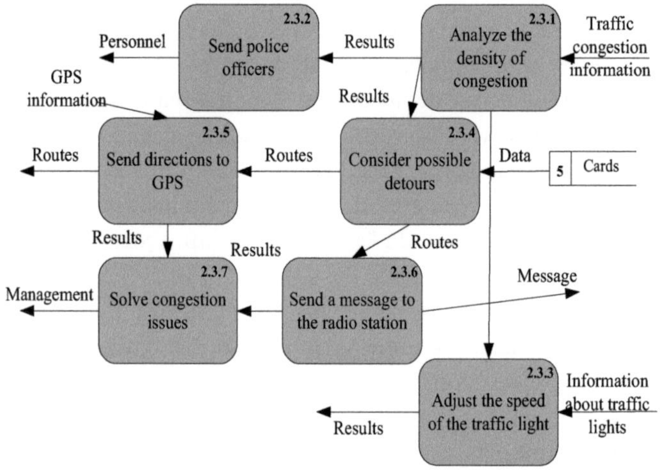

Fig. 5.6. Detalhe do processo de resolução de problemas de congestionamento

Quando as câmaras observam uma acumulação excessiva de veículos numa ou noutra secção da rede de transportes, é enviado um sinal com esta informação à unidade de controlo do tráfego. A unidade atribui a tarefa de resolver este problema aos seguintes processos: "enviar agentes da polícia", "analisar a densidade do truque" e "considerar possíveis opções para um desvio", que são retirados do armazém de dados "mapas", "enviar direcções para o GPS", "enviar uma mensagem na estação de rádio", "ajustar o ritmo de trabalho do semáforo "e, claro," resolver os problemas com engarrafamentos ". Ao fixar a câmara de observação do reabastecimento excessivo de veículos num ou noutro departamento da rede de transportes, é enviado um sinal com a informação para o departamento de gestão dos engarrafamentos. Como resultado, recusa-se a resolver o problema dos seguintes processos: "eliminar os estrangulamentos", "analisar a integridade", "alargar as opções possíveis de troca", que são apresentadas com os armazéns de dados "mapas", "envio de despachos para GPS", "envio de mensagens". mensagem na estação de rádio "," preparar o ritmo de trabalho dos semáforos ", normalmente" resolver problemas com o engarrafamento". Se descrevermos em pormenor o processo de otimização dos transportes públicos, aparecerão vários novos processos no diagrama (Fig. 5.7). Entre eles: "analisar a população nas paragens", "determinar a quantidade necessária de cada transporte", "determinar a frequência necessária dos veículos", definir o painel de avaliação, "enviar dados com a hora de chegada no painel de avaliação" e "calcular a falha". Com a ajuda destes dados, as pessoas ficarão muito mais satisfeitas com o tráfego de táxis, eléctricos, tróleis e outros veículos, uma vez que serão considerados todos os factores possíveis para a circulação confortável das pessoas e as expectativas informadas.

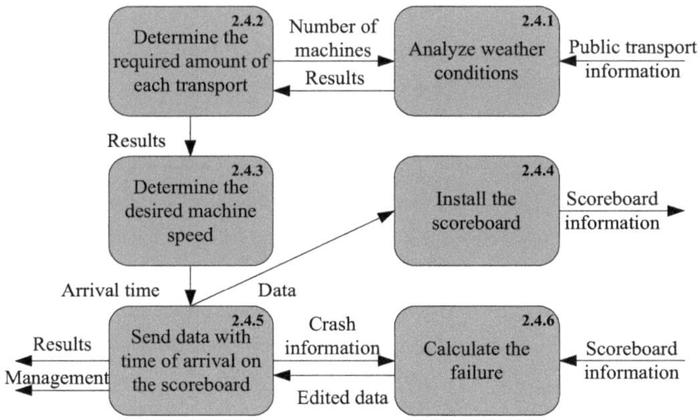

Fig. 5.7. Detalhe do processo de otimização dos transportes públicos

De seguida, consideramos o processo de "garantir a utilização correta dos semáforos", ou melhor, a sua decomposição (Fig. 5.8).

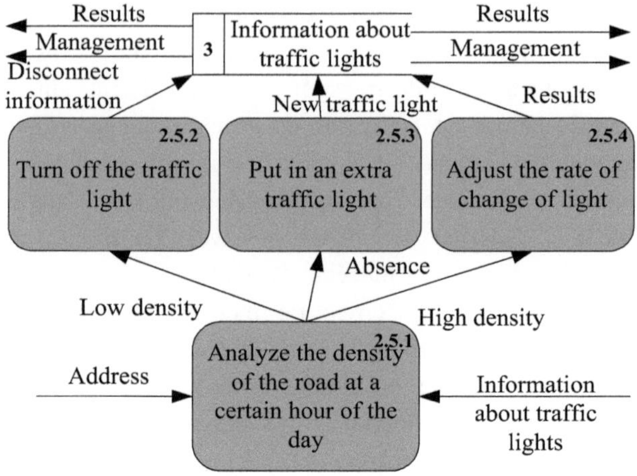

Fig. 5.8. Decomposição do processo de utilização dos semáforos

Aqui, a ligação de gestão é a essência externa do "departamento de gestão dos semáforos". O diagrama mostra também os processos "analisar a densidade da estrada a uma determinada hora do dia", em resultado dos quais serão executados os seguintes processos, consoante os resultados: "desligar o semáforo", "colocar um semáforo adicional" ou "ajustar a velocidade do semáforo". Todos os resultados das acções acima referidas são armazenados no repositório de dados "informações sobre semáforos", que também é utilizado para ler os dados actuais de um determinado semáforo e continuar a trabalhar com eles. A Fig. 5.9 mostra o processo de "monitorização do estado das estradas". Este gráfico é gerido pelo "departamento de controlo rodoviário", uma vez que fornece informações sobre um endereço específico e solicita os processos de "construção de uma nova estrada" e "verificação do estado das estradas". Os fundos para estas acções são parcialmente recebidos como resultado do processo de "assegurar o pagamento dos serviços de transporte". Os resultados da construção são registados no repositório de dados do cartão, que já foi mencionado. Após a verificação, se necessário, há um processo de "elaboração de um plano de reparações" e de "execução de reparações", cujos resultados são reduzidos a "relatórios sobre os trabalhos de reparação". Este armazém de dados é também analisado no processo de verificação do estado das estradas para uma decisão sobre a necessidade de iniciar a reparação. Vamos decompor o seguinte processo: "Efetuar o pagamento dos serviços de transporte" (Fig. 5.10). Os processos que desempenham a função de assegurar o pagamento dos serviços de transporte: "recolher informações sobre os serviços de transporte", "estabelecer tarifas óptimas" e "angariar fundos". Os fundos são cobrados aos condutores de veículos, alguns dos quais são transportados para a construção e reconstrução de estradas. Todas as informações sobre as tarifas e os fundos recolhidos são armazenadas no repositório "informações sobre os serviços de transporte". O último processo que vamos decompor é "controlar as condições meteorológicas nas auto-estradas" (Fig. 5.11).

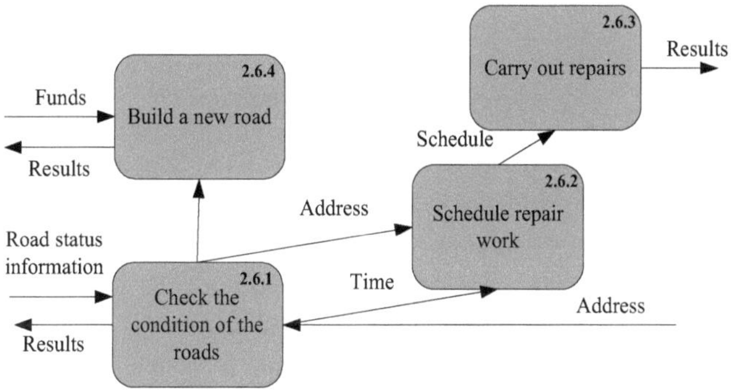

Fig. 5.9. Detalhe do processo de controlo do estado das estradas

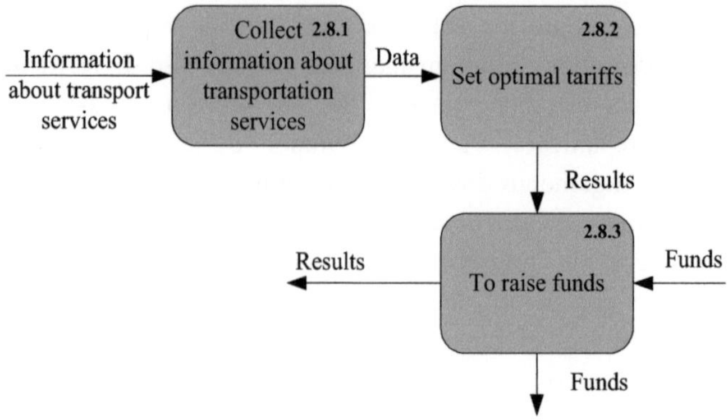

Fig. 5.10. Pormenorização do processo de garantia do pagamento dos serviços de transporte

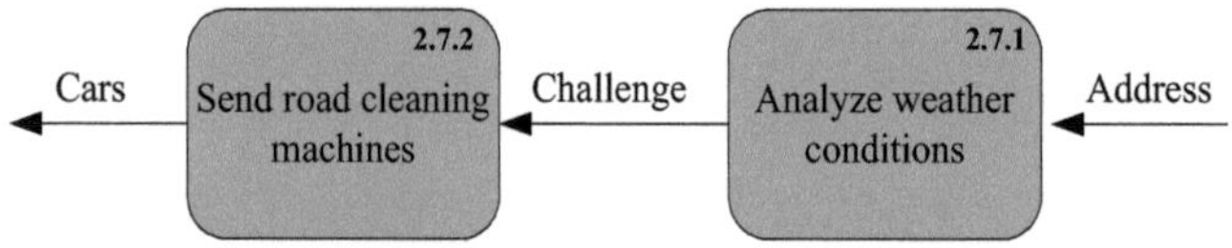

Fig. 5.11. Detalhe do processo de monitorização das condições meteorológicas nas auto-estradas

A essência externa deste processo é o "Departamento de Controlo Meteorológico das Estradas". Os processos neste gráfico são "analisar as condições climatéricas" e "enviar carros para desobstruir estradas". Em geral, o sistema pode ser desenvolvido até aos níveis 3.4 e seguintes, mas ir além do nível 3 pode levar a complexidades significativas, uma vez que o modelo pode tornar-se menos comparável e eficaz. Por conseguinte, nesta fase, ficaremos por aqui. De acordo com a definição, a descrição e as regras, foi construído o diagrama DFD do sistema de informação dos fluxos de tráfego de uma grande cidade, que é um sistema de transporte intelectual generalizado. Vejamos mais de perto o que é

Os sistemas de transporte inteligentes (STI) são aplicações avançadas que, sem a inteligência propriamente dita, se destinam a fornecer serviços inovadores relacionados com os diferentes modos de transporte e a gestão do tráfego, permitindo que os outros utilizadores estejam mais informados e tornando as redes de transporte mais seguras, coordenadas e "inteligentes" [10]. Os sistemas de transporte inteligentes diferem em termos de tecnologia aplicada, desde os sistemas de controlo básicos, como a navegação automóvel, os sistemas de controlo de semáforos, os sistemas de gestão de contentores, a deteção automática de velocidade para aplicações de monitorização, como os sistemas de videovigilância, até às aplicações mais avançadas do , que integram dados em tempo real e sistemas de feedback de várias outras fontes, como sistemas de estacionamento e outros sistemas de informação, informações meteorológicas, etc. Além disso, são desenvolvidos métodos de previsão para fazer progredir as simulações modernas em comparação com dados históricos.

5.3 Criação de uma hierarquia de tarefas

Este sistema de informação consiste em muitas tarefas que podem ser representadas hierarquicamente (Fig. 5.12). A partir da figura, vemos que a tarefa principal, localizada no topo da hierarquia, é "a tarefa de regular os fluxos de tráfego". Esta divide-se em oito sub-tarefas, que, por sua vez, também têm várias tarefas nos seus níveis inferiores. Incluindo:

1) A "tarefa de recolha de informações sobre os veículos", que inclui a "tarefa de instalação de câmaras de vigilância" e a "tarefa de reconhecimento do número da máquina";

2) A "tarefa de reparar infracções" divide-se em duas subtarefas - "tarefa de reparar infracções às regras de trânsito" e "tarefa de reparar um acidente". Para eles, o nível mais baixo da hierarquia será "a tarefa de delinquente";

3) O "problema da resolução do problema do congestionamento", que inclui a "tarefa de recolha de informações sobre o congestionamento" e "o problema da análise da densidade da inundação", que também se ramifica no "problema da consideração de possíveis alternativas de desvio", "a tarefa de ajustar o ritmo do semáforo" e "a tarefa de chamar os agentes da polícia";

4) A "tarefa de otimização dos transportes públicos" inclui a "tarefa de fixação da tabela" e a "tarefa de determinação da frequência dos veículos". Esta última consiste na "tarefa de envio de dados para o painel de avaliação" e na "tarefa de cálculo das falhas";

5) A "tarefa de assegurar a boa utilização dos semáforos", que inclui o "problema da análise da densidade da estrada a uma determinada hora do dia" e "a tarefa de recolher informações sobre os semáforos actuais", que se ramificam também na "tarefa de desligar o semáforo", "a tarefa de instalar semáforos adicionais" e "a tarefa de fixar o ritmo de mudança do semáforo";

6) A "função de cobrança de taxas pelos serviços de transporte", que inclui "a função de recolha de informações sobre os serviços de transporte" e "a função de otimização das tarifas". Por sua vez, no nível inferior da hierarquia, têm uma "missão de angariação de fundos";

7) A "tarefa de controlo do estado das estradas" divide-se em "tarefa de construção de uma nova estrada" e "tarefa de controlo do estado das estradas". Esta última tem também um nível inferior de "tarefa de planificação de trabalhos de reparação" e "tarefa de reparação";

8) A "tarefa de controlo das condições meteorológicas nas auto-estradas" inclui a "tarefa de recolha de informações sobre a disponibilidade de equipamento adequado" e a "tarefa de análise das condições meteorológicas", que, por sua vez, consiste na "tarefa de envio de viaturas para desobstruir as estradas".

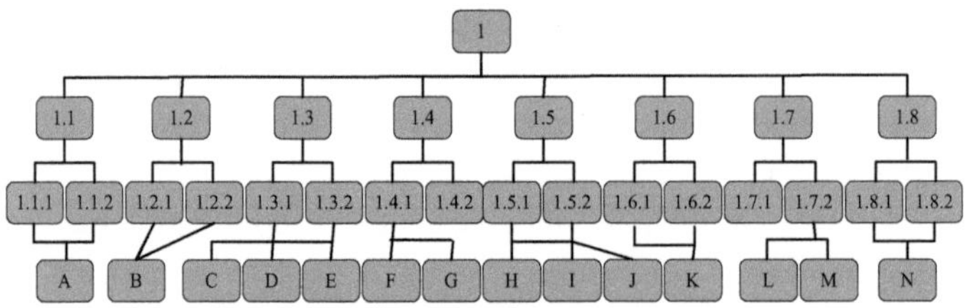

Fig. 5.12. Hierarquia das tarefas do sistema de informação dos fluxos de transporte de uma grande cidade

Tarefas:

1 - Gestão dos fluxos de tráfego urbano;

1.1 - Informações sobre os veículos;

1.1.1 - Instalação da recolha de dados do armazenamento da câmara;

1.1.2 - Reconhecimento automático de números;

1.2 - Mensagem de compromisso;

1.2.1 - Correção das mensagens de tráfego;

1.2.2 - Reparação de um acidente;

1.3 - Gestão do congestionamento do tráfego;

1.3.1 - Recolha de informações sobre o congestionamento;

1.3.2 - Um verdadeiro congestionamento;

1.4 - Otimização do tráfego de transportes públicos;

1.4.1 - Propor velocidades da máquina;

1.4.2 - Instalação de um painel de avaliação simples;

1.5 - Luz especialmente protegida dos semáforos;

1.5.1 -A análise de fiabilidade cara a uma determinada hora de aquisição;

1.5.2 - Recolha de informações sobre os semáforos actuais;

1.6 - Conjunto completo de pagamentos para serviços de transporte;

1.6.1 - Informações sobre os serviços de transporte;

1.6.2 - Otimização das tarifas;

1.7 - As estradas existentes são observadas;

1.7.1 - Construção de uma nova estrada;

1.7.2 - Verificar o estado das estradas;

1.8 - Vantagens da autoestrada disponíveis;

1.8.1 - Informações sobre os equipamentos de apoio a estas pessoas;

1.8.2 - Análise dos dados meteorológicos;

A - Controlo separado do tráfego;

B - Atrasos de pagamento;

C - Ajustar a velocidade do semáforo;

D - Consideração de possíveis desvios;

E - Chamar a polícia;

F - Envio de dados para o painel de avaliação;

G - Cerca de subtração;

H - Desligar o semáforo;

I - A instalação de luz brilhante adicional;

J - Ajustar a taxa de mudança de luz;

K - A coleção de direitos;

L - Elaboração de reparações gráficas de obras;

M - Esta reparação;

N - A ligação das máquinas de alargamento de estradas.

5.4 Descrição do software criado

Vamos lançar o programa e selecionar as caraterísticas pretendidas. Escolhemos o número de carros e premimos o botão Iniciar. Vamos ver como os carros se deslocam sem iniciar um algoritmo de congestionamento (Fig. 5.13). De seguida, vamos mudar para o modo de utilização do algoritmo necessário (Fig. 5.14).

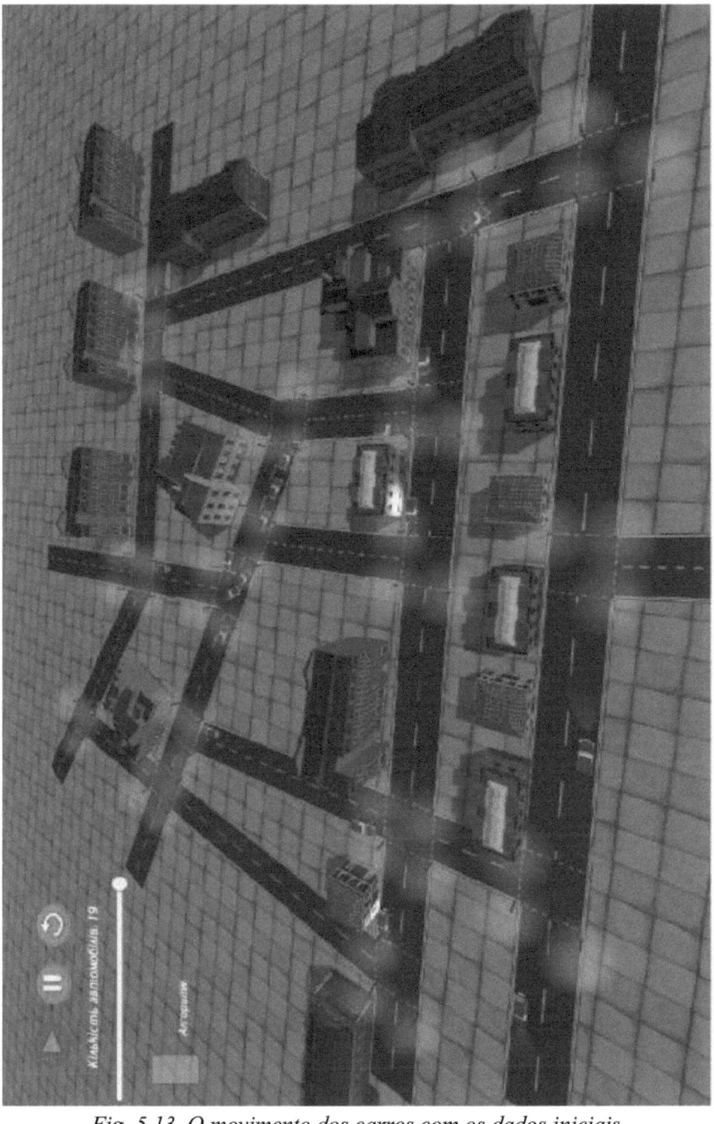

Fig. 5.13. O movimento dos carros com os dados iniciais

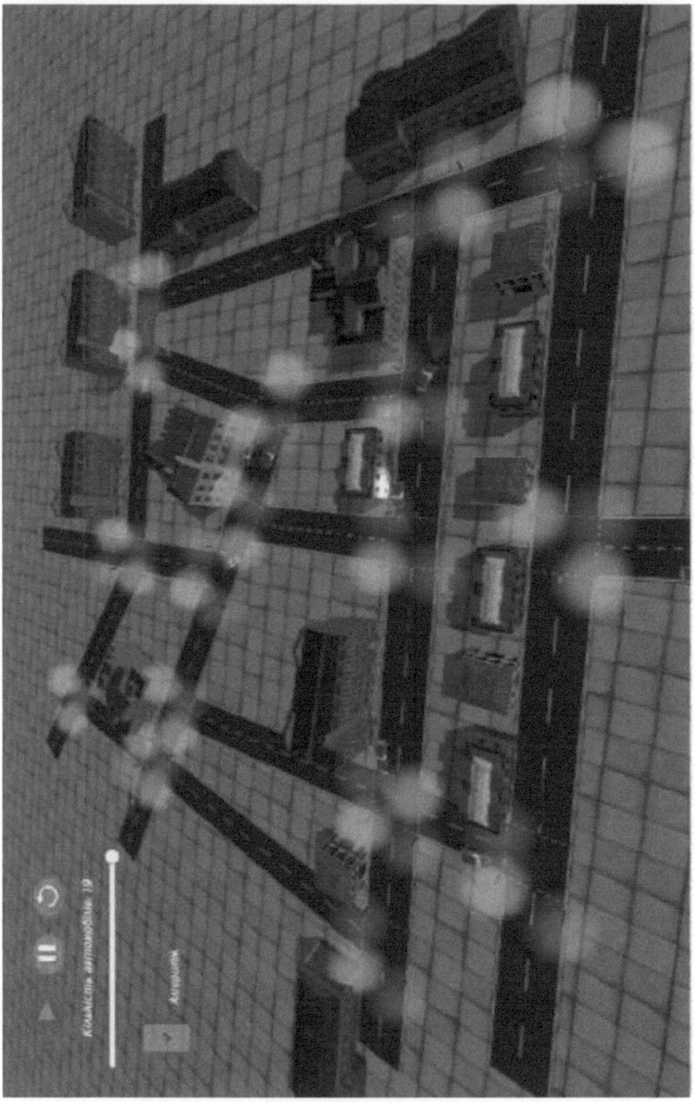

Fig. 5.14. Deslocação dos automóveis de acordo com o algoritmo

Vemos que as trajectórias de alguns carros diferem consideravelmente nestes modos, e no modo com o algoritmo o tráfego não é formado. Agora, vamos comparar os tempos das tarifas dos veículos não tripulados com os dados iniciais e com o algoritmo (Fig. 5.15)

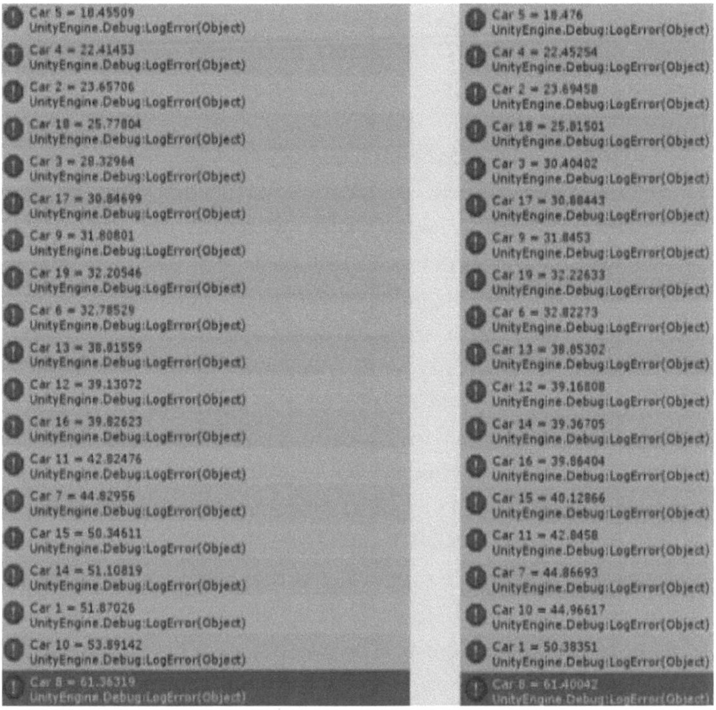

Fig. 5.15. Caraterísticas temporais da deslocação de veículos não tripulados (esquerda - dados iniciais, direita - algoritmo)

Tendo em conta o algoritmo utilizado, vemos que o tempo de deslocação de alguns carros diminuiu significativamente, e para o resto dos veículos permaneceu quase inalterado (diferença de 0,5 s). Portanto, o programa é viável e o objetivo foi alcançado. Para o efeito, foi escolhida a parte mais ativa do programa, que cria o desconforto mais significativo para os participantes no movimento do tráfego. Em particular, foi desenvolvido um programa que implementa um dos métodos para resolver problemas de congestionamento. A motivação das acções do condutor determina o local, a hora e o modo de circulação. Cada condutor decide individualmente se precisa de ir por este ou por aquele caminho ou se pretende minimizar os custos de combustível ou o tempo. Por isso, para evitar a influência dos factores humanos no movimento dos veículos, este programa funciona com carros não tripulados. Um carro não tripulado determina o caminho mais curto quando planeia um percurso para o seu destino. No entanto, com obstáculos como os engarrafamentos, este caminho pode causar atrasos significativos. O programa é também concebido para programar comboios pendulares, minimizando o tempo de chegada do veículo ao seu destino.

O programa funciona com o Unity, onde definimos o número de veículos que se vão deslocar, e as localizações do seu movimento e destino serão lidas a partir das estatísticas armazenadas na base de dados do sistema de informação de tráfego da grande cidade. De seguida, os carros deslocam-se de acordo com as regras de trânsito, tendo em conta os semáforos. Ao detetar um número significativo de veículos num cruzamento (intersecção), o carro, de acordo com o algoritmo de Dijkstra, procura um caminho mais curto, contornando a estrada sobrecarregada. O movimento do veículo pára quando o local planeado é alcançado. O programa é chamado através da execução de um ficheiro executável (com extensão .exe). Os dados de entrada são o número de carros que se vão deslocar no mapa (os pontos de partida e os destinos de cada veículo estão indicados no Unity) e a escolha do algoritmo de movimento. O ponto de partida é o tráfego de carros no mapa, que mostra o percurso mais rápido.

5.5 Conclusão

O trabalho dos antecessores foi destacado e as questões que ficaram por publicar, incluindo as que requerem mais investigação. Em seguida, procedeu-se a uma análise sistemática do funcionamento do sistema, especificou-se o objetivo do sistema através da construção de uma árvore de objectivos e apresentaram-se as principais variantes da sua realização através da decomposição em aspectos, subaspectos e critérios de avaliação da qualidade da implementação. Em seguida, foi construída uma hierarquia de diagramas de fluxo de dados que, com suficiente pormenor, descreve os processos de funcionamento do PI, as ligações entre eles e a informação necessária para o êxito da operação no contexto do tipo de PI selecionado. Com base no DFD, é construída uma hierarquia de tarefas, tendo em conta a sequência da sua execução. São apresentadas as principais caraterísticas, métodos de resolução de problemas, métodos de apresentação do conhecimento, software, sistema e auxiliares, que são utilizados no trabalho de construção de mecanismos de escolha da rota óptima de uma passagem de desvio. São apresentadas a descrição e a análise dos métodos de resolução do problema de congestionamento, bem como a implementação da linguagem C# e da ferramenta Unity para o desenvolvimento de uma interface gráfica para trabalhar com o mapa e os carros não tripulados. Foram descritos a composição, a estrutura, o conteúdo e as funções do software desenvolvido e os processos do seu funcionamento conjunto. O exemplo de referência confirma a capacidade de trabalho do desenvolvimento e os resultados do funcionamento do sistema correspondem à tarefa. Como resultado deste trabalho, foi desenvolvido um sistema de informação, cujo elemento principal é o fluxo de tráfego de uma grande cidade. Foram também pesquisadas e desenvolvidas as disposições teóricas e metodológicas e as ferramentas matemáticas para a realização de vários tipos de tarefas de gestão destes fluxos, de melhoria da rede de transportes e de apoio ao estado das estradas.

5.6 Referências

[1] Chen, N., Chen, Y., You, Y., Ling, H., Liang, P., Zimmermann, R.: Processamento dinâmico de fluxos de vídeo de vigilância urbana utilizando computação em nevoeiro. Em: Segunda conferência internacional do IEEE sobre grandes dados multimédia (BigMM), 105-112. IEEE. (2016).

[2] Ermacora, G., et al. Uma arquitetura robótica na nuvem para um serviço de gestão e monitorização de emergências num ambiente de cidade inteligente. (Turim, Itália: Tech. Rep.) (2013).

[3] Banzhaf, E., Hofer, R.: Monitorização de tipos de estruturas urbanas como indicadores espaciais com fotografias aéreas CIR para uma gestão ambiental urbana mais eficaz. In: IEEE Journal of Selected Topics in Applied Earth Observations and Remote Sensing, 1(2): 129-138. (2008).

[4] Dr. Henry Lieu: Monografia revista sobre a teoria do fluxo de tráfego. In: Transportation Research Board (TRB) Special Report 165, "Traffic Flow Theory". (2001)

[5] Hoogendoorn S., Knoop V.: Teoria e modelação do fluxo de tráfego. In: Editora Edward Eldar. (2013)

[6] Georgian, M. I., Myroniuk, V. V.: Descodificação da composição de espécies de plantações florestais com base em imagens do satélite Sentinel-2. In: Silvicultura e paisagismo, Volume 11, Modo de acesso: http://nbuv.gov.ua/UJRN/licgoc_2017_11_6. (2017)

[7] Golej, J., Adamuscin, A.: A visão geral do sector da construção verde na Eslováquia. In: EAI Endorsed Transactions on Energy Web 19(23): e8. https://eudl.eu/pdf/10.4108/eai.13-7-2018.158874. (2019)

[8] Fonstad, M. et al. Topographic structure from motion: a new development in photogrammetric measurement. In: Earth Surface Processes and Landforms, 38(4): 421-430. (2013).

[9] Hahanov, V., et al. Monitorização e controlo do tráfego orientado para a nuvem com base numa infraestrutura virtual inteligente (2017-01-0092). In: SAE Technical Paper. (2017).

[10] Sachenko, A., et al. Sistema móvel de monitorização pós-emergência para centrais nucleares. In: ICTERI, 384-398. (2016).

[11] Jurgen R. K.: Veículos autónomos para uma condução mais segura. In:SAE International (2013)

[12] A digitalização das árvores ajudará a pesar e a detetar o teor de carbono: https://ukurier.gov.ua/uk/news/skanuvannya-derev-dopomozhe-yih-zvazhuvati-ta-viya/. (2019)

[13] Como os grandes dados e os drones podem salvar as florestas ucranianas: http://texty.org.ua/pg/blog/nartext/read/76201/Jak_big_data_i_drony_mozhut_vratuvaty. (2019)

[14] Chen, N., Chen, Y., Song, S., Huang, C. T., Ye, X.: Vigilância urbana inteligente usando computação de neblina. In: 2016 IEEE/ACM Symposium on Edge Computing (SEC), 95-96. (2016).

[15] Zdebskyi, P., et al. Desenvolvimento de uma Aplicação para o Reconhecimento da Vista para Controlar o Ponteiro do Rato. In: Anais do Workshop CEUR, Vol-2386: 55-74. (2019)

[16] Lytvyn, V., Vysotska, V., Mykhailyshyn, V., Peleshchak, I., Peleshchak, R., Kohut, I.: Sistema inteligente de uma casa inteligente. Em: 3ª Conferência Internacional sobre Tecnologias Avançadas de Informação e Comunicação, AICT, 282-287. (2019)

[17] Emmerich, M., et al. Prefácio: Tecnologias modernas de aprendizagem automática e ciência de dados (MoMLeT&DS-2019). Em: Anais do Workshop CEUR, Vol-2386. (2019)

[18] Lytvyn, V., et al. Prefácio: Linguística Computacional e Sistemas Inteligentes (COLINS-2019). In: Actas do Workshop CEUR, Vol-2362. (2019)

[19] Vysotska, V., Chyrun, L.: Métodos de processamento de recursos de informação em sistemas de comércio eletrónico de conteúdos. In: Actas da 13ª Conferência Internacional: A Experiência de Conceção e Aplicação de Sistemas CAD em Microeletrónica, CADSM 2015-fevereiro. (2015)

[20] Lytvyn, V., Peleshchak, I., Peleshchak, R., Vysotska, V.: Encriptação de informação baseada na síntese de uma rede neural e do algoritmo AES. In: 3ª Conferência Internacional sobre Tecnologias Avançadas de Informação e Comunicação, AICT 2019, 447-450. (2019)

Chapter 6. A classificação multiclasse de objectos baseada no reconhecimento de imagens multiespectrais

Este capítulo considera a solução para a classificação multiclasse de objectos com a ajuda das suas imagens multiespectrais. Para resolver este problema, usamos uma rede neural, que criámos em Python usando as bibliotecas TensorFlow e Keras. O capítulo analisa projetos semelhantes e descreve as etapas de escolha de métodos para resolver o problema, estabelecendo os parâmetros ideais do modelo de rede neural e definindo sua criação, treinamento e uso.

6.1 Introdução

Recentemente, a aprendizagem automática tem sido utilizada em várias áreas, tais como finanças, medicina, agricultura, assuntos militares, indústria, vida quotidiana e muitas outras [1]. Este artigo irá classificar um objeto utilizando a sua imagem multiespectral e redes neuronais. As fotografias multiespectrais têm muitas aplicações, como a visualização espacial, a deteção remota, a localização de alvos militares, a agricultura, a medicina e a investigação forense [2-7]. Por isso, a combinação de tecnologias de inteligência artificial e imagens multiespectrais é uma solução interessante e relevante [8-10]. Este trabalho tem como objetivo criar um sistema que reconheça a aparência de um objeto utilizando a sua imagem multiespectral. Para atingir este objetivo, temos de realizar as seguintes tarefas: analisar o nosso problema, recolher dados e criar e treinar uma rede neural. O objeto de estudo é o processo de reconhecimento de objectos através das suas imagens multiespectrais. Assim, o tema do trabalho são os métodos e meios de identificação de objectos através das suas imagens multiespectrais. Como resultado do trabalho, será criado um sistema. A entrada será alimentada com uma matriz de números de 0 a 1 (descrição matemática da imagem multiespectral). Além disso, o utilizador receberá o tipo de objeto apresentado numa janela única na saída. A novidade científica dos resultados obtidos é a análise e identificação de deficiências na formação do modelo de reconhecimento de objectos e a implementação de software para o reconhecimento de objectos pelas suas imagens multiespectrais com base em métodos e algoritmos de aprendizagem automática. O valor prático dos resultados reside na criação de módulos de software. Utilizando algoritmos de aprendizagem automática, este produto de software permitirá aos militares reconhecer o tipo de objeto através da sua imagem multiespectral.

6.2 Métodos e materiais

Existem muitos métodos de classificação de dados na aprendizagem automática, sendo os mais famosos: regressão logística [11], floresta aleatória [12-13], Bayes ingénuo [14-15], máquina de vectores de apoio [16], classificador de árvores de decisão [17-18], k-vizinhos mais próximos [19] e rede neural artificial [20-26]. De seguida, analisaremos cada um destes métodos, tentaremos destacar as suas vantagens e desvantagens e escolheremos o que melhor se adequa à resolução do nosso problema. Do ponto de vista da aprendizagem automática, uma rede neuronal é um caso particular de reconhecimento de padrões, análise discriminante, métodos de agrupamento, etc. As redes neuronais não são programadas no sentido habitual da palavra. São aprendidas. Quando se aprende uma rede, são oferecidas várias amostras de imagens, indicando a que classe pertencem. O modelo é geralmente representado como um vetor de valores de caraterísticas. Assim, o conjunto de todos os sinais deve definir sem ambiguidade uma classe à qual a amostra pertence. A rede pode associar incorretamente o mesmo padrão a vários cursos se não houver caraterísticas suficientes. Após a graduação da rede, podem ser-lhe apresentadas imagens previamente desconhecidas e respostas sobre a pertença a uma classe específica [7]. A topologia de uma rede deste tipo é caracterizada pelo número de neurónios na camada de origem, que é normalmente igual ao número de classes definidas. Estabelece uma correspondência entre a saída da rede neuronal e a classe que esta representa. Quando se apresenta uma imagem a uma rede, uma das suas saídas deve indicar que a imagem pertence a essa classe. Ao mesmo tempo, outras saídas devem sugerir que a imagem não pertence a essa classe. Se dois ou mais resultados mostrarem um sinal de pertença a uma classe, a rede é considerada "insegura" quanto à sua resposta. As vantagens são que, regra geral, as redes neuronais são a forma mais eficiente de classificação porque geram muitos modelos de regressão (que são utilizados na resolução de problemas de classificação por métodos estatísticos). A desvantagem é o facto de não se saber qual a complexidade (tamanho) que a rede pode necessitar para uma implementação de visualização bastante precisa. Esta complexidade pode ser demasiado elevada, exigindo uma arquitetura de rede complexa [4]. Tendo em conta as vantagens e desvantagens de cada um destes métodos, concluímos que, no nosso problema, a melhor utilização das redes neuronais se deve ao facto de serem muito flexíveis, tolerantes a falhas e terem uma elevada resistência ao "ruído". Têm desvantagens significativas com a lentidão da previsão em tempo real (como as florestas aleatórias) e a instabilidade do sistema (como as árvores de decisão).

6.3 Experiências

Nesta parte do capítulo, vamos detalhar o processo de criação do nosso modelo. Vamos começar com a estrutura do projeto. Na Fig. 6.1a, podemos ver que o projeto tem seis ficheiros com a extensão ".py" que contêm vários módulos do nosso programa. O mais importante é o ficheiro network.py, que é responsável por criar, treinar e guardar o modelo. Os ficheiros experiments.py e network_exp.py contêm código que nos ajuda a experimentar os parâmetros e a arquitetura da rede e a escolher a melhor opção. Os ficheiros network1.py e test.py realizam a tarefa de analisar e avaliar a rede resultante. Os ficheiros project.py e rocket1.ico são responsáveis pela interface de utilizador do programa, que discutiremos na próxima secção. Além disso, a pasta do projeto contém good_model.h5 - este é um modelo de rede neural guardado, e trainData.csv e test-Data.csv() - os nossos dados para treinar e testar a rede neural [27].

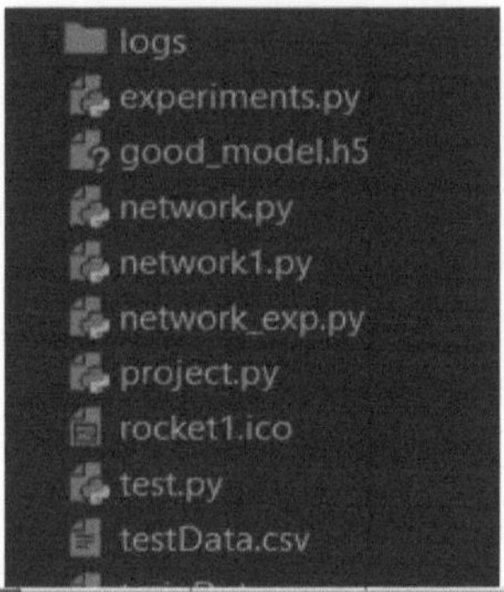

blue	green	red	infrared	type
0.734177	0.613636	0.73913	0.76	plane
0.797468	0.568182	0.724638	0.76	plane
0.759494	0.5	0.57971	0.4	rocket
0.620253	0.545455	0.478261	0.4	rocket
0.810127	0.636364	0.811594	0.84	plane
0.873418	0.704545	0.73913	0.92	plane
0.632911	0.727273	0.173913	0.08	drone
0.759494	0.5	0.724638	0.6	plane
0.797468	0.613636	0.710145	0.72	plane

Fig. 6.1. Estrutura do projeto e estrutura de dados

Como mencionado anteriormente, os ficheiros trainData.csv e testData.csv contêm um conjunto de dados que compilámos para trabalhar neste projeto [27], dividido 80/20 em kits de treino e de teste. A estrutura destes documentos é apresentada na Fig. 6.1b. A figura mostra que os dados são constituídos por 5 colunas: quatro descrevem a imagem multiespectral fornecida (fracções de frequências azuis, verdes, vermelhas e infravermelhas) e a última - o tipo de objeto nesta imagem. É importante notar que existem apenas três tipos de objectos no conjunto de dados: avião, foguetão e drone. É para classificar estes tipos de objectos que a nossa rede neural vai aprender. Utilizámos a biblioteca seaborn para visualizar estes dados, nomeadamente o gráfico de pares (Fig. 6.2). Este gráfico mostra as relações entre todos os pares de variáveis. Além disso, mostra a relação para (n, 2) a combinação de variáveis no DataFrame como uma matriz de gráficos e os gráficos diagonais são gráficos unidimensionais. A partir da figura, podemos concluir que os nossos dados são representativos e podem ser utilizados para treinar a nossa rede.

6.4 Modelo criado

Utilizaremos a biblioteca Keras para criar o modelo e Numpy e Pandas para trabalhar com os dados. O próximo passo é descarregar os dados de treino. Vamos fazê-lo com o Pandas, depois dividimos as colunas em sinais (primeiras quatro) e respostas (últimas). Também é necessário fornecer equivalentes numéricos para os tipos de objectos ("foguetão", "avião", "drone"). A fase de preparação está concluída para definir o modelo Keras [1-7].

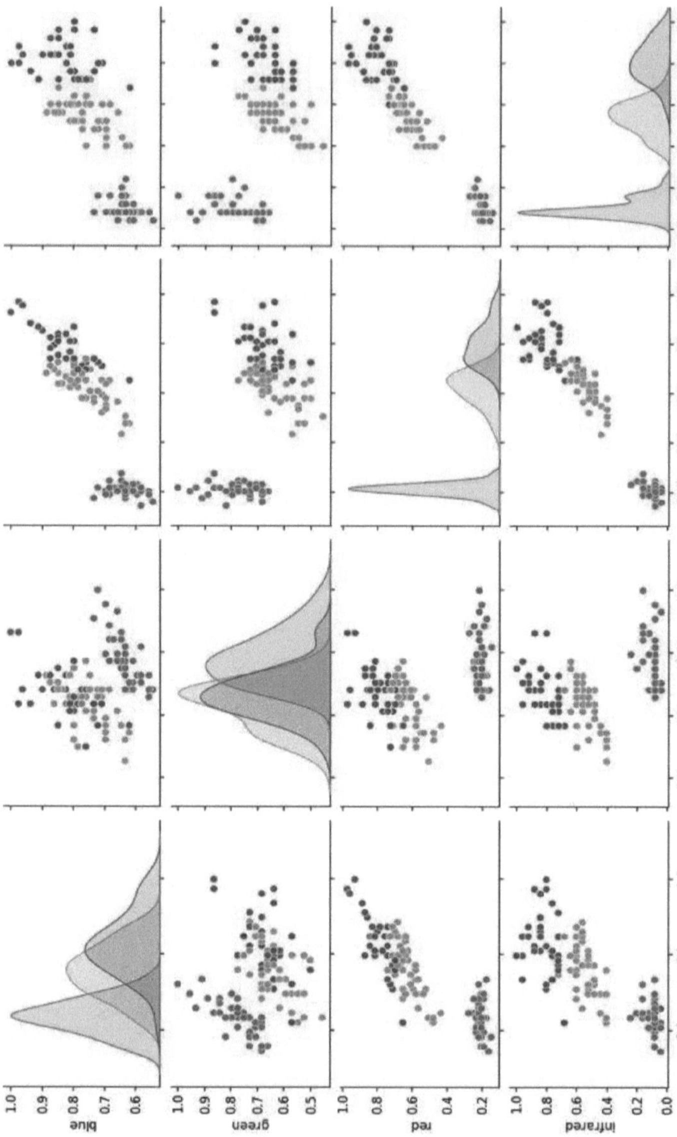

Fig. 6.2. Visualização de dados, onde azul é avião, rad - foguetão, verde - drone

Utilizaremos a sigmoide no nível inicial e a função tangente na camada oculta. A arquitetura do nosso modelo é definida da seguinte forma:

- O modelo fornece linhas de dados com quatro variáveis (argumento input_dim=4).
- Uma única camada oculta tem 17 nós e utiliza a função de ativação tanh.
- O nível de saída tem três nós e utiliza a função de ativação sigmoide.

O processo de aprendizagem durará várias iterações, chamadas épocas. Para o nosso programa, trabalharemos por 2.000 épocas e usaremos o tamanho de lote padrão.

O parâmetro validation_split varia de 0 a 1. A fração dos dados de treino será utilizada como dados de validação. O modelo separará essa parte dos dados de treinamento, não treinará nela. E estima as perdas e qualquer desempenho do modelo nestes dados no final de cada era. Isto permitir-lhe-á avaliar o grau de aprendizagem da rede neural, nomeadamente para evitar o subtreino. O parâmetro verboso assume quatro valores: "auto", 0, 1 ou 2 e significa o modo de visualização do processo de aprendizagem: 0 = silencioso, 1 = indicador de progresso, 2 = uma linha por era. O valor "auto" é 1 por defeito na maioria dos casos, mas 2 quando utilizado com ParameterServerStrategy. Treinámos a nossa rede neural em todo o conjunto de dados e podemos avaliar o desempenho da rede num único conjunto de dados. É claro que isso só nos dará uma idéia de quão bem nós o modelamos para o conjunto de dados dado, mas não teremos idéia de quão bem o algoritmo pode funcionar nos novos dados. Vamos avaliar o nosso modelo no conjunto de dados de treino utilizando a função evaluate () e passando-lhe alguns dos primeiros dados de entrada e saída para treinar o modelo. O programa gera uma previsão para cada par de entradas e saídas e recolhe pontos, incluindo perdas médias e quaisquer métricas definidas, como a precisão. A função evaluate () retorna uma lista de dois valores. O primeiro será a perda do modelo no conjunto de dados, e o segundo será a precisão do modelo no conjunto de dados. Depois de avaliar o modelo, podemos escolher se o queremos guardar. Manteríamos o modelo se a sua precisão fosse igual ou superior a 95% (Fig. 6.3a). Os resultados do nosso código são mostrados na Fig. 6.3b. Ao trabalhar com dados de treino, podemos ver que a rede neural dá uma precisão de 97% e as perdas atingem 5%.

```
if accuracy >= 0.95:
```

```
4/4 [==============================] - 0s 665us/step - loss: 0.0562 - accuracy: 0.9739
0.9739130139350891
```

Fig. 6.3. Guardar o modelo Keras e os resultados da avaliação do modelo

6.5 Resultados

Podemos testar o trabalho do modelo criado e utilizá-lo para gerar previsões no conjunto de dados de treino, fingindo que se trata de um novo conjunto de dados que nunca vimos antes. É fácil fazer previsões - basta chamar a função predict () no modelo. O resultado será uma lista de três valores que determinam a probabilidade de o objeto na imagem pertencer a um tipo ou a outro. Podemos transformar rapidamente este resultado numa previsão precisa para este problema de classificação, escolhendo o índice mais extenso. Além disso, podemos chamar a função predict_classes() no modelo para prever classes claras diretamente, como fazemos no nosso programa (Fig. 6.4a). O exemplo completo abaixo faz previsões para os dois primeiros exemplos no conjunto de dados. Imprime a entrada, a classe esperada e a classe esperada. O resultado é mostrado na Fig. 6.4b. Agora, precisamos de descobrir se a rede funciona bem com dados que não estudou. Para isso, use os dados de teste que discutimos inicialmente. O resultado da rede neural criada é mostrado na Fig. 6.4c.

```
predictions = model.predict_classes(X[:2, :])

X_1 = X[:2, :]
Y_1 = Y[:2]
for i in range(2):
    print('%s => %s (expected %s)' % (X_1[i].tolist(), predictions[i], Y_1[i]))
```

```
[0.734177215, 0.613636364, 0.739130435, 0.76] => 0 (expected 0)
[0.797468354, 0.568181818, 0.724637681, 0.76] => 0 (expected 0)
```

```
Accuracy:  96.66666666666667 %
```

Fig. 6.4. Previsão de valores utilizando o modelo, o resultado da previsão e a precisão da rede neural ao trabalhar com dados de teste

Como mostra a Fig. 6.4c, o trabalho com dados de treino e de teste é aproximadamente o mesmo e atinge quase 97%. É um resultado bastante bom, mas pode ser melhorado. Para o fazer, temos de perceber exatamente onde é que a rede neuronal errou. A matriz de confusão ajudar-nos-á nesse sentido (Fig. 6.5).

A partir destes dados, pode concluir-se que a rede neural reconhece perfeitamente os drones, mas tem resultados menos bons no reconhecimento de mísseis e aviões. Assim, os seus efeitos podem ser melhorados fornecendo um conjunto de dados de treino com mais exemplos que representem foguetões e aviões. Depois de avaliar a qualidade dos dados de treino e de teste, concluímos que a rede neural tinha uma precisão satisfatória, pelo que a mantivemos e começámos a integrar a rede na interface do utilizador, para que os utilizadores comuns pudessem prever sem esforço os seus valores.

6.5.1 Exemplo de referência

O diagrama de casos de utilização do sistema concebido é apresentado na Fig. 6.6. Na descrição do diagrama de precedentes, um único ator ("utilizador" do sistema) tem apenas uma opção no sistema - "utilizar uma rede neural".

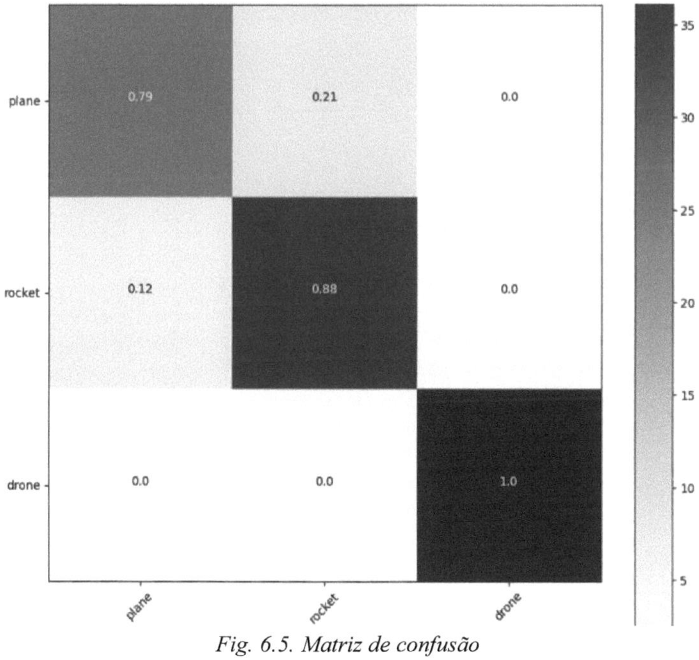

Fig. 6.5. Matriz de confusão

Mas o precedente inclui mais quatro opções: "preparar dados", "construir uma rede", "treinar a rede" e "avaliar a rede". Iremos descrever cada uma delas separadamente:

- "preparar dados" - o precedente inclui duas utilizações: "criar uma base de dados", que está ligada à interface "object data", e "dividir o conjunto de dados em conjuntos para treino e teste". Tem também uma extensão: "normalizar, normalizar os dados";
- "construir uma rede" - o precedente inclui três opções de utilização: "escolher a topologia da rede", "escolher a função de ativação" e "escolher o algoritmo de aprendizagem";
- "treinar a rede" - o precedente inclui também três utilizações: "avaliar a qualidade da rede" (nota "com base na rede de confirmação ou noutros critérios"), "otimizar a arquitetura", que, por sua vez, consiste em opções para utilizar "alterar os pesos" e "afinar o espaço das caraterísticas", e "concentrar-se na versão da rede que proporciona a melhor capacidade de generalização";

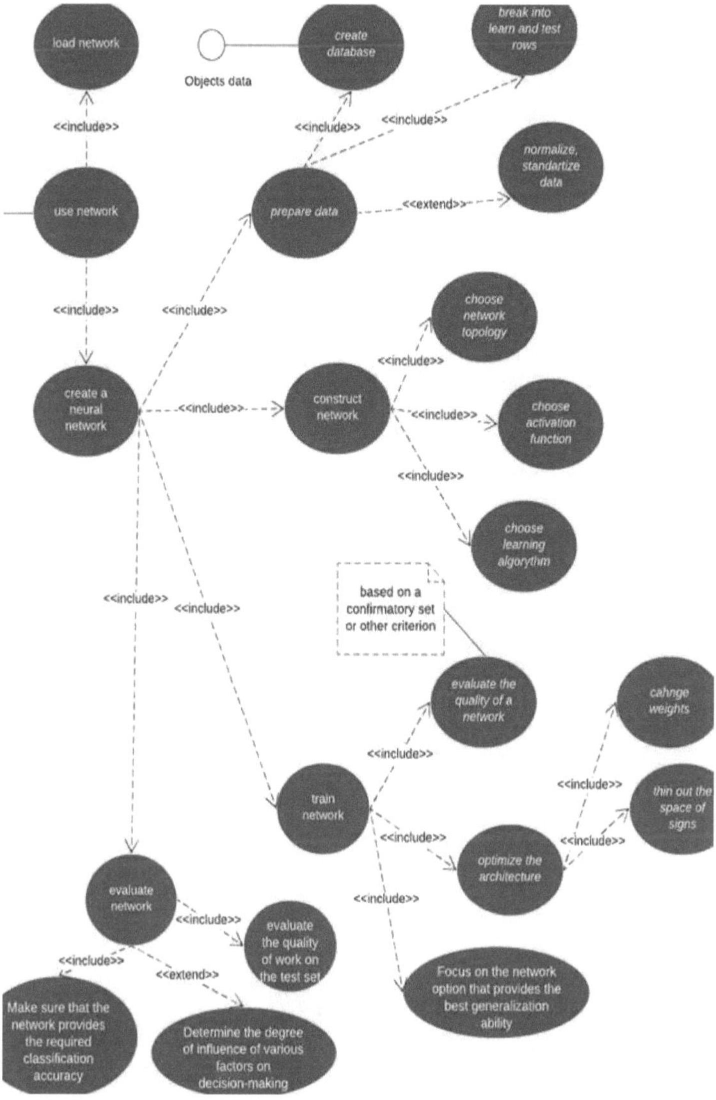

Figura 6.6. Diagrama de casos de utilização

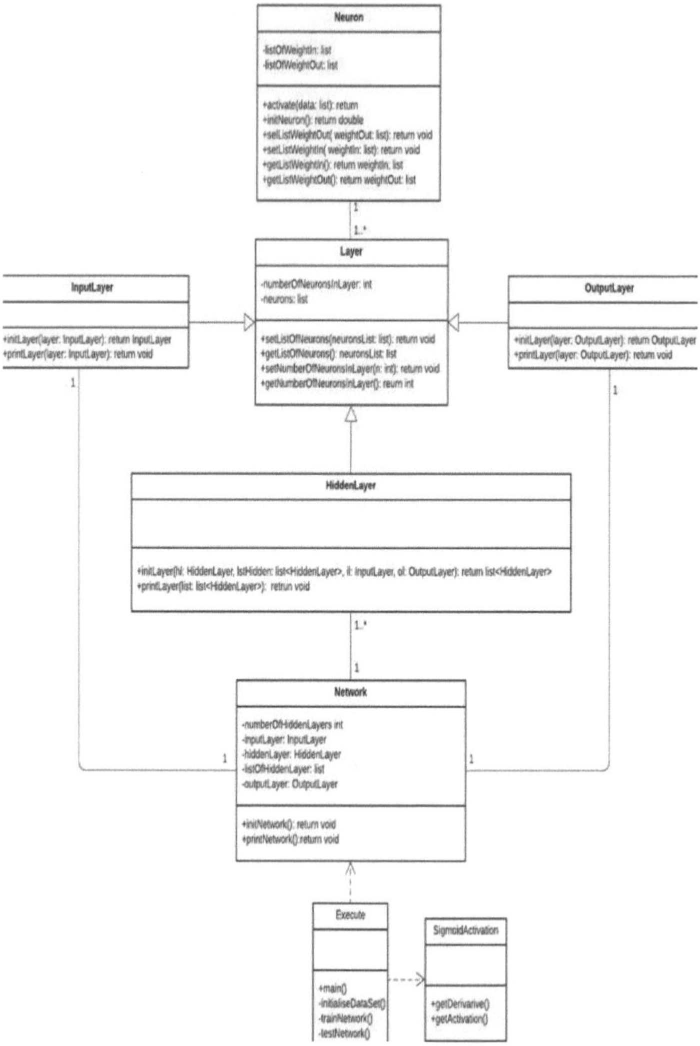

Fig. 6.7. Diagrama de classes

- "avaliar a rede" - o precedente inclui dois casos de utilização: "avaliar a qualidade utilizando um conjunto de dados de teste" e "certificar-se de que a rede fornece a precisão de classificação necessária". Também tem uma extensão: "determinar o grau de influência de vários factores na tomada de decisões".

O diagrama de classes representa a estrutura do modelo de elementos estáticos (declarativos) dos ecrãs, tais como classes, tipos de dados, conteúdo, e relações. O diagrama de classes do sistema concebido é apresentado na Fig. 6.7.

6.5.2 Descrição das classes apresentadas para o sistema concebido

A classe Neurónio contém os seguintes dados: lista "listOfWeightIn" (escalas de entrada, privadas), lista "listOfWeightOut" (escalas de saída, privadas). Associada à classe Layer, ligando-se uma à outra ou mais. A classe também contém as seguintes operações:

- Activate - tipo: public, aceita um parâmetro do tipo lista que é um dado para ativação. Não devolve nada.
- Iniciar neurónio (initNeuron) - não aceita parâmetros, tipo: public. Devolve um número duplo que caracteriza o neurónio.
- Definir lista de pesos na entrada (setListWeightIn) - tipo: public, aceita uma variável do tipo list, uma lista de pesos. Não devolve nada.
- Definir lista de saída (setListWeightOut) - tipo: public, aceita uma lista de pesos como parâmetro do tipo lista. Não devolve nada.
- Obtém uma lista de pesos na entrada (getListWeightIn). Não aceita parâmetros; tipo: public. Devolve uma lista das balanças na entrada.
- Obter uma lista de pesos de saída (getListWeightOut). Não aceita parâmetros; tipo: public. Devolve uma lista de escalas de saída.

A classe "Layer" contém os seguintes dados: um número inteiro "numberOfNeuronsInLayer" (número de neurónios na camada, privado) e uma lista de "neurónios" (lista de neurónios na camada, privada). A classe também contém as seguintes operações:

- Setlist of neurons (setListOfNeurons) - tipo: public, recebe um parâmetro do tipo list, uma lista de neurónios. Não devolve nada.

- Obter uma lista de neurónios (getListOfNeurons). Não aceita parâmetros; tipo: public. Devolve uma lista de neurónios.
- Definir o número de neurónios (setNumberOfNeurons) - tipo: public, recebe o parâmetro de tipo integer, o número de neurónios. Não devolve nada.
- Descobrir o número de neurónios (getListOfNeurons). Não aceita parâmetros; tipo: public. Devolve um número inteiro, que é o número de neurónios.

A classe InputLayer não contém dados. Está associada à classe "Camada" pela ligação de generalização. Associada à classe "Rede" através da comunicação entre si. Contém as seguintes operações:

- Iniciar camada (initLayer) - tipo: público, aceita um parâmetro do tipo InputLayer (ele próprio). Devolve uma variável do tipo InputLayer (ela própria).
- Camada de impressão (printLayer) - tipo: public, aceita um parâmetro do tipo InputLayer (ele próprio). Não devolve nada.

A classe HiddenLayer não contém dados. Está associada à classe "Camada" pela ligação de generalização. Associada à classe "Rede" por ligação e outras. Inclui as seguintes operações:

- Iniciar camada (initLayer) - tipo: public, aceita quatro parâmetros: tipo HiddenLayer (self), tipo list (lista de camadas na parte oculta), tipo InputLayer (dados sobre a camada de entrada) e tipo OutputLayer (dados sobre a camada de origem). Devolve uma lista de tipo variável que contém dados sobre todas as camadas ocultas.
- Imprimir camada (printLayer) - tipo: public, recebe um parâmetro do tipo lista (lista de camadas ocultas). Não devolve nada.

A classe OutputLayer não contém dados. Está associada à classe "Layer" pela ligação de generalização. Associada à classe "Rede" através da comunicação entre si. Contém as seguintes operações:

- Iniciar camada (initLayer) - tipo: público, aceita um parâmetro do tipo OutputLayer (ele próprio). Devolve uma variável do tipo OutputLayer (itself).

- Camada de impressão (printLayer) - tipo: public, aceita um parâmetro do tipo OutputLayer (ele próprio). Não devolve nada.

A classe "Rede" contém os seguintes dados: inteiro "numberOfHiddenLayers" (número de camadas ocultas, privado), variável de tipo InputLayer "inputLayer" (dados sobre a camada de entrada, privado), variável de tipo HiddenLayer "hiddenLayer" (dados sobre as camadas ocultas, privado), lista "listOfHiddenLayer" (lista de camadas ocultas, privado), variável de tipo OutputLayer "outputLayer" (dados sobre a camada de origem, privado). A classe também contém as seguintes operações:

- Iniciar a rede (initNetwork) - tipo: público, não aceita parâmetros. Não devolve nada.
- Mostrar a rede no ecrã (printNetwork) - tipo: público, não aceita parâmetros. Não devolve nada.

A classe Executar não contém dados. Associada às classes "Network" e "SigmoidActivation" de relações de dependência. Inclui as seguintes operações:

- Principal - tipo: público, não aceita parâmetros. Não devolve nada.
- InitializeDataSet - tipo: public, não aceita parâmetros. Não devolve nada.
- Rede de comboios (trainNetwork) - tipo: público, não aceita parâmetros. Não devolve nada.
- Rede de teste (testNetwork) - tipo: público, não aceita parâmetros. Não devolve nada.
- A classe SigmoidActivation não contém dados. Inclui as seguintes operações:
- Aprender derivada (getDerivative) - tipo: público, não aceita parâmetros. Não devolve nada.
- Saiba mais sobre getActivation - tipo: público, não aceita parâmetros. Não devolve nada.

A interface do utilizador é uma janela, cuja parte central é ocupada por um mapa da área, dividido em quadrados. Os dados de entrada são as coordenadas do objeto e um vetor de quatro quantidades que descrevem a imagem multiespectral. O utilizador pode introduzir os dados de entrada nos campos corretos e clicar no botão "Predict" (prever) para obter uma previsão (o tipo de objeto na imagem multiespectral). Um exemplo do programa é apresentado na Fig. 6.8.

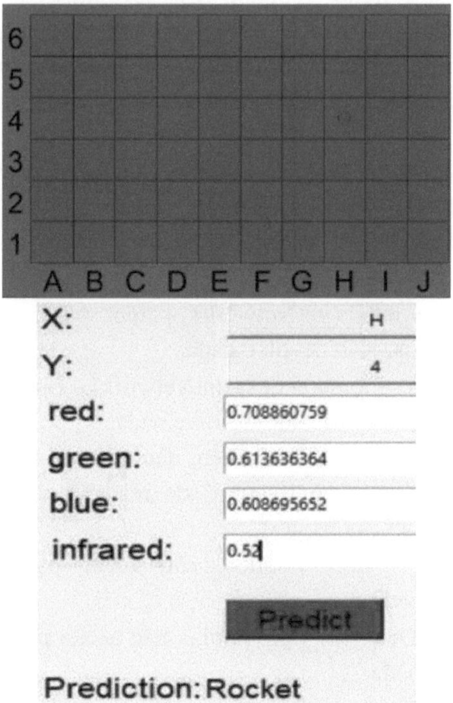

Fig. 6.8. Exemplo de funcionamento do programa

6.6 Discussão

Nas secções anteriores, mostrámos a versão final da nossa rede neural, mas este código foi precedido de muitas experiências com os parâmetros da rede, que fizemos para escolher a melhor versão da rede. Nesta secção, queremos falar sobre algumas dessas experiências.

6.6.1 Experiências com a arquitetura da rede neural

Na fase de definição do modelo, surgiu um grande número de questões. Quantos neurónios devem existir na camada oculta? É necessário acrescentar uma segunda camada oculta? Em caso afirmativo, quantos nós devem estar nela? O ficheiro network_exp.py vai ajudar-nos a responder a estas questões. Tudo é bastante simples com o número de neurónios nas camadas de entrada e de saída. São aplicados quatro valores à entrada, logo, quatro neurónios. Na saída, temos de classificar o tipo de objeto . Existem apenas 3, pelo que existem três nós na camada de origem. A precisão do modelo depende do número de neurónios na camada oculta. O gráfico de dependência da precisão e das perdas em relação ao número de neurónios na camada oculta é apresentado na Fig. 6.9.

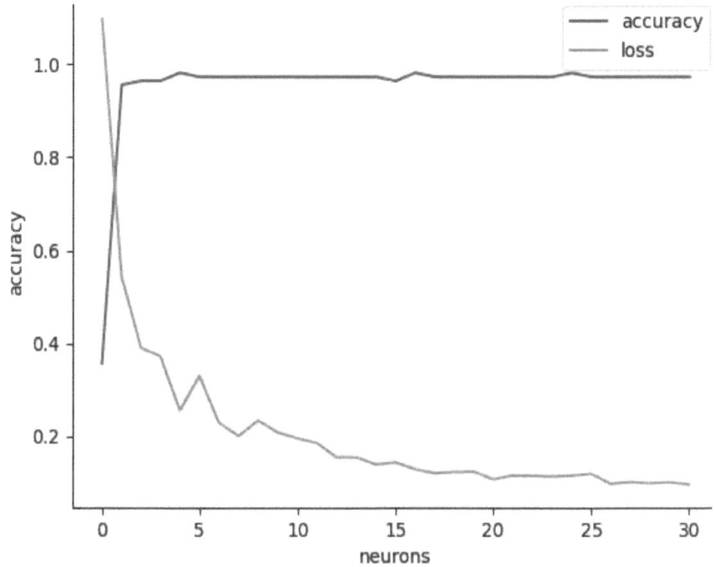

Fig. 6.9. Precisão do modelo com a alteração do número de neurónios na camada oculta

Como podemos ver no gráfico, os valores mais óptimos podem ser considerados 5, 7 e 17. Para uma investigação mais aprofundada, selecionámos 17 neurónios. Depois disso, decidimos investigar se a precisão da rede neural mudaria se fosse adicionada outra camada oculta. O resultado dessa experiência é mostrado na Fig. 6.10. A adição da segunda camada oculta aumenta a precisão e reduz as perdas. Por isso, decidimos testar quanto custa essa complicação em comparação com a melhoria dos resultados. Para isso, comparámos a precisão e a perda de vários modelos que mostraram os melhores efeitos nos gráficos, nomeadamente redes neurais de três camadas com 17, 4 e 7 neurónios na camada oculta e uma rede neural de quatro camadas com 17 nós na primeira camada oculta e seis na segunda.

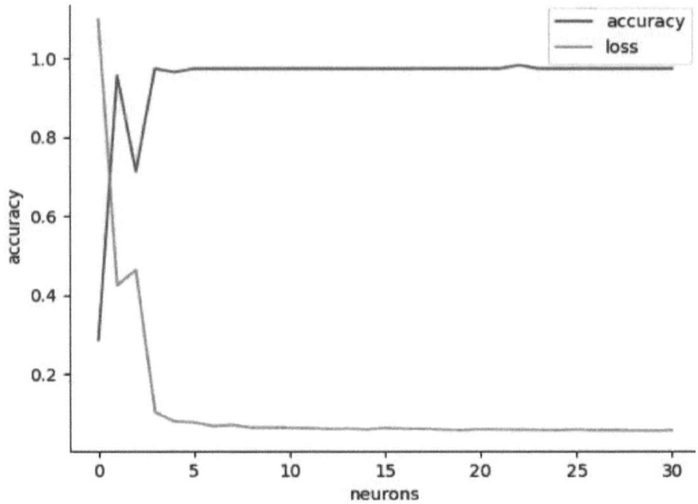

Fig. 6.10. Precisão do modelo com a adição de uma segunda camada oculta

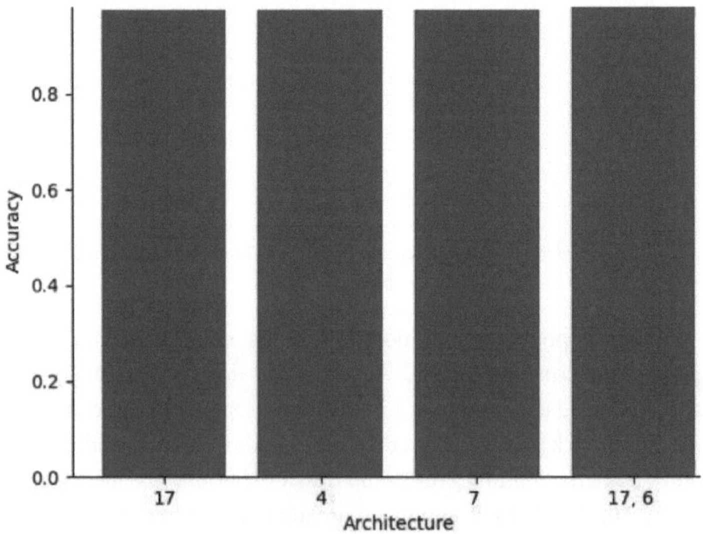

Fig. 6.11. Comparação da precisão

O resultado da comparação sob a forma de histograma é apresentado na Fig. 6.11-6.12. Concluímos, com base nos histogramas acima, que não vale a pena complicar o modelo com outra camada oculta (os resultados podem ser melhorados com outros parâmetros do modelo). Por conseguinte, foi escolhida para o nosso projeto uma rede neural de três camadas com 17 neurónios na camada oculta.

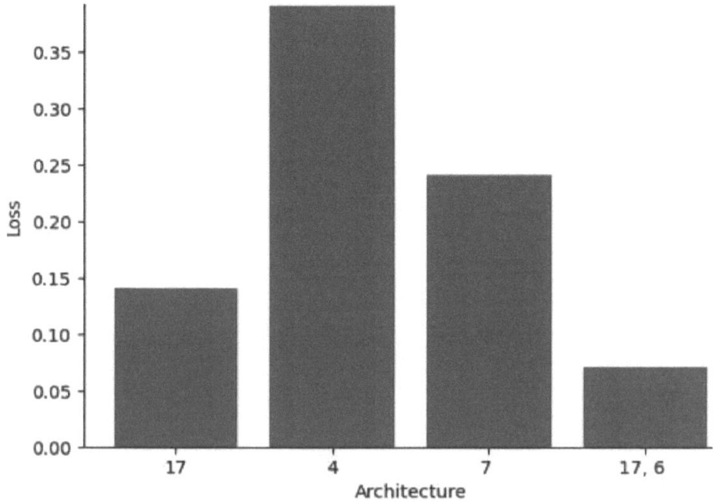

Fig. 6.12. Comparação das perdas

6.6.2 Experiências com funções de ativação

Depois de decidirmos a arquitetura da rede neuronal, experimentámos os seus outros parâmetros no ficheiro experiments.py. A função de ativação é um dos parâmetros mais críticos da rede neural. Embora tenhamos feito nossa pesquisa na literatura e na Internet, é possível encontrar muitos conselhos sobre quais tarefas e funções são melhores. Na Fig. 6.13, é possível comparar a precisão das redes neurais que utilizam a função de ativação sigmoide na camada de origem e a diferença na camada oculta. De acordo com o gráfico, a precisão da rede neural não depende muito da função de ativação da camada oculta. Assim, decidimos investigar a dependência da precisão da rede neural da alteração da função de ativação na camada de origem e, para a oculta, escolhemos tanh. O resultado da pesquisa é mostrado na Fig. 6.14. A partir do gráfico, podemos concluir que a melhor opção para a camada de origem serão as funções sigmoide e softmax. No entanto, procurámos combinações mais bem sucedidas antes de escolher qualquer uma destas combinações. Fizemo-lo com a ajuda de uma matriz, em que as funções de ativação para a camada de origem são representadas horizontalmente e para a camada oculta verticalmente. Em seguida, a precisão da rede neural que utiliza estas funções é representada na intersecção. O resultado da investigação é apresentado na Fig. 6.15. Aqui, 0 é a função de ativação da RELU, 1 é tanh, 2 é sigmoide, 3 é softmax, 4 é softplus, 5 é selu e 6 é exponencial. A figura mostra que o melhor resultado é uma combinação de tanh para a camada oculta e sigmoide para a fonte. É a combinação que utilizaremos no nosso projeto.

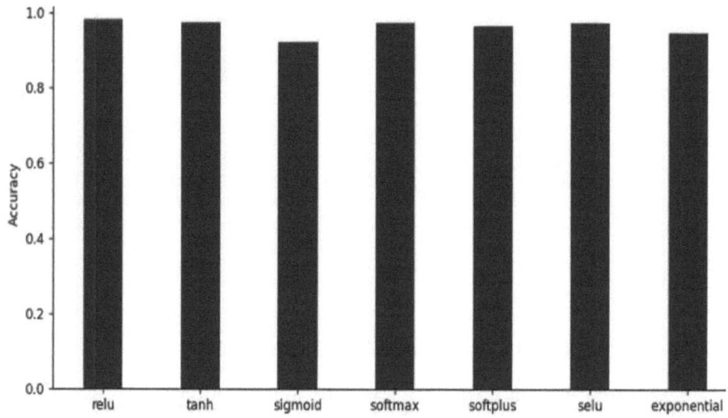

Fig. 6.13. Comparação das funções de ativação na camada oculta

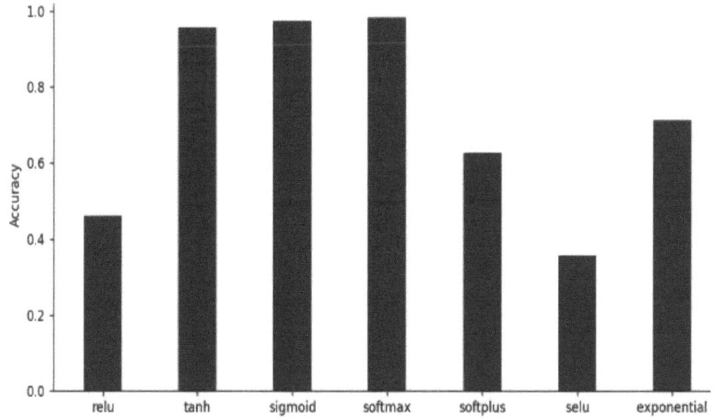

Fig. 6.14. Comparação das funções de ativação na camada de origem

6.6.3 Experiências com optimizadores

A etapa seguinte consiste em escolher o optimizador adequado que lhe permitirá aprender bem e rapidamente a nossa rede neuronal. Passámos por os optimizadores para a rede neural, com os parâmetros que definimos nos parágrafos anteriores. Comparámos os resultados na Fig. 6.16. O gráfico mostra que cinco funções apresentaram simultaneamente um bom resultado. Escolhemos o "Adam" porque é configurado automaticamente e dá bons resultados para muitos problemas.

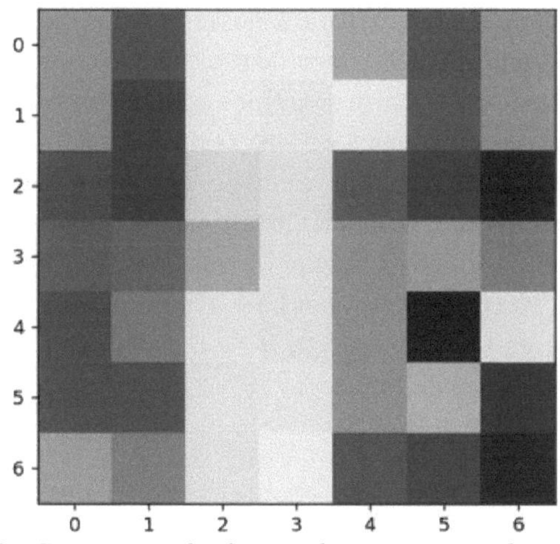

Fig. 6.15. Comparação das funções de ativação para duas camadas

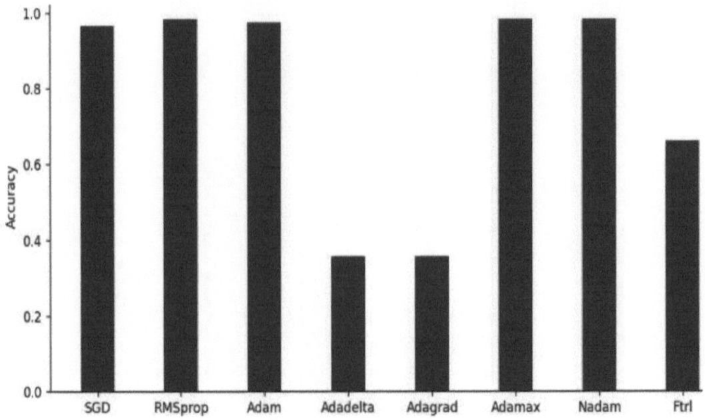

Fig. 6.16. Comparação dos optimizadores

6.6.4 Experiências com o número de épocas de aprendizagem

Uma vez decidida a arquitetura da rede neural, as funções de ativação e os optimizadores, é altura de escolher o número ideal de épocas de aprendizagem. Para tal, traçámos a dependência da precisão e da perda do conjunto de treino e dos dados para validação em relação ao número de períodos (Fig. 6.17). O diagrama mostra que a precisão atinge o seu valor máximo na época 400 e quase não se altera. No entanto, ao mesmo tempo, com um novo aumento do número de períodos, as perdas diminuem, atingindo o valor ótimo ao nível de 2000 épocas. Escolhemos este número para a nossa rede neural. Assim, nas nossas experiências, decidimos qual a melhor arquitetura para a nossa rede neuronal. Quatro neurónios estão na camada de entrada, 17 - na camada oculta única e 3 - na saída. Escolhemos as funções de ativação que dão o melhor resultado (tanh para a camada oculta e sigmoide - para a original), determinámos também o melhor optimizador (escolhemos "adam") e selecionámos o número ideal de épocas (2000). Depois, com base nestes dados, foi criado um modelo que dá uma precisão de 97% e perdas de 5% quando se trabalha com dados de treino.

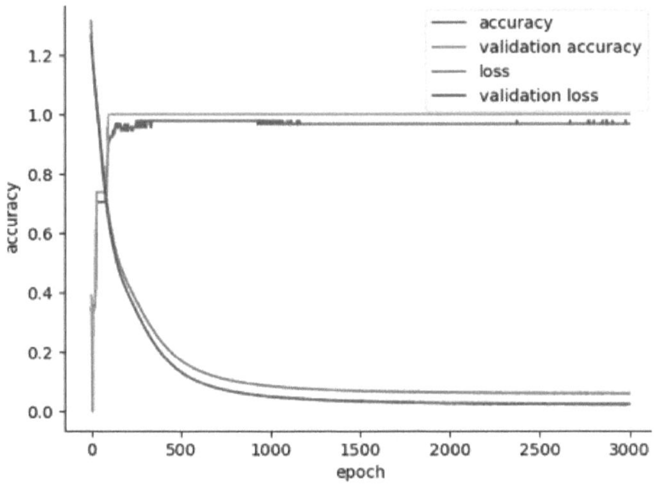

Fig. 6.17. Precisão do modelo e experiências com o número de épocas

6.7 Conclusões

A investigação investigou trabalhos semelhantes e analisou métodos para resolver problemas de classificação. As redes neuronais foram a nossa escolha. Depois de determinar as técnicas e os materiais, iniciámos as experiências recolhendo dados sobre imagens multiespectrais de alguns objectos e analisando-os. O passo seguinte do trabalho de investigação foi criar e treinar uma rede neuronal com os dados recolhidos. Ao escrever o código da rede, fizemos experiências com os seus parâmetros: alterámos a arquitetura do modelo, as funções de ativação e os optimizadores, bem como o número de épocas de aprendizagem. Com a ajuda destas experiências, foi possível escolher os parâmetros mais óptimos para a rede neural criada. O resultado é uma rede neural que atinge 97% de precisão quando trabalha com dados de teste. Em seguida, analisámos os métodos para melhorar os resultados e criámos uma interface de utilizador para prever os resultados utilizando a rede neural desenvolvida.

6.8 Referências

[1] Assistente de Radiologia Cognitiva, https://www.research.ibm.com/haifa/dept/imt/mia.shtml

[2] A. Frisk, "What is Project Maven? O projeto de IA do Pentágono que os funcionários da Google querem excluir", https://globalnews.ca/news/4125382/google-pentagon-ai-project-maven/.
[3] E. Black, "Machine Learning A-Z," 2019.
[4] A. Géron, "Aprendizagem automática prática com Scikit-Learn, Keras e TensorFlow: conceitos, ferramentas e técnicas para criar sistemas inteligentes", 2019.
[5] S. Samudrala, "Machine Intelligence: Demystifying Machine Learning, Neural Networks and Deep Learning", 2019.
[6] E. Alpaydin, "Introduction to Machine Learning", MIT, 2020.
[7] J. Martinez, "TensorFlow 2.0 Computer Vision Cookbook", 2021.
[8] B. Rusyn, et al. "A correlation method for fingerprint image recognition using spectral features," Modern Problems of Radio Engineering, Telecommunications and Computer Science, 2002, pp. 219-220.
[9] B.P. Rusyn, "Critérios de construção dos sistemas de caraterísticas óptimas no reconhecimento de imagens", Problemy Upravleniya I Informatiki (Avtomatika), 1997, (2), pp. 36-40.
[10] V. Lytvyn, et al. "Detection of multispectral input images using nonlinear artificial neural networks," Advanced Trends in Radioelectronics, Telecommunications and Computer Engineering, 2018, pp. 119-122.
[11] R. Yurynets, Z. Yurynets, D. Dosyn, Y. Kis, "Tecnologia de avaliação de risco de crédito com a utilização do modelo de regressão logística", Atas do Workshop CEUR, 2019, Vol-2362, 153-162.
[12] G. Pan, Z. Xin, S. Shi, D. Jin, "Classificação de arritmia baseada na transformação wavelet e florestas aleatórias", Ferramentas e aplicações multimédia, 2018, 77(17), pp. 21905-21922.
[13] I. Bodnar, et al. "Forecasting the Risk of Cervical Cancer in Women in the Human Capital Development Context Using Machine Learning", Actas do Workshop CEUR, 2020, Vol-2631, pp. 491-501.
[14] V. Lytvynenko, et al. "Aplicação de métodos Bayesianos para o Diagnóstico Diferencial da Doença Pulmonar Obstrutiva Crónica", Actas do Workshop CEUR, 2021, Vol-2917, pp. 851-862.
[15] V. Lytvynenko et al., "A utilização de métodos bayesianos na tarefa de localizar a distribuição de substâncias estupefacientes", Conferência sobre Ciências Informáticas e Tecnologias da Informação, 2019, pp. 60-63.
[16] A. Krysovatyy, H. Lipyanina-Goncharenko, S. Sachenko, O. Desyatnyuk, "Deteção de crimes económicos utilizando a classificação da máquina de vetor de suporte": Actas do Workshop CEUR, 2021, Vol-2917, pp. 830-840.
[17] L.Chyrun, et al., "Análise intelectual da árvore de tomada de decisões em sistemas de informação de observação de rastreio de doentes imunológicos", Actas do Workshop CEUR, 2019, 2362, pp. 281-296.
[18] H. Lipyanina, A. Sachenko, T. Lendyuk, S. Nadvynychny, S. Grodskyi, "Modelo de segmentação baseado em árvores de decisão da interação do cliente com a página comercial", Workshop CEUR, Actas, 2020, pp. 1001-1012.
[19] B.E. Kapustii, et al. "Estimation of the influence of information class coverage on generalised ability of the k-nearest-neighbors classifier," Automatic Control and Computer Sciences, 2008, 42(6), pp. 283-287.
[20] V. Lytvyn, et al. "Encriptação de informação baseada na síntese de uma rede neural e do algoritmo AES", Conferência Internacional sobre Tecnologias Avançadas de Informação e Comunicação, 2019, pp. 447-450.
[21] A. Demchuk et al. "Sistema de distribuição de conteúdos comerciais baseado em redes neuronais e aprendizagem automática", CEUR Workshop Proceedings, 2019, 2516, pp. 40-57.
[22] V. Lytvyn, I. Peleshchak, R. Peleshchak, "A compressão das imagens de entrada na rede neural que utiliza o método de diagonalização das matrizes de conexões de peso

sináptico", Conferência sobre Tecnologias Avançadas de Informação e Comunicação, 2017, pp. 66-70.
[23] M. Medykovskyi, et al. "Tecnologia de filtragem de redes neurais de espetro para melhorar a precisão da previsão de processos dinâmicos em economia," Atual Problems of Economics, 2014, 162(12), pp. 410-416.
[24] O. Ivanov, L. Koretska, V. Lytvynenko, "Intelligent modeling of unified communications systems using artificial neural networks", Actas do Workshop CEUR, 2020, 2623, pp. 77-84
[25] V. Demchenko, et. al., "Modelação e previsão da concentração de pesticidas organoclorados no corpo da criança com base na sua acumulação no corpo da mãe", Actas do Workshop CEUR, 2020, Vol-2631.
[26] A. Safonyk, M. Mishchanchuk, V. Lytvynenko, "Sistema de informação inteligente para a determinação de ferro em coagulantes com base numa rede neural", CEUR Workshop Proceedings, 2021, 2853, pp. 142-150.
[27] Conjunto de dados, https://www.kaggle.com/search?q=Images+Reconhecimento, https://www.kaggle.com/uciml/iris

Chapter 7. Desenvolvimento de um sistema de análise de dados de fluxos de vídeo

Durante o trabalho, é desenvolvido um sistema de informação para a análise de dados de fluxos de vídeo, destinado à realização de vários tipos de análise de fluxos de vídeo. Foram escolhidas as ferramentas ideais para o desenvolvimento do sistema, o que nos permitiu criar um sistema rápido, fiável, optimizado e de fácil utilização, com uma interface confortável baseada na Web para os utilizadores. Após o desenvolvimento e o teste do sistema, foram identificados os requisitos ideais de hardware e software para o funcionamento completo e ininterrupto do produto. Além disso, para conveniência dos utilizadores, foram descritas todas as especificações técnicas e parâmetros do sistema. Após a conclusão do sistema, é efectuada uma análise do caso de controlo, que mostra que o sistema executa todas as funções previstas e funciona adequadamente. Apesar de o sistema funcionar corretamente e executar a tarefa, existem muitas formas de o melhorar. Por exemplo, acrescentando a análise dos canais de áudio do fluxo de vídeo, embora a sua percentagem na quantidade total de informação seja de 10%, a análise destes canais pode aumentar a precisão da análise, bem como aumentar a quantidade de informação recebida pelo sistema como resultado da análise. Além disso, é possível criar uma solução que utilize vários destes produtos em diferentes servidores ao mesmo tempo para analisar um fluxo de vídeo, o que permitirá efetuar uma análise melhor e mais rápida e, consequentemente, obter mais dados.

7.1 Introdução

O rápido desenvolvimento das tecnologias da informação é paralelo ao aumento da utilização de formas visuais de comunicação [1]:

- Armazenamento e transmissão digital de imagens,
- A disponibilidade de tecnologias de vídeo digital e a sua disponibilidade,
- A difusão das tecnologias de vigilância visual,

- A transição do texto para formas visuais de comunicação, como a utilização de programas como o Skype e o FaceTime,
- A aprovação das visualizações nas suas várias formas como parte integrante da cultura moderna e da vida quotidiana.

Dado o ritmo acelerado da informatização na vida humana e nos negócios, a análise multimédia está a tornar-se cada vez mais importante, uma vez que as imagens, o som e o vídeo são as formas mais fáceis de as máquinas obterem informações ambientais da mesma forma que uma pessoa recebe [2]. Obviamente, para o correto processamento destes dados, é necessário utilizar uma variedade de algoritmos. Estes podem ser implementados como software em computadores de uso geral ou como hardware em unidades especializadas de processamento de vídeo. A análise de dados depende de uma boa entrada de vídeo, frequentemente combinada com tecnologias de qualidade de vídeo, como a redução do ruído, a estabilização da imagem, o mascaramento difuso e a superexpansão.

Atualmente, um grande número de sistemas utiliza estes dados para realizar uma quantidade significativa de trabalho sem necessidade de intervenção humana [3]. Esses sistemas incluem automóveis inteligentes, sistemas de segurança baseados no reconhecimento facial, retina, códigos gráficos especiais e outros identificadores visuais, vários sistemas de controlo visual, e essa análise é utilizada para entretenimento, cuidados de saúde, comércio a retalho, domótica, etc. [4]. [4]. Atualmente, a maioria destes sistemas é paga ou não está disponível para utilização por qualquer pessoa que não seja o programador [5]. Algumas empresas restringem o acesso às suas aplicações ou permitem a sua utilização apenas com hardware específico, o que normalmente não permite que esses sistemas sejam plenamente utilizados. O software existente é frequentemente imperfeito ou não pode ser aplicado à indústria [6]. Alguns utilizam apenas 1-2 formatos de dados de entrada. Além disso, a forma de retorno dos resultados é frequentemente incómoda para utilização futura. A maioria dos desenvolvimentos é normalmente criada para um objetivo específico, pelo que mesmo pequenas alterações ao método de utilização podem resultar em resultados inválidos.

Além disso, quase todas as soluções requerem recursos de hardware significativos e vários requisitos de instalação. Assim, a questão urgente é criar um sistema universal que possa lidar com todos os formatos populares de dados de vídeo, analisá-los corretamente, devolver os resultados de forma clara e permitir que os utilizadores o personalizem facilmente para realizar uma tarefa específica [7]. O trabalho tem como objetivo criar um sistema de informação para analisar os dados do fluxo de vídeo. Para atingir o objetivo, é necessário resolver as seguintes tarefas: análise de fontes literárias, análise do sistema da área em questão, escolha de métodos e meios de implementação e desenvolvimento de software. O objeto do estudo é o processo de análise do fluxo de vídeo. Os temas do estudo são a otimização da imagem, a filtragem do ruído , a segmentação do fluxo de vídeo, a seleção de objectos e o agrupamento de resultados. A urgência do trabalho reside no facto de não existir no mercado um sistema universal que utilize uma análise de vídeo multidimensional. Assim, o desenvolvimento de um produto de software deste tipo é necessário e mesmo indispensável para o desenvolvimento da análise multimédia.

7.2 Obras relacionadas

A análise de vídeo é uma tecnologia que utiliza técnicas de visão computacional para automatizar a aquisição de vários dados com base na análise de uma sequência de imagens de câmaras de vídeo em tempo real ou de registos de arquivo [1-3]. A análise de vídeo é um software (programa informático) que permite trabalhar com conteúdos de vídeo [4-7]. O software baseia-se em algoritmos de visão artificial que permitem a monitorização de vídeo e a análise de dados sem o envolvimento humano direto [8-12]. Os algoritmos de análise de vídeo podem ser integrados em sistemas empresariais, sendo mais comummente utilizados na vigilância por vídeo e noutras áreas de segurança. A análise de vídeo tem quatro funções principais: deteção, seguimento, reconhecimento e previsão. Dependendo das necessidades de uma delas, várias funções são executadas repetidamente [13] (para cada frame do fluxo de vídeo), proporcionando um refinamento contínuo das hipóteses sobre o número, localização e tipos de objectos na área controlada, bem como a eliminação da redundância nos resultados [14]. Por reconhecimento, pode entender-se uma vasta gama de tarefas - desde a classificação de objectos, passando pelo alvo/ruído, até à identificação ou verificação biométrica de um objeto. A tecnologia de reconhecimento de indivíduos com base na biometria de uma pessoa é o "topo" da análise de vídeo [7]: coloca as tarefas mais complexas. Envolve uma vasta gama de ferramentas matemáticas. Por um lado, o sistema biométrico implementa a função de reconhecimento estabelecendo a ligação provável da imagem com os identificadores de pessoas registados na base de dados. Por outro lado, o sistema biométrico requer o funcionamento sem falhas das funções de deteção e localização. Exemplos de tarefas resolvidas com êxito com a ajuda de funções de análise de vídeo [15-19]:

- Reconhecimento para contar pessoas e transportes;
- Reconhecimento de números (nos transportes, nas notas, nos documentos, etc.);
- Reconhecimento dos objectos, do seu estatuto, quantidade, qualidade, etc;
- Deteção de eventos (movimento, deslocação, intersecção de linhas e limites permitidos, permanência em zonas, transferência de objectos através da vedação, etc.);
- Deteção de situações perigosas (multidões, objectos abandonados, fogo e fumo, etc.);
- Reconhecimento de rostos humanos e sua pesquisa em bases de dados.

Consoante os objectivos, o analista de vídeo [1-3, 13] pode executar uma ou várias funções essenciais:

Regra geral, *a deteção de objectos* no campo de visão da câmara é efectuada com a ajuda de um detetor de movimento em vídeo [1-3, 11, 20]. A principal diferença entre a análise de vídeo e os sensores de movimento por infravermelhos é a capacidade de localizar (atribuir) e a análise independente de vários objectos ao mesmo tempo. Se o movimento não for suficiente para localizar um objeto num fotograma, então a deteção pode ser feita utilizando modelos. Por exemplo, a identificação de pessoas, de matrículas de veículos ou de fins marinhos sedentários pode ser efectuada utilizando os sinais Haar.

Os algoritmos *de rastreio de objectos* permitem obter a trajetória do movimento do objeto a partir de uma câmara e a trajetória generalizada de acordo com os dados de várias câmaras ao mesmo tempo [1-3, 11, 21]. O rastreio é necessário para analisar o comportamento do objeto ao longo da sua trajetória, por exemplo, para determinar o movimento do homem contra o fluxo ou o movimento com maior velocidade. Além disso, o rastreio é necessário para excluir ataques repetidos dos sistemas de análise vídeo aos mesmos objectos. Os sistemas profissionais funcionam de acordo com a regra "um objeto perturbador - uma operação" para obter um elevado desempenho do operador.

Classificação de objetos. Alguns sistemas de análise de vídeo classificam objetos para filtrar mensagens operacionais ou resultados de pesquisa. Por exemplo, um classificador típico de objetos, usando os sinais de forma e dimensões absolutas, distribui os objetos em grupos: uma pessoa, um grupo de pessoas e um veículo. Classificadores mais complexos em sistemas de análise de vídeo para o comércio retalhista podem determinar o género ou o grupo de viragem de uma pessoa [11-12].

A identificação de objectos é a componente mais complexa dos sistemas de análise de vídeo [1-3, 11, 22]. Os sistemas modernos permitem a identificação de pessoas através das caraterísticas biométricas de uma pessoa ou de um veículo, como as chapas de matrícula. A identificação pode ser efectuada com fundos adicionais que ultrapassam o âmbito da análise de vídeo, com base em impressões digitais, cartões bancários, bilhetes, passes ou identificadores de dispositivos móveis.

Deteção (reconhecimento) de situações. A análise de vídeo permite não só a atribuição de objectos a partir de vídeo em fluxo contínuo, mas também o reconhecimento de situações perturbadoras com base na análise do comportamento desse objeto, o que não permite a utilização de um sistema de videovigilância convencional. Além disso, a análise de vídeo situacional pode detetar automaticamente o cruzamento de linhas de sinalização, a queda de pessoas, o estacionamento proibido e a ocorrência de incêndios [1-3, 23]. Em termos de aplicação, distinguem-se os seguintes tipos de análise de vídeo [24-33]:

- A análise de vídeo do perímetro (análise de vídeo do perímetro) protege secções e perímetros alargados, detectando a intrusão e a intersecção da linha de sinal na "zona estéril". A peculiaridade do analista de vídeo de perímetro é relativamente rara (ou seja, a zona é designada por "estéril"), mas a forma e o tipo de objeto não podem ser claramente definidos. Por exemplo, uma pessoa pode rastejar ou andar de bicicleta.
- A análise de vídeo situacional (análise de vídeo de situação) reconhece situações de ansiedade relacionadas com o comportamento humano ou o movimento de veículos. A análise de vídeo situacional pode funcionar com base em regras definidas pelo utilizador (por exemplo, é proibido estacionar numa determinada zona) ou com base em estatísticas acumuladas (por exemplo, a deteção num parque do dobro das pessoas habituais a esta hora do dia e nesse dia da semana).
- A análise empresarial (business analytics/intelligence, BI) é utilizada para gerir uma organização, avaliar a produtividade dos empregados, otimizar os processos empresariais e realizar pesquisas junto dos clientes. A particularidade da análise de negócios é o desenvolvimento de ferramentas para generalizar dados e preparar relatórios, por vezes com a possibilidade de excluir dados pessoais.
- A análise biométrica de vídeo (biometric video analytics) é utilizada para identificar e seguir indivíduos através de caraterísticas biométricas de uma pessoa [9]. A biometria clássica utiliza listas "pretas" e "brancas" para comparar imagens de pessoas. A análise biométrica de vídeo pode funcionar em cenários mais complexos, por exemplo, para traçar o perfil das pessoas ou para comparar a observação de uma pluralidade de câmaras numa rede de vigilância geograficamente distribuída.

O analista de vídeo numérico é utilizado para reconhecer a leitura da matrícula e analisar o seu movimento em função do número de câmaras. A análise de vídeo multicâmara (análise de vídeo de seguimento de várias câmaras) segue os objectos utilizando um conjunto de câmaras. A análise de vídeo multicâmara resulta na trajetória do movimento do objeto no plano através da área de observação. A análise de vídeo tecnológico (análise de vídeo tecnológico) monitoriza os processos tecnológicos, garante a qualidade da produção e aumenta a produtividade.

A análise de vídeo de alta definição é utilizada para analisar fluxos de vídeo com mais de 1 megapixel (720p, 1080p e superior). Regra geral, os sistemas de videovigilância de alta definição (HD) utilizam algoritmos fundamentalmente novos que utilizam a representação de dados de vídeo em grande escala. O sector que estuda a "visão por computador" está a ganhar popularidade. Isto é, o computador pode recolher e analisar informações do ambiente em tempo real e em tempo real. Isto leva à criação de uma procura de tais produtos de software. No entanto, não existem análogos absolutos deste sistema, ou seja, produtos de software que possam analisar o fluxo de vídeo. Os sistemas semelhantes mais próximos são as ferramentas de análise de imagens. Os mais populares são os dois sistemas seguintes: Cloud Vision API e Clarifai. O Cloud Vision API [1] é um sistema desenvolvido pela Google em 2015, concebido para reconhecer imagens. Inclui a deteção de uma classe, incluindo imagens, reconhecimento de texto, reconhecimento facial, expressões faciais, deteção de geolocalização de fotografias, reconhecimento de caracteres e ícones. As principais vantagens da API Cloud Vision (Fig. 7.1) são a velocidade, a elevada precisão de reconhecimento e a capacidade de analisar imagens em vários parâmetros. A desvantagem deste sistema é a necessidade de pagar quando o número mínimo de pedidos é ultrapassado. O sistema só funciona nos servidores da Google e não é possível configurar um sistema para uma tarefa específica.

Clarifai [2] - Desenvolvimento de uma empresa com o mesmo nome para o reconhecimento de imagens. Criado em 2013, o sistema permite analisar objectos na imagem e devolve a respectiva lista e as cores predominantes. A vantagem em relação aos principais concorrentes é a rapidez e o número máximo de objectos reconhecidos, bem como a análise dos colarinhos da imagem. As desvantagens são a capacidade de analisar apenas objectos numa imagem, a utilização gratuita limitada, a falta de definições para uma tarefa específica e o funcionamento do sistema apenas nos servidores da empresa. Consequentemente, o mercado já dispõe de sistemas robustos de análise de imagem, mas o nicho da análise de vídeo ainda está vazio e a procura de tais sistemas está a aumentar.

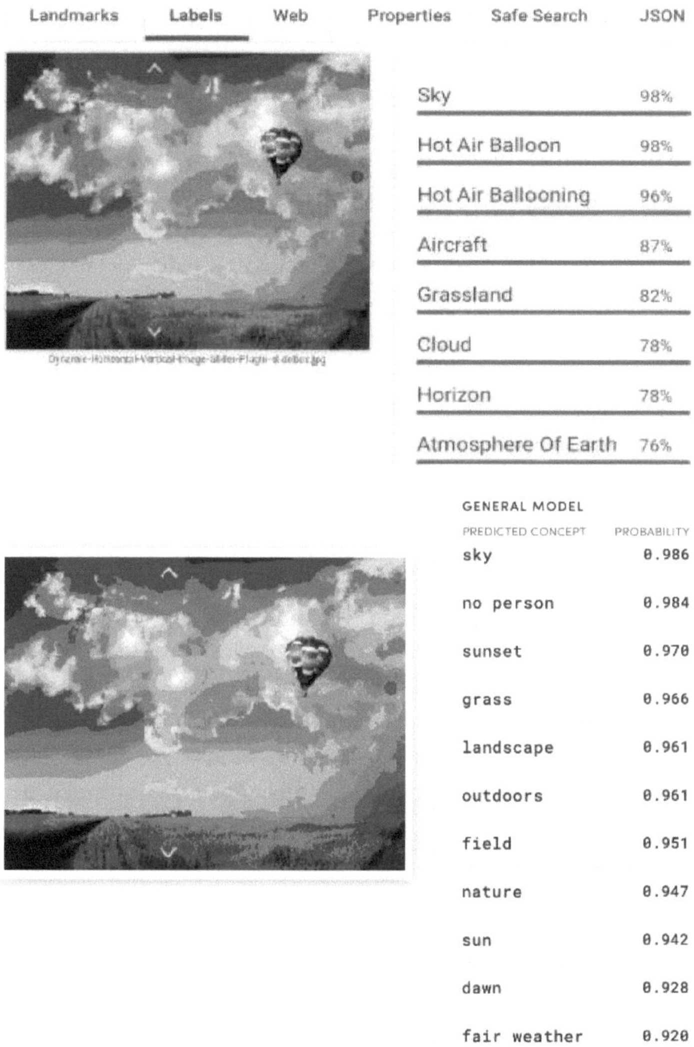

Fig. 7.1. API Cloud Vision e o funcionamento do sistema Clarifai

7.3 Formulação do problema

A principal vantagem dos analistas de vídeo em relação aos sistemas convencionais de CCTV é que eles selecionam automaticamente os metadados do fluxo de vídeo sem a participação do operador. Os metadados resultantes podem ser utilizados para procurar rapidamente um arquivo de vídeo, enviar notificações de alerta, recolher estatísticas, monitorizar eventos, etc. Em comparação com a "vigilância manual por vídeo", a análise de vídeo pode reduzir o custo da monitorização por vídeo e o fator humano na deteção e no tempo de resposta. Uma vez que uma parte significativa dos dados de vídeo (mais de 99%) nos sistemas de videovigilância não tem qualquer valor para os utilizadores, a análise de vídeo pode reduzir drasticamente a carga sobre os canais de comunicação e o sistema de arquivo devido à filtragem dos dados de vídeo desnecessários. O principal problema de muitas aplicações da análise de vídeo é a elevada frequência de falsos positivos [18], o que reduz significativamente o efeito económico da tecnologia. O problema está a ser gradualmente resolvido através da melhoria dos algoritmos de análise de vídeo, do pré-ajustamento dos sistemas e de uma verificação pormenorizada. Outro problema é o custo significativo da integração do sistema e da introdução da análise de vídeo. O papel deste fator é reduzido pelo aparecimento de normas abertas, como a ONVIF [19], e pela simplificação dos procedimentos de calibração e das definições de análise de vídeo. Consequentemente, ao desenvolver o sistema de análise de dados de vídeo, é necessário ter em conta a necessidade de processar vídeos de diferentes formatos e implementar mecanismos para melhorar a qualidade da imagem e a precisão da análise. São necessários vários algoritmos de processamento de dados. A utilização do sistema para qualquer ou vários tipos de análise de vídeo de uma só vez será relevante, uma vez que atualmente não existem tais programas ou existem limitações significativas na aplicação. Além disso, é necessário fornecer um tipo de resultados de análise de saída conveniente que seja cómodo para qualquer análise de vídeo.

7.4 Materiais e métodos

As principais etapas da análise de vídeo são a captura de uma imagem, o seu armazenamento, a melhoria da qualidade da imagem, a segmentação de objectos e a medição de imagens. A conversão da informação analógica para uma câmara digital é efectuada. A informação numérica consiste em valores de cinzento [20-27] que descrevem o brilho de cada ponto das imagens. Esses pontos são designados por pixéis. A informação é armazenada em bits. Um byte contém oito bits. Assim, o valor de cinzento pode ser de 0 a 256 (ou seja, 28). O olho humano consegue distinguir ao máximo o conteúdo de imagens de 5 bits (correspondentes a 64 valores de cinzento diferentes) [28-33]. A principal vantagem dos métodos de imagem digital é a sua versatilidade, repetibilidade e capacidade de preservar os dados iniciais precisão. Existem os seguintes métodos: pré-processamento de imagens, melhoria da qualidade das imagens, segmentação de imagens, atribuição de sinais e classificação de imagens. No pré-processamento de uma imagem, os dados registados devem ser processados - para limitar os erros associados à geometria [17] e ajustar os valores de brilho dos pixels. Estes erros são corrigidos com a ajuda de modelos matemáticos adequados. A melhoria da qualidade da imagem é conseguida através da alteração dos valores de brilho dos pixéis para aumentar o seu impacto visual. Inclui um conjunto de técnicas destinadas a melhorar o aspeto da imagem ou a transformá-la numa forma mais adequada para a interpretação humana ou da máquina. Por vezes, a imagem obtida com câmaras tradicionais ou digitais carece de contraste [16] e de brilho devido às limitações de renderização dos subsistemas e às condições de iluminação durante a captura da imagem. As imagens podem ter diferentes tipos de ruído. Ao melhorar a qualidade da imagem, o objetivo é realçar caraterísticas específicas para análise posterior ou para visualização da imagem. Por exemplo, pode ser um aumento do contraste, pseudo-coloração, filtragem de ruído, nitidez e ampliação. A melhoria da qualidade da imagem é útil na seleção de caraterísticas, análise de imagens e visualização de imagens. O processo de melhoria da qualidade não aumenta o conteúdo dos dados nos dados. Apenas realça algumas caraterísticas específicas da imagem que são importantes nesta situação. Em regra, os algoritmos de melhoria [14] são interactivos e dependem de um sistema específico. Alguns dos seguintes métodos:

1) *Alongamento do contraste.* Algumas imagens (por exemplo, reservatórios, desertos, florestas densas, neve, nuvens e nevoeiro) são homogéneas. Ou seja, não apresentam mudanças bruscas nos níveis de cor. Em termos de apresentação do histograma, caracterizam-se pelo aparecimento de picos muito estreitos. Esta situação pode também ocorrer devido a uma iluminação incorrecta da cena. Em última análise, as imagens assim obtidas são de difícil interpretação. Isto deve-se ao facto de existir apenas uma gama estreita de níveis de cinzento [20] na imagem que é utilizada para fornecer uma gama mais alargada desses níveis. Os métodos de estiramento do contraste [10] são concebidos exclusivamente para estas situações. Diferentes métodos de estiramento foram concebidos para puxar a área estreita da imagem para toda a gama dinâmica disponível.

2) *Filtragem do ruído.* A filtragem do ruído é utilizada para filtrar a informação não desejada da imagem. Também é utilizada para remover vários tipos de ruído das imagens. Esta função é interactiva. Utiliza uma variedade de filtros, como o passa-baixo, o passa-alto, o nível médio, a mediana, etc.

3) *Histograma de modificações.* O histograma é vital para melhorar a qualidade da imagem. Apresenta as caraterísticas da imagem. As caraterísticas da imagem podem ser alteradas através da modificação do histograma [11]. Um exemplo é o alinhamento dos histogramas. O alinhamento dos histogramas é não linear. O alongamento redistribui os valores dos pixéis de modo a que, dentro do intervalo do intervalo, caia aproximadamente o mesmo número de pixéis com cada valor. O resultado aproxima-se do histograma plano. Assim, o contraste aumenta nos picos e diminui nas caudas do histograma. Um dos principais problemas no processamento de imagens é a segmentação. A segmentação de imagens é um processo que divide as imagens em partes constituintes ou objectos. O grau de segmentação pode variar consoante a tarefa que está a ser resolvida. A segmentação deve parar quando os objectos de interesse no sistema tiverem sido atribuídos. Por exemplo, se pretender identificar veículos na

estrada, o primeiro passo é segmentar a estrada a partir da imagem e, em seguida, segmentar o conteúdo da estrada para potenciais veículos.

Uma imagem binária com limiar [12] é formada quando todos os pixels de um objeto têm um nível de cinzento e todos os pixels do fundo têm outro - normalmente, os pixels do objeto são "pretos" e o fundo é "branco". O melhor limiar é aquele que seleciona todos os pixels do objeto e os apresenta como "pretos". Foram propostas diferentes abordagens para a seleção automática de limiares. A imagem pode ser definida como um mapa de escala de cinzentos no conjunto binário. Quando um histograma tem dois máximos pronunciados que reflectem os níveis de um objeto e de um fundo cinzentos, é possível selecionar um limiar para toda a imagem. O método baseia-se nesta ideia e utiliza o critério de correlação para escolher o melhor limiar, como se descreve a seguir. Por vezes, os histogramas de níveis de cinzento têm apenas um máximo. Isto pode ser causado, por exemplo, pela iluminação heterogénea de diferentes áreas da imagem. Neste caso, é impossível selecionar um valor para especificar o limiar de toda a imagem e é necessário aplicar um método binário local. No entanto, não existem métodos normalizados para resolver problemas binários em imagens com iluminação homogénea. Os resultados da análise de vídeo são eventos (mensagens) que podem ser transmitidos ao operador do sistema de videovigilância ou registados em arquivos de vídeo para posterior pesquisa. Além disso, o analista de vídeo cria metadados, ou seja, estruturas de dados que descrevem o conteúdo de cada quadro da sequência de vídeo. Os metadados contêm informações como a localização e os identificadores de objectos (normalmente sob a forma de um quadro perturbador), a trajetória e a velocidade dos objectos, dados sobre a divisão ou fusão de objectos, dados sobre a ocorrência e o fim de situações de ansiedade (em sistemas de segurança).

7.5 Experiência

Para analisar a finalidade do funcionamento do sistema, a atribuição das principais metas e objectivos deve construir uma árvore de metas [4]:

- Carregamento e processamento de vídeo: este subsistema carrega um ficheiro de vídeo para o sistema ou salta o fluxo de vídeo durante o processamento para obter o formato com que o sistema funciona. Há duas formas de descarregar dados:
    i. O ficheiro de vídeo carrega dados num formato de ficheiro de vídeo finito;
    ii. O fluxo de vídeo está a descarregar dados num formato de fluxo de vídeo contínuo;
- A otimização de vídeo é o processamento de vídeo, que serve para uma melhor análise, eliminando fotogramas extra, realçando objectos-chave, simplificando imagens e muito mais. Este subsistema inclui três formas diferentes de otimização:
    iii. O contraste alargado proporciona uma gama mais ampla de tons de cinzento utilizados para análise;
    iv. O histograma de modificações redistribui o valor do pixel de forma a obter a melhor qualidade de imagem uniforme possível;
    v. A filtragem de ruído consiste na utilização de diferentes filtros para remover o ruído e as informações indesejadas da imagem;

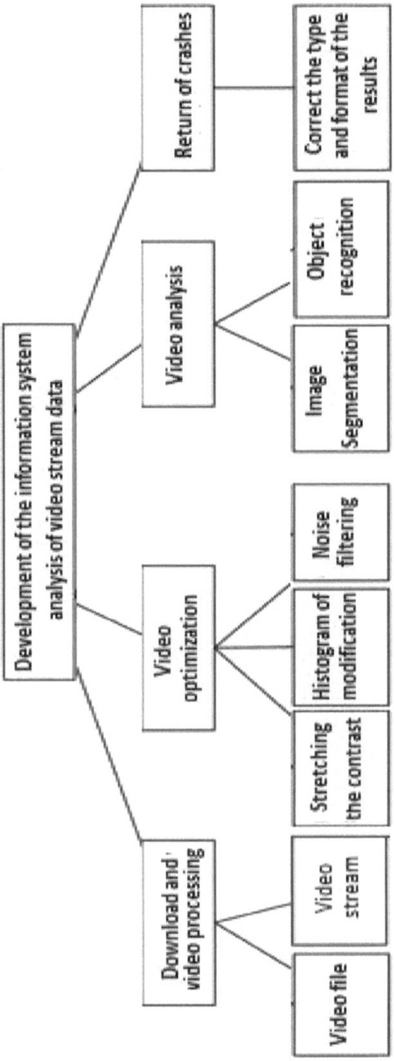

Fig. 7.2. Objectivos do sistema de árvores

- A análise de vídeo é um subsistema que trata do reconhecimento de objectos em vídeo, gera dados principais e tem dois subobjectivos:
    vi. A segmentação de imagens consiste em selecionar objectos numa imagem e separar segmentos com esses objectos;

vii. O reconhecimento de objectos é o sistema que reconhece cada objeto na imagem e armazena informações sobre o mesmo.

O retorno dos resultados determina o formato dos dados necessários, que devem ser devolvidos ao sistema pela tarefa e transmitidos diretamente ao utilizador. Contém um sub-objetivo: corrigir o tipo e o formato dos resultados. Determina o melhor formato de dados possível para o resultado da análise, tendo em conta os resultados obtidos, o tipo de tarefa e a utilização subsequente dos resultados pelo utilizador.

Assim, com a árvore de propósitos, foi determinado o propósito primário do trabalho, bem como os macro-objectivos, metas e sub-objectivos a serem alcançados para o sucesso da implantação do sistema. Para uma melhor compreensão dos processos que proporcionam a interação do sistema com o ambiente e que ocorrem diretamente no próprio sistema, é necessário construir um diagrama DF sensível ao contexto. O Diagrama de Fluxo de Dados mostra como o sistema se comunica com o ambiente [4] e como os dados são processados no sistema do ponto de vista das entradas e saídas. Pelo seu nome, é evidente que o foco está no fluxo de informação, de onde vêm os dados, para onde vão e como serão eventualmente guardados. Na construção de diagramas, usamos a noção de Jordon. Primeiro, construímos um diagrama de contexto que descreve os fluxos de dados externos que entram no sistema e retornam informações dele (Fig. 7.3).

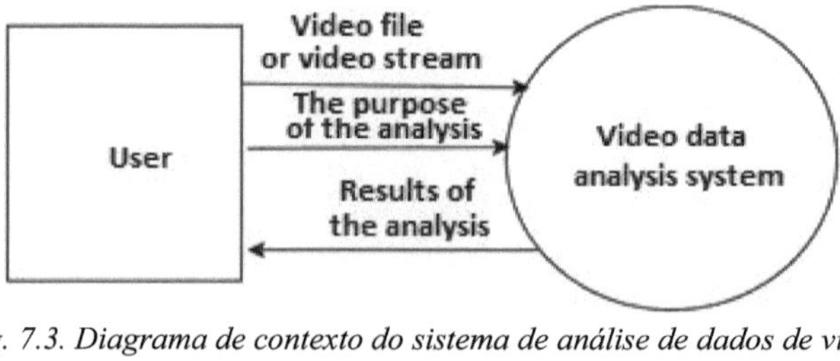

Fig. 7.3. Diagrama de contexto do sistema de análise de dados de vídeo

Como se pode ver, o sistema aceita fluxos de entrada com informações de dados de vídeo sobre análises anteriores, processa-os e devolve os resultados do estudo que são transmitidos ao utilizador e os dados obtidos durante a análise, que são armazenados na base de dados, para melhorar o sistema no futuro. Para obter informações mais detalhadas sobre os processos que ocorrem no sistema, é necessário construir um diagrama de decomposição de primeiro nível.

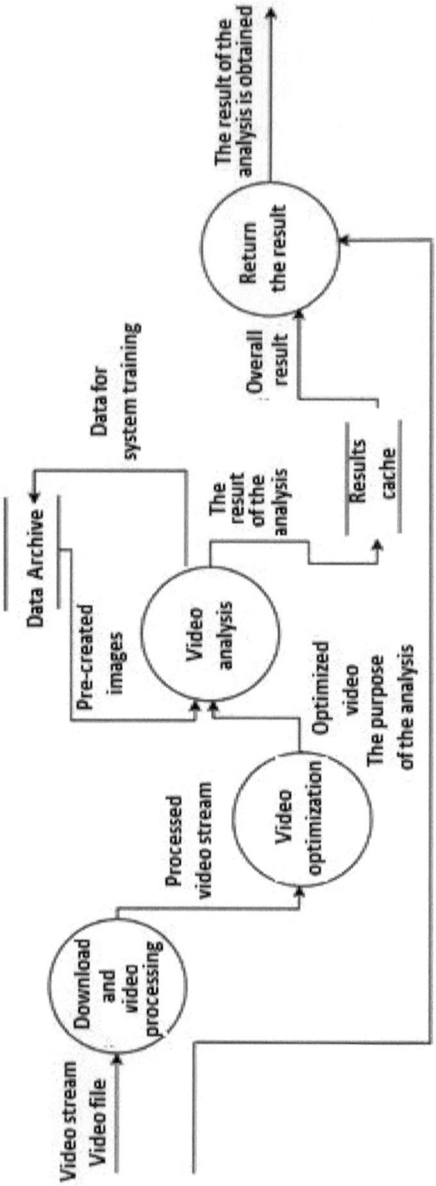
Video stream
Video file
Download and video processing
Processed video stream
Video optimization
Optimized video
The purpose of the analysis
Pre-created images
Video analysis
Data Archive
Data for system training
The result of the analysis
Results cache
Overall result
Return the result
The result of the analysis is obtained

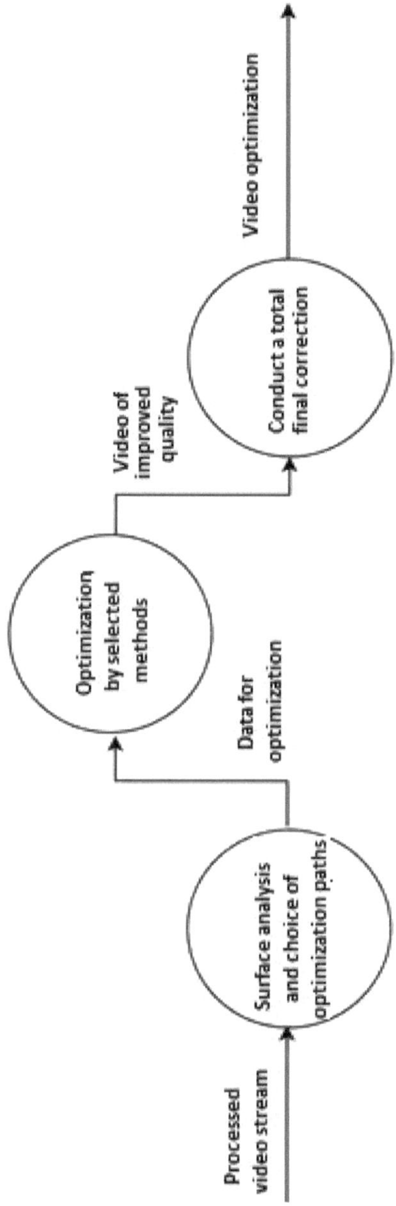

Fig. 7.4. Gráfico do primeiro nível e decomposição do processo de otimização de vídeo

Nesta fase, é possível ver os fluxos de dados entre os principais componentes do sistema. Faça uma decomposição para eles (Fig. 7.5 - 7.6). Assim, depois de decompor cada um dos principais processos do sistema, tornou-se possível examinar mais detalhadamente e analisar os seus subprocessos, bem como os fluxos de dados que asseguram a interação de todos os processos e subprocessos, tanto dentro como fora do sistema.

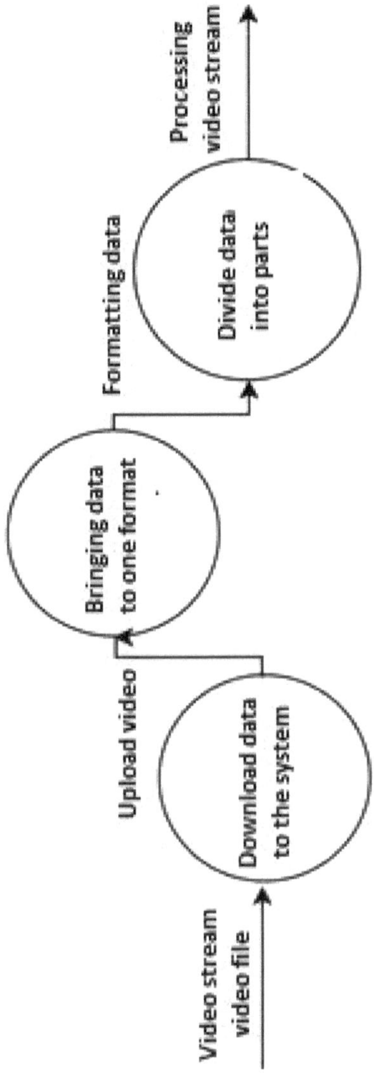
Video stream
video file
Download data
to the system
Upload video
Bringing data
to one format
Formatting data
Divide data
into parts
Processing
video stream

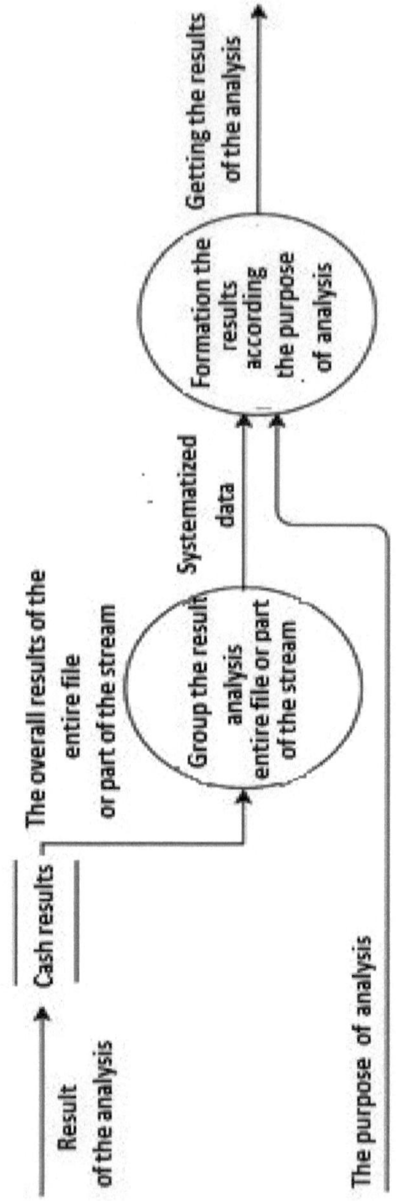

Fig. 7.5. Carregamento e processamento de vídeo e decomposição do processo de retorno

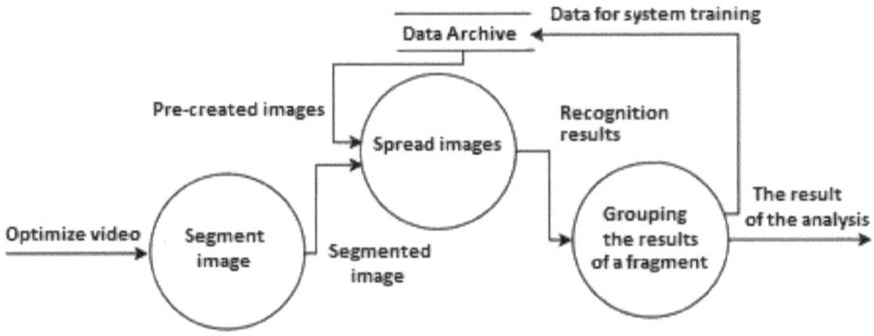

Fig. 7.6. Decomposição do processo de análise de vídeo

É conveniente construir um modelo hierárquico para ilustrar a estrutura deste sistema de informação, apresentar os níveis da hierarquia dos processos e subprocessos e facilitar a compreensão da relação funcional entre eles. Os processos principais situar-se-ão no primeiro nível da hierarquia e os seus subprocessos no segundo. Este diagrama permitirá identificar de forma única a importância dos vários processos no SI e a sua localização hierárquica (Fig. 7.7). Vários processos operam em paralelo no sistema, consumindo recursos e gastando tempo. Para otimizar o sistema, é necessário estabelecer uma hierarquia destes processos, destacar os principais e escolher a melhor afetação de recursos entre estes processos para maximizar a eficiência. Existem vários métodos para efetuar essa escolha, tendo em conta todos os critérios e necessidades do sistema. Um desses métodos é o processo de hierarquia analítica [3] (AHP), um dos métodos de avaliação de peritos mais promissores. O AHP permite avaliar soluções utilizando o conhecimento e a experiência da pessoa que decide sobre o problema. Este método baseia-se no facto de a pessoa que o utiliza em pares comparar soluções alternativas específicas de acordo com critérios-chave selecionados e, com base nos resultados da comparação, escolher a melhor alternativa em cada caso. De um modo geral, é necessário realizar os seguintes passos para o AHP: é dado o objetivo global; existem m alternativas para atingir esse objetivo; N critérios para avaliar as alternativas no âmbito do sistema em análise; é escolhida a melhor alternativa. Neste caso, o AHP oferece a implementação dos seguintes passos para resolver o problema:

- Estruturação da tarefa sob a forma de uma hierarquia;

- Realização de comparações entre pares de todos os elementos da hierarquia;
- Encontrar os "pesos" (factores de importância) para cada critério e alternativa e verificar a coerência das apreciações;
- Determinação da melhor solução alternativa.

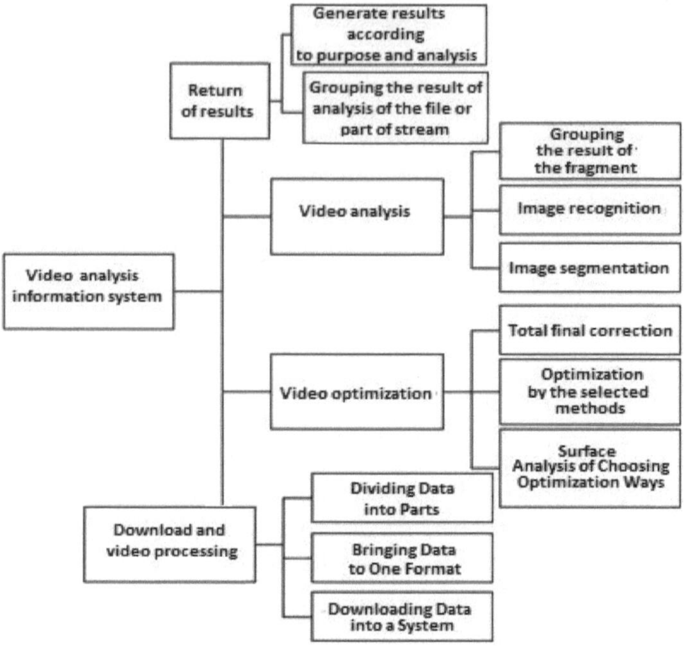

Fig. 7.7. Hierarquia de tarefas em árvore

Seleccionaremos quatro critérios para escolher uma alternativa para a atribuição óptima de recursos de hardware entre processos: a velocidade de análise, a precisão da análise, a velocidade de otimização e a sua qualidade. Os processos relativos ao carregamento do vídeo e à devolução dos resultados são constantes e executados com a ajuda de tecnologias integradas já prontas; por conseguinte, não podem influenciar o funcionamento do sistema. Seleccionaremos cinco alternativas para análise - A, B, C, D e E - cada uma das quais conterá diferentes indicadores dos quatro critérios escolhidos. Cada alternativa terá um critério com um valor máximo, mas uma alternativa conterá a média de todos os requisitos. Imagine os dados para análise numa tabela, em percentagens (100% - o indicador máximo) (Tabela 7.1). Nós estruturamos a tarefa como uma hierarquia por um determinado objetivo (Fig. 7.8). É necessário implementar o procedimento de comparação par a par dos critérios entre si e as alternativas. Construímos uma matriz de comparação par a par dos critérios. Em função da importância de cada processo, preenchemos uma tabela de critérios (Tabela 7.2).

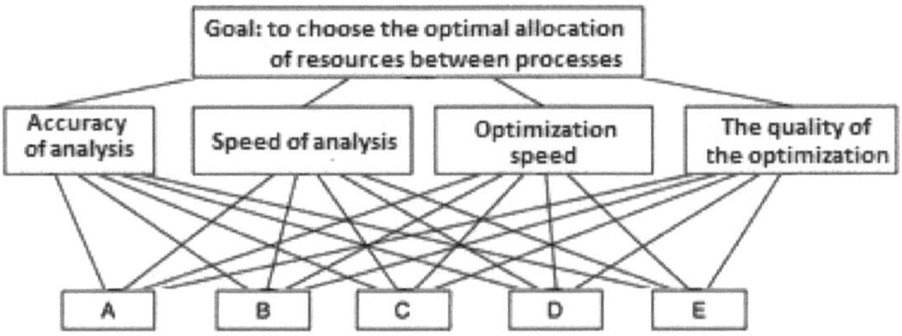

Fig. 7.8. Estruturação de uma tarefa sob a forma de uma hierarquia

Tabela 7.1. Indicadores de critérios

N	Taxa de análise,%	Exatidão da análise,%	Taxa de otimização,%	Qualidade da otimização,%
A	100	40	30	50
B	30	60	100	60
C	70	100	55	45
D	65	60	40	100
E	70	70	70	70

Agora, é necessário encontrar o seu vetor e normalizá-lo para determinar o "peso" de cada critério. Para isso, é necessário encontrar a média geométrica para cada uma das linhas da matriz e, em seguida, na coluna "Peso do critério", escrever o resultado da operação de normalização para os elementos da coluna anterior (Tabela 7.2). Como se pode ver, o critério da exatidão da análise é dominante, o que não é surpreendente, uma vez que é o processo principal do sistema. Seguem-se, por ordem decrescente, a rapidez da análise, a rapidez da otimização e a qualidade da otimização.

Quadro 2.2 . Definição das ponderações dos critérios

Critérios	Exatidão da análise	Velocid ade de análise	Velocidade de otimização	Qualidade da otimização	Vetor própri o	Peso w_i
Exatidão da análise	1	3	5	9	3.41	0.56

Velocidade de análise	1/3	1	3	7	1.63	0.27
Velocidade de otimização	1/5	1/3	1	5	0.76	0.13
Qualidade da otimização	1/9	1/7	1/5	1	0.24	0.04

Mas se este critério não for ultrapassado, é necessário definir o índice de coerência (IP). Para o fazer, é necessário determinar o indicador λ_{max}. Multiplique a matriz de comparações entre pares num vetor coluna normalizado.

$$\begin{pmatrix} 1 & 3 & 5 & 9 \\ 1/3 & 1 & 3 & 7 \\ 1/5 & 1/3 & 1 & 5 \\ 1/9 & 1/7 & 1/5 & 1 \end{pmatrix} \times \begin{pmatrix} 0,56 \\ 0,27 \\ 0,13 \\ 0,04 \end{pmatrix} = \begin{pmatrix} 2,36 \\ 1,11 \\ 0,53 \\ 0,17 \end{pmatrix}$$

Encontramos agora a relação correspondente (y_i / x_i), que dá uma aproximação a λ_{max}

1) 2.36/0.57=4.17 3) 0.53/0.13=4.17

2) 1.11/0.27=4.12 4) 0.17/0.04=4.21

Com base nos números obtidos, encontramos λ_{max} (a média aritmética destas relações): λ_{max} = 4.17. Resta determinar o índice de consistência: IP = 0,06.

O PI obtido caracteriza a coerência admissível dos juízos, uma vez que a condição necessária para esta condição é PI <0,1. Passamos às comparações das alternativas segundo o critério de "exatidão da análise". Para o efeito, criamos uma matriz de comparações entre pares (todos os procedimentos são idênticos a procedimentos semelhantes na determinação do peso dos critérios) (Tabela 7.3)

Quadro 7.3 . Comparação paralela das alternativas segundo o critério "exatidão da análise

	A	*B*	*C*	*D*	*E*	Vetorial	Peso
A	1	3	1/3	3	5	1.72	0.26
B	1/3	1	1/5	1	3	0.72	0.11
C	3	5	1	3	7	3.16	0.48
D	1/3	1	1/5	1	3	0.72	0.11
E	1/5	1/3	1/7	1/3	1	0.32	0.05

Pode ver-se que a alternativa *C* domina este indicador; o seu peso é de 48%. A alternativa *E* tem o valor mais baixo para este critério - 5%. Do mesmo modo, encontramos o "peso" de todas as alternativas para cada critério selecionado. Depois disso, quando todos os "pesos" de cada elemento da hierarquia forem encontrados, pode passar-se à última fase - determinar a melhor alternativa. Nesta fase, o AHP precisa de realizar a síntese dos "pesos" encontrados nas fases anteriores das outras opções que são analisadas para a ponderação de cada critério dentro da hierarquia dada. A fórmula para determinar a pontuação total é a seguinte: $V_X = {}_{w(1)}*V_{X1} + {}_{w(2)}*V_{X2} + {}_{w(3)}*V_{X3} + {}_{w(4)}*V_{X4}$, onde w_i é o peso do *i-ésimo* critério, e V_{Xj} é a importância da alternativa de X para o *i-ésimo* critério. Assim, para as variantes A, B, C, D e E da escolha dos métodos de distribuição dos recursos do sistema, obtemos os seguintes valores da sua prioridade:

V_A=0.56·0.26+0.27·0.11+0.13·0.17+0.04·0.11=0.21

V_B=0.56·0.11+0.27·0.28+0.13·0.17+0.04·0.33=0.17

V_C=0.56·0.48+0.27·0.03+0.13·0.06+0.04·0.33=0.29

V_D=0.56·0.11+0.27·0.11+0.13·0.44+0.04·0.11=0.15

V_E=0.56·0.05+0.27·0.47+0.13·0.17+0.04·0.11=0.18

Como se pode ver, a prioridade da alternativa C é a mais elevada (29%), respetivamente. Trata-se de uma solução alternativa que se enquadra no método da hierarquia analítica aplicado a esta tarefa com estes critérios. Assim, com a ajuda de três métodos de análise diferentes, nomeadamente a árvore de objectivos, os diagramas de contexto e o método da hierarquia analítica, este sistema foi considerado e analisado. O objetivo ajudou a identificar as tarefas primárias e secundárias da conceção do sistema e a estabelecer prioridades. Utilizando diagramas de contexto, foram analisados os fluxos de dados que ligam os processos no sistema, tendo sido mostrada a sua estrutura e objetivo. Foi construído um diagrama da hierarquia das tarefas, que mostra todas as relações e dependências dos processos e subprocessos do sistema. O método da hierarquia analítica ajudou a determinar a hierarquia e as prioridades dos processos internos do sistema, a analisar a importância destes processos e a escolher a melhor forma de distribuir os recursos de software e hardware entre eles.

7.6 Descrição do software criado

O software de análise dos dados do fluxo de vídeo tem o significado de "V-EYE" e o nome completo "Video Eye". O programa requer o seguinte software: qualquer sistema operativo (Linux, Windows, Mac OS); máquina virtual Java; versão do servidor Tomcat não inferior a 5.0; navegador Web (Chrome, Firefox, IE versão não inferior a 6.0). O produto é desenvolvido no ambiente IntelliJ IDEA utilizando as seguintes linguagens de programação:

- Java - a parte lógica e o backend do sistema;
- HTML e CSS - visualização da interface Web;
- JavaScript - parte do frontend do sistema.

O sistema foi concebido para analisar dados de vídeo. Resolve os seguintes problemas: reconhecimento de objectos em vídeo, reconhecimento de cores em vídeo, reconhecimento de pessoas e análise quantitativa de vídeo. As restrições funcionais na análise são:

- Desempenho e número de objectos de análise limitados (no caso de objectos de imagem em grande escala e carregados);
- Falta de análise do fluxo de som (uma pequena percentagem de informação em comparação com a imagem);
- Espectro limitado de resultados finais.

As primeiras versões do programa conterão algumas limitações que poderão eventualmente ser resolvidas em actualizações posteriores. A estrutura lógica do produto de software assenta num sistema modular, em que cada módulo contém um código de tarefas combinadas por uma tarefa comum de execução.

Os módulos seguintes representam a estrutura:

- Face - contém duas interfaces e as respectivas classes de implementação para a análise de faces. Model - contém classes para cada tipo de análise: ObjectCounter (análise quantitativa), RecognisedFace (deteção de faces), RecognizedObject (reconhecimento de objectos) e RecognizedColor (reconhecimento de cores);
- Activity - um módulo para trabalhar com dispositivos e bibliotecas ligados, que contém as seguintes classes: FDCamera2Activity (trabalhar com uma webcam), FDOpenCVActivity (trabalhar com a biblioteca OpenCV) e MainActivity (módulo principal).

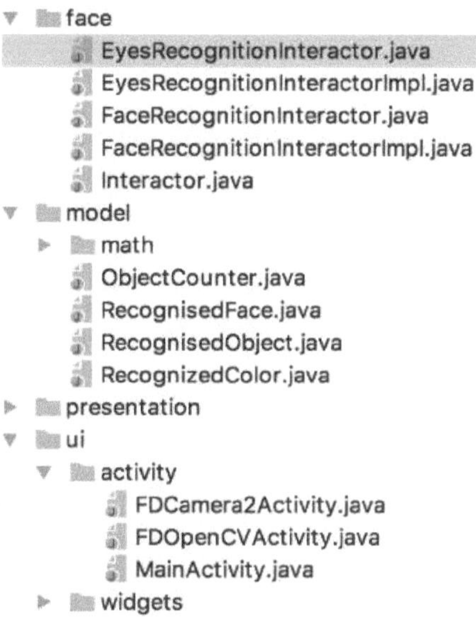

Fig. 7.9. Estrutura lógica

Um fragmento do código da classe MainActivity

```
public class MainActivity extends Activity implements View.OnClickListener
{
  @Override
  protected void onCreate(@Nullable Bundle savedInstanceState) {
    super.onCreate(savedInstanceState);
    setContentView(R.layout.main_activity);
    findViewById(R.id.opencv).setOnClickListener(this);
    findViewById(R.id.camera).setOnClickListener(this); }
  @Override
  public void onClick(View v) {
    switch (v.getId()) {
      case R.id.opencv:
        startActivity(new Intent(this, FDOpenCVActivity.class));
        break;
      case R.id.camera:
        startActivity(new Intent(this, FDCamera2Activity.class));
        break; }}
```

Como se pode ver, utilizando este fragmento, a estrutura hierárquica lógica é observada - dependendo da necessidade, a classe principal pode fazer com que uma classe efectue o trabalho necessário. O sistema é composto por duas partes - a parte lógica do servidor (backend) e a interface Web (frontend). A ligação entre elas é feita utilizando o estilo arquitetónico do REST, ou seja, através de consultas POST e GET. Um excerto de código para transferir o vídeo carregado pelo utilizador para o servidor (vídeo - ficheiro de vídeo ou fluxo transmitido, tipo - o tipo de análise selecionado pelo utilizador):

```
$http({url: user.details_path, method: GET", params: video: ideo, type: ype} );
```

Uma vez que o software foi concebido em Java, que é multiplataforma, ou seja, pode ser lançado em qualquer plataforma, qualquer dispositivo de hardware com os seguintes parâmetros de hardware será compatível com o seu funcionamento: a frequência do processador é de 3,4 GHz, a quantidade de RAM é de 2 GB, a capacidade de armazenamento do suporte é de 60 GB e com uma ligação à Internet com uma velocidade de, pelo menos, 10 MB/s. Para executar uma aplicação num servidor, é necessário instalar um sistema operativo moderno, JVM, JRE, Apache HTTP Server e Tomcat Server. Depois de executar o programa no servidor, este pode ser acedido pelos seus endereços internos e externos. Para utilizar o programa, o utilizador só tem de utilizar um navegador Web moderno. A entrada do sistema é um ficheiro de vídeo de qualquer formato ou uma transmissão em direto de um vídeo a partir de uma webcam (à escolha do utilizador). Saída - Os resultados da análise de vídeo são apresentados lado a lado e contêm informações obtidas através do funcionamento do sistema. Este documento fornece instruções para a utilização do sistema de análise de dados de vídeo e para a aplicação das suas capacidades de análise quantitativa, bem como para a análise de pessoas, cores e objectos. A parte central fornece dados sobre como usar o produto, suas capacidades, dados técnicos e requisitos para a plataforma para executar o programa. Além disso, são fornecidas informações e exemplos de entradas e saídas necessárias, verificações de desempenho do programa de trabalho e o produto completo. O produto de software desenvolvido tem o nome comercial "V-EYE" e o nome completo "Video EYE". Para o seu desenvolvimento, foram utilizadas as seguintes linguagens e ambientes de desenvolvimento:

- Java (parte lógica e parte backend com a estrutura Spring, ambiente de desenvolvimento IntelliJ Idea);

- HTML e CSS (marcação e conceção gráfica da parte da interface web front-end, ambiente de desenvolvimento Sublime Text 3);
- JavaScript (parte frontal lógica com a estrutura AngularJS2, ambiente de desenvolvimento Sublime Text 3).

O programa foi concebido para analisar o fluxo de vídeo. Além disso, a análise pode ser feita como um ficheiro de vídeo finito e como vídeo em fluxo contínuo a partir de uma webcam. Pode ser utilizado para procurar e identificar pessoas, procurar objectos, analisar objectos, analisar graficamente vídeos, definir o tema e o contexto do vídeo, etc. O programa permite-lhe analisar vídeos utilizando quatro parâmetros: análise quantitativa, reconhecimento humano, reconhecimento de cores e análise de objectos. O produto de software pode lidar com tarefas como o reconhecimento do número de objectos no vídeo, a análise de objectos no vídeo, a identificação de pessoas e o reconhecimento de cores para o vídeo. Os métodos de análise utilizados são os seguintes:

- O algoritmo em cadeia de Friedman determina os limites dos objectos individuais e atribui-os à imagem.
- Algoritmo de Kenny - procura de limites de objectos utilizando gradientes.
- O algoritmo k-means agrupa objectos e combina-os em grupos homogéneos.

Quando o sistema é utilizado, o tempo de análise é reduzido em várias ordens de grandeza porque o sistema pode trabalhar com vídeo em fluxo contínuo, processando até 60 fotogramas por segundo. Ao mesmo tempo, uma pessoa precisará de aproximadamente 10 segundos para efetuar a análise. O produto de software funcionará no servidor 24 horas por dia, e os utilizadores podem utilizá-lo em qualquer altura conveniente. Para o sistema, está prevista a criação de cópias de segurança, permitindo que o desempenho do sistema seja rapidamente restaurado em caso de circunstâncias imprevistas. Além disso, é criada uma sessão separada para cada utilizador, o que permite a um utilizador fazer o sistema funcionar para os outros em caso de erros. O programa desenvolvido pode ser utilizado na segurança, no controlo do território, na indústria, nos projectos artísticos, nos sistemas de controlo rodoviário, etc. As limitações da aplicação são a dependência da exatidão da análise da qualidade da imagem, o desempenho limitado para vídeo de grande formato e vídeo com taxas de fotogramas elevadas e a rejeição de dados sonoros na análise. O software é recomendado para a análise de grandes volumes de ficheiros de vídeo ou para a análise de um grande número deles, para fins comerciais e de investigação, e nos casos em que é necessário reduzir a utilização de recursos humanos ou acelerar a realização de tarefas de análise

Para o funcionamento normal do sistema, são necessários os seguintes requisitos para o dispositivo de hardware no qual ele será localizado: RAM 2 GB; a frequência do processador é de 3,4 GHz; capacidade de memória - 60GB; a velocidade de acesso à Internet é de 10 MB / s. Estes são os requisitos mínimos para uma operação adequada do sistema, cuja melhoria levará a uma operação mais rápida do sistema. Recomenda-se também a utilização de unidades SSD de estado sólido em vez de discos rígidos convencionais. Não há necessidade direta de periféricos, mas é necessário utilizar uma câmara Web para analisar a função de câmara de vídeo Web. Para o funcionamento do sistema, é necessário o seguinte software: JVM, servidor HTTP Apache, servidor Tomcat e qualquer um dos navegadores Web modernos (Chrome, Mozilla Firefox, Safari, Edge). O software pode ser executado em qualquer sistema operativo atual - Windows 7 ou superior, Linux Gnome e superior, OS X 10.6 e superior. Os seus controladores são necessários para utilizar a capacidade de analisar vídeo de uma câmara Web. Para que o sistema funcione plenamente, é necessário ligar-se à Internet a uma velocidade de, pelo menos, 10 MB/s.

7.7 Análise dos resultados e discussão

Para verificar o funcionamento correto do sistema, vamos analisar um exemplo de aplicação de todas as funcionalidades do sistema. Abrir a página inicial da interface Web do sistema. Prima o botão "Analisar" e, em seguida, aceda à página de análise. Como pode ver, existem duas formas de carregar vídeos para o sistema - a partir do suporte de dados e da webcam. Ao escolher um método de carregamento de vídeo, é necessário selecionar um ficheiro. Após a seleção do ficheiro, a sua análise é iniciada, podendo ser escolhido um dos quatro métodos de saída - análise de cores (Fig. 7.10a), análise de objectos (Fig. 7.10b), análise quantitativa (Fig. 7.11a) e reconhecimento de pessoas (Fig. 7.11b).

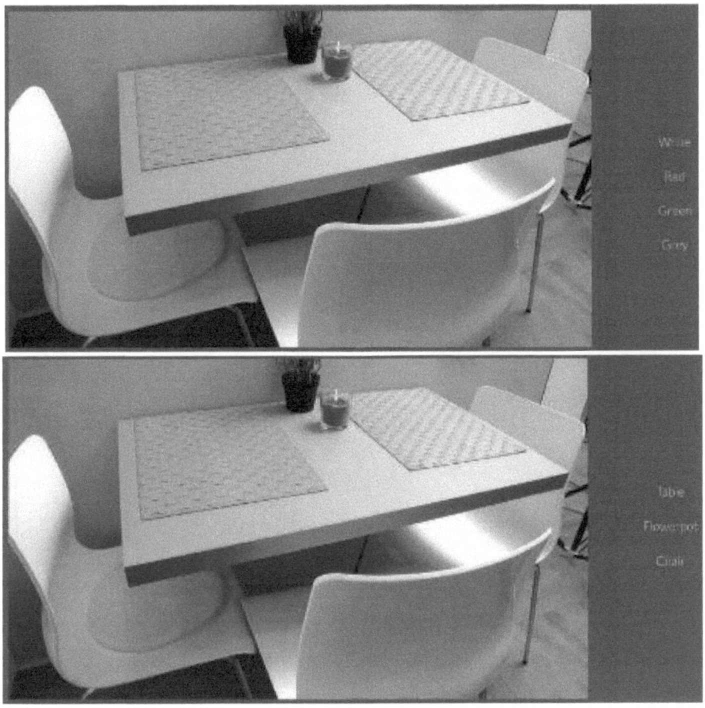

Fig. 7.10. Análise de cores e análise de objectos

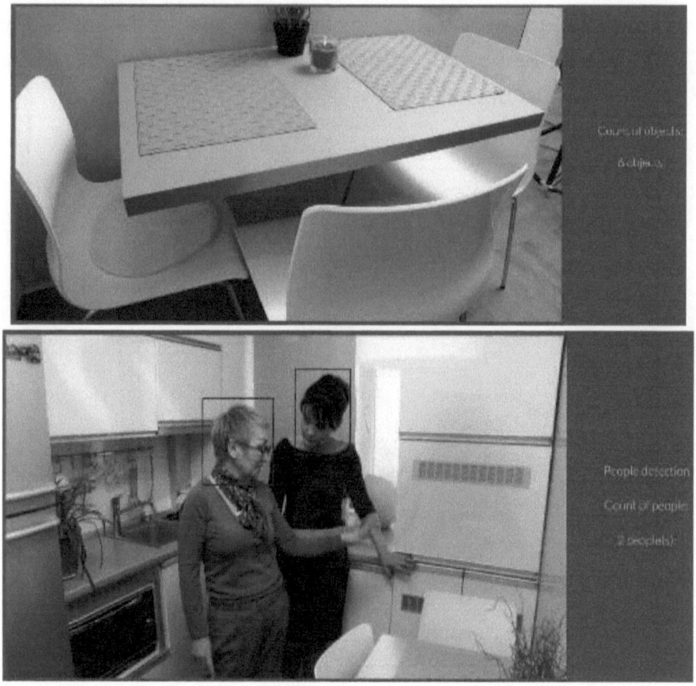

Fig. 7.11. Análise quantitativa e reconhecimento de pessoas

Todas as funções necessárias funcionam e produzem os resultados corretos; assim, pode concluir-se que a análise da amostra de controlo foi realizada com êxito e que o sistema está a funcionar corretamente. Consequentemente, foi concebido e criado um produto de software aquando da realização do trabalho, nomeadamente um sistema de informação para analisar os dados do fluxo de vídeo. Foi concebida e pensada a sua estrutura lógica e as interligações entre as partes do sistema. Os módulos do sistema foram desenvolvidos e testados, após o que foram reunidos num sistema holístico de acordo com a estrutura hierárquica do produto e foram estabelecidas as interligações entre eles. Durante o desenvolvimento e teste do sistema, foram determinados o hardware e o software necessários para o seu funcionamento, bem como os requisitos básicos para os mesmos. Após a conclusão do desenvolvimento, foi efectuada uma análise do caso de controlo, que demonstrou que o sistema era totalmente funcional e executava todas as tarefas que lhe eram propostas.

7.8 Conclusões

Durante o trabalho, foi desenvolvido um sistema de informação para a análise de dados de fluxos de vídeo que permite efetuar vários tipos de análise de fluxos de vídeo.

De acordo com as tendências de desenvolvimento tecnológico, o ritmo de geração de conteúdos de vídeo, tanto para as pessoas como para o trabalho, para o qual o vídeo é a principal forma de obter informações do ambiente externo, de forma independente, sem ajuda humana, está a aumentar constantemente. Este facto conduz normalmente a uma maior procura de sistemas que trabalhem com dados de vídeo. Após análise de fontes literárias e online, verificou-se que não existe atualmente ou não tem referências a sistemas analógicos. Isto torna este sistema bastante relevante, uma vez que, sem concorrentes, cobrirá todo o sector de serviços de análise que oferece. Foram analisados os análogos mais próximos - sistemas de análise de imagens gráficas, o que lhes permitiu evidenciar os seus pontos fracos e explorar soluções em perspetiva. Isto permitiu-lhes implementar o seu melhor no sistema criado e evitar problemas semelhantes. Além disso, foi efectuada uma análise sistemática do produto de software, o que permitiu uma análise detalhada e a conceção da sua estrutura, dos módulos e da sua interligação. Para além disso, foi construída uma hierarquia de tarefas com base nos graus de importância dos processos. Utilizando o método da hierarquia analítica, foi identificada uma alternativa óptima para a repartição dos recursos entre os principais processos do sistema operativo. Foram escolhidas as ferramentas ideais para desenvolver o sistema, o que nos permitiu criar um sistema rápido, fiável, optimizado e de fácil utilização, com uma interface confortável baseada na Web para os utilizadores. Após o desenvolvimento e o teste do sistema, foram identificados os requisitos ideais de hardware e software para o funcionamento completo e ininterrupto do produto. Além disso, para conveniência dos utilizadores, foram descritas todas as especificações técnicas e parâmetros do sistema. Após a conclusão do sistema, foi efectuada uma análise do caso de controlo, que mostrou que o sistema desempenha todas as funções previstas e funciona adequadamente. Apesar de o sistema funcionar corretamente e executar a tarefa, existem muitas formas de o melhorar. Por exemplo, acrescentando a análise dos canais de áudio do fluxo de vídeo, mesmo que a sua percentagem na quantidade total de informação seja de 10%, a análise destes canais pode aumentar a precisão da análise, bem como aumentar a quantidade de informação recebida pelo sistema como resultado da análise. Além disso, é possível criar uma solução que utilize vários destes produtos em diferentes servidores ao mesmo tempo para analisar um fluxo de vídeo, o que permitirá efetuar uma análise melhor e mais rápida e, consequentemente, obter mais dados. Podemos concluir que o sistema desenvolvido funciona corretamente, executa todas as tarefas previstas e trabalha de forma rápida e ininterrupta. Uma vez que não tem análogos que desempenhem as mesmas funções, o seu desenvolvimento é, sem dúvida, relevante e necessário. No entanto, apesar da inexistência de concorrentes, sistemas semelhantes podem ser projectados e desenvolvidos em breve, exigindo uma melhoria contínua e aumentando o número de tarefas que pode resolver.

7.9 Referências

[1] Peleshko, D., Ivanov, Y., Sharov, B., Izonin, I., Borzov, Y.: Conceção e implementação do método de análise e registo da densidade das filas de espera de visitantes para a videovigilância de retalho. Em: Mineração e processamento de fluxos de dados (DSMP), 159-162. (2016)

[2] Maksymiv, O., Rak, T., Peleshko, D.: Video-based Flame Detection using LBP-based Descriptor: Influences of Classifiers Variety on Detection Efficiency. In: Revista Internacional de Sistemas e Aplicações Inteligentes, 9(2), 42-48 (2017)

[3] Rashkevych, Y., Peleshko, D., Vynokurova, O., Izonin, I., Lotoshynska, N.: Super-resolução de imagens num único fotograma baseada num operador de matriz quadrada singular. Em: IEEE 1ª Conferência da Ucrânia sobre Engenharia Elétrica e de Computadores (UKRCON), 944-948 (2017)

[4] Tkachenko, R., Tkachenko, P., Izonin, I., Tsymbal, Y.: Escalonamento de imagem baseado em aprendizagem usando estrutura neural do paradigma de transformação geométrica. In: Estudos em Inteligência Computacional, 730, Springer Verlag, 537-565 (2018)

[5] Peleshko, D., Rak, T., Izonin, I.: Superresolução de imagens através da matriz de divergência e da deteção automática de cruzamentos. Em: Revista Internacional de Sistemas Inteligentes e Aplicação, 8(12), 1-8 (2016)

[6] Peleshko, D., Rak, T., Peleshko, M., Izonin, I., Batyuk, D.: Super-resolução de imagens de dois fotogramas com base na matriz de divergência agregada. Em: Conferência Internacional sobre Mineração e Processamento de Fluxo de Dados (DSMP), 235-238. (2016)

[7] Izonin, I., et al., Super-resolução de imagens com base na aprendizagem utilizando os coeficientes de peso das ligações sinápticas. In: Ciências da Computação e Tecnologias da Informação (CSIT), 25-29. (2015)

[8] Ivanov, Y. et al: Algoritmos adaptativos de segmentação de objectos em movimento em ambientes desordenados. In: A Experiência de Conceção e Aplicação de Sistemas CAD em Microeletrónica, 97-99. (2015)

[9] Peleshko, D., Peleshko, M., Kustra, N., Izonin, I.: Análise de momentos invariantes no processamento de imagens de tarefas. In: Conferência Internacional A Experiência de Conceção e Aplicação de Sistemas CAD em Microeletrónica (CADSM), 263-264. (2011)

[10] Rusyn, B., Lutsyk, O., Lysak, O., Lukeniuk, A., Pohreliuk, L.: Compressão de imagens sem perdas nas aplicações de deteção remota. In: Int. Conf. sobre mineração e processamento de fluxos de dados (DSMP), 195-198 (2016)

[11] Kravets, P.: O agente de controlo com lógica difusa, Perspective Technologies and Methods in MEMS Design, MEMSTECH'2010, 40-41 (2010)

[12] Babichev, S., Gozhyj, A., Kornelyuk A., Litvinenko, V.: Tecnologia indutiva de agrupamento objetivo de perfis de expressão genética baseada no algoritmo de agrupamento SOTA. In: Biopolímeros e Células, 33(5), 379-392. (2017)

[13] Vysotska, V., Fernandes, V.B., Emmerich, M.: Método de apoio ao conteúdo da Web em sistemas de negócios electrónicos. In: Actas do Workshop CEUR, Vol-2136, 20-41 (2018)

[14] Alipanah, N., Parveen, P., Khan, L., Thuraisingham, B.: Expansão de consultas orientadas por ontologias utilizando a estrutura map/reduce para facilitar as consultas federadas. In: Proc. da Conferência Internacional sobre Serviços Web (ICWS), 712-713. (2011).

[15] Euzenat, J., Shvaiko P.: Ontology Matching. In: Springer, Heidelberg, Alemanha, (2007).

[16] Maedche, A., Staab, S.: Medindo a similaridade entre ontologias. In: Engenharia do Conhecimento e Gestão do Conhecimento, 251-263. (2002).

[17] Xue, X., Wang, Y., Hao, W.: Otimização de alinhamentos de ontologias utilizando NSGA-II. Em: The International Arab Journal of Information Technology, 12(2), 176-182. (2015).

[18] Martinez-Gil, J., Alba, E., Aldana-Montes, J.F.: Otimização de alinhamentos de ontologias através de algoritmos genéticos. In: O workshop sobre raciocínio baseado na natureza para a Web semântica, Karlsruhe, Alemanha. (2008).

[19] Lytvyn, V., Sharonova, N., Hamon, T., Vysotska, V., Grabar, N., Kowalska-Styczen, A.: Linguística computacional e sistemas inteligentes. In: Actas do Workshop CEUR, Vol-2136 (2018)

[20] Lytvyn, V., et al., Satellite spectral information recognition based on the synthesis of modified dynamic neural networks and holographic data processing techniques, 2018 IEEE 13th International Scientific and Technical Conference on Computer Sciences and Information Technologies, CSIT, 330-334 (2018)

[21] Gozhyj, A., Kalinina, I., Vysotska, V., Gozhyj, V.: O método de gestão de recursos web em condições de incerteza baseado na lógica difusa. In: Conferência Científica e Técnica Internacional sobre Ciências da Computação e Tecnologias da Informação, CSIT, 343-346 (2018)

[22] Su, J., Sachenko, A., Lytvyn, V., Vysotska, V., Dosyn, D.: Modelo de integração de recursos de informação turística de acordo com as necessidades dos utilizadores. In: Conferência Científica e Técnica Internacional sobre Ciências da Computação e Tecnologias da Informação, 113-116 (2018)

[23] Gozhyj, A., Vysotska, V., Yevseyeva, I., Kalinina, I., Gozhyj, V.: Método de gestão de recursos Web baseado em tecnologias inteligentes, Advances in Intelligent Systems and Computing, 871, 206-221 (2019)

[24] Rusyn, B., Lytvyn, V., Vysotska, V., Emmerich, M., Pohreliuk, L.: A conceção e o desenvolvimento do sistema de biblioteca virtual, Advances in Intelligent Systems and Computing, 871, 328-349 (2019)

[25] Gozhyj, A., Chyrun, L., Kowalska-Styczen, A., Lozynska, O.: Uniform Method of Operative Content Management in Web Systems (Método uniforme de gestão de conteúdos operacionais em sistemas Web). In: Actas do Workshop CEUR (Linguística computacional e sistemas inteligentes, 2136, 62-77. (2018).
[26] Vysotska, V., Hasko, R., Kuchkovskiy, V.: Análise de processos em sistemas de comércio de conteúdos electrónicos. In: 2015 Xth International Scientific and Technical Conference Computer Sciences and Information Technologies (CSIT), 120-123. (2015).
[27] Martin, D., del Toro, R., Haber, R., Dorronsoro, J.: Sintonização óptima de um controlador linear em rede utilizando um algoritmo genético multi-objetivo e sua aplicação a um processo eletromecânico complexo. In: International Journal of Innovative Computing, Information and Control, Vol. 5/10(B), 3405-3414. (2009).
[28] Nazarkevych, M., Klyujnyk, I., Nazarkevych, H.: Investigação do filtro Ateb-Gabor em sistemas de segurança biométrica. In: Mineração e Processamento de Fluxo de Dados, 580-583. (2018).
[29] Nazarkevych, M., Klyujnyk, I., Maslanych, I., Havrysh, B., Nazarkevych, H.: Filtragem de imagens utilizando o filtro Ateb-Gabor nos sistemas de segurança biométrica. Em: Conferência Internacional sobre Tecnologias e Métodos de Perspetiva em Design MEMS, 276-279. (2018).
[30] Nazarkevych, M., Buriachok, V., Lotoshynska, N., Dmytryk, S.: Investigação do filtro Ateb-Gabor em sistemas de proteção biométrica. In: Conferência Científica e Técnica Internacional sobre Ciências da Computação e Tecnologias da Informação (CSIT), 310-313. (2018).
[31] Nazarkevych, M., Oliarnyk, R., Dmytruk, S.: Uma filtragem de imagens utilizando o método Ateb-Gabor. Em: Ciências da Computação e Tecnologias da Informação (CSIT), 208-211. (2017).
[32] Nazarkevych, M. et al., Aplicação de um algoritmo de traçado de ondas aperfeiçoado. Em: Conferência da Ucrânia sobre Engenharia Elétrica e de Computadores (UKRCON), 1011-1014. (2017).
[33] Nazarkevych, M. et al., Proteção de dados baseada na encriptação utilizando funções Ateb. In: Conferência Científica e Técnica Internacional Ciências da Computação e Tecnologias da Informação (CSIT), 30-32. (2016).

Chapter 8. Métodos de avaliação da nitidez de imagens em fotografias de pessoas

8.1 Introdução

O tema do capítulo é a avaliação da nitidez de imagens em fotos de pessoas. O trabalho tem como objetivo analisar os métodos existentes de avaliação da nitidez de imagens, comparar o seu desempenho e a qualidade dos resultados, e sugerir melhorias para o caso de uso da classificação da nitidez de fotografias de pessoas, onde estão presentes grandes quantidades de desfoque de fundo devido ao efeito de abertura.

As imagens continham diferentes tamanhos de objectos e tipos de desfocagem. Foram utilizados os seguintes métodos: Transformada rápida de Fourier (FFT), Variância do Laplaciano, algoritmos de deteção de rostos baseados na aparência, análise de metadados e análise de linhas de tendência linear. Como resultado, foi demonstrado o problema de um fundo naturalmente desfocado e foram tiradas conclusões. Foi descrito um método alternativo de avaliação da nitidez, que resolve o problema. O algoritmo melhorado sugerido foi testado para determinar se satisfaz as expectativas e resolve os problemas identificados. A biblioteca OpenCV foi utilizada para implementar os métodos da Transformada Rápida de Fourier e da Variância do Laplaciano. Foram obtidos os seguintes resultados - quando se utiliza a implementação predefinida, as técnicas FFT e Variância do Laplaciano não são fiáveis para avaliar a nitidez de imagens que contêm quantidades grandes e instáveis de fundo naturalmente desfocado (devido à abertura) e quando se utilizam diferentes definições da objetiva e da câmara.

Foram tiradas as seguintes conclusões: é necessário tomar medidas para eliminar os factores de quantidades instáveis de fundo naturalmente desfocado e as preferências da câmara e, desta forma, melhorar a precisão e a fiabilidade da avaliação da nitidez. Isto significa avaliar a nitidez de partes das imagens e das imagens como um todo. Estas etapas incluem, entre outras, a deteção da posição do rosto, a identificação dos rostos que deviam estar focados quando a fotografia foi tirada e a avaliação da nitidez apenas das áreas que deviam estar focadas. Foram definidos planos para mais investigação e melhorias do algoritmo sugerido.

A fotografia é muito subjectiva. Há muitas formas de tirar uma fotografia, uma vez que vemos o mundo de forma diferente. Existem, no entanto, alguns princípios básicos para conseguir uma fotografia geralmente bem composta. Pode ou não seguir estes princípios e, mesmo assim, obter uma excelente fotografia que conte uma história, mas, estatisticamente falando, as imagens mais bonitas e objetivamente reconhecidas como profissionais e agradáveis são as que têm o motivo em foco nítido e crítico.

Conseguir focar uma fotografia é um processo altamente complexo e vários factores influenciam o resultado final. O utilizador geral de um smartphone toma este processo como garantido, uma vez que o telemóvel toma todas as decisões e processa as fotografias por nós em tempo real, obtendo, na maioria das vezes, resultados bastante bons para utilização geral nas redes sociais. Os algoritmos utilizados são ajustados e orientados para os temas. Os nossos telemóveis utilizam frequentemente a aprendizagem automática para detetar a cena e ajustar as definições para obter melhores resultados. Os nossos smartphones estão a melhorar cada vez mais todos os anos em termos de fotografia. Existe até a capacidade de imitar objectivas caras, adicionando uma falsa profundidade de campo às fotografias [1]. No entanto, qualquer fotógrafo profissional bem estabelecido dirá como é importante controlar as definições manuais da câmara, ser o decisor e o criador da cena, obter o resultado exato que o criador pretende, e não a ferramenta por si só.

Além disso, utilizam hardware profissional, que pode conter algumas caraterísticas "inteligentes", mas que, em geral, está muito exposto à substituição manual, dando ao operador mais flexibilidade. No entanto, os erros estão presentes quando o ser humano está envolvido.

Depois de fotografar um evento, por exemplo, um casamento, o fotógrafo passa normalmente horas e, por vezes, dias a olhar para mais de 2000 fotografias, filtrando as que devem ser eliminadas e destacando as melhores para posterior edição. É um processo muito longo e complicado de comparar fotografias que à primeira vista parecem idênticas (mas que diferem ligeiramente), o que pode ser um fator significativo no resultado final. A coisa mais importante que o fotógrafo analisa é a nitidez dos objectos. É uma regra geral que, ao fotografar seres humanos ou animais, os olhos devem estar em foco nítido e crítico. Tudo o resto na fotografia pode ser alterado - a iluminação pode ser aumentada ou diminuída, e alguns elementos podem ser adicionados ou removidos, mas tornar nítido um objeto desfocado é um processo altamente desaconselhado e destrutivo. Este trabalho tem como objetivo analisar e comparar diferentes algoritmos e soluções de programas para identificar automaticamente a nitidez de uma fotografia (que contenha seres humanos como motivo) e propor melhorias aos algoritmos existentes para resolver os problemas que serão descritos mais adiante.

8.2 Obras relacionadas

Quando se trata de resolver um problema científico, é necessário trabalhar com termos e cálculos objectivos. É por isso que é essencial definir o que é uma fotografia nítida. A forma padrão de medir a nitidez é através da "distância de subida" dos bordos da imagem. Desta forma, a nitidez é determinada pela distância do nível de um pixel entre 10% e 90%. Por conseguinte, a nitidez pode ser medida através da análise da intensidade dos gradientes dos bordos [2]. No entanto, o nível limite de intensidade para classificar uma fotografia como nítida ou não é muito pormenorizado e não pode ser normalizado. Durante as experiências seguintes, será utilizado um conjunto de fotografias de referência para determinar os valores mínimo e máximo de nitidez e, assim, fornecer o limiar. Para além disso, o problema da avaliação da qualidade da imagem [3] é bem conhecido e tem sido objeto de muitas tentativas de resolução.

Para começar a detetar e classificar a nitidez das fotografias, é necessário esclarecer quais as definições da câmara e da objetiva que a influenciam. A câmara, em combinação com a objetiva, tem três definições principais: abertura, velocidade do obturador e ISO.

A abertura é a definição principal da objetiva. É geralmente uma abertura que pode ser maior ou menor e, assim, deixar entrar mais ou menos luz. Normalmente, é preferível deixar entrar o máximo de luz possível, "abrindo" ou "tornando a abertura muito aberta", mas isto tem um efeito secundário que pode influenciar diretamente a nitidez do motivo. Quanto mais aberta for a abertura, menor será a profundidade de campo. Para as câmaras que só podem focar uma distância de um objeto de cada vez, a profundidade de campo é a distância entre os objectos mais próximos e os mais afastados que estão com uma nitidez aceitável. Ao conhecer a DOF (profundidade de campo), podemos compreender a profundidade da imagem que deve ser focada. Para compreender melhor porque é que isto é importante, é apresentado um exemplo de imagem, captada com uma DOF muito reduzida (Fig. 8.1).

Fig. 8.1. Exemplo de uma fotografia com um DOF pouco profundo

A Figura 8.1 (fotografia de Dolhanenko O.) demonstra um disparo com uma abertura muito aberta de 2.8 (quanto mais baixo o número, mais aberta é a abertura). O objeto no interior da profundidade de campo reduzida está focado de forma extremamente nítida. No entanto, os motivos secundários antes e depois dos limites do campo não estão de todo focados (neste caso, apenas antes do motivo à direita).

Utilizando algoritmos tradicionais de deteção da nitidez da fotografia, esta não é uma fotografia nítida, uma vez que a área em focagem crítica é mínima em comparação com a parte desfocada (isto será testado experimentalmente mais à frente). No entanto, se o motivo for corretamente identificado entre os dois e for verificado exclusivamente, a fotografia está com uma nitidez crítica e é aceitável para edição posterior. Outra definição que influencia a nitidez de uma fotografia é a velocidade do obturador. A regra é "quanto mais rápido - melhor" para a fotografia em geral.

Quanto mais rápido a cortina cair perante o sensor, menor será a desfocagem da fotografia, uma vez que cada movimento dos objectos na fotografia durante o disparo fará com que a sua nitidez diminua. Esta desfocagem de movimento é bastante visível quando se fotografa em condições de pouca luz, quando não estão disponíveis velocidades de obturação rápidas (caso contrário, a fotografia ficará demasiado escura), devido a pequenos movimentos.

A procura de uma avaliação exacta da nitidez das imagens levou à exploração de várias abordagens, abrangendo métodos baseados no domínio espacial, métodos baseados no domínio espetral, métodos baseados na aprendizagem [4] e uma combinação destas técnicas, cada uma apresentando vantagens e desafios únicos, incluindo a utilização de métodos como a Coerência de Fase Local [5, 6], a abordagem de análise da informação de bordas [7], a abordagem baseada no gradiente normal [8], a abordagem ponderada pela vizinhança do gradiente [9] e outras. Zhu et al. (2023) [10] efectuaram uma revisão exaustiva, oferecendo uma visão das tendências actuais e comparações de desempenho de algoritmos notáveis, revelando um panorama de inovação em curso para ultrapassar as deficiências dos métodos existentes.

Bielievtsov et al. (2018) [11] investigaram a tecnologia de rede para a transmissão de informações visuais, destacando a importância de manter a qualidade da imagem na comunicação e no armazenamento digital. Este trabalho é fundamental, preparando o terreno para novas pesquisas sobre métodos de avaliação da qualidade da imagem que são críticos para várias aplicações, incluindo, mas não se limitando a, reconhecimento facial, redes sociais e fotografia profissional.

Na pesquisa e recuperação de imagens, Smelyakov et al. (2020) [12] introduziram uma abordagem inovadora à pesquisa em motores de imagem para grandes armazéns de dados, salientando a necessidade de processamento de imagens de alta qualidade para uma recuperação de imagens eficiente e exacta. Este desenvolvimento é particularmente relevante para a nossa investigação, uma vez que sublinha a importância da nitidez da imagem para melhorar o desempenho dos motores de busca, que muitas vezes dependem da análise do conteúdo visual para funcionarem eficazmente.

Além disso, a eficácia dos algoritmos de pré-processamento para aplicações de processamento de linguagem natural foi explorada por Smelyakov et al. (2020) [13], ilustrando as amplas aplicações das técnicas de processamento de imagem e sinal em vários domínios da informática. Embora centrados no processamento de linguagem natural, os princípios do pré-processamento e da melhoria da qualidade aplicam-se ao domínio do processamento de imagens, fornecendo informações sobre métodos que podem potencialmente melhorar os algoritmos de avaliação da nitidez das imagens.

O desenvolvimento de métricas de nitidez sem referência (NR) [14] tem sido particularmente notável, com Duan et al. (2021) [15] a introduzirem uma métrica de avaliação de nitidez objetiva NR eficiente concebida para imagens com pouca profundidade de campo, uma caraterística comum em retratos e fotografias que realçam sujeitos humanos. Essa métrica, que calcula a nitidez com base em diferenças bidirecionais de intensidade de pixel, aborda as limitações das ferramentas tradicionais de avaliação de nitidez quando aplicadas a essas imagens. A pesquisa de Her e Yang (2019) [16] sobre algoritmos de avaliação de nitidez de imagem para sistemas de foco automático exemplifica ainda mais a evolução do campo. O seu trabalho avalia o desempenho de várias funções de domínio espacial, destacando a adaptabilidade à cena e as capacidades anti-bloqueio do algoritmo de Benner e a sensibilidade do algoritmo de Laplace, entre outros. Esta investigação sublinha o papel crítico das funções de avaliação da nitidez na melhoria da qualidade das imagens captadas por vários sistemas de imagiologia.

O desenvolvimento de sistemas avançados de inteligência artificial, tal como explorado por Kyrychenko, Tereshchenko, Proniuk e Geseleva (2023) [17], através de métodos de agrupamento de predicados, apresenta potenciais vias para aperfeiçoar as técnicas de avaliação da nitidez das imagens. Além disso, os avanços na avaliação da qualidade da imagem para fotografias com zoom, tal como investigados por Han et al. (2023) [18], revelam os desafios colocados pelas pequenas dimensões dos sensores e pelas distâncias focais fixas nos smartphones. A sua nova métrica de qualidade de zoom sem referência incorpora a estimativa de nitidez tradicional com conceitos de naturalidade da imagem, demonstrando melhorias significativas na avaliação da qualidade da imagem em relação às métricas convencionais.

8.3 Métodos existentes

A Transformada Rápida de Fourier é um algoritmo matemático conveniente para calcular a Transformada Discreta de Fourier (DFT). Converte um sinal de um domínio para outro [19]. A FFT é utilizada em diferentes áreas, como a matemática, a música, a engenharia, etc. Este método é muito utilizado, pois por vezes os cálculos são muito mais fáceis quando os sinais de séries temporais são convertidos para o domínio da frequência. Este método também pode converter o domínio da frequência de volta ao formato original. Ao discutir a FFT no processamento de imagens e na visão por computador, é essencial notar que a imagem é representada nos domínios de Fourier e espacial. Assim, a imagem é expressa em componentes imaginários e naturais.

Os valores obtidos podem ser analisados para efetuar a deteção de desfocagem ou desfoque, a deteção de arestas, a análise de texturas, etc. Existe uma transformada de Fourier por amostragem, designada por DFT. Contém apenas o conjunto de amostras de imagem que são suficientes para representar completamente a imagem no domínio espacial [20] (frequentemente utilizada para outras métricas de qualidade extraction). Dada uma imagem de tamanho N*N, a matriz DFT resultante pode ser definida da seguinte forma

$$EF(k,l) = \sum_{i=0}^{N-1} \sum_{j=0}^{N-1} f(i,j) e^{-\iota 2\pi \left(\frac{ki}{N} + \frac{li}{N}\right)} \quad (8.1)$$

em que $f(a,b)$ é a imagem no domínio espacial e o termo exponencial é a função de base correspondente a cada ponto $F(k,l)$ no espaço de Fourier.

A equação pode ser interpretada como o valor de cada ponto $F(k,l)$, obtido multiplicando a imagem espacial pela função de base correspondente e somando o resultado. Nas funções de nível de base, as operações são representadas como ondas sinusoidais e cossenoidais com frequências crescentes. Por exemplo, $F(0,0)$ representa o componente DC da imagem (brilho médio da imagem), e $F(N-1, N-1)$ é a frequência mais alta da imagem. A DFT unidimensional comum tem uma complexidade N2. Se for utilizada a Transformada Rápida de Fourier (FFT), a complexidade pode ser reduzida para $N\log_2 N$. Esta melhoria é crucial para a computação de imagens de grandes dimensões. No entanto, algumas formas da FFT podem restringir o tamanho máximo da entrada a $N=2^n$. O resultado é uma imagem de saída representada por números complexos. Esta imagem pode ser apresentada em dois estados: ou com a parte real e imaginária ou com magnitude e fase (Fig. 8.2a).

0	1	0
1	-4	1
0	1	0

Fig. 8.2. O resultado do cálculo e apresentação da magnitude da transformada de Fourier de uma imagem de entrada e do núcleo Laplaciano para convulsão com a imagem de origem

Quando se resolvem problemas de processamento de imagens, normalmente só é apresentada a magnitude da transformada de Fourier. A imagem de exemplo do resultado dessa transformação é ilustrada acima. Para obter resultados precisos e fiáveis, é necessário calcular previamente um limiar de deteção de contraste [21] para saber se a imagem tem contraste suficiente para uma análise posterior. No caso da disponibilidade de contraste e conclusão do algoritmo FFT, um valor de ponto flutuante da média da magnitude indica a nitidez relativa de toda a imagem. Naturalmente, uma vez que este valor é relativo, não é possível tirar conclusões sem um valor de nitidez de referência.

Outra opção é utilizar a variância do Laplaciano. O Laplaciano de uma função *f* num ponto *p* é (até um fator) a taxa a que o valor médio de *f* sobre as esferas canterizadas em p se desvia de *f*(*p*) à medida que o raio da esfera diminui para 0. O operador Laplaciano é definido como a divergência do gradiente da função *f*, como se mostra na fórmula (8.2).

$$\Delta f(x,y) = div(grad(f)) \quad (8.2)$$

Nesta definição, o gradiente é a inclinação do acento mais acentuado e fornece informações sobre o ponto e a direção do acento mais elevado nos máximos locais e, do mesmo modo, nos mínimos locais. No caso da deteção da nitidez da imagem, a divergência é o campo vetorial associado à desfocagem resultante do movimento do sujeito ou da desfocagem natural do fundo. A matriz calculada do Laplaciano é apresentada na Fig. 8.2b. O processo de convulsão com a imagem de origem é transformado com base no núcleo Laplaciano. É utilizado para encontrar áreas de alterações rápidas da fonte (mas isto funciona se não existir ruído na imagem [22]).

Este método será testado em imagens de amostra contendo áreas desfocadas e objectos nítidos utilizando a biblioteca OpenCV. Esta desfocagem parcial foi causada por uma abertura muito aberta, que fez uma separação de fundo muito distinta.

```
var imageMat = Highgui.imread(image.absolutePath,
Highgui.CV_LOAD_IMAGE_GRAYSCALE)
val destination = Mat()
Imgproc.Laplacian(imageMat, destination)
val median = MatOfDouble()
val std = MatOfDouble()
Core.meanStdDev(destination, median, std)
val variance = Math.pow(std.get(0, 0).get(0), 2.0)
```

Para obter um único número de vírgula flutuante que represente a nitidez geral de uma fotografia, a imagem de origem tem de ser carregada em tons de cinzento, após o que deve ser chamada a função Laplaciana básica.

8.4 O algoritmo alternativo

Os resultados dos dois algoritmos populares mostram que nenhum deles está suficientemente optimizado para o problema referido no início. Durante as sessões fotográficas, a maioria das fotografias de retrato são tiradas com uma abertura aberta, o que faz com que o fundo tenha muitas áreas com baixas frequências [23]. Se a área com frequências naturalmente baixas for maior do que a área com frequências altas, a imagem será rotulada como "não nítida", o que não é necessariamente verdade. Coloca-se a questão: como podemos avaliar a nitidez do objeto fotográfico se a análise de toda a imagem não é a ideal? Como solução de nível superior, o algoritmo de deteção de nitidez deve ser modificado de forma a que apenas as áreas que devem estar focadas sejam avaliadas e o fundo/plano de fundo seja ignorado. É o princípio geral da avaliação de erros visíveis em áreas específicas da fotografia [24]. Um exemplo desta abordagem pode ser encontrado no quadro para medir a nitidez em imagens naturais [25]. Além disso, há investigação sobre a avaliação da qualidade da imagem com base em regiões de interesse identificadas como caraterísticas altamente não estacionárias em termos espaciais [26]. A solução será desenvolvida com base na limitação de que os objectos que precisam de estar focados são rostos humanos. Esta limitação, no entanto, pode ser eliminada modificando o algoritmo e fornecendo suporte para mais objectos. A lista seguinte descreve os passos do algoritmo:

1) Encontre as coordenadas e os limites de boxe de cada face no quadro;
2) Extrair a distância de focagem da fotografia;
3) Calcule a distância para cada rosto no quadro;
4) Calcule a profundidade de campo ideal;
5) Selecione os rostos que estão dentro do plano de focagem pretendido (distância de focagem +- profundidade de campo perfeita);
6) Aplicar o detetor de nitidez apenas às caixas que contêm as faces selecionadas;
7) Calcular a pontuação média de nitidez com base nas pontuações individuais de nitidez.

Em seguida, as etapas do algoritmo serão descritas mais pormenorizadamente, bem como as propostas e as variantes de aplicação.

8.5 Encontrar os limites e as coordenadas das faces no quadro

Existem vários métodos e opções para a deteção de rostos em imagens. Dada uma imagem arbitrária, a deteção de rostos tem como objetivo determinar se existem ou não rostos na imagem e, se existirem, indicar a localização da imagem e a extensão de cada rosto. Alguns métodos de deteção de rostos incluem métodos Top-Down baseados no conhecimento, abordagens invariantes de caraterísticas, métodos de correspondência de modelos e métodos baseados na aparência. Os métodos baseados no conhecimento são desenvolvidos tendo como principal fonte de informação o conhecimento científico sobre rostos humanos. O problema com esta abordagem é a dificuldade em traduzir o conhecimento humano em regras bem definidas. Encontrar um equilíbrio perfeito de rigor nestas regras é muito difícil. Se as regras forem definidas com demasiado rigor, o método pode não conseguir detetar rostos que não cumpram todas as regras ao mesmo tempo. Por outro lado, se as regras forem demasiado gerais, a técnica pode resultar em falsos positivos.

Os métodos baseados em caraterísticas baseiam-se no facto de os seres humanos poderem reconhecer um rosto em diferentes condições de iluminação, sob vários ângulos e circunstâncias, o que significa que estamos treinados para detetar determinadas caraterísticas. Este método baseia-se neste facto, e foram propostas muitas variantes quando as caraterísticas foram extraídas e analisadas pela primeira vez. Um problema com estes algoritmos baseados em caraterísticas é que as caraterísticas da imagem podem ser gravemente corrompidas devido à iluminação, ao ruído e à oclusão.

Nos métodos de correspondência de modelos, um padrão de rosto é predefinido manualmente. Ao analisar uma imagem de entrada, a correlação é calculada para partes separadas do rosto presumível: o contorno, o nariz, os olhos e a boca. O resultado é positivo se o valor médio da correlação destes componentes for superior a um determinado limiar. Este método, no entanto, não é ideal devido à falta de flexibilidade relativamente a diferentes formas, poses e escalas do rosto. Por último, as técnicas baseadas na aparência estão mais próximas da vida real do que as anteriores. Os modelos não são gerados por especialistas (como na correspondência de modelos), mas sim retirados de amostras de bases de dados de imagens reais. Este método baseia-se fortemente na análise estatística e na aprendizagem automática. Os métodos baseados na aparência têm muitas implementações, a começar por máquinas de vectores de apoio baseadas na distribuição, modelos ocultos de Markov, classificadores em cascata, redes convolucionais em cascata [27], etc.

Tendo em conta as vantagens e desvantagens dos métodos de deteção de rostos acima mencionados, foi decidido que os métodos baseados na aparência são bem adequados para esta tarefa. Os classificadores em cascata podem ser utilizados para implementar o algoritmo de deteção de nitidez melhorado. O OpenCV contém classificadores abertos pré-treinados que podem ser descarregados gratuitamente. Para recuperar as coordenadas da face utilizando a biblioteca OpenCV, pode utilizar-se o classificador em cascata para detetar a função MultiScale. Os argumentos para esta função são a imagem de entrada (em escala de cinzentos), scaleFactor e minNeighbours. O fator de escala especifica a redução do tamanho da imagem em cada escala. minVizinhos especifica o número de vizinhos que cada retângulo candidato deve ter para o manter. Estes parâmetros serão ajustados durante o processo de desenvolvimento. Claro que tudo o que envolve o processamento de imagens e o reconhecimento de objectos ocupa sempre algum tempo de processamento valioso, por isso há outra forma de extrair os rostos na imagem. O outro método baseia-se fortemente na capacidade integrada da câmara para detetar rostos em tempo real e escrever esta informação nos metadados. Naturalmente, o algoritmo não deve depender estritamente destes metadados opcionais, mas deve definitivamente utilizá-los se estiverem disponíveis - isso melhoraria drasticamente o desempenho do método. Como resultado da digitalização de imagens com classificadores ou da extração de faces utilizando metadados, as coordenadas e os limites de todas as faces na imagem serão recuperados para análise posterior.

8.6 Extrair a distância de focagem e outros parâmetros funcionais da fotografia

O plano de focagem é o sensor de imagem da câmara. A distância de focagem é a distância entre o plano de focagem e o objeto. Quando se utilizam lentes automáticas (lentes com focagem automática que não requerem intervenção manual para colocar o motivo em focagem nítida), são executados algoritmos complexos para produzir resultados óptimos em termos de focagem. A câmara monitoriza constantemente a imagem, compreende a distância ao motivo em tempo real e ajusta os motores de focagem em conformidade. A lente da câmara move-se para uma posição em que é obtida a imagem mais precisa para obter a focagem automática. A nitidez máxima é medida a partir dos histogramas das imagens em que foi inicialmente aplicado um filtro que realça as margens. Conhecendo a distância focal da lente, as distâncias podem ser encontradas na equação da lente [28]. Assim, podemos ver que isto é possível e que as câmaras efectuam constantemente estes cálculos. Além disso, as câmaras podem utilizar diferentes algoritmos de focagem [29] para obterem precisão. A distância que o motor de focagem percorreu na lente antes de a fotografia ser tirada corresponde à distância de focagem estimada necessária para o algoritmo de deteção de nitidez modificado. É possível obter a distância de focagem calculada consultando os metadados da fotografia. EXIF (Exchangeable Image File Format) é uma norma que permite adicionar informações (metadados) a fotografias e vídeos. Este formato é flexível, o que significa que todos os utilizadores podem modificá-lo, adicionando novas entradas de dados com nomes originais. Isto significa que nem todos os corpos de câmara de diferentes fabricantes produzem os mesmos metadados. Dito isto, muitas câmaras contêm informações valiosas que podem ser utilizadas para esta investigação. Podemos encontrar as seguintes informações relevantes visualizando os metadados com um leitor EXIF (Tabela 8.1).

Tabela 8.1. Informações parciais e mais relevantes extraídas dos metadados das fotografias de teste

Nome do parâmetro	Valor
Especificação da lente	FE 70-200mm F4 G OSS
Distância focal mínima	70,0 mm
Distância focal máxima	200,0 mm
Distância focal	159,0 mm (equivalente a 35 mm: 159,0 mm)
Localização do foco	6000 4000 2709 1291
Posição do zoom da lente	76%
Abertura	4.0
Distância de focagem 2	3.46 m
Círculo de Confusão	0,030 mm

Campo de visão	12,9 graus
Distância hiperfocal	210.35 m
Rostos detectados	3
Posição da face 1	789 2344 1256 1256
Face 2 Posição	1521 3506 1575 1575
Face 3 Posição	413 1688 844 844
Círculo de Confusão	0,030 mm

O parâmetro "Focus Distance 2" implica a distância calculada (em metros) para o assunto focado. A câmara calculou esta distância analisando o ângulo de rotação do motor de focagem quando as extremidades da imagem estavam focadas. Este parâmetro pode ser usado como uma solução pronta e será útil para cálculos posteriores. Não existe outra forma fiável de recuperar/calcular a distância de focagem de uma fotografia, especialmente quando não é garantido que a fotografia esteja inicialmente em focagem crítica. É por isso que o método se baseia fortemente neste meta-parâmetro. Alguns outros parâmetros valiosos incluem o número de rostos detectados e as posições dos rostos detectados. Ter estes parâmetros nos metadados é um "luxo", e apenas as câmaras modernas fornecem essas informações. Confiar fortemente na presença destes parâmetros limitaria o método a funcionar apenas para corpos de câmaras modernas de alta tecnologia. Assim, o processo utilizará estes atalhos nos metadados, se estiverem presentes, mas continua a poder detetar os limites dos rostos descritos na secção anterior.

8.7 Calcular a distância para cada rosto na moldura

É necessário encontrar as distâncias para todas as faces na imagem porque o método precisa de determinar quais as faces que precisam de estar focadas. Os critérios de "necessidade de focagem" são descritos no ponto seguinte. Nesta etapa, a distância de focagem e todos os limites das faces (e, portanto, os tamanhos) já são conhecidos. É necessário estimar a altura do rosto na vida real para encontrar a distância ao rosto humano na fotografia. Podem ser utilizados dois métodos para ver a altura real de cada rosto na moldura: o valor estatístico médio da altura do rosto (21,8cm -23,9 cm); calculado a partir de uma fórmula de proporcionalidade baseada na distância entre os olhos e a boca. A segunda opção é muito complicada, envolve operações adicionais como a deteção de bordos para encontrar a localização dos olhos e da boca, depende da pose (não funciona para retratos de lado) e não garante uma precisão muito superior à da primeira opção. É por isso que a primeira opção, que consiste em assumir que a altura do rosto está algures entre 21,8 cm e 23,9 cm, será utilizada durante a implementação.

Quando a altura real de todos os rostos no enquadramento é conhecida, a distância real aos rostos pode ser determinada de duas formas: método das proporções predefinidas a 1 metro de distância (Fig. 8.3, foto por Dolhanenko O.); utilizando como referência um suposto "rosto focado" a partir das coordenadas do ponto de focagem.

O primeiro método pode ser descrito da seguinte forma: encontrar, de forma prática ou matemática, a altura percentual (a partir da altura do fotograma) de um objeto com 23,9 cm de altura a uma distância de 1 metro a uma distância focal de 50 mm (que dá 1,0 vezes a ampliação) num sensor full-frame de 35 mm. Como se pode ver na fotografia, a altura do rosto na imagem é de 1857px (46,4%) numa fotografia horizontal com uma resolução de 4000*6000. Numa fotografia vertical com a mesma resolução, a altura do rosto corresponde a 30,95% da altura total. Isto dá um ponto de referência que pode ser escalado proporcionalmente com base no tamanho do sensor e/ou na distância focal (não full frame).

A fórmula seguinte pode ser utilizada para converter a medição de referência para uma distância focal diferente num sensor de câmara de formato diferente:

$$h = H * \frac{f}{50}, \tag{8.3}$$

em que h é a nova altura de referência da face, f é a distância focal equivalente a 35 mm da lente selecionada e H é a altura de referência inicial da face (obtida com uma lente full frame de 50 mm a 1 metro).

Quando a altura de referência da face de 23,9 cm é calculada, tendo em conta o formato do sensor e a distância focal, a distância D a uma determinada face no fotograma pode ser calculada comparando a altura da face com a altura de referência e determinando proporcionalmente a distância ao sensor.

$$D = \frac{h}{g}, \qquad (8.4)$$

em que D é a distância (em metros) à face na imagem, g é a altura da face de interesse em pixéis e h é a altura de referência da face.

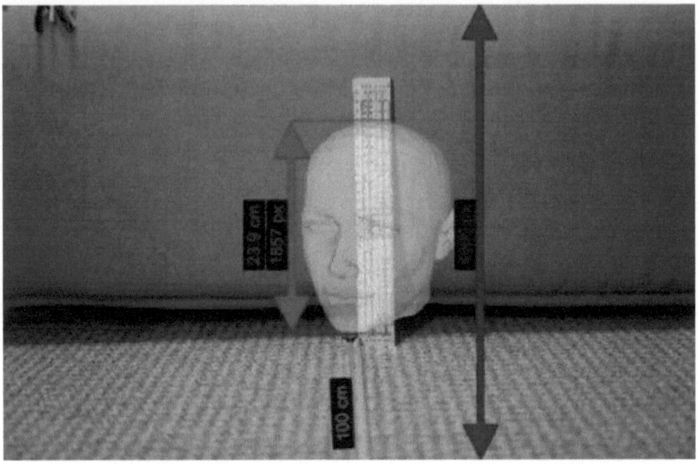

Fig. 10.3. Resultado da medição de um objeto de 23,9 cm de altura a 1 metro de distância com definições específicas

O método descrito acima é simplificado. Em trabalhos futuros, a precisão pode ser melhorada adicionando suporte para distorções da lente e outros factores que possam influenciar as medições. O segundo método baseia-se fortemente nos metadados. As coordenadas do ponto de focagem nos metadados indicam a área exacta de interesse da focagem na fotografia. Uma vez que as coordenadas e caixas de todas as faces estão disponíveis neste ponto, a face dentro da área de interesse pode ser selecionada como referência. Uma vez que a distância a esta face já está disponível, mais uma vez, a partir dos metadados, podemos calcular a distância proporcional a outras faces no enquadramento utilizando a fórmula (8.4). O segundo método pode ser fiável se a imagem não tiver faces empilhadas e ligeiramente deslocadas, mas como isto não é uma garantia, o primeiro método pode ser preferido. No entanto, se as condições forem ideais, o segundo método produzirá resultados mais precisos, uma vez que utiliza mais medições não estimadas. Outros métodos de extração da distância ao objeto utilizam alvos de referência [30]; no entanto, estes métodos não são adequados para a fotografia em geral.

8.8 Calcular a profundidade de campo ideal

A profundidade de campo (DOF) é a distância entre os objectos mais próximos e os mais afastados que estão em foco aceitavelmente nítido numa imagem.

Para saber se um motivo a uma distância específica deve ou não ser nítido na fotografia (com base nas definições da câmara e da objetiva), a profundidade de campo deve ser calculada utilizando as definições da câmara e da objetiva captadas. As fórmulas para calcular a distância até ao plano frontal da área de focagem e a distância até ao plano posterior da área de focagem são apresentadas na fórmula (8.5):

$$R_2 = \frac{R * f^2}{f^2 + K * f * z - K * R * z}, \qquad (8.5)$$

em que R_1 é a distância até à extremidade frontal do plano de focagem crítica, R é a distância de focagem (pode ser obtida a partir de metadados), R_2 é a distância até à extremidade posterior do plano de focagem crítica, f é a distância focal da objetiva em metros (pode ser obtida a partir de metadados), K é o f-stop da objetiva (pode ser obtido a partir de metadados), Z é o círculo de confusão (pode ser obtido a partir de metadados).

Ao subtrair R_1 de R_2, a profundidade de campo pode ser encontrada. No entanto, será mais fácil utilizar os valores brutos *de* R_1 e R_2 para cálculos posteriores.

8.9 Aplicar a deteção de nitidez apenas a rostos

Em primeiro lugar, é necessário compreender os critérios de profundidade de enquadramento de retrato esperada (EPFD) para compreender quais os rostos que devem ser verificados quanto à nitidez.

A EPFD é um pressuposto generalizado da distância máxima entre os objectos quando se tiram fotografias de várias filas de pessoas em simultâneo. Por exemplo, um fotógrafo tira uma fotografia de retrato de grupo com dez pessoas em duas filas.

Nesse caso, a profundidade de enquadramento do retrato esperada é de 0,8 metros, pois há duas fileiras, cada uma com cerca de 0,3 metros de largura + uma margem entre elas. Para obter essa profundidade de enquadramento, o fotógrafo precisa de definir uma determinada abertura (*f-stop*) para que a profundidade de campo seja igual ou superior à profundidade de enquadramento.

O EPFD é um parâmetro subjetivo que não pode ser calculado através da análise da fotografia. Isto deve-se ao facto de ser infinitamente complexo para um computador determinar se a fotografia de um grupo de pessoas se destina a ser tirada com uma abertura aberta (para focar apenas os motivos frontais) ou se foi concebida para focar ambas as filas de pessoas. O valor de abertura baixo foi escolhido por engano. A natureza subjectiva deste parâmetro permite que esta parte do método seja ajustada pelo utilizador final, selecionando uma de duas opções numa coleção de fotografias antes da deteção da nitidez: fotografias de um só casal ou fotografias de grupos com várias filas.

Para a segunda opção, em que é selecionada uma fotografia de grupo (composta por duas ou mais filas), os rostos podem ser classificados como "destinados a ser nítidos" pela seguinte sequência de fórmulas:

$$EV = \log_2\left(\frac{100*K^2}{I*S}\right), \tag{8.6}$$

em que EV é o valor de exposição, K é o valor de f-stop e I é o ISO.

Dado o valor de luz medido (EV) dos metadados, a abertura máxima deve ser calculada usando o mesmo valor EV. Quanto maior for o valor da abertura, maior será a profundidade de campo, o que significa que mais rostos precisam de ser focados com nitidez crítica. O fotógrafo pode cometer o erro de definir uma abertura baixa, o que resulta na focagem de apenas uma fila de pessoas (8,6). É por isso que é necessário determinar o valor máximo de abertura e analisar a fotografia para ver se estas definições "ideais" foram definidas na câmara. Dado o valor máximo de ISO aceitável pelo fotógrafo (quanto mais significativo for o ISO, mais ruído existe na fotografia. Assim, é uma questão de preferência pessoal do fotógrafo), o valor máximo da abertura para obter o mesmo valor de luz pode ser determinado da seguinte forma:

$$Kmax = \sqrt{\frac{2^{EV} * Imax * Smax}{100}} \tag{8.7}$$

em que$Kmax$ é o número f-stop máximo para o EV e ISO predefinidos, Imax é o valor ISO máximo aceitável pelo fotógrafo e *Smax* é a duração máxima da velocidade do obturador.

O fotógrafo pode ou não utilizar definições automáticas quando opera uma câmara. É por isso que a velocidade do obturador não é retirada dos metadados na fórmula acima, mas sim calculada. A velocidade máxima aceitável do obturador pode ser calculada da seguinte forma:

$$Smax = \frac{1}{Fl} \tag{8.8}$$

em que *Fl* é a distância focal utilizada para a fotografia, retirada dos metadados.

No entanto, uma regra informal afirma que não se deve selecionar velocidades de obturação inferiores a 0,008 de um segundo quando se fotografa retratos. Pode também ser uma definição externa de ajuste fino disponível para o utilizador final. De seguida, é necessário calcular a profundidade de campo máxima. A fórmula (8.5) pode conseguir isso inserindo o valor de f-stop da abertura máxima (*Kmax*). Como resultado, é possível encontrar R_1 (distância até ao bordo frontal do plano de focagem crítico) e R2 (distância até ao bordo posterior do plano de focagem crítico) com as definições "ideais" da câmara.

Dada a distância calculada para o rosto do sujeito, os critérios de intenção de focagem podem ser formulados da seguinte forma: o rosto de um sujeito foi intencionado para estar em focagem criticamente nítida se a distância D satisfizer a condição:

$$D \leq R2 \tag{8.9}$$

8.10 Deteção de nitidez para as regiões que contêm os rostos

Nesta fase do algoritmo, a informação mais valiosa já foi obtida - compreender quais os rostos no fotograma que, muito provavelmente, deveriam estar focados. Esta informação permite que o algoritmo de deteção de nitidez seja aplicado exclusivamente a estas regiões. Isto resultará em resultados precisos, uma vez que o fundo e outros objectos não serão avaliados. Vale a pena mencionar que ter esta informação abre uma janela inteira de possibilidades para a categorização de fotografias. Não só a nitidez pode ser avaliada, como também o estado aberto dos olhos (aberto/meio aberto/fechado), as expressões faciais preferidas dos motivos focados e até as poses podem ser classificadas como apelativas ou não.

8.11 Experiência

A experiência seguinte visa demonstrar a relação entre os algoritmos de avaliação da nitidez do Laplaciano e da FFT e os diferentes factores da fotografia. A revelação destas dependências dos factores permitirá tirar conclusões sobre os passos necessários para melhorar a eficácia dos algoritmos. Nesta experiência, será utilizado o seguinte conjunto de imagens: uma representação de referência de uma fotografia completamente desfocada; uma representação de referência de uma fotografia muito nítida em todas as partes (sem desfocagem de fundo).

8.12 Fotografias que contêm partes nítidas e desfocadas

A primeira e a segunda imagens determinam os resultados dramáticos de nitidez máxima e mínima de ambos os algoritmos. Todas as outras 7 fotografias de teste contêm pessoas, devem ter a resolução exacta e condições de iluminação idênticas para obter resultados de avaliação óptimos. Não deve ser feita qualquer correção de cor ou de nitidez antes da experiência. Todas as fotografias da experiência são semelhantes à Fig. 8.1 e contêm os mesmos motivos e cenas, mas em configurações diferentes. A Tabela 8.2 descreve verbalmente as imagens que foram utilizadas na experiência. A primeira foto foi tirada com uma abertura muito fechada (f22) e tem um primeiro plano extremamente "ocupado", o que leva a resultados extremos de nitidez pelo método Laplaciano. A segunda foto está totalmente desfocada, resultando em resultados de valor muito baixo para ambos os algoritmos. Ainda não é possível tirar conclusões a partir destes resultados.

Tabela 8.2. Descrição das imagens de teste

Nome	Descrição verbal
1.JPG	Uma fotografia nítida com um motivo focado, que ocupa 24,7% da moldura
2.JPG	Uma fotografia nítida com um motivo focado, que ocupa 37,5% da moldura
3.JPG	Uma fotografia nítida com dois motivos focados e uma abertura elevada (a desfocagem do fundo é elevada) ocupa coletivamente 38,38% da moldura.
4.JPG	Uma fotografia nítida com um motivo focado e outro desfocado, ocupando coletivamente 36,09% da moldura
5.JPG	Uma fotografia nítida com dois motivos focados, abertura reduzida (a desfocagem do fundo é baixa), ocupando 33,13% do enquadramento
6.JPG	Uma fotografia nítida com um motivo focado e outro em movimento, ocupando coletivamente 37,87% da moldura
7.JPG	Uma fotografia nítida com um motivo focado e outro desfocado, ocupando coletivamente 57,24% da moldura
8.JPG	Uma fotografia muito "movimentada" e nítida, tirada com uma abertura fechada (f22)
9.JPG	Uma fotografia completamente desfocada e fora de foco da mesma cena que em 8.JPG

A Tabela 8.3 representa os resultados da análise primária das sete fotografias (fornecidos nas colunas Laplaciano, FFT), juntamente com parâmetros adicionais calculados necessários para a análise das dependências . É de referir que os métodos Laplaciano e FFT produzem valores que não se relacionam entre si e, por isso, não devem ser comparados diretamente.

Tabela 8.3. Parâmetros e resultados da experiência com as fotografias principais

Nome da imagem	Laplaciano	FFT	Quantidade de fundo (%)	Tamanho total do objeto da fotografia (%)	valor ff-stop
1.JPG	33.84	20.89	75.22	24.78	4
2.JPG	77.03	13.39	62.475	37.525	4
3.JPG	60.63	40.95	61.62	38.38	20
4.JPG	23.97	25.53	63.91	36.09	4
5.JPG	36.76	35.02	66.87	33.13	4
6.JPG	44.06	32.12	62.129	37.871	4
7.JPG	39.57	21.24	42.76	57.24	2.8
8.JPG	647.4	64.066	7.1	92.9	22
9.JPG	3.71	-6.80	100	0	2.8

A "quantidade de fundo" é o valor percentual de quanto do fundo ocupa a fotografia. O "tamanho total do motivo" da imagem é o valor oposto, descrevendo a área de uma fotografia que é ocupada pelos motivos.

A fase seguinte da experiência inclui a utilização das partes do algoritmo melhorado descrito na secção anterior. Nesta experiência, foram determinadas as dependências que conduzem a resultados instáveis. Uma das partes principais do algoritmo descrito é a deteção de rostos. O teste seguinte foi efectuado num conjunto de imagens que foram previamente cortadas para conter apenas rostos. Duas imagens individuais cortadas representam imagens que contêm dois objectos.

As condições e os resultados da experiência são apresentados na Tabela 8.3. As imagens de teste são faces extraídas da moldura (Fig. 8.4, fotos de O. Dolhanenko), e os resultados do teste são apresentados na Tabela 8.4. Os métodos foram implementados utilizando Kotlin e lançados na JVM, a correr no MacOS com um CPU Core-I9.

Fig. 8.4. Alguns exemplos das imagens de teste utilizadas na experiência

8.13 Resultados

O gráfico seguinte pode ser obtido através da representação gráfica dos valores dos resultados de nitidez obtidos durante a experiência em função da quantidade de fundo (Fig. 8.5).

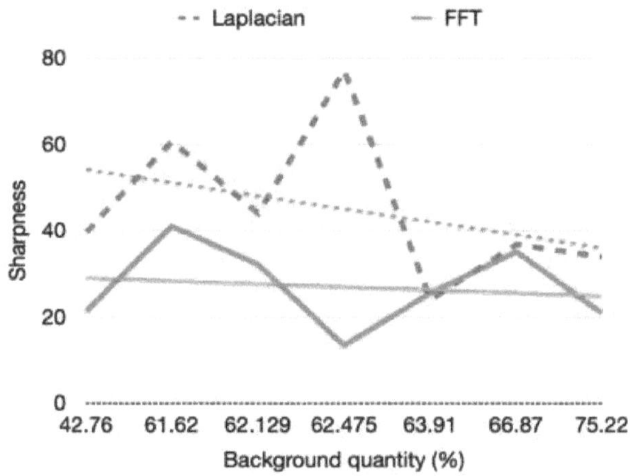

Fig. 8.5. Resultados de ambos os algoritmos em relação à quantidade de fundo

Como se pode ver no gráfico, uma linha de tendência linear clara descreve a relação entre a quantidade de fundo e a nitidez calculada (tanto no método Laplaciano como no método FFT). Isto significa que quanto maior for a quantidade de fundo visível numa fotografia (mesmo que o motivo esteja com uma nitidez crítica), menor será a probabilidade de a imagem ser classificada como nítida. O gráfico seguinte pode ser obtido traçando os valores dos resultados de nitidez obtidos durante a experiência contra os valores de f-stop (Fig. 8.6).

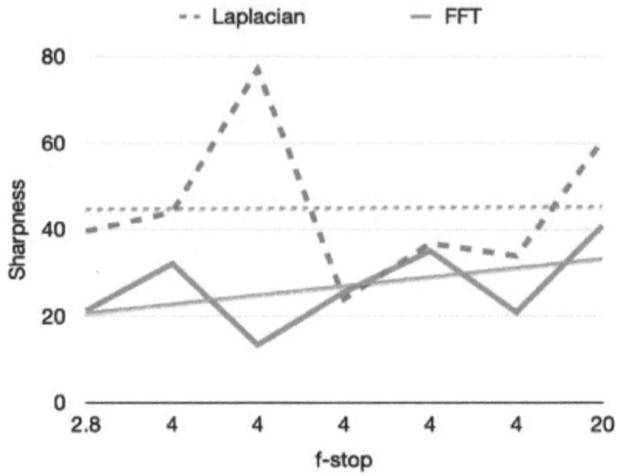

Fig. 8.6. Resultados de ambos os algoritmos em relação à quantidade de fundo

A relação neste gráfico é menos evidente do que no anterior, uma vez que o conjunto de dados é relativamente pequeno. Ainda assim, é visível uma linha de tendência linear para os métodos Laplaciano e DFT. Esta tendência implica que quanto maior for o valor do f-stop, maior será a probabilidade de a fotografia ser classificada como nítida. Depois de analisar ambas as relações, pode afirmar-se que os resultados dos métodos DFT e Laplaciano dependem da cena e das definições da câmara, o que significa que não são fiáveis para a filtragem automática genérica de fotografias. Além disso, a comparação do valor médio da nitidez Laplaciana das fotografias do sujeito (45,12) com o valor médio da nitidez das duas fotografias de referência (325,54) revela uma diferença significativa. Esta diferença demonstra a fonte de erros que podem surgir ao selecionar um valor de referência incorreto.

O "Nome da(s) imagem(ns)" é o nome da fotografia analisada. Se a fotografia contivesse vários motivos, era dividida em imagens separadas e visualmente fundidas na tabela. A "Expectativa" é uma classificação subjectiva não tendenciosa da qualidade da imagem e da facilidade de utilização dada pelo fotógrafo, em que 0 é inutilizável (desfocada) e 1 - é utilizável (nítida). O "Laplaciano" e a "FFT" são resultados reais da avaliação da nitidez. O "Laplaciano normalizado" e o "FFT normalizado" são conversões dos resultados reais para uma escala de 0-1, em que 1 é o valor máximo retirado do resultado do algoritmo. Desta forma, os valores normalizados de diferentes algoritmos relacionam-se com os valores de "Expectativa". As colunas "tempo" representam o tempo que o demorou a processar a imagem em milissegundos. Após a recolha dos dados, as colunas normalizadas foram analisadas para detetar tendências visuais. Para cumprir o primeiro objetivo da experiência, a tendência dos valores de entrada ordenados (a expetativa) deve corresponder à tendência dos valores de saída normalizados ordenados. Ao ver os resultados no gráfico (Fig. 8.7), pode afirmar-se que ambos os algoritmos cumprem geralmente este requisito. Apenas um ponto de dados é classificado de forma não natural como nítido (por ambos os algoritmos), ou o parâmetro subjetivo de usabilidade não foi definido com precisão. O segundo objetivo da experiência era determinar qual dos algoritmos é mais estável e deve ser utilizado na implementação real. Comparando os dois gráficos (Fig. 8.7), obtém-se uma linha de tendência mais linear com o algoritmo FFT do que com o Laplaciano. Além disso, o primeiro método produz resultados muito desequilibrados. O terceiro e último objetivo era determinar qual o algoritmo mais rápido. Comparando a velocidade média de ambos os algoritmos - 17,7 ms para o Laplaciano e 241,25 ms para a FFT, pode concluir-se que o método FFT é 14 vezes mais lento. Foram analisados e comparados dois métodos - FFT (Fast Fourier Transform) e a Variância do Laplaciano para avaliação da nitidez da imagem. Durante a primeira experiência, foi determinado que ambos os algoritmos produzem resultados altamente dependentes da cena da fotografia, da composição e das definições da câmara - as fotografias com grandes quantidades de fundo (criadas por um valor baixo de f-stop) foram classificadas como desfocadas.

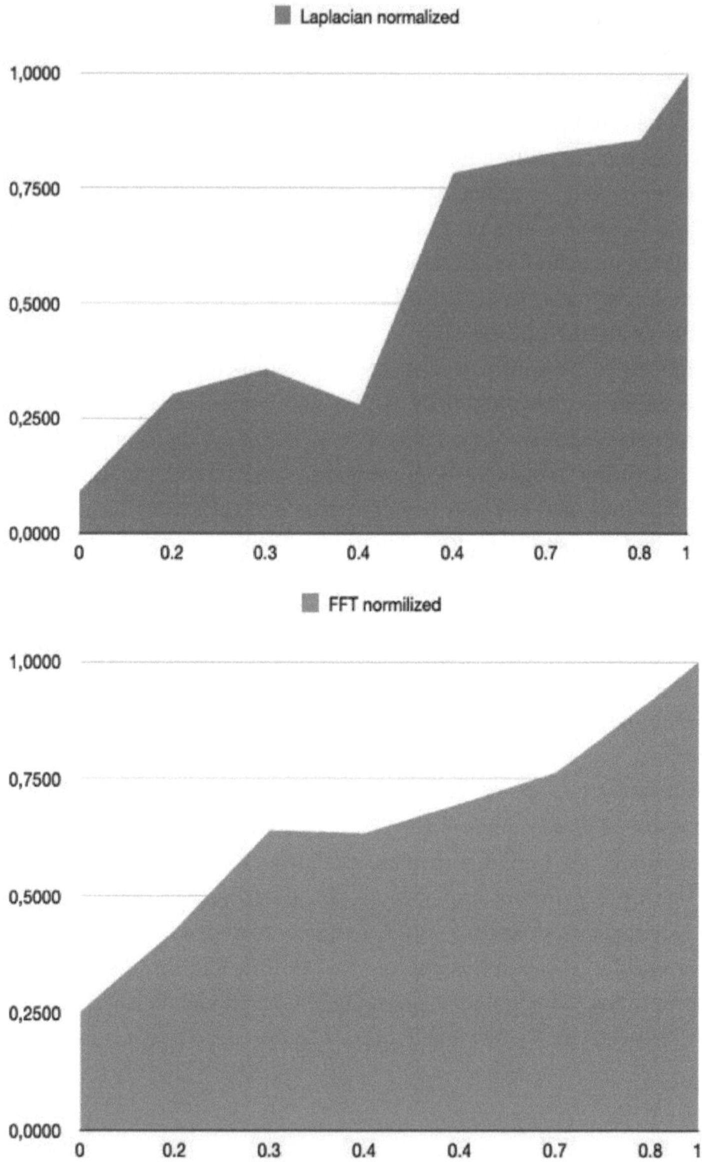

Fig. 8.7. O resultado da segunda experiência com expectativas de nitidez

Foi proposto um algoritmo melhorado baseado na deteção do motivo [31, 32] e na avaliação da nitidez exclusivamente da caixa do motivo. Todas as dependências foram eliminadas e foram obtidos resultados de avaliação mais naturais.

O algoritmo melhorado utiliza os metadados das fotografias para simplificar os cálculos se os "atalhos" de dados relevantes estiverem disponíveis. Os metadados podem conter as coordenadas do rosto detectado em alguns casos, optimizando significativamente o desempenho do algoritmo. O método baseia-se no princípio da análise de dados e não necessita de muita intervenção do utilizador para funcionar corretamente.

Fig. 8.8. Uma solução de software para a classificação automática com base na nitidez do objeto

Tabela 8.4. Resultados da experiência para a avaliação apenas da face

Nome da(s) imagem(ns)	Expectativa (1 - nítido, 0 - borrado)	Laplaciano	Laplaciano médio	Laplaciano normalizado	Tempo Laplaciano (ms)	FFT	FFT avg	FFT normalizada	Tempo FFT (ms)
10-2.JPG	0	7.1056	23.2832	0.0898	7	-4.2154	7.1930	0.2517	132
10.JPG		39.4608			10	18.6013			155
4-2.JPG	0.2	7.0557	78.0437	0.3010	12	2.1674	12.1821	0.4263	233
4.JPG		149.0316			10	22.1968			96
3-2.JPG	0.3	45.4098	92.2698	0.3559	5	13.8346	18.2867	0.6400	75
3.JPG		139.1298			13	22.7388			201
7-2.JPG	0.4	6.5819	72.2417	0.2786	18	9.8695	18.1252	0.6343	353
7.JPG		137.9015			40	26.3808			589
6-2.JPG	0.4	373.5180	203.0986	0.7834	11	26.3782	19.9107	0.6968	104
6.JPG		32.6791			7	13.4432			102
5-2.JPG	0.7	80.4655	213.9522	0.8252	6	17.0262	21.8001	0.7630	50
5.JPG		347.4389			8	26.5740			133
1.JPG	0.8	221.8970	221.8970	0.8559	52	26.2262	26.2262	0.9179	277
2.JPG	1	259.2589	259.2589	1.0000	49	28.5732	28.5732	1.0000	879

O único parâmetro que não pode ser alcançado automaticamente é o estilo de fotografia pretendido - se o utilizador estava a fotografar grupos de pessoas para ficarem todos focados ou se foi concebido para focar apenas 1-2 motivos no enquadramento, isolando o resto do fundo. Outro parâmetro que o utilizador pode introduzir é o valor ISO máximo aceitável. Este parâmetro tem um valor predefinido, mas é subjetivo e depende da preferência do utilizador. A experiência tinha como objetivo identificar se os resultados do algoritmo melhorado satisfazem as expectativas e determinar quais os métodos de avaliação da nitidez que funcionam melhor para a tarefa. Como resultado, verificou-se que o algoritmo melhorado satisfaz as expectativas e funciona melhor com o método de avaliação da nitidez FFT, uma vez que produz resultados de tendência mais lineares. O método Laplaciano, no entanto, é 14 vezes mais rápido e pode ser preferido para conjuntos de dados maciços, onde a exatidão não é tão crucial como a eficiência de tempo.

Os resultados da investigação foram utilizados para implementar um protótipo de solução de software para a classificação automática de ficheiros de imagem por nitidez do objeto (Fig. 8.8).

O software resultante foi configurado para funcionar com ficheiros JPG, construído principalmente com Kotlin e OpenCV, implementado e executado num ambiente MacOS.

8.14 Conclusões

Esta investigação teve como objetivo analisar os métodos existentes de avaliação da nitidez de imagens e sugerir melhorias para o caso de utilização da avaliação da nitidez de fotografias de pessoas. O resultado final é uma solução automatizada de seleção de fotografias que classifica as imagens de nítidas e utilizáveis a desfocadas e inutilizáveis. A comparação dos métodos FFT e Variância do Laplaciano para a avaliação da nitidez da imagem mostrou que a sua precisão é afetada pela cena da fotografia, pela composição e pelas definições da câmara, levando a uma classificação incorrecta de fotografias com fundo detalhado como desfocadas. Um algoritmo melhorado que aproveita a deteção de objectos para a avaliação da nitidez da imagem mostrou melhorias significativas, eliminando enviesamentos e produzindo resultados mais precisos. Utiliza metadados de fotografias para simplificar os processos, principalmente através da inclusão de coordenadas de rostos detectados, melhorando a eficiência do desempenho. O método minimiza a entrada de dados do utilizador, exigindo apenas o estilo de fotografia e um valor ISO máximo aceitável opcional para ajustar a preferência pessoal. Os testes finais confirmaram a eficácia do algoritmo, particularmente com o método FFT para os seus resultados lineares. No entanto, o método

Laplaciano mais rápido pode ser escolhido para grandes conjuntos de dados em que a velocidade supera a precisão.

Os resultados da investigação e das experiências foram utilizados para implementar um protótipo de um sistema de automatização para classificar fotografias por nitidez do motivo, deteção de movimentos indesejados na imagem e desfocagem do motivo.

8.15 Referências

[1] N. Wadhwa, Profundidade de campo sintética com um telemóvel de câmara única, ACM Transactions on Graphics 37.4 (2018) 64. doi:10.1145/3197517.3201329.

[2] M.-J. Chen, A. C. Bovik, Avaliação da desfocagem de imagens sem referência utilizando gradiente multiescala, J Image Video Proc. 2011, 3 (2011). doi:10.1186/1687-5281-2011-3.

[3] H. R. Sheikh, Image information and visual quality, IEEE Transactions on Image Processing. 15.2 (2006): 430-444. doi: 10.1109/tip.2005.859378.

[4] W. Zhang, K. Ma, J. Yan, D. Deng e Z. Wang, Avaliação cega da qualidade da imagem usando uma rede neural convolucional bilinear profunda, Transações IEEE em circuitos e sistemas para tecnologia de vídeo 30.1 (2020) 36-47, 2020. doi:10.1109/TCSVT.2018.2886771

[5] S. Chattopadhyay, Avaliação da nitidez da imagem com base na coerência de fase local. NeuroQuantology 5.20 (2022). doi: 0.48047/nq.2022.20.5.nq22800.

[6] R. Hassen, el. al. Avaliação da nitidez da imagem com base na coerência de fase local, Transactions on Image Processing, 22.7 (2013), 2798-2810, 10.1109/TIP.2013.2251643.

[7] Z. Liu, H. Hong, Z. Gan, J. Wang, Y. Chen, Um método aprimorado para avaliar a nitidez da imagem com base em informações de borda, Ciências Aplicadas 12.13 (2022): 6712. doi: 10.3390 / app12136712

[8] Y. Zhang et al., Método de avaliação da nitidez da imagem baseado na caraterística de gradiente normal, em Procedimentos do 3.º Simpósio Internacional de Robótica e Tecnologia de Fabrico Inteligente (ISRIMT), Changzhou, China, 2021, pp. 308-314, doi:10.1109/ISRIMT53730.2021.9596808.

[9] Yan, X.Y., Lei, J., Zhao, Z.: Algoritmo de avaliação da nitidez de imagens ponderadas por vizinhança de gradiente multidirecional. Math. Problems Engin. 7864024 (2020). doi: 10.1155/2020/7864024

[10] M. Zhu, L. Yu, Z.Wang, Z. Ke, C. Zhi, Revisão: Uma pesquisa sobre avaliação objetiva da nitidez da imagem, Ciências Aplicadas 13.4 (2023): 2652. doi:10.3390/app13042652.

[11] S. Bielievtsov, et. al., Network technology for transmission of visual information, Trabalhos selecionados da XVIII Conferência Internacional Científica e Prática "Tecnologias de Informação e Segurança" (ITS 2018), Kiev, Ucrânia, 27 de novembro de 2018. Nos Anais do Workshop CEUR, Vol-2318, 2018, pp. 160-175.

[12] K. Smelyakov, A. Chupryna, D. Sandrkin e M. Kolisnyk, Motor de pesquisa por imagem para Big Data Warehouse, em: Proceedings of the 2020 IEEE Open Conference of Electrical, Electronic and Information Sciences (eStream), Vilnius, Lituânia, 2020, pp. 1-4, doi:10.1109/eStream50540.2020.9108782.

[13] K. Smelyakov, et. al., Effectiveness of Preprocessing Algorithms for Natural Language Processing Applications, em: Actas da Conferência Internacional IEEE 2020 sobre Problemas de Infocomunicações. Ciência e Tecnologia (PIC S&T), Kharkiv, Ucrânia, 2020, pp. 187-191, doi:10.1109/PICST51311.2020.9467919.

[14] Jiye Qian, Hengjun Zhao, Jin Fu, Wei Song, Jide Qian, Q. Xiao. "Avaliação da nitidez da imagem sem referência por meio de quocientes de diferença". Journal of Electronic Imaging, 28.1 (2019).
[15] Z. Duan, G. Li e G. Fan, Um método eficaz de avaliação da nitidez para imagens de profundidade de campo rasas, na Conferência Internacional sobre Processamento de Imagem, Anchorage, AK, EUA, 2021, pp. 1449-1453, doi:10.1109/ICIP42928.2021.9506498
[16] L. Her e X. Yang, Investigação do algoritmo de avaliação da nitidez da imagem para focagem automática, em Procedimentos da 4ª Conferência Internacional IEEE de 2019 sobre Imagem, Visão e Computação (ICIVC), Xiamen, China, 2019, pp. 93-98, doi: 10.1109/ICIVC47709.2019.8980980.
[17] I. Kyrychenko, G. Tereshchenko, G. Proniuk, N. Geseleva, Método de agrupamento de predicados e sua aplicação no sistema de inteligência artificial, em: Actas da 7ª Conferência Internacional sobre Linguística Computacional e Sistemas Inteligentes (COLINS-2023), 3396 (2023), pp. 395 - 406.
[18] Z. Han, Y. Liu, R. Xie, G. Zhai, Avaliação da qualidade da imagem para fotos com zoom realista. Sensors 2023 (2023) 4724. doi:10.3390/s23104724.
[19] T. Sieberth. "Deteção automática de imagens desfocadas em conjuntos de imagens de UAV". ISPRS Journal of Photogrammetry and Remote Sensing. 122 (2016). doi: 10.1016/j.isprsjprs.2016.09.010.
[20] E. Fry. "Preenchendo a lacuna entre o desempenho da imagem e as medidas de qualidade da imagem". Electronic Imaging. 12 (2018). doi: 10.2352/issn.2470-1173.2018.12.iqsp-231.
[21] S. Triantaphillidou. "Sensibilidade ao contraste em imagens naturais". Processamento de Sinais: Comunicação de imagem. 75 (2019): 67. doi: 10.1016/j.image.2019.03.002.
[22] O. van Zwanenberg, el.al., Técnicas de deteção de bordos para quantificar o desempenho do sistema de imagiologia espacial e a qualidade da imagem, em: Proceedings of the 2019 IEEE/CVF Conference on Computer Vision and Pattern Recognition Workshops, Long Beach, CA, USA, 2019 pp. 1871-1879. doi: 10.1109/cvprw.2019.00238.
[23] P. Marziliano, Percetual blur and ringing metrics: application to JPEG2000, Signal Processing: Comunicação de Imagem. 19.2 (2004): 167. doi: 10.1016/j.image.2003.08.003.
[24] Z. Wang, Avaliação da qualidade da imagem: Da Visibilidade do Erro à Estrutural, IEEE Transactions on Image Processing 13.4 (2004): 601. doi:10.1109/tip.2003.819861.
[25] M. Nuutinen, A framework for measuring sharpness in natural images captured by digital cameras based on reference image and local areas, EURASIP Journal on Image and Video Processing (2012). doi: 10.1186/1687-5281-2012-8.
[26] W. Yang, Método de avaliação da qualidade da imagem com base na região de interesse, Journal of Computer Applications 28.5 (2008): 1310–1312. doi:10.3724/sp.j.1087.2008.01310.
[27] R. Qi, el. al., Método de deteção de rosto baseado em redes convolucionais em cascata, IEEE Access. 7 (2019): pp. 110740-110748. doi:10.1109/access.2019.2934563.
[28] H.Eugen. Medição da distância de vídeo com base na focagem, em: Proceedings of the 2020 International Conference and Exposition on Electrical and Power Engineering (EPE), Iasi, Roménia, 2020, pp. 65. doi:10.1109/epe50722.2020.9305593.
[29] S. Pertuz, D. Puig, M. A. Garcia, Análise de operadores de medida de foco para shape-from-focus, Pattern Recognition 46.5 (2013): 1415-1432. doi: 10.1016/j.patcog.2012.11.011.
[30] Z. Xu, L. Wang, J. Wang, Um método para medição de distância de objetos em movimento em uma imagem monocular, em: Proceedings of the 3rd International Conference on Signal and Image Processing, Shenzhen, China, 2018, pp. 245-249, doi:10.1109/SIPROCESS.2018.8600495.
[31] A. Sergiyenko, et. al., Local Feature Extraction in Images, Information, Computing and Intelligent systems 2 (2021). doi: 10.20535/2708-4930.2.2021.244191.

[32] Z. Huo, Y. Zhang, H. Liu, J. Wang, X. Liu, J. Zhang. Detetor de caraterísticas locais covariantes aprimorado, Pattern Recognition Letters 135 (2020). doi: 10.1016 / j.patrec.2020.03.027.

Chapter 9. Análise das emoções das pessoas enquanto vêem vídeos no YouTube

Para análise, foi selecionado um conjunto de dados que contém informações sobre vídeos do alojamento de vídeos YouTube: título, categoria do vídeo, canal (autor), número de visualizações, número de gostos, número de não gostos e data de lançamento do vídeo. O estudo teve como objetivo analisar o estado das pessoas enquanto assistem a vídeos nesta plataforma. Para tal, são utilizados vários métodos de visualização e tratamento de dados, métodos de suavização, correlação e análise de clusters.

9.1 Introdução

Hoje em dia, a partilha de informações entre pessoas de diferentes partes do mundo não é um problema sem acesso à Internet. As redes sociais, os messengers e o alojamento de vídeos tornaram-se parte integrante das nossas vidas. Atualmente, quase tudo pode ser feito sem sair de casa. Em 2005, foi criada uma das plataformas de partilha de vídeos mais populares da atualidade, o YouTube. A ideia é simples: a possibilidade de partilhar vídeo/áudio com qualquer pessoa e, mais importante, qualquer pessoa pode partilhar, e é tudo gratuito.

Além disso, as pessoas podem agora ganhar dinheiro no YouTube com os conteúdos que partilham através da monetização e da publicidade. A televisão analógica permitiu que as pessoas relaxassem porque tinham televisão analógica. Mas é possível escolher o que se quer ver. Podemos ver notícias, comédias, documentários e muito mais. Permite o desenvolvimento porque os cientistas podem divulgar os seus conhecimentos não só dentro das paredes da universidade, mas em todo o mundo. Permite que as pessoas divulguem os seus pensamentos às massas. Uma vez que as pessoas são os principais utilizadores do YouTube, a forma como se sentem quando vêem o conteúdo é importante. Se uma pessoa se sentir desconfortável ao ver um vídeo (mais do que um), é óbvio que, mais cedo ou mais tarde, não vai querer ver o vídeo, o que pode causar alguns problemas comerciais. Além disso, o YouTube é uma das fontes de notícias operacionais e actuais. O nosso tema de investigação são as emoções que as pessoas sentem quando vêem conteúdos no YouTube.

9.2 Obras relacionadas

Prestemos atenção aos números exactos e vejamos as estatísticas das redes sociais mais populares em julho de 2021. Os dados são retirados do recurso [1] e apresentados na Fig. 9.1. O número de utilizadores é dado em milhões. Como se pode ver nas estatísticas, o YouTube é a segunda plataforma mais popular do mundo, a seguir à rede social Facebook. Além disso, o YouTube é o segundo motor de busca mais popular a seguir ao Google. Mais de dois mil milhões de utilizadores, o equivalente a quase um terço de todos os utilizadores da Internet, acedem à plataforma todos os meses. Mas isso não é tudo. Os espectadores do YouTube vêem diariamente mais de mil milhões de horas de vídeo na sua plataforma e são responsáveis pela geração de milhares e milhares de milhões de visualizações [2].

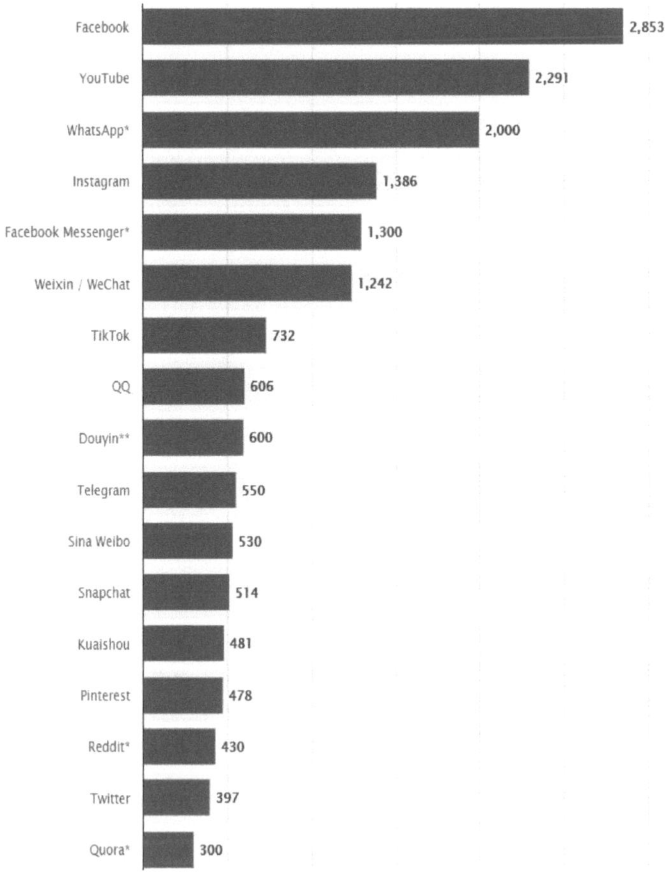

Fig. 9.1. As redes sociais mais populares do mundo por utilizadores activos em julho de 2021 [1]

Vejamos quantos mais utilizadores se tornaram nos últimos anos:

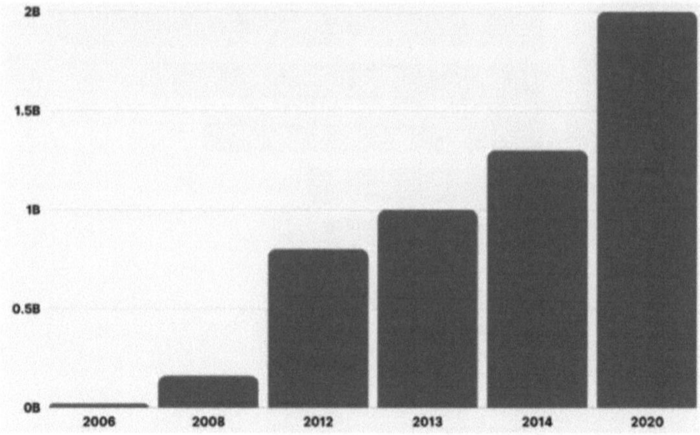

Country	Views	Population
USA	**916 Billion**	**(~ 2767x total population)**
India	**503 billion**	**(~ 363x total population)**
UK	**391 billion**	**(~ 5750x total population)**
Brazil	**274 billion**	**(~ 1286x total population)**
Thailand	**207 billion**	**(~ 3000x total population)**
Russia	**207 billion**	**(~ 1428x total population)**
South Korea	**204 billion**	**(~ 4000x total population)**
Spain	**169 billion**	**(~ 3596x total population)**
Japan	**159 billion**	**(~ 1262x total population)**
Canada	**158 billion**	**(~ 4158x total population)**

Fig. 9.2. O número de utilizadores do YouTube durante a sua existência (em milhares de milhões) e o número de visualizações de vídeos ordenados por país [2-3]

Uma das razões para o salto de popularidade foi a alteração da interface e a adição de novas funções e oportunidades para os utilizadores. Por exemplo, os utilizadores podiam classificar vídeos e listas de reprodução inteiras e, ao escolher um vídeo, era-lhes imediatamente mostrado o número de visualizações e a duração do vídeo. Tudo isto afecta o estado emocional dos utilizadores. A razão para o salto de popularidade em 2020 foi a pandemia causada pela doença do coronavírus, uma vez que um grande número de pessoas em todo o mundo começou a trabalhar e a estudar em casa. Esta situação aumentou o tempo livre das pessoas, que começaram a utilizar mais as plataformas sociais como o YouTube [3-5]. É impossível não registar o número de visualizações do vídeo no YouTube. Como se pode ver na Fig. 9.2, as visualizações excedem mais do que uma vez a população dos países, pelo que há certos conteúdos que as pessoas estão dispostas a ver mais do que uma vez e mais do que duas vezes.

9.3 Métodos e materiais

Para realizar as tarefas, utilizaremos os métodos de apresentação visual dos dados, os métodos de suavização e os métodos de correlação. Métodos de apresentação visual de dados - métodos de apresentação de dados em gráficos, diagramas e/ou outros subtipos (histogramas, gráficos de pizza, etc.), séries cronológicas, etc. Dependendo da tarefa específica, será utilizado um método específico de apresentação de dados. Estes métodos serão implementados utilizando as ferramentas Microsoft Power BI e/ou R. Os métodos de suavização reduzem a influência da componente aleatória (flutuações aleatórias) nas séries cronológicas. Permitem obter valores mais "puros", que consistem apenas em componentes determinísticos. Alguns métodos têm como objetivo realçar elementos, como uma tendência [6-8]. Vamos implementar estes métodos utilizando o Microsoft Excel, o R e/ou o Microsoft Power BI. Método de correlação (análise de correlação) - um método de estudo da interdependência de caraterísticas na população em geral, que são variáveis aleatórias com uma distribuição normal [9-13] para diferentes NLP-talks baseados no reconhecimento e análise de emoções [14-23].

9.4 Experiências

A fonte do conjunto de dados selecionado:

https://www.kaggle.com/ahmedmohamedmahrous/youtube-textsentiment?select=USvideos.csv.

Vamos abrir o conjunto de dados utilizando o R Studio. Como se pode ver no conjunto de dados (Fig. 9.3), existem 11 colunas com dados: video_id (id do vídeo), title (título do vídeo), channel_title (o nome do canal que publicou o vídeo), category_id (o identificador da categoria à qual o vídeo pertence dentro da plataforma YouTube), tags ("hashtags" usadas no vídeo), views (número de visualizações), likes (número de likes), dislikes (número de dislikes), comment_total (número de comentários), thumbnail_link (link do vídeo) e date (a data de apresentação do vídeo). Criamos uma tabela de relatório que consiste nas colunas category_id e comment_total. Vamos apresentar os dados em sistemas de coordenadas cartesianas e polares utilizando as ferramentas do R:

```
ggplot(data = videos, aes(x=category_id, y= comment_total))+ geom_line()#Decart system
#Polar coordinate system
ggplot(data = videos, aes(x=category_id))+geom_bar(width = 0.5)+coord_polar(theta =
"x")
```

video_id	title	channel_title	category_id	tags	views	likes	dislikes	comment_total
XpVt6Z1Gjjo	1 YEAR OF VLOGGING -- HOW LOGAN PAUL CHANGED YO...	Logan Paul Vlogs	24	logan paul vlog|logan paul|logan|paul|olym...	4394029	320053	5931	46245
K4wEI5zhHB0	iPhone X â€" Introducing iPhone X â€" Apple	Apple	28	Apple|iPhone 10|iPhone Ten|iPhone|Portrait ...	7860119	185853	26679	0
cLdxuaxaQwc	My Response	PewDiePie	22	[none]	5845909	576597	39774	170708
WYYvHb03Eog	Apple iPhone X first look	The Verge	28	apple iphone x hands on|Apple iPhone X|iP...	2642103	24975	4542	12829
sjlHnJvXdQs	iPhone X (parody)	jacksfilms	23	jacksfilms|parody|parodies|iphone|iphone x|...	1168130	96666	568	6666
cMKX2tE5Luk	The Disaster Artist | Official Trailer HD | A24	A24	1	a24|a24 films|a24 trailers|independent films|...	1311445	34507	544	3040
8wNr-NQImFg	The Check In: HUD, Ben Carson and Hurricanes	Late Night with Seth Meyers	23	Late night|Seth Meyers|check in|hud|Ben Ca...	666169	9985	297	1071
_HTXMhKWqnA	iPhone X Impressions & Hands On!	Marques Brownlee	28	iPhone X|iphone x|iphone 10|iPhone X impr...	1728614	74062	2180	15297
_ANP3HR1jsM	ATTACKED BY A POLICE DOG!!	RomanAtwoodVlogs	22	Roman Atwood|Roman|Atwood|roman atw...	1338533	69687	678	5643
zgLtEob6X-Q	Honest Trailers - The Mummy (2017)	Screen Junkies	1	screenjunkies|screen junkies|screenjunkies n...	1056891	29943	878	4046
Ayb_2qbZHm4	Honest College Tour	CollegeHumor	23	Collegehumor|CH originals|comedy|sketch ...	859289	34485	726	1914
CsdzflTXBVQ	Best Floyd Mayweather Interview | Awkward Puppets	Awkward Puppets	23	best floyd mayweather interview|awkward|p...	452477	28050	405	2745
l864IBj7cgw	Jennifer Lawrence Challenges Jimmy to an Axe Throwing Co...	The Tonight Show Starring Jim...	23	The Tonight Show|Jimmy Fallon|Jennifer La...	258781	8085	303	726
4MkC65emkG4	Hand In Hand A Benefit For Hurricane Relief | MTV	MTV	24	mtv|video|online|official|tv|television|watch|...	274358	9215	477	838
vu_9muoxT50	Colin Cloud: Mind Reader Predicts Your Tweets - America's ...	America's Got Talent	24	America's Got Talent 2017|america's got tal...	473691	14740	415	1696
1L7JFN7tQLs	iPhone X Hands on - Everything you need to know	Jonathan Morrison	28	Apple|iPhone X|iPhone 8|iPhone X unboxin...	514972	18936	641	3817
ZQK1F0wz6z4	What Do You Want to Eat?!	Wong Fu Productions	24	panda|what should we eat|buzzfeed|comed...	282858	14870	300	1398
T_PuZBdT2iM	getting into a conversation in a language you don't actually ...	ProZD	1	skit|korean|language|conversation|esl|japan...	1582683	65749	1531	3598
w8fAellnPns	Juicy Chicken Breast - You Suck at Cooking (episode 65)	You Suck At Cooking	26	how to|cooking|recipe|kitchen|chicken|chick...	479951	23945	640	1941
UCrBICYM0yM	Downsizing (2017) - Official Trailer - Paramount Pictures	Paramount Pictures	1	downsizing|preview|release date|official|dra...	2693468	7941	302	1432

Fig. 9.3 Visualizar os dados do conjunto de dados selecionado no RStudio

Vamos definir os dados quantitativos como visualizações, gostos, não gostos e comment_total. Vamos adicionar a coluna category_id a eles para uma análise mais conveniente. Vamos calcular as caraterísticas quantitativas selecionando a coluna de dados de visualizações, que caracteriza o número de visualizações do vídeo correspondente, utilizando o R:

- Dimensão da amostra - o número de unidades da amostra:

```
tamanho_da_amostra<-nrow(videos);
```

- Média da amostra. Encontramos utilizando o método mean() incorporado:

```
avg<-mean(videos$views, na.rm = FALSE)
```

- A mediana da amostra é o número que "divide" "ao meio" o conjunto ordenado de todos os valores da amostra, ou seja, o valor médio da caraterística em mudança, que está contido no meio da série, colocado na ordem crescente ou decrescente da caraterística. Para isso, utilizaremos o método mediana():

```
median_views<-median(videos$views, na.rm = FALSE);
```

- Modo - o valor que ocorre mais frequentemente na amostra. Uma vez que não existe um método integrado para o encontrar no R, vamos definir a nossa função modes:

```
modes <-function(v) {## função modes
 uniqv <- unique(v)
 uniqv[which.max(tabulate(match(v, uniqv)))]}
mode_views<-modes(videos$views)
```

- Tamanho da amostra - a diferença entre o valor máximo e o valor mínimo da amostra. Para encontrar o máximo e o mínimo, utilize os métodos incorporados max() e min():

```
intervalo_visualizações<-max(videos$views)-min(videos$views)
```

- Desvio padrão - a quantidade de dispersão relativa à média aritmética. Para o encontrar, utilizaremos o método incorporado sd():

```
desvio_padrão<-sd(videos$views)
```

- Coeficiente de variação - um indicador que determina o rácio percentual entre o desvio médio e o valor médio:

```
variation_coef<-sd(videos$views)*100/mean(videos$views, na.rm = FALSE)
```

- A assimetria reflecte a assimetria da distribuição em relação à moda. Vamos utilizar o método skewness() incorporado:

```
skewness_views<-skewness(videos$views)
```

- O coeficiente de curtose caracteriza o "steepness", ou seja, a inclinação da subida da curva de distribuição em relação à curva normal. Vamos utilizar o método kurtosis()

```
kurtosis_views<-kurtosis(videos$views)
```

- O erro padrão é o desvio da amostra em relação à média real. Para o encontrar, utilizaremos a fórmula para calcular o erro padrão e o método sd() para calcular o desvio padrão:

```
standart_error<-sd(videos$views)/sqrt(nrow(videos))
```

Para determinar o número de intervalos, utilizaremos a fórmula de Sturges e, para determinar a largura do intervalo, utilizaremos a fórmula de Scott. Cumulativa - uma curva contínua é apresentada graficamente, dando um resultado mais exato do que um histograma. Para a construção, utilizaremos a função ecdf(). Encontrar o número de intervalos e a largura do intervalo para o atributo vistas:

```
k<-1+log2(nrow(videos)) #Number of intervals
h<-3.5*sd(videos$views)*(nrow(videos))^(-1/3) #Interval width
hist(videos$views, breaks = k, xlab = "Views", main = "Histogram of views")# histogram
plot(ecdf(videos$views),xlim=c(0,2*10^7), main="Cumulate", xlab="Views", ylab =
"Frequency", verticals = FALSE)# Construction of cumulate
```

Encontrar o número de intervalos e a largura do intervalo para o atributo "likes":

```
k<-1+log2(nrow(videos)) #Number of intervals
h<-3.5*sd(videos$likes)*(nrow(videos))^(-1/3) #Interval width
hist(videos$likes, breaks = k, xlab = "likes", main = "Histogram of likes", xlim = c(0,8*10^5))
plot(ecdf(videos$likes), xlim=c(0,8*10^5), main="Cumulate", xlab="Likes", ylab =
"Frequency", verticals = FALSE)# Construction of cumulate
```

Encontrar o número de intervalos e a largura do intervalo para o atributo "não gosto":

```
k<-1+log2(nrow(videos)) #Number of intervals
h<-3.5*sd(videos$dislikes)*(nrow(videos))^(-1/3) #Interval width
hist(videos$likes, breaks = k, xlab = "Dislikes", main = "Histogram of likes", xlim =
c(0,8*10^5))# Construction of a histogram
plot(ecdf(videos$likes), xlim=c(0,8*10^5), main="Cumulate", xlab="Dislikes", ylab =
"Frequency", verticals = FALSE)# Construction of cumulate
```

Encontrar o número de intervalos e a largura do intervalo para o atributo category_id:

```
k<-1+log2(nrow(videos)) #Number of intervals
h<-3.5*sd(videos$category_id)*(nrow(videos))^(-1/3) #Interval width

hist(videos$category_id, breaks = k, xlab = "Category", main = "Histogram of categories",
xlim = c(0,8*10^5)) # Construction of a histogram
plot(ecdf(videos$category_id), main="Cumulate", xlab="Category", ylab = "Frequency")
```

Vamos apresentar o conjunto de dados sob a forma de uma tabela, como mostra a Fig. 9.4. O número de gostos e não gostos consoante as categorias de vídeo é apresentado na Fig. 9.5.

Vamos encontrar os parâmetros estatísticos para o atributo "vistas" (Quadro 1). Os métodos de suavização reduzem a influência da componente aleatória (flutuações aleatórias) nas séries cronológicas. Permitem obter valores mais "puros", constituídos apenas por componentes determinísticos. Alguns métodos têm como objetivo realçar alguns elementos, como uma tendência. Os métodos de suavização podem ser convencionalmente divididos em duas classes baseadas em abordagens analíticas e algorítmicas. O método de previsão mais simples é uma abordagem que determina a estimativa de previsão a partir do nível alcançado, utilizando o nível médio, o crescimento médio e a taxa de crescimento média. A extrapolação baseia-se no nível médio da série.

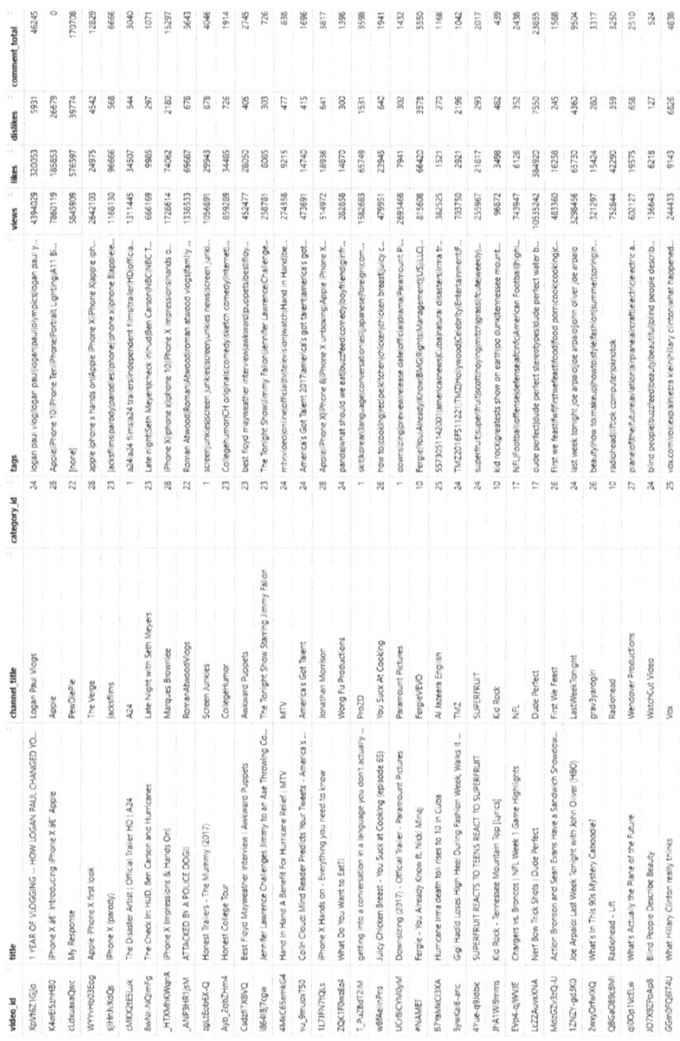

Fig. 9.4. O conjunto de dados selecionado sob a forma de uma tabela

Quadro 9.1. Parâmetros estatísticos para o atributo vistas

Nome	Valor
Tamanho da amostra	7998
Média selectiva	939101.6
Mediana	308611.5
Modo	0
Tamanho da amostra	41500672
Desvio padrão	2147691
Coeficiente de variação	228.10

Coeficiente de assimetria	8.056
Curtose	99.265
Erro padrão	24014.92

O intervalo de confiança resultante considera a incerteza oculta na estimativa do valor médio. No entanto, mantém-se o pressuposto de que o indicador previsto é igual à média da amostra. Ou seja, esta abordagem não considera o facto de os valores individuais do indicador terem flutuado em torno da média no passado, o que acontecerá no futuro.

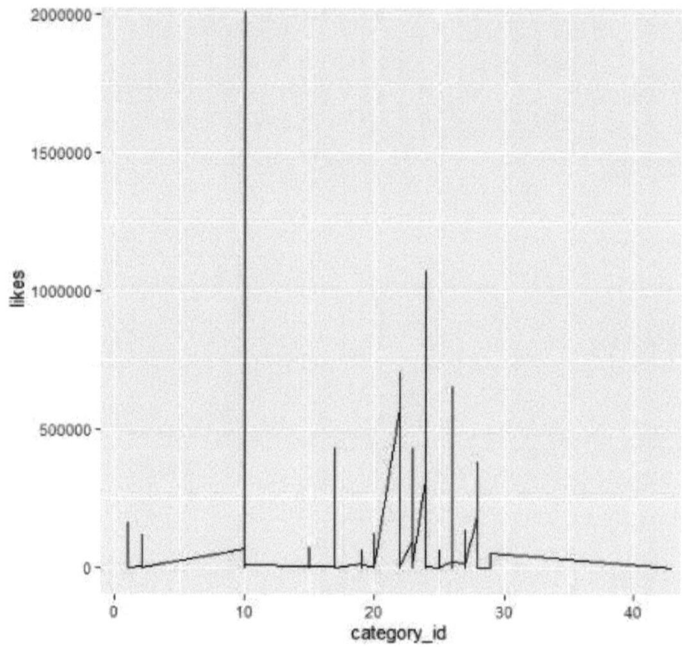

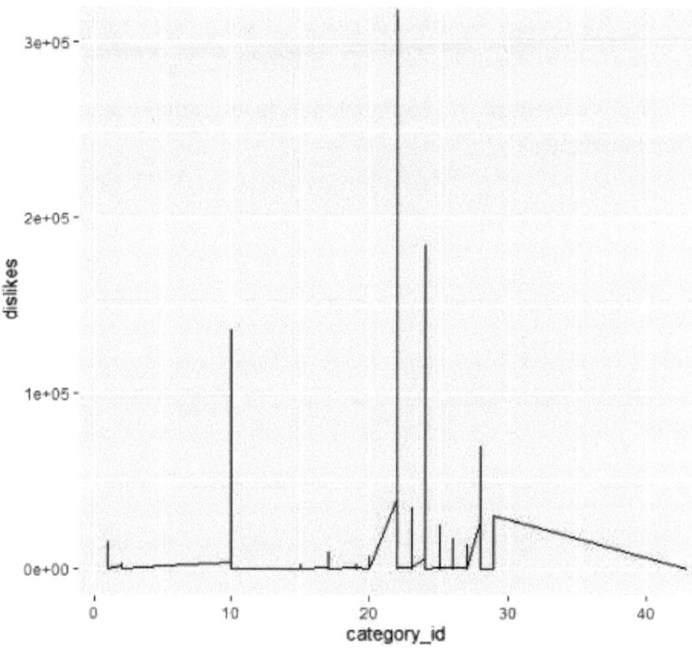
3e+05
2e+05
1e+05
0e+00
dislikes
0
10
20
30
40
category_id

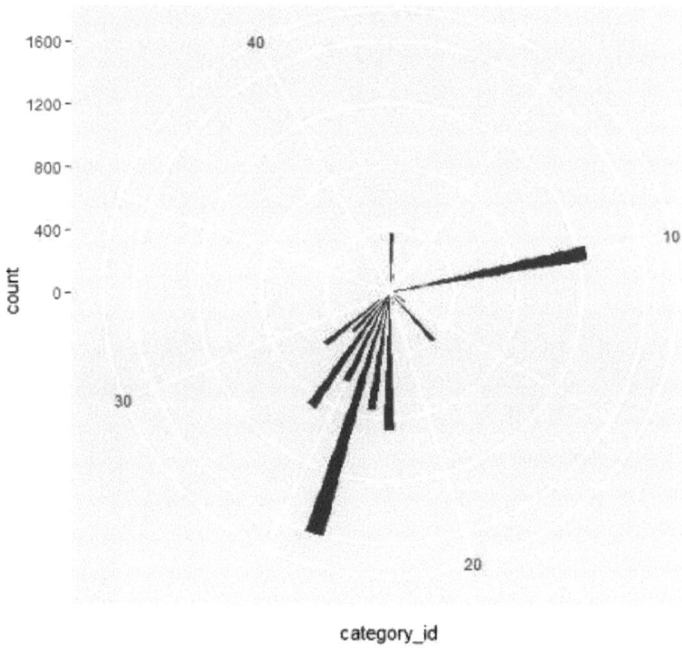
1600
1200
800
400
0
count
40
10
30
20
category_id

Fig. 9.5. Gráfico do número de gostos e desgostos nos sistemas de coordenadas cartesianas e polares em função da categoria do vídeo

Após a execução do código, temos histogramas e acumulados correspondentes:

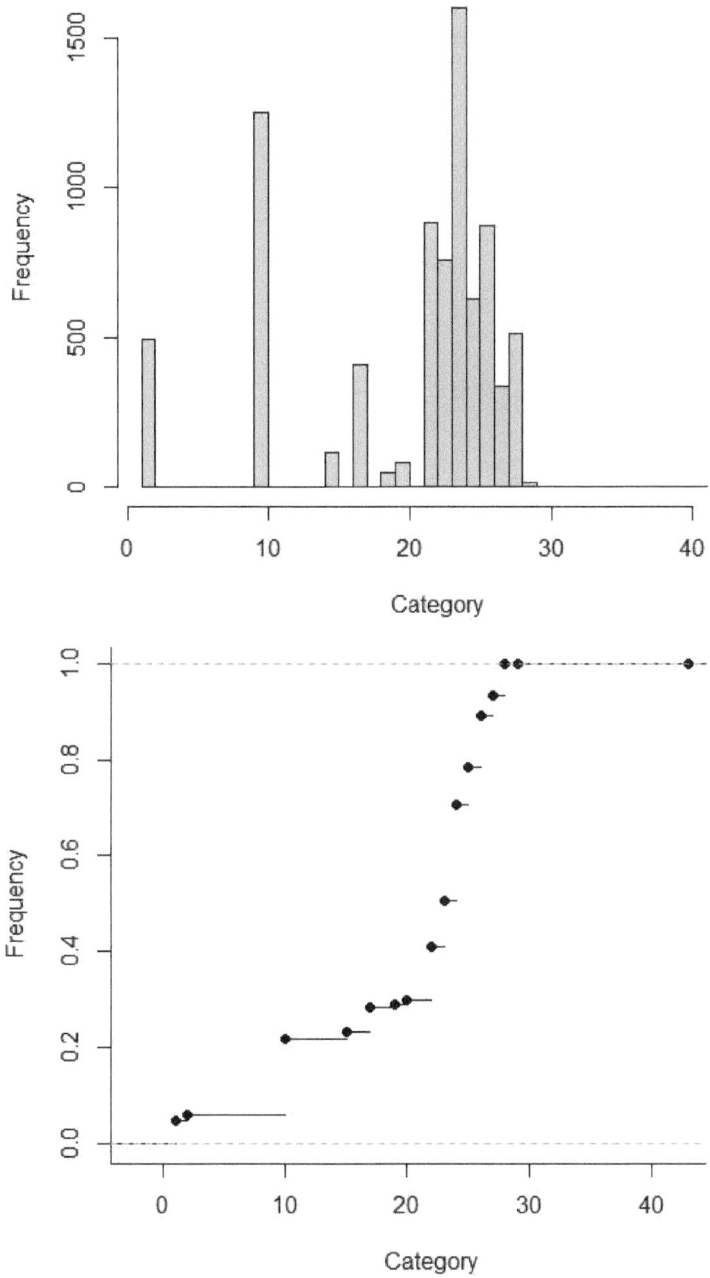

Fig. 9.6. Histograma de dados e acumulação do número de vídeos da categoria correspondente

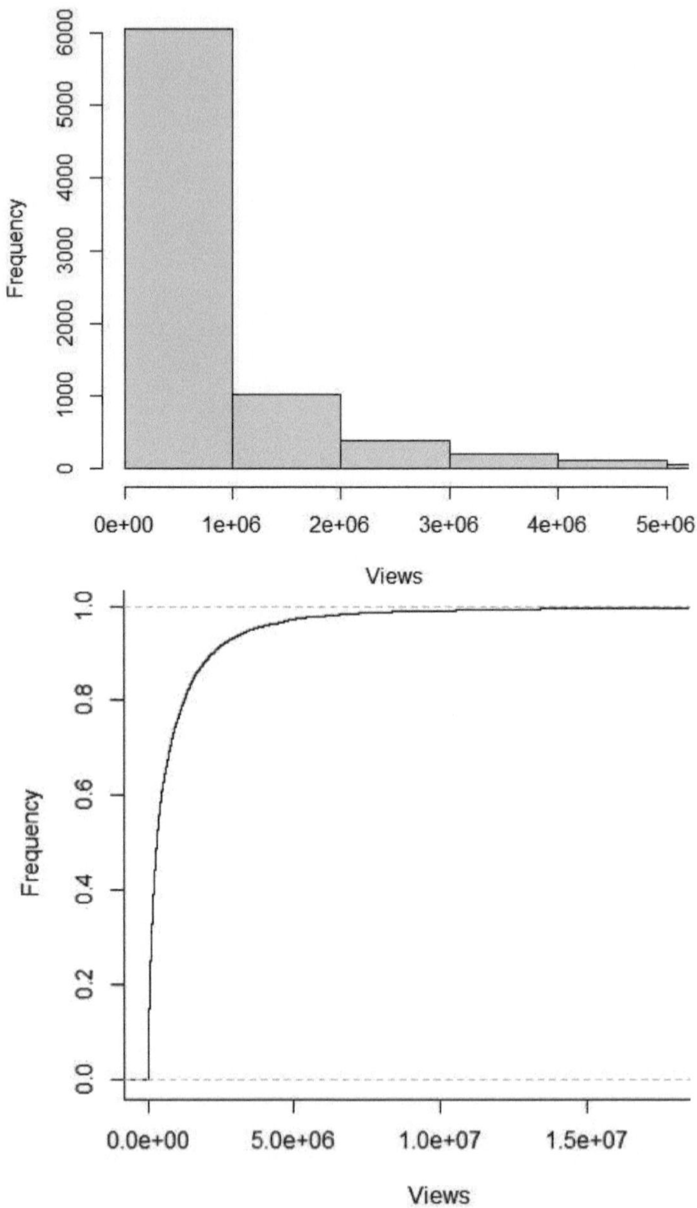

Fig. 9.7. Histograma de dados e acumulação do número de vídeos da categoria correspondente

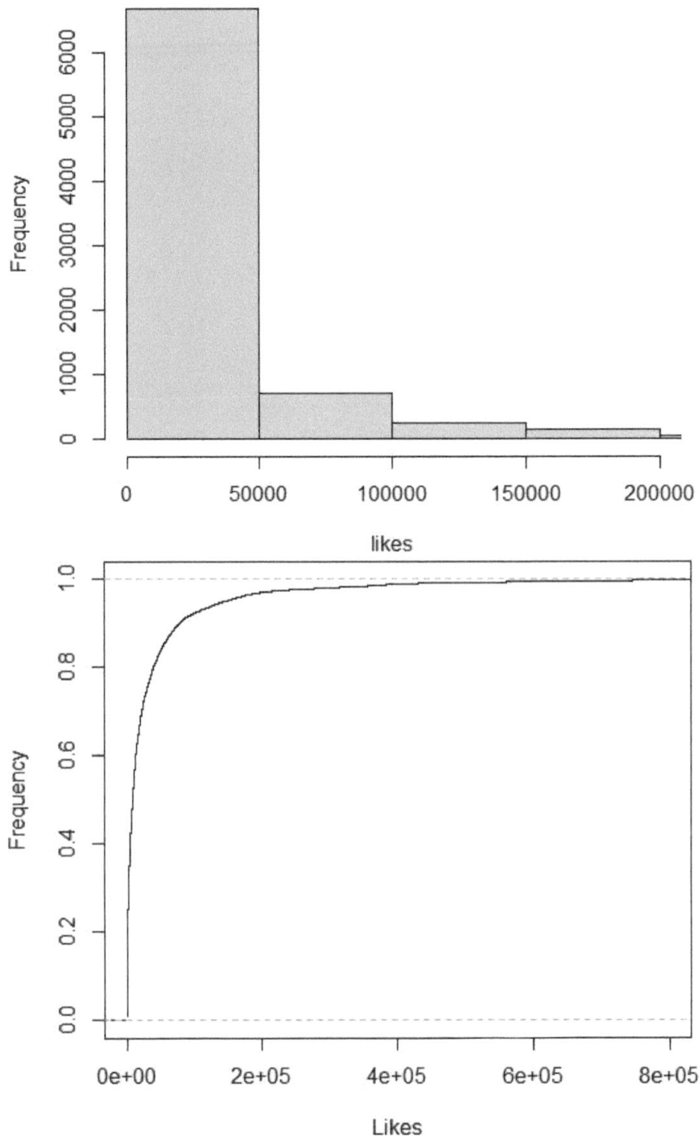

Fig. 9.8. Histograma de dados e acumulação do número de vídeos da categoria correspondente

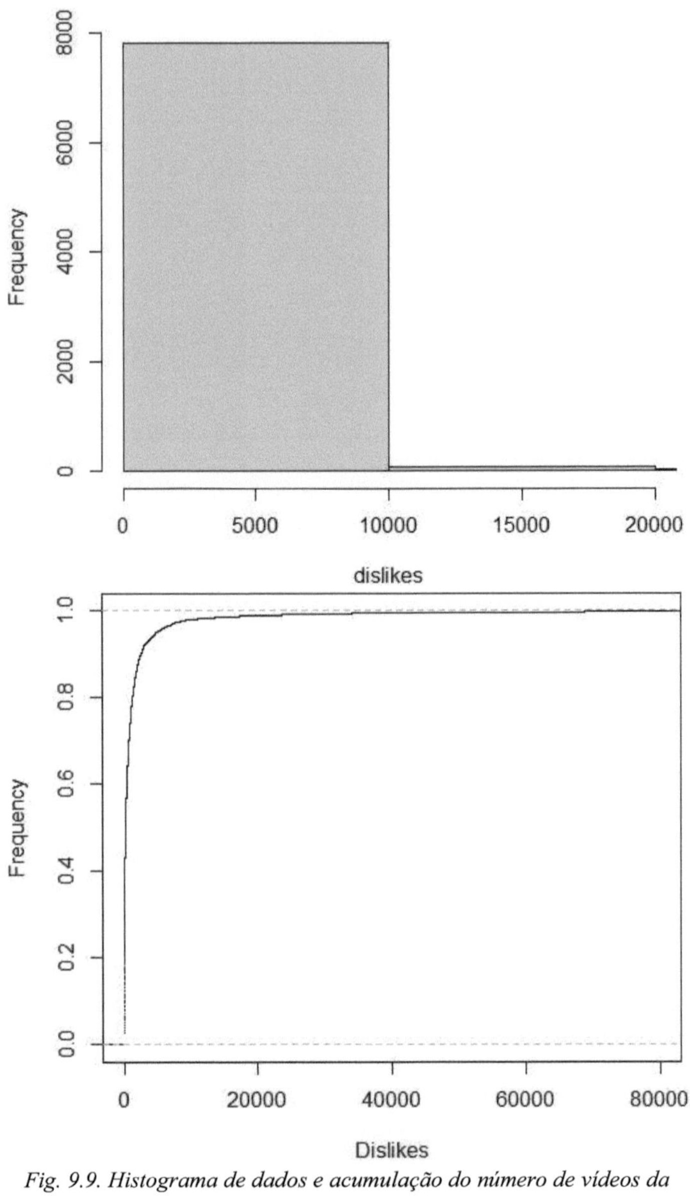

Fig. 9.9. Histograma de dados e acumulação do número de vídeos da categoria correspondente

Os métodos de alisamento analítico incluem a análise de regressão, o método dos mínimos quadrados e as suas modificações. Identificar a tendência primária através de um método analítico significa dar ao processo estudado o mesmo desenvolvimento ao longo do período de observação. Por conseguinte, para quatro destes métodos, a escolha da função óptima da tendência determinística (curva de crescimento) é essencial, uma vez que suaviza várias observações. Os métodos de previsão baseados em métodos de regressão são utilizados para a previsão a curto e médio prazo. Não permitem a adaptação: com a receção de novos dados, o processo de construção da previsão deve ser repetido desde o início. A duração óptima do período de antecipação é determinada separadamente para cada processo económico, tendo em conta a sua instabilidade estatística. Os métodos de suavização de séries cronológicas mais utilizados são as médias móveis.

Para a suavização de médias móveis, utilizaremos as fórmulas de Kendel para calcular os níveis perdidos no início e no fim da série suavizada. Vamos preparar os dados para utilizar os métodos de suavização:

```
dates<-seq(as.Date("2021-09-13"), as.Date("2021-10-22"), by="days")
str1<-c("13/09/2021","14/09/2021","15/09/2021","16/09/2021","17/09/2021","18/09/2021",
    "19/09/2021","20/09/2021","21/09/2021","22/09/2021","23/09/2021","24/09/2021",
    "25/09/2021","26/09/2021","27/09/2021","28/09/2021","29/09/2021","30/09/2021",
    "01/10/2021","02/10/2021","03/10/2021","04/10/2021","05/10/2021","06/10/2021",
    "07/10/2021","08/10/2021","09/10/2021","10/10/2021","11/10/2021","12/10/2021",
    "13/10/2021","14/10/2021","15/10/2021","16/10/2021","17/10/2021","18/10/2021",
    "19/10/2021","20/10/2021","21/10/2021","22/10/2021")
sums<-1:40
k<-1
sum<-0
for(i in 1:7998){
 if(videos$date[i]==str1[k]){
  videos$date[i]<-str1[k]
  sum<-sum+videos$views[i]
 }else if(videos$date[i]==str1[k+1]){
  sums[k]<-sum
  sum<-0
  k<-k+1
 }}
sums[40]<-sum
views<-sums
k<-1
sum<-0
for(i in 1:7998){


if(videos$date[i]==str1[k]){
  videos$date[i]<-str1[k]
  sum<-sum+videos$likes[i]
 }else if(videos$date[i]==str1[k+1]){
  sums[k]<-sum
  sum<-0
  k<-k+1
 }}
```

```
sums[40]<-sum
likes<-sums
k<-1
sum<-0
for(i in 1:7998){
  if(videos$date[i]==str1[k]){
    videos$date[i]<-str1[k]
    sum<-sum+videos$dislikes[i]
  }else if(videos$date[i]==str1[k+1]){
    sums[k]<-sum
    sum<-0
    k<-k+1
  }}
sums[40]<-sum
dislikes<-sums
viewh<-data.frame(dates,views,likes,dislikes)
```

Let's visualize:

```
viewh %>%
  gather(metric, views, likes:dislikes) %>%
  ggplot(aes(dates,views, color = metric)) +
  geom_line(size=1)
```

The method of smoothing according to Kendel's formulas:

```
ma <- viewh %>%
  select(dates,sums) %>%
  mutate(ma1 = rollmean(sums, k = 3, fill = NA), ma2 = rollmean(sums, k = 5, fill = NA), ma3 = rollmean(sums, k = 7, fill = NA),
         ma4 = rollmean(sums, k = 9, fill = NA), ma5 = rollmean(sums, k = 11, fill = NA),ma6 = rollmean(sums, k = 13, fill = NA),
         ma7 = rollmean(sums, k = 15, fill = NA))
ma <- viewh %>%
  select(dates,views) %>%
  mutate(ma1 = rollmean(views, k = 3, fill = NA), ma2 = rollmean(views, k = 5, fill = NA), ma3 = rollmean(views, k = 7, fill = NA),
         ma4 = rollmean(views, k = 9, fill = NA), ma5 = rollmean(views, k = 11, fill = NA),  ma6 = rollmean(views, k = 13, fill = NA),
         ma7 = rollmean(views, k = 15, fill = NA))
sums<-views
ma$ma1[1]<-(5*sums[1]+2*sums[2]-sums[3])/6
ma$ma1[40]<-(-sums[38]+2*sums[39]+5*sums[40])/6
ma$ma2[1]<-(3*sums[1]+2*sums[2]+sums[3]-sums[5])/5
ma$ma2[2]<-(4*sums[1]+3*sums[2]+2*sums[3]+sums[4])/10
ma$ma2[39]<-(4*sums[40]+3*sums[39]+2*sums[38]+sums[37])/10
ma$ma2[40]<-(-sums[36]+sums[38]+2*sums[39]+3*sums[40])/5
ma$ma3[1]<-(13*sums[1]+10*sums[2]+7*sums[3]+4*sums[4]+1*sums[5]-2*sums[6]-5*sums[7])/28
ma$ma3[2]<-(5*sums[1]+4*sums[2]+3*sums[3]+2*sums[4]+1*sums[5]+0*sums[6]-1*sums[7])/14
ma$ma3[3]<-(7*sums[1]+6*sums[2]+5*sums[3]+4*sums[4]+3*sums[5]+2*sums[6]+sums[7])/28
ma$ma3[38]<-(7*sums[34]+6*sums[35]+5*sums[36]+4*sums[37]+3*sums[38]+2*sums[39]+sums[40])/28
ma$ma3[39]<-(5*sums[40]+4*sums[39]+3*sums[38]+2*sums[37]+1*sums[36]+0*sums[35]+1*sums[34])/14
ma$ma3[40]<-(13*sums[40]+10*sums[39]+7*sums[38]+4*sums[37]+sums[36]-2*sums[35]-5*sums[34])/28
ma$ma4[1]<-(17*sums[1]+14*sums[2]+11*sums[3]+8*sums[4]+5*sums[5]+2*sums[6]-1*sums[7]-4*sums[8]-7*sums[9])/45

ma$ma4[2]<-(56*sums[1]+47*sums[2]+38*sums[3]+29*sums[4]+20*sums[5]+11*sums[6]+2*sums[7]-7*sums[8]-16*sums[9])/180
ma$ma4[3]<-
(22*sums[1]+19*sums[2]+16*sums[3]+13*sums[4]+10*sums[5]+7*sums[6]+4*sums[7]+sums[8]-2*sums[9])/90
```

```
ma$ma4[4]<-
(32*sums[1]+29*sums[2]+26*sums[3]+23*sums[4]+20*sums[5]+17*sums[6]+14*sums[7]+11*sums[8]+8*su
ms[9])/180
ma$ma4[37]<-
(32*sums[40]+29*sums[39]+26*sums[38]+23*sums[37]+20*sums[36]+17*sums[35]+14*sums[34]+11*sums
[33]+8*sums[32])/180
ma$ma4[38]<-
(22*sums[40]+19*sums[39]+16*sums[38]+13*sums[37]+10*sums[36]+7*sums[35]+4*sums[34]+sums[33]-
2*sums[32])/90
ma$ma4[39]<-
(56*sums[40]+47*sums[39]+38*sums[38]+29*sums[37]+20*sums[36]+11*sums[35]+2*sums[34]-
7*sums[33]-16*sums[32])/180
ma$ma4[40]<-(17*sums[40]+14*sums[39]+11*sums[38]+8*sums[37]+5*sums[36]+2*sums[35]-1*sums[34]-
4*sums[33]-7*sums[32])/45
ma$ma5[1]<-(7*sums[1]+6*sums[2]+5*sums[3]+4*sums[4]+3*sums[5]+2*sums[6]+1*sums[7]+0*sums[8]-
1*sums[9]-2*sums[10]-3*sums[11])/22
ma$ma5[2]<-
(15*sums[1]+13*sums[2]+11*sums[3]+9*sums[4]+7*sums[5]+5*sums[6]+3*sums[7]+1*sums[8]-1*sums[9]-
3*sums[10]-5*sums[11])/55
ma$ma5[3]<-
(25*sums[1]+22*sums[2]+19*sums[3]+16*sums[4]+13*sums[5]+10*sums[6]+7*sums[7]+4*sums[8]+sums[9
]-2*sums[10]-5*sums[11])/110
ma$ma5[4]<-
(10*sums[1]+9*sums[2]+8*sums[3]+7*sums[4]+6*sums[5]+5*sums[6]+4*sums[7]+3*sums[8]+2*sums[9]+1
*sums[10]+0*sums[11])/55
ma$ma5[5]<-
(15*sums[1]+14*sums[2]+13*sums[3]+12*sums[4]+11*sums[5]+10*sums[6]+9*sums[7]+8*sums[8]+7*sum
s[9]+6*sums[10]+5*sums[11])/110
ma$ma5[36]<-
(15*sums[40]+14*sums[39]+13*sums[38]+12*sums[37]+11*sums[37]+10*sums[36]+9*sums[35]+8*sums[3
4]+7*sums[33]+6*sums[32]+5*sums[31])/110
ma$ma5[37]<-
(10*sums[40]+9*sums[39]+8*sums[38]+7*sums[37]+6*sums[37]+5*sums[36]+4*sums[35]+3*sums[34]+2*s
ums[33]+1*sums[32]+0*sums[31])/55
ma$ma5[38]<-
(25*sums[40]+22*sums[39]+19*sums[38]+16*sums[37]+13*sums[37]+10*sums[36]+7*sums[35]+4*sums[3
4]+sums[33]-2*sums[32]-5*sums[31])/110
ma$ma5[39]<-
(15*sums[40]+13*sums[39]+11*sums[38]+9*sums[37]+7*sums[37]+5*sums[36]+3*sums[35]+1*sums[34]-
1*sums[33]-3*sums[32]-5*sums[31])/55
ma$ma5[40]<-
(7*sums[40]+6*sums[39]+5*sums[38]+4*sums[37]+3*sums[37]+2*sums[36]+1*sums[35]+0*sums[34]-
1*sums[33]-2*sums[32]-3*sums[31])/22
ma$ma6[1]<-
(25*sums[1]+22*sums[2]+19*sums[3]+16*sums[4]+13*sums[5]+10*sums[6]+7*sums[7]+4*sums[8]+1*sum
s[9]-2*sums[10]-5*sums[11]-8*sums[12]-11*sums[13])/91
ma$ma6[2]<-
(44*sums[1]+39*sums[2]+34*sums[3]+29*sums[4]+24*sums[5]+19*sums[6]+14*sums[7]+9*sums[8]+4*su
ms[9]-1*sums[10]-6*sums[11]-11*sums[12]-15*sums[13])/182
ma$ma6[3]<-
(19*sums[1]+17*sums[2]+15*sums[3]+13*sums[4]+11*sums[5]+9*sums[6]+7*sums[7]+5*sums[8]+3*sums[
9]+1*sums[10]-1*sums[11]-3*sums[12]-5*sums[13])/91
ma$ma6[4]<-
(32*sums[1]+29*sums[2]+26*sums[3]+23*sums[4]+20*sums[5]+17*sums[6]+14*sums[7]+11*sums[8]+8*su
ms[9]+5*sums[10]+2*sums[11]-1*sums[12]-4*sums[13])/182
ma$ma6[5]<-
(13*sums[1]+12*sums[2]+11*sums[3]+10*sums[4]+9*sums[5]+8*sums[6]+7*sums[7]+6*sums[8]+5*sums[9
]+4*sums[10]+3*sums[11]+2*sums[12]+1*sums[13])/91
```

```
ma$ma6[6]<-
(20*sums[1]+19*sums[2]+18*sums[3]+17*sums[4]+16*sums[5]+15*sums[6]+14*sums[7]+13*sums[8]+12*s
ums[9]+11*sums[10]+10*sums[11]+9*sums[12]+8*sums[13])/182
ma$ma6[40]<-
(25*sums[40]+22*sums[39]+19*sums[38]+16*sums[37]+13*sums[36]+10*sums[35]+7*sums[34]+4*sums[3
3]+1*sums[32]-2*sums[31]-5*sums[30]-8*sums[29]-11*sums[28])/91
ma$ma6[39]<-
(44*sums[40]+39*sums[39]+34*sums[38]+29*sums[37]+24*sums[36]+19*sums[35]+14*sums[34]+9*sums[
33]+4*sums[32]-1*sums[31]-6*sums[30]-11*sums[29]-15*sums[28])/182
ma$ma6[38]<-
(19*sums[40]+17*sums[39]+15*sums[38]+13*sums[37]+11*sums[36]+9*sums[35]+7*sums[34]+5*sums[33
]+3*sums[32]+1*sums[31]-1*sums[30]-3*sums[29]-5*sums[28])/91
ma$ma6[37]<-
(32*sums[40]+29*sums[39]+26*sums[38]+23*sums[37]+20*sums[36]+17*sums[35]+14*sums[34]+11*sums
[33]+8*sums[32]+5*sums[31]+2*sums[30]-1*sums[29]-4*sums[28])/182
ma$ma6[36]<-
(13*sums[40]+12*sums[39]+11*sums[38]+10*sums[37]+9*sums[36]+8*sums[35]+7*sums[34]+6*sums[33]
+5*sums[32]+4*sums[31]+3*sums[30]+2*sums[29]+1*sums[28])/91
ma$ma6[35]<-
(20*sums[40]+19*sums[39]+18*sums[38]+17*sums[37]+16*sums[36]+15*sums[35]+14*sums[34]+13*sums
[33]+12*sums[32]+11*sums[31]+10*sums[30]+9*sums[29]+8*sums[28])/182
ma$ma7[1]<-
(29*sums[1]+26*sums[2]+23*sums[3]+20*sums[4]+17*sums[5]+14*sums[6]+11*sums[7]+8*sums[8]+5*su
ms[9]+2*sums[10]-1*sums[11]-4*sums[12]-7*sums[13]-10*sums[14]-13*sums[15])/120
ma$ma7[2]<-
(91*sums[1]+82*sums[2]+73*sums[3]+64*sums[4]+55*sums[5]+46*sums[6]+37*sums[7]+28*sums[8]+19*s
ums[9]+10*sums[10]+1*sums[11]-8*sums[12]-17*sums[13]-26*sums[14]-35*sums[15])/420
ma$ma7[3]<-
(161*sums[1]+146*sums[2]+131*sums[3]+116*sums[4]+101*sums[5]+86*sums[6]+71*sums[7]+56*sums[8
]+41*sums[9]+26*sums[10]+11*sums[11]-4*sums[12]-19*sums[13]-34*sums[14]-49*sums[15])/840
ma$ma7[4]<-
(35*sums[1]+32*sums[2]+29*sums[3]+26*sums[4]+23*sums[5]+20*sums[6]+17*sums[7]+14*sums[8]+11*s
ums[9]+8*sums[10]+5*sums[11]+2*sums[12]-1*sums[13]-4*sums[14]-7*sums[15])/210
ma$ma7[5]<-
(119*sums[1]+110*sums[2]+101*sums[3]+92*sums[4]+83*sums[5]+74*sums[6]+65*sums[7]+56*sums[8]+
47*sums[9]+38*sums[10]+29*sums[11]+20*sums[12]+11*sums[13]+2*sums[14]-7*sums[15])/840
ma$ma7[6]<-
(49*sums[1]+46*sums[2]+43*sums[3]+40*sums[4]+37*sums[5]+34*sums[6]+31*sums[7]+28*sums[8]+25*s
ums[9]+22*sums[10]+19*sums[11]+16*sums[12]+13*sums[13]+10*sums[14]+7*sums[15])/420
ma$ma7[7]<-(77*sums[1]+74*sums[2]+71*sums[3]+68*sums[4]+65*sums[5]+62*sums[6]+59*sums[7]+

56*sums[8]+53*sums[9]+52*sums[10]+49*sums[11]+46*sums[12]+43*sums[13]+40*sums[14]+37*sums[15
])/840
ma$ma7[40]<-
(29*sums[40]+26*sums[39]+23*sums[38]+20*sums[37]+17*sums[36]+14*sums[35]+11*sums[34]+8*sums[
33]+5*sums[2]+2*sums[10]-1*sums[9]-4*sums[12]-7*sums[13]-10*sums[14]-13*sums[15])/120
ma$ma7[39]<-
(91*sums[40]+82*sums[39]+73*sums[38]+64*sums[37]+55*sums[36]+46*sums[35]+37*sums[34]+28*sums
[33]+19*sums[32]+10*sums[31]+1*sums[30]-8*sums[29]-17*sums[28]-26*sums[27]-35*sums[26])/420
ma$ma7[38]<-
(161*sums[40]+146*sums[39]+131*sums[38]+116*sums[37]+101*sums[36]+86*sums[35]+71*sums[34]+56
*sums[33]+41*sums[32]+26*sums[31]+11*sums[30]-4*sums[29]-19*sums[28]-34*sums[27]-
49*sums[26])/840
ma$ma7[37]<-
(35*sums[40]+32*sums[39]+29*sums[38]+26*sums[37]+23*sums[36]+20*sums[35]+17*sums
```

```
[34]+14*sums[33]+11*sums[32]+8*sums[31]+5*sums[30]+2*sums[29]-1*sums[28]-4*sums[27]-
7*sums[26])/210
ma$ma7[36]<-(119*sums[40]+110*sums[39]+101*sums[38]+92*sums[37]+83*sums[36]+74*sums[35]+65

*sums[34]+56*sums[33]+47*sums[32]+38*sums[31]+29*sums[30]+20*sums[29]+11*sums[28]+2*sums[27]
-7*sums[26])/840
ma$ma7[35]<-
(49*sums[40]+46*sums[39]+43*sums[38]+40*sums[37]+37*sums[36]+34*sums[35]+33*sums[34]+30*sums
[33]+27*sums[32]+24*sums[31]+21*sums[30]+18*sums[29]+15*sums[28]+12*sums[27]+9*sums[26])/420
ma$ma7[34]<-
(77*sums[40]+74*sums[39]+71*sums[38]+68*sums[37]+65*sums[36]+61*sums[35]+58*sums[34]+55*sums
[33]+52*sums[32]+49*sums[31]+46*sums[30]+43*sums[29]+40*sums[28]+37*sums[27]+34*sums[26])/840
```

Visualização de dados:

```
ma %>%
  gather(metric, sums, ma1:ma7) %>%
  ggplot(aes(dates,sums, color = metric)) +
  geom_line(size=1)
```

Visualização da média móvel em k=5:

```
ggplot(viewh,mapping= aes(x=dates)) + geom_line(mapping= aes(y=likes, col="Real"),lwd=1.5) +
  geom_line(mapping= aes(y=ma$ma2, col="ma2"),lwd=1.5)+scale_color_manual(values=
c("Real"="blue","ma2"="red"))+ theme(legend.title = element_blank()) + labs(x="",y="Likes")
```

Encontrar pontos de viragem:

```
tp1 <- turnpoints(ma$ma1)
summary(tp1)
tp2 <- turnpoints(ma$ma2)
summary(tp2)
tp3 <- turnpoints(ma$ma3)
summary(tp3)
tp4 <- turnpoints(ma$ma4)
summary(tp4)
tp5 <- turnpoints(ma$ma5)
summary(tp5)
tp6 <- turnpoints(ma$ma6)
summary(tp6)
tp7 <- turnpoints(ma$ma7)
summary(tp7)
```

Visualização de pontos de viragem:

```
plot(ma$ma2, type = "l")
lines(tp2)
```

Estamos à procura dos coeficientes de correlação dos valores suavizados com os valores originais, tendo em conta o facto de que, com cada suavização, subtraímos linhas:

```
cor(viewh$views,ma$ma1)
cor(viewh$views,ma$ma2)
cor(viewh$views,ma$ma3)
cor(viewh$views,ma$ma4)
cor(viewh$views,ma$ma5)


cor(viewh$views,ma$ma6)
cor(viewh$views,ma$ma7)
```

Do mesmo modo, fazemos uma pesquisa sobre gostos e desgostos. Para implementar a fórmula de Pollard, utilizaremos o método incorporado wma():

```
wma <- viewh %>%
 select(dates, views) %>%
 mutate(wma1 = WMA(views, n = 3, wts = 1:3), wma2 = WMA(views, n = 5, wts = 1:5),
     wma3 = WMA(views, n = 7, wts = 1:7), wma4 = WMA(views, n = 9, wts = 1:9),
     wma5 = WMA(views, n = 11, wts = 1:11), wma6 = WMA(views, n = 13, wts = 1:13),
     wma7 = WMA(views, n = 15, wts = 1:15))
```

Using Kendel's formulas:

```
sums<-views
wma$wma1[1]<-(5*sums[1]+2*sums[2]-sums[3])/6
wma$wma1[2]<-(-sums[38]+2*sums[39]+5*sums[40])/6
wma$wma2[1]<-(3*sums[1]+2*sums[2]+sums[3]-sums[5])/5
wma$wma2[2]<-(4*sums[1]+3*sums[2]+2*sums[3]+sums[4])/10
wma$wma2[3]<-(4*sums[40]+3*sums[39]+2*sums[38]+sums[37])/10
wma$wma2[4]<-(-sums[36]+sums[38]+2*sums[39]+3*sums[40])/5
wma$wma3[1]<-(13*sums[1]+10*sums[2]+7*sums[3]+4*sums[4]+1*sums[5]-2*sums[6]-5*sums[7])/28
wma$wma3[2]<-(5*sums[1]+4*sums[2]+3*sums[3]+2*sums[4]+1*sums[5]+0*sums[6]-1*sums[7])/14
wma$wma3[3]<-(7*sums[1]+6*sums[2]+5*sums[3]+4*sums[4]+3*sums[5]+2*sums[6]+sums[7])/28
wma$wma3[4]<-(7*sums[34]+6*sums[35]+5*sums[36]+4*sums[37]+3*sums[38]+2*sums[39]+sums[40])/28
wma$wma3[5]<-
(5*sums[40]+4*sums[39]+3*sums[38]+2*sums[37]+1*sums[36]+0*sums[35]+1*sums[34])/14
wma$wma3[6]<-(13*sums[40]+10*sums[39]+7*sums[38]+4*sums[37]+sums[36]-2*sums[35]-
5*sums[34])/28
wma$wma4[1]<-(17*sums[1]+14*sums[2]+11*sums[3]+8*sums[4]+5*sums[5]+2*sums[6]-1*sums[7]-
4*sums[8]-7*sums[9])/45
wma$wma4[2]<-(56*sums[1]+47*sums[2]+38*sums[3]+29*sums[4]+20*sums[5]+11*sums[6]+2*sums[7]-
7*sums[8]-16*sums[9])/180
wma$wma4[3]<-
(22*sums[1]+19*sums[2]+16*sums[3]+13*sums[4]+10*sums[5]+7*sums[6]+4*sums[7]+sums[8]-
2*sums[9])/90


wma$wma4[4]<-
(32*sums[1]+29*sums[2]+26*sums[3]+23*sums[4]+20*sums[5]+17*sums[6]+14*sums[7]+11*sums[8]+8*su
ms[9])/180
wma$wma4[5]<-
(32*sums[40]+29*sums[39]+26*sums[38]+23*sums[37]+20*sums[36]+17*sums[35]+14*sums[34]+11*sums
[33]+8*sums[32])/180
wma$wma4[6]<-
(22*sums[40]+19*sums[39]+16*sums[38]+13*sums[37]+10*sums[36]+7*sums[35]+4*sums[34]+sums[33]-
2*sums[32])/90
wma$wma4[7]<-
(56*sums[40]+47*sums[39]+38*sums[38]+29*sums[37]+20*sums[36]+11*sums[35]+2*sums[34]-
7*sums[33]-16*sums[32])/180
```

```
wma$wma4[8]<-(17*sums[40]+14*sums[39]+11*sums[38]+8*sums[37]+5*sums[36]+2*sums[35]-
1*sums[34]-4*sums[33]-7*sums[32])/45
wma$wma5[1]<-
(7*sums[1]+6*sums[2]+5*sums[3]+4*sums[4]+3*sums[5]+2*sums[6]+1*sums[7]+0*sums[8]-1*sums[9]-
2*sums[10]-3*sums[11])/22
wma$wma5[2]<-
(15*sums[1]+13*sums[2]+11*sums[3]+9*sums[4]+7*sums[5]+5*sums[6]+3*sums[7]+1*sums[8]-1*sums[9]-
3*sums[10]-5*sums[11])/55
wma$wma5[3]<-
(25*sums[1]+22*sums[2]+19*sums[3]+16*sums[4]+13*sums[5]+10*sums[6]+7*sums[7]+4*sums[8]+sums[9
]-2*sums[10]-5*sums[11])/110
wma$wma5[4]<-
(10*sums[1]+9*sums[2]+8*sums[3]+7*sums[4]+6*sums[5]+5*sums[6]+4*sums[7]+3*sums[8]+2*sums[9]+1
*sums[10]+0*sums[11])/55
wma$wma5[5]<-
(15*sums[1]+14*sums[2]+13*sums[3]+12*sums[4]+11*sums[5]+10*sums[6]+9*sums[7]+8*sums[8]+7*sum
s[9]+6*sums[10]+5*sums[11])/110
wma$wma5[6]<-
(15*sums[40]+14*sums[39]+13*sums[38]+12*sums[37]+11*sums[37]+10*sums[36]+9*sums[35]+8*sums[3
4]+7*sums[33]+6*sums[32]+5*sums[31])/110
wma$wma5[7]<-
(10*sums[40]+9*sums[39]+8*sums[38]+7*sums[37]+6*sums[37]+5*sums[36]+4*sums[35]+3*sums[34]+2*s
ums[33]+1*sums[32]+0*sums[31])/55
wma$wma5[8]<-
(25*sums[40]+22*sums[39]+19*sums[38]+16*sums[37]+13*sums[37]+10*sums[36]+7*sums[35]+4*sums[3
4]+sums[33]-2*sums[32]-5*sums[31])/110
wma$wma5[9]<-
(15*sums[40]+13*sums[39]+11*sums[38]+9*sums[37]+7*sums[37]+5*sums[36]+3*sums[35]+1*sums[34]-
1*sums[33]-3*sums[32]-5*sums[31])/55
wma$wma5[10]<-
(7*sums[40]+6*sums[39]+5*sums[38]+4*sums[37]+3*sums[37]+2*sums[36]+1*sums[35]+0*sums[34]-
1*sums[33]-2*sums[32]-3*sums[31])/22
wma$wma6[1]<-
(25*sums[1]+22*sums[2]+19*sums[3]+16*sums[4]+13*sums[5]+10*sums[6]+7*sums[7]+4*sums[8]+1*sum
s[9]-2*sums[10]-5*sums[11]-8*sums[12]-11*sums[13])/91
wma$wma6[2]<-
(44*sums[1]+39*sums[2]+34*sums[3]+29*sums[4]+24*sums[5]+19*sums[6]+14*sums[7]+9*sums[8]+4*su
ms[9]-1*sums[10]-6*sums[11]-11*sums[12]-15*sums[13])/182
wma$wma6[3]<-
(19*sums[1]+17*sums[2]+15*sums[3]+13*sums[4]+11*sums[5]+9*sums[6]+7*sums[7]+5*sums[8]+3*sums[
9]+1*sums[10]-1*sums[11]-3*sums[12]-5*sums[13])/91
wma$wma6[4]<-
(32*sums[1]+29*sums[2]+26*sums[3]+23*sums[4]+20*sums[5]+17*sums[6]+14*sums[7]+11*sums[8]+8*su
ms[9]+5*sums[10]+2*sums[11]-1*sums[12]-4*sums[13])/182
wma$wma6[6]<-
(20*sums[1]+19*sums[2]+18*sums[3]+17*sums[4]+16*sums[5]+15*sums[6]+14*sums[7]+13*sums[8]+12*s
ums[9]+11*sums[10]+10*sums[11]+9*sums[12]+8*sums[13])/182
wma$wma6[7]<-
(25*sums[40]+22*sums[39]+19*sums[38]+16*sums[37]+13*sums[36]+10*sums[35]+7*sums[34]+4*sums[3
3]+1*sums[32]-2*sums[31]-5*sums[30]-8*sums[29]-11*sums[28])/91
wma$wma6[8]<-
(44*sums[40]+39*sums[39]+34*sums[38]+29*sums[37]+24*sums[36]+19*sums[35]+14*sums[34]+9*sums[
33]+4*sums[32]-1*sums[31]-6*sums[30]-11*sums[29]-15*sums[28])/182
wma$wma6[9]<-
(19*sums[40]+17*sums[39]+15*sums[38]+13*sums[37]+11*sums[36]+9*sums[35]+7*sums[34]+5*sums[33
]+3*sums[32]+1*sums[31]-1*sums[30]-3*sums[29]-5*sums[28])/91
```

```
wma$wma6[10]<-
(32*sums[40]+29*sums[39]+26*sums[38]+23*sums[37]+20*sums[36]+17*sums[35]+14*sums[34]+11*sums
[33]+8*sums[32]+5*sums[31]+2*sums[30]-1*sums[29]-4*sums[28])/182
wma$wma6[11]<-
(13*sums[40]+12*sums[39]+11*sums[38]+10*sums[37]+9*sums[36]+8*sums[35]+7*sums[34]+6*sums[33]
+5*sums[32]+4*sums[31]+3*sums[30]+2*sums[29]+1*sums[28])/91
wma$wma6[12]<-
(20*sums[40]+19*sums[39]+18*sums[38]+17*sums[37]+16*sums[36]+15*sums[35]+14*sums[34]+13*sums
[33]+12*sums[32]+11*sums[31]+10*sums[30]+9*sums[29]+8*sums[28])/182
wma$wma7[1]<-
(29*sums[1]+26*sums[2]+23*sums[3]+20*sums[4]+17*sums[5]+14*sums[6]+11*sums[7]+8*sums[8]+5*su
ms[9]+2*sums[10]-1*sums[11]-4*sums[12]-7*sums[13]-10*sums[14]-13*sums[15])/120
wma$wma7[2]<-
(91*sums[1]+82*sums[2]+73*sums[3]+64*sums[4]+55*sums[5]+46*sums[6]+37*sums[7]+28*sums[8]+19*s
ums[9]+10*sums[10]+1*sums[11]-8*sums[12]-17*sums[13]-26*sums[14]-35*sums[15])/420
wma$wma7[3]<-
(161*sums[1]+146*sums[2]+131*sums[3]+116*sums[4]+101*sums[5]+86*sums[6]+71*sums[7]+56*sums[8
]+41*sums[9]+26*sums[10]+11*sums[11]-4*sums[12]-19*sums[13]-34*sums[14]-49*sums[15])/840
wma$wma7[4]<-
(35*sums[1]+32*sums[2]+29*sums[3]+26*sums[4]+23*sums[5]+20*sums[6]+17*sums[7]+14*sums[8]+11*s
ums[9]+8*sums[10]+5*sums[11]+2*sums[12]-1*sums[13]-4*sums[14]-7*sums[15])/210
wma$wma7[5]<-
(119*sums[1]+110*sums[2]+101*sums[3]+92*sums[4]+83*sums[5]+74*sums[6]+65*sums[7]+56*sums[8]+
47*sums[9]+38*sums[10]+29*sums[11]+20*sums[12]+11*sums[13]+2*sums[14]-7*sums[15])/840
wma$wma7[6]<-
(49*sums[1]+46*sums[2]+43*sums[3]+40*sums[4]+37*sums[5]+34*sums[6]+31*sums[7]+28*sums[8]+25*s
ums[9]+22*sums[10]+19*sums[11]+16*sums[12]+13*sums[13]+10*sums[14]+7*sums[15])/420
wma$wma7[7]<-
(77*sums[1]+74*sums[2]+71*sums[3]+68*sums[4]+65*sums[5]+62*sums[6]+59*sums[7]+56*sums[8]+53*s
ums[9]+52*sums[10]+49*sums[11]+46*sums[12]+43*sums[13]+40*sums[14]+37*sums[15])/840
wma$wma7[8]<-
(29*sums[40]+26*sums[39]+23*sums[38]+20*sums[37]+17*sums[36]+14*sums[35]+11*sums[34]+8*sums[
33]+5*sums[2]+2*sums[10]-1*sums[9]-4*sums[12]-7*sums[13]-10*sums[14]-13*sums[15])/120
wma$wma7[9]<-
(91*sums[40]+82*sums[39]+73*sums[38]+64*sums[37]+55*sums[36]+46*sums[35]+37*sums[34]+28*sums
[33]+19*sums[32]+10*sums[31]+1*sums[30]-8*sums[29]-17*sums[28]-26*sums[27]-35*sums[26])/420
wma$wma7[10]<-
(161*sums[40]+146*sums[39]+131*sums[38]+116*sums[37]+101*sums[36]+86*sums[35]+

71*sums[34]+56*sums[33]+41*sums[32]+26*sums[31]+11*sums[30]-4*sums[29]-19*sums[28]-
34*sums[27]-49*sums[26])/840
wma$wma7[11]<-
(35*sums[40]+32*sums[39]+29*sums[38]+26*sums[37]+23*sums[36]+20*sums[35]+17*sums[34]+14*sums
[33]+11*sums[32]+8*sums[31]+5*sums[30]+2*sums[29]-1*sums[28]-4*sums[27]-7*sums[26])/210
wma$wma7[12]<-
(119*sums[40]+110*sums[39]+101*sums[38]+92*sums[37]+83*sums[36]+74*sums[35]+65*sums[34]+56*s
ums[33]+47*sums[32]+38*sums[31]+29*sums[30]+20*sums[29]+11*sums[28]+2*sums[27]-
7*sums[26])/840
wma$wma7[13]<-
(49*sums[40]+46*sums[39]+43*sums[38]+40*sums[37]+37*sums[36]+34*sums[35]+33*sums[34]+30*sums
[33]+27*sums[32]+24*sums[31]+21*sums[30]+18*sums[29]+15*sums[28]+12*sums[27]+9*sums[26])/420
wma$wma7[14]<-
(77*sums[40]+74*sums[39]+71*sums[38]+68*sums[37]+65*sums[36]+61*sums[35]+58*sums[34]+55*sums
[33]+52*sums[32]+49*sums[31]+46*sums[30]+43*sums[29]+40*sums[28]+37*sums[27]+34*sums[26])/840
```

Visualização de todos os gráficos:

```
wma %>%
  gather(metric, views, views:wma7) %>%
  ggplot(aes(dates, views, color = metric)) + geom_line(size=1)
```

Visualização de gráficos de dados reais e dados ponderados:

```
ggplot(viewh,mapping= aes(x=dates)) + geom_line(mapping= aes(y=views, col="Real"),lwd=1.5) +
  geom_line(mapping= aes(y=wma$wma2, col="ma2"),lwd=1.5)+
  scale_color_manual(values= c("Real"="blue","ma2"="red"))+ theme(legend.title = element_blank()) +
  labs(x="",y="Likes")
```

Turning points:

```
tp1 <- turnpoints(wma$wma1)
summary(tp1)
tp2 <- turnpoints(wma$wma2)
summary(tp2)
tp3 <- turnpoints(wma$wma3)
summary(tp3)
tp4 <- turnpoints(wma$wma4)
summary(tp4)
tp5 <- turnpoints(wma$wma5)
summary(tp5)
tp6 <- turnpoints(wma$wma6)
summary(tp6)
tp7 <- turnpoints(wma$wma7)
summary(tp7)
```

Visualização de pontos de viragem:

```
plot(wma$wma1, type = "l")
lines(tp1)
```

Coeficientes de correlação dos dados suavizados ponderados com o original:

```
cor(wma$views,wma$wma1)
cor(wma$views,wma$wma2)
cor(wma$views,wma$wma3)
cor(wma$views,wma$wma4)
cor(wma$views,wma$wma5)
cor(wma$views,wma$wma6)
cor(wma$views,wma$wma7)
```

Suavização exponencial:

```
alpha<-0.1
sums<-views
exp_smooth<-1:40
exp_smooth[1]<-sums[1]
for(i in 2:40){ exp_smooth[i]<-sums[i]*alpha +(1-alpha)*exp_smooth[i-1]}
viewh<-data.frame(dates,sums,exp_smooth) #save date into structure
```

Visualização:

```
ggplot(viewh,mapping= aes(x=dates)) + geom_line(mapping= aes(y=sums, col="Real"),lwd=1.5) +
  geom_line(mapping= aes(y=exp_smooth, col="es"),lwd=1.5)+

scale_color_manual(values= c("Real"="blue","es"="red"))+ labs(x="",y="Views",title ="alpha = 0.3")+
  theme(legend.title = element_blank(),plot.title = element_text(hjust = 0.5))
```

Pontos de viragem:

```
tp_es<-turnpoints(exp_smooth)
summary(tp_es)
```

Visualização de pontos de viragem:

```
plot(views, type = "l")
lines(tp_es)
```

O coeficiente de correlação dos valores suavizados e reais:

```
cor(views,exp_smooth)
```

Filtragem mediana

```
med_fil<-1:40
med_fil[1]<-(5*sums[1]+2*sums[2]-sums[3])/6
med_fil[40]<-(-sums[38]+2*sums[39]+5*sums[40])/6
for(i in 2:39){med_fil[i]<-max(min(sums[i-1],sums[i]),min(sums[i],sums[i+1]),min(sums[i-1],sums[i+1]))}
viewh<-data.frame(dates,views,med_fil)
```

Visualização:

```
ggplot(viewh,mapping= aes(x=dates)) + geom_line(mapping= aes(y=views, col="Real"),lwd=1.5) +
  geom_line(mapping= aes(y=med_fil, col="Median"),lwd=1.5)+
  scale_color_manual(values= c("Real"="blue","Median"="red"))+
  labs(x="",y="Views",title ="Median filter")+
  theme(legend.title = element_blank(),plot.title = element_text(hjust = 0.5))
```

Pontos de viragem:

```
tp_mf<-turnpoints(med_fil)
summary(tp_mf)
```

Visualização de pontos de viragem:

```
plot(views, type = "l")
lines(tp_mf)
```

Coeficiente de correlação: `cor(vistas,med_fil)`

Em geral, a correlação pode ser descrita como qualquer relação estatística de dados. A correlação permite-nos ver as tendências das alterações nos valores médios das funções em função das alterações dos parâmetros. A correlação pode ser positiva ou negativa. Uma correlação negativa é uma correlação em que um aumento numa variável está associado a uma diminuição noutra, e o coeficiente de correlação é negativo. Uma correlação positiva é uma correlação em que o aumento de uma variável está relacionado com o aumento de outra, e o coeficiente de correlação é positivo.

Construção do campo de correlação (parcela)

```
plot(dt$likes, dt$dislikes, main="Correlation field",xlab="Likes", ylab="Dislikes")
```

Coeficiente de correlação:

```
cor(dt$views, dt$dislikes)
```

Relação de correlação:

```
ggscatter(dt, x = 'likes', y = 'dislikes', add = "reg.line", conf.int = TRUE,
      cor.coef = TRUE, cor.method = "pearson", xlab = "Likes", ylab = "Dislikes")
```

Construção de gráficos de funções de autocorrelação:

```
data <- cbind(dt$likes, dt$dislikes)
colnames(data) <- c("Likes", "Dislikes")
autocorelation <- acf(data, lag.max = 1,type = c("correlation"), plot = TRUE,
              xlab="Likes", ylab="Dislikes")
```

Separação dos dados em 3 partes:

```
part1 <- dt$likes[1:2666]
part2 <- dt$likes[2667:5332]
part3 <- dt$likes[5333:7998]
```

Foi construída uma matriz de correlação para as partes (rcorr):

```
mydata.rcorr = rcorr(as.matrix(cbind(part1, part2,  part3)))
```

Encontrar coeficientes de correlação múltiplos:

```
numericData <- cbind(dt$id, dt$views, dt$likes, dt$dislikes, dt$category_id, dt$comment_total)
chart.Correlation(numericData, histogram=TRUE, pch=19)
```

A análise de clusters não é um algoritmo separado, mas uma tarefa geral que deve ser resolvida. Por conseguinte, esta tarefa geral consiste em agrupar objectos de modo a que os objectos agrupados sejam mais semelhantes entre si do que outros objectos agrupados, e os grupos dados são designados por clusters. Em seguida, é efectuada uma análise destes agrupamentos através de experiências. Esta análise pode ser efectuada com a ajuda de diferentes algoritmos. Embora o conceito de "cluster" e a forma de o encontrar possam diferir significativamente entre estes algoritmos, a compreensão do modelo de cluster deste ou daquele algoritmo é a etapa fundamental para uma análise de investigação próspera. Construção de uma representação gráfica do agrupamento:

```
biblioteca(ggplot2)
library(factoextra)
ggplot(dt, aes(likes, views, col=dislikes)) + geom_point()
```

Agrupamento K-means e matriz de agrupamento:

```
set.seed(55)
cluster <- kmeans(cbind(dt$channel_title, dt$dislikes), 4, nstart = 20)
agrupamento
tabela(cluster$cluster, dt$category_id)
rdata <- cbind(dt$category_id) #Construção de um dendrograma
rdata <- na.omit(rdata)
data.hclust = hclust(dist(rdata), method = "single")
plot(data.hclust, labels = FALSE, hang = -1)
```

9.5 Resultados

Na Fig. 9.10, mostre os gostos e não gostos num gráfico ao longo do tempo. A partir do gráfico, já se pode ver uma ligeira dependência entre o número de gostos e de não gostos. Usando as fórmulas de Kendel, obtivemos valores iniciais e finais perdidos no cálculo das médias, dependendo da média pela qual calculamos os dados. É de notar que ma4, ma5, ma6, ma7 não são muito adequados para identificar tendências, uma vez que não temos um intervalo de datas significativo, apenas 40 dias. Para uma deteção mais precisa das tendências, é aconselhável utilizar ma1, ma2 ou ma3.

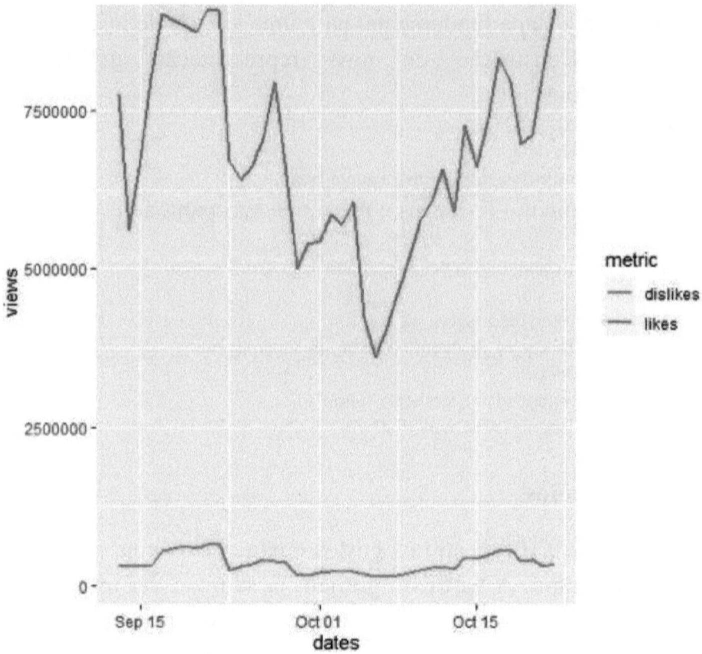

7500000
5000000
2500000
0
views
Sep 15
Oct 01
Oct 15
dates
metric
dislikes
likes

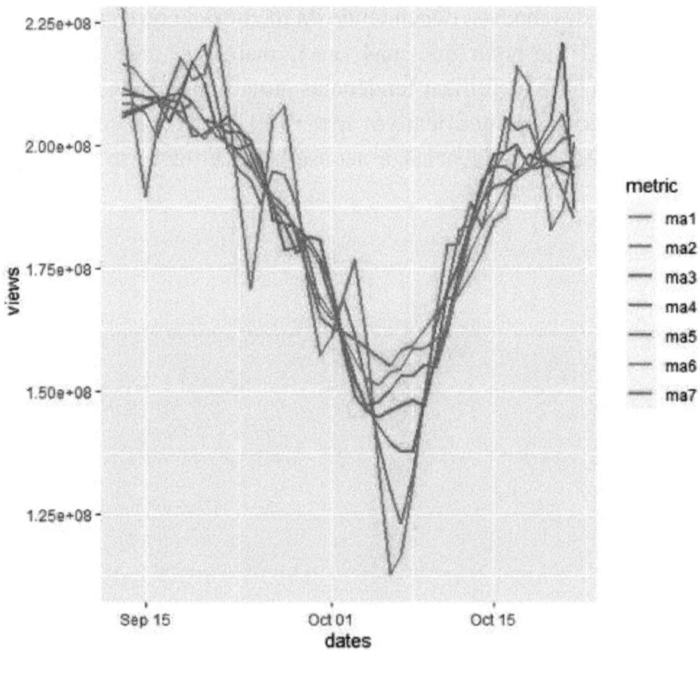

2.25e+08
2.00e+08
1.75e+08
1.50e+08
1.25e+08
views
Sep 15
Oct 01
Oct 15
dates
metric
ma1
ma2
ma3
ma4
ma5
ma6
ma7

Fig. 910. Gráfico de gostos e desgostos ao longo do tempo e gráficos de dados suavizados em k=3,5,7,9,11,13,15

	dates	views	ma1	ma2	ma3	ma4	ma5	ma6	ma7
1	2021-09-13	239818781	227850762	210111512	206392385	205597607	210517670	216760117	211578721
2	2021-09-14	180704846	204640884	208302773	207230618	206748773	210192594	215606497	210634805
3	2021-09-15	193399025	189647963	206494034	208068852	207899939	209867517	212390940	209690889
4	2021-09-16	194840017	203982180	201652314	208907085	209051106	209542441	210206351	208746973
5	2021-09-17	223707499	211385900	208365193	204637884	210202272	209217365	208021762	207803057
6	2021-09-18	215610185	217862308	211672263	210185260	210553690	208892288	205837174	206859141
7	2021-09-19	214269241	213271267	216611556	217268477	208587949	201820779	203652585	208731294
8	2021-09-20	209934374	214580032	220466365	212721786	205102744	202450907	201268056	204971308
9	2021-09-21	219536480	224150800	209946964	203911025	204302326	203852806	204157384	202106140
10	2021-09-22	242981546	208510401	199499550	199914750	202648150	205982451	204422171	200617011
11	2021-09-23	163013177	189342299	195039927	199136274	202943252	203540065	201616625	198186548
12	2021-09-24	162032174	170893869	192896613	200326522	201006809	198336222	196480824	195663034
13	2021-09-25	187636257	186162781	187953526	197084347	195277203	193124662	191971371	192089864
14	2021-09-26	208819913	204907427	194719141	184996686	188322270	188311292	188574503	189751709
15	2021-09-27	218266110	207975759	193986291	184129387	178767353	183817971	186313232	187435221
16	2021-09-28	196841253	191158428	187847455	183408690	179555885	178141272	183235190	181462293
17	2021-09-29	158367921	170717085	177480932	180904933	181612071	179642067	173801259	173800830
18	2021-09-30	156942080	157432432	167849702	176864639	180710479	175851910	169309056	165182869
19	2021-10-01	156987296	161346445	164589021	171329755	170879427	168304482	165592130	163094180
20	2021-10-02	170109959	169211702	168819823	160401069	158251475	159658320	161288021	162046068
21	2021-10-03	180537851	176723246	161499496	152722015	149014906	151787113	156479604	160759139
22	2021-10-04	179521927	160133408	151024945	146546307	146049897	147193408	152638544	158877972
23	2021-10-05	120340446	134825639	139745379	142931385	144868609	148099263	151389401	156993859
24	2021-10-06	104614544	112889039	129974378	139531461	146129168	150250201	153822978	155181411
25	2021-10-07	113712128	116669838	123332090	137787815	147294995	153251758	154800859	158354746
26	2021-10-08	131682843	130568486	132930467	137942168	148346837	153210356	158568601	159466665
27	2021-10-09	146310488	148775220	148128037	147894165	147250460	155522182	158838671	162653067
28	2021-10-10	168332330	165081739	163386497	157185592	156764625	154985723	160703707	165882991
29	2021-10-11	180602398	179646384	170980835	170364994	164431995	162662347	163706545	168870468
30	2021-10-12	190004425	180087119	182912325	176356141	174551017	173020918	171784203	169772323
31	2021-10-13	169654534	188542299	183970034	184709403	184203903	183169816	178586912	173726098
32	2021-10-14	205967937	183081116	188806218	191884616	192986071	188748626	183658830	178492093
33	2021-10-15	173620876	194790710	194517097	198277130	195732452	191779224	187075879	184660754
34	2021-10-16	204783318	198987672	205656191	198712178	195626304	192485782	191685998	186136454
35	2021-10-17	218558821	216230713	203072556	200139682	194081865	194816659	193430102	199353669
36	2021-10-18	225350001	212319528	204277792	195873473	198147143	195389744	195174206	195478990
37	2021-10-19	193049762	199348941	198542024	200533639	197026570	195685981	196918310	199085069
38	2021-10-20	179647060	182933766	196078667	205042049	195905997	195982218	198662414	202691148
39	2021-10-21	176104475	187331191	190562546	220771579	194785424	196278455	201331421	206297227
40	2021-10-22	206242037	200628679	185046424	187008410	193664851	196574692	202150622	194730665

Fig. 9.11. Dados suavizados de acordo com as fórmulas de Kendel

```
nbr observations  : 40
nbr ex-aequos     : 0
nbr turning points: 10 (first point is a pit)
E(p) = 25.33333 Var(p) = 6.788889 (theoretical)

   point type        proba       info
1      4  pit 1.736111e-03  9.1699250
2      8 peak 6.944444e-05 13.8137812
3     13  pit 5.952381e-03  7.3923174
4     14 peak 2.380952e-03  8.7142455
5     19  pit 5.952381e-03  7.3923174
6     20 peak 2.380952e-03  8.7142455
7     25  pit 3.061924e-09 28.2829142
8     34 peak 2.254690e-06 18.7586396
9     35  pit 6.666667e-01  0.5849625
10    36 peak 1.388889e-02  6.1699250
```

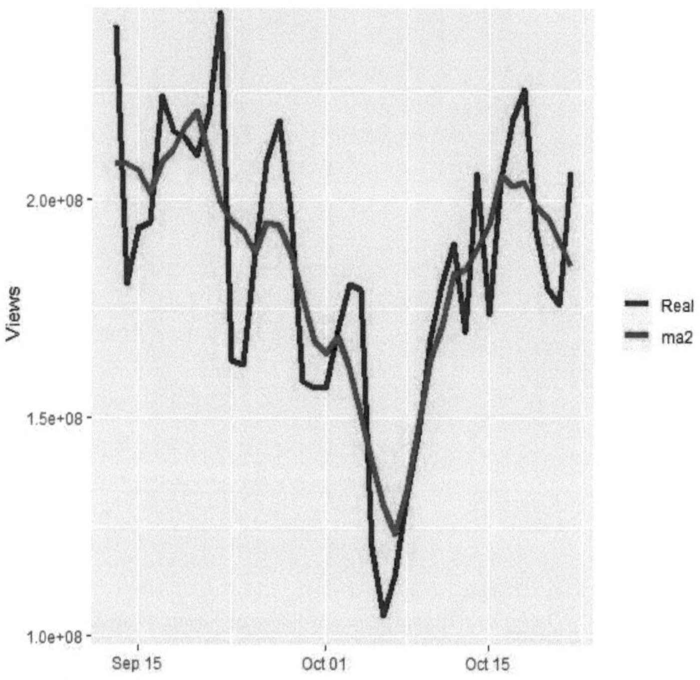

Fig. 9.12. Gráfico dos dados reais e dos dados suavizados em k=5 e pontos de viragem na suavização k=5

Este gráfico mostra claramente quando temos uma mudança de tendência. Os coeficientes de correlação são bastante significativos e positivos, o que é lógico, uma vez que dependem diretamente dos dados.

```
> cor(viewh$views,ma$ma1)
[1] 0.930209
> cor(viewh$views,ma$ma2)
[1] 0.8394417
> cor(viewh$views,ma$ma3)
[1] 0.7129804
> cor(viewh$views,ma$ma4)
[1] 0.7108885
> cor(viewh$views,ma$ma5)
[1] 0.7087793
> cor(viewh$views,ma$ma6)
[1] 0.7160276
> cor(viewh$views,ma$ma7)
[1] 0.713408
```

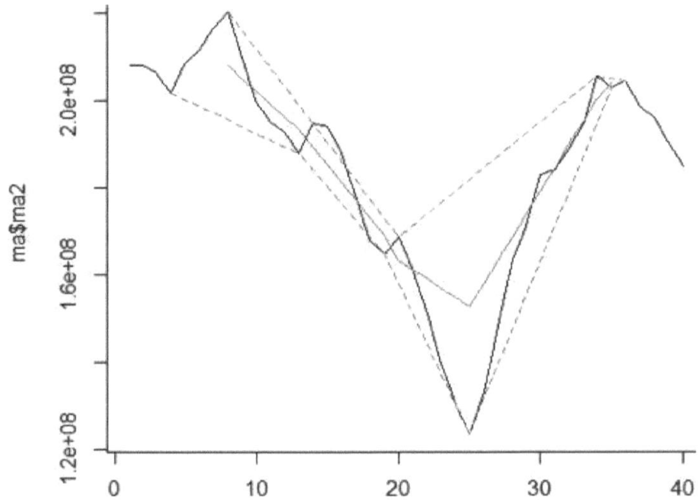

Fig. 9.13. Coeficientes de correlação dos dados suavizados e dos dados reais

Utilizando as fórmulas de Kendel, obtiveram-se os valores iniciais/finais perdidos no cálculo das médias, consoante a média a partir da qual se calcularam os dados.

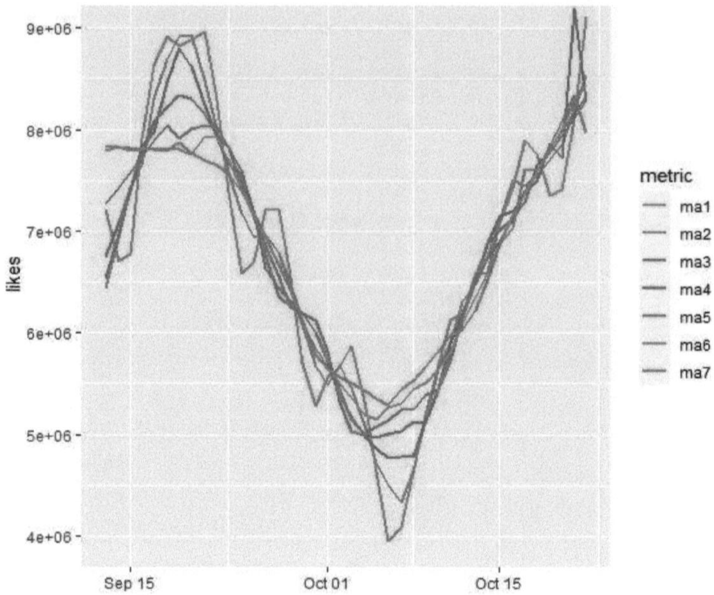

Fig. 9.14. Gráficos de dados estruturados em k=3,5,7,9,11,13,15

	dates	likes	ma1	ma2	ma3	ma4	ma5	ma6	ma7
1	2021-09-13	7752206	7208945	6440452	6535812	6754481	7269195	7795658	7845270
2	2021-09-14	5613566	6700089	6930221	6969177	7084139	7423373	7833710	7833797
3	2021-09-15	6734495	6777253	7419990	7402542	7413796	7577551	7798939	7822324
4	2021-09-16	7983698	7911392	7653093	7835908	7743453	7731729	7800579	7810850
5	2021-09-17	9015983	8639135	8297116	7975594	8073111	7885906	7802220	7799377
6	2021-09-18	8917724	8922463	8696220	8470318	8220258	8040084	7803860	7787904
7	2021-09-19	8833681	8827139	8914807	8804894	8341684	7917480	7805501	7880755
8	2021-09-20	8730012	8880109	8926916	8622423	8304913	8009613	7752218	7764957
9	2021-09-21	9076633	8961058	8484650	8249220	8154172	8039162	7931430	7693250
10	2021-09-22	9076528	8286520	7998626	7921977	7936789	8035491	7926976	7653140
11	2021-09-23	6706398	7395496	7578029	7668528	7828521	7822819	7698377	7564099
12	2021-09-24	6403561	6578995	7174610	7556142	7588845	7467745	7420139	7393846
13	2021-09-25	6627025	6696707	6947967	7213280	7175723	7155491	7151845	7183089
14	2021-09-26	7059536	7209959	6942007	6632620	6767084	6855481	6922687	6967521
15	2021-09-27	7943315	7226484	6663677	6445832	6361903	6562572	6688394	6782997
16	2021-09-28	6676600	6543941	6418048	6306738	6267263	6254178	6456793	6483114
17	2021-09-29	5011907	5695797	6092121	6196397	6187334	6195944	6084119	6118373
18	2021-09-30	5398883	5280231	5674385	5999920	6124978	5998508	5845590	5781603
19	2021-10-01	5429902	5561140	5475906	5731707	5810781	5723826	5662622	5642230
20	2021-10-02	5854635	5656246	5686689	5382445	5328804	5447957	5507913	5561804
21	2021-10-03	5684201	5868220	5453265	5181532	5034179	5145456	5364654	5503857
22	2021-10-04	6065824	5327262	5088388	4985261	4990168	5010962	5196538	5438411
23	2021-10-05	4231762	4634368	4722458	4868961	4967755	5078772	5150481	5347208
24	2021-10-06	3605519	3954088	4508778	4775037	5004190	5140497	5270739	5295779
25	2021-10-07	4024982	4082102	4335047	4785553	5028992	5244621	5309684	5445766
26	2021-10-08	4615805	4612651	4640257	4787272	5127999	5249215	5450592	5526186
27	2021-10-09	5197165	5190261	5134724	5122058	5110148	5392624	5508327	5656196
28	2021-10-10	5757814	5677612	5644781	5450579	5446809	5441657	5638777	5821273
29	2021-10-11	6077856	6136978	5902654	5912968	5780105	5727865	5813006	5973947
30	2021-10-12	6575264	6186096	6315562	6197166	6152891	6157436	6100893	6034934
31	2021-10-13	5905169	6580713	6485036	6509006	6565667	6516465	6360517	6226894
32	2021-10-14	7261706	6590687	6745475	6876575	6874238	6731449	6597916	6528871
33	2021-10-15	6605186	7082314	7096581	7147496	7010107	6905449	6868636	6867406
34	2021-10-16	7380050	7438677	7510408	7205406	7124918	7121572	7169087	7036505
35	2021-10-17	8330794	7895049	7454193	7377690	7298241	7396587	7382705	7620981
36	2021-10-18	7974303	7761909	7555388	7502471	7653558	7604821	7596324	7602225
37	2021-10-19	6980631	7355365	7706412	7859305	7821346	7776203	7809943	7847165
38	2021-10-20	7111161	7408988	7860858	7719500	7989134	7947585	8023561	8092105
39	2021-10-21	8135172	8116451	8202055	9193207	8156922	8118968	8268816	8337044
40	2021-10-22	9103021	9112381	8543253	8278718	8324710	8290350	8450799	7968084

Fig. 9.15. Dados suavizados de acordo com as fórmulas de Kendel

Pode notar-se que ma4, ma5, ma6, ma7 não são muito adequados para identificar tendências, uma vez que não temos um intervalo de datas significativo, apenas 40 dias. Para uma deteção mais precisa das tendências, é aconselhável utilizar ma1, ma2 ou ma3.

```
nbr observations  : 40
nbr ex-aequos     : 0
nbr turning points: 6 (first point is a peak)
E(p) = 25.33333 Var(p) = 6.788889 (theoretical)

  point type        proba      info
1     8 peak 5.232270e-13 40.797628
2    19  pit 2.119794e-08 25.491501
3    20 peak 2.380952e-03  8.714246
4    25  pit 3.061924e-09 28.282914
5    34 peak 2.254690e-06 18.758640
6    35  pit 2.380952e-03  8.714246
```

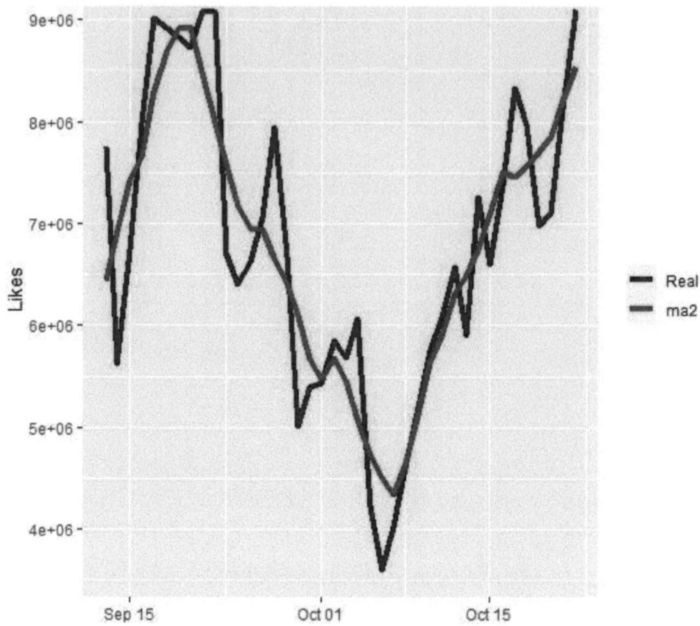

Fig. 9.16. Gráfico dos dados reais e dos dados suavizados com k=5 e pontos de viragem com suavização k=5

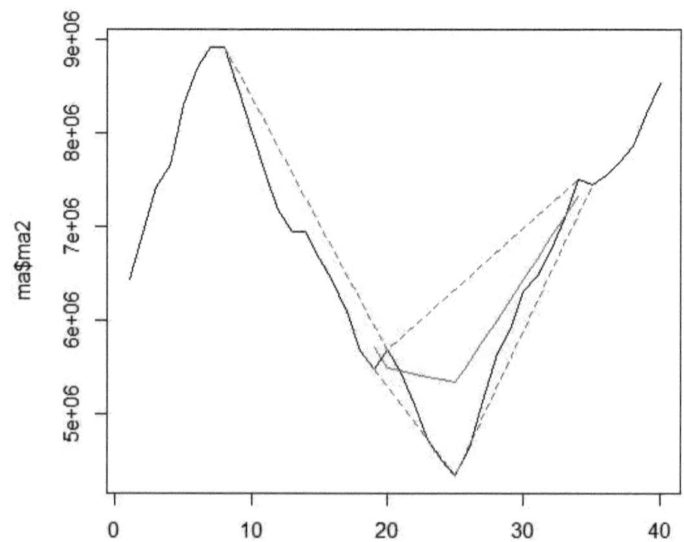

```
> cor(viewh$likes,ma$ma1)
[1] 0.9634537
> cor(viewh$likes,ma$ma2)
[1] 0.905811
> cor(viewh$likes,ma$ma3)
[1] 0.8585738
> cor(viewh$likes,ma$ma4)
[1] 0.8479456
> cor(viewh$likes,ma$ma5)
[1] 0.8404666
> cor(viewh$likes,ma$ma6)
[1] 0.823287
> cor(viewh$likes,ma$ma7)
[1] 0.8143748
```

Fig. 9.17. Coeficientes de correlação dos dados suavizados e reais

	dates	dislikes	ma1	ma2	ma3	ma4	ma5	ma6	ma7
1	2021-09-13	322647	317815.2	269396.6	244568.1	267702.4	345538.3	408902.8	428059.6
2	2021-09-14	303191	312854.7	313362.3	306140.5	318360.3	369907.1	416776.9	429401.4
3	2021-09-15	312726	307975.7	357328.0	367712.9	369018.1	394275.9	420818.1	430743.3
4	2021-09-16	308010	386934.0	409610.8	429285.3	419675.9	418644.7	426775.7	432085.1
5	2021-09-17	540066	477379.0	475831.8	467705.4	470333.8	443013.5	432733.4	433427.0
6	2021-09-18	584061	586141.0	531604.2	515309.4	508584.8	467382.4	438691.0	434768.8
7	2021-09-19	634296	603315.0	597286.0	565906.6	501707.6	464453.9	444648.7	441655.4
8	2021-09-20	591588	620767.7	622654.0	556376.0	499230.7	468599.5	450416.3	437452.5
9	2021-09-21	636419	631637.7	554101.0	520714.3	503762.1	476317.7	456611.5	439838.7
10	2021-09-22	666906	514873.7	485328.6	487104.6	487935.4	483201.3	460128.0	430125.3
11	2021-09-23	241296	399545.3	436769.6	453294.6	465676.3	466689.8	448549.5	420155.1
12	2021-09-24	290434	293507.7	389011.0	423600.4	435025.7	427910.5	419557.7	412492.3
13	2021-09-25	348793	345617.7	332375.6	383889.1	386792.4	385081.2	389481.3	390704.9
14	2021-09-26	397626	376716.0	355804.4	311115.3	334209.6	348852.1	357093.5	367082.9
15	2021-09-27	383729	379931.7	329215.4	299954.9	281560.9	310382.6	329258.5	339404.4
16	2021-09-28	358440	299886.0	292091.4	286045.4	278445.2	270639.5	297158.4	311425.5
17	2021-09-29	157489	226367.3	251179.8	266682.9	271700.6	268623.4	259081.3	278540.4
18	2021-09-30	163173	171243.3	217085.0	242698.0	257292.2	257847.9	251531.1	243445.9
19	2021-10-01	193068	189832.0	191343.4	219182.1	232212.0	239152.5	239996.8	238008.0
20	2021-10-02	213255	212018.3	203669.2	192534.1	205480.2	215776.4	225453.3	231285.1
21	2021-10-03	229732	220701.7	205415.4	190484.7	181263.4	195412.5	209450.5	223937.6
22	2021-10-04	219118	206918.0	195430.4	187244.1	181512.1	180062.5	198285.3	216595.9
23	2021-10-05	171904	178055.0	180877.2	182481.1	184447.3	187434.5	192828.5	211348.7
24	2021-10-06	143143	151845.3	166876.2	179100.4	189504.3	198737.1	204177.1	204704.4
25	2021-10-07	140489	147786.3	160970.6	180364.6	197753.9	208914.6	211531.1	224247.1
26	2021-10-08	159727	163268.7	174306.0	190133.6	206119.3	213052.8	231343.5	241396.0
27	2021-10-09	189590	195966.0	203177.6	209150.3	210525.7	233134.4	247278.2	260753.7
28	2021-10-10	238581	238557.3	236084.0	225669.1	241495.1	251433.4	266793.8	282598.9
29	2021-10-11	287501	277034.3	255893.6	269974.9	272302.2	279754.3	291548.8	305115.5
30	2021-10-12	305021	283765.7	308101.4	307214.9	310407.2	315917.0	321977.8	315861.9
31	2021-10-13	258775	338141.7	344466.6	349192.6	352763.4	354734.5	340221.7	331406.3
32	2021-10-14	450629	376603.7	383653.2	392385.7	394751.3	374787.8	360574.0	341912.9
33	2021-10-15	420407	451490.0	430835.6	432382.9	410499.4	394376.8	371421.4	355067.1
34	2021-10-16	483434	481591.3	492576.8	443139.0	423562.6	400027.9	382822.3	367174.6
35	2021-10-17	540933	530616.0	478513.8	464038.1	423087.2	404600.7	392605.7	400524.8
36	2021-10-18	567481	496242.7	475446.2	442625.9	431868.0	405833.9	402389.1	403298.9
37	2021-10-19	380314	450954.7	438908.0	430825.1	413073.8	400222.2	412172.4	419376.2
38	2021-10-20	405069	362042.0	398281.8	469385.4	394279.7	394610.6	421955.8	435453.5
39	2021-10-21	300743	347871.3	344388.9	422766.6	375485.5	388998.9	433050.1	451530.8
40	2021-10-22	337802	314237.8	290496.0	315144.3	356691.4	383387.3	441522.6	417375.3

Fig. 9.18. Dados suavizados de acordo com as fórmulas de Kendel

Utilizando as fórmulas de Kendel, obtivemos os valores iniciais e finais perdidos no cálculo das médias, consoante a média a partir da qual calculámos os dados.

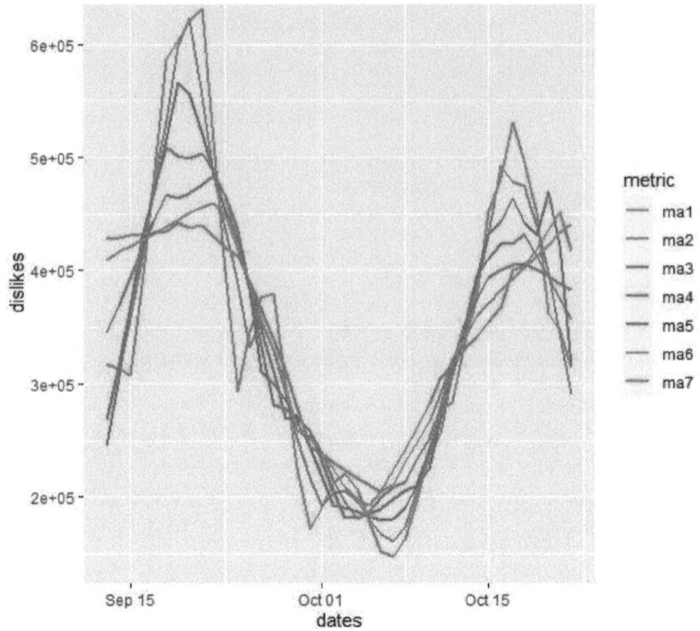

Fig. 9.19. Gráficos de dados estruturados em k=3,5,7,9,11,13,15

Pode notar-se que ma4, ma5, ma6, ma7 não são muito adequados para identificar tendências, uma vez que não temos um intervalo de datas significativo, apenas 40 dias. Para uma deteção mais precisa das tendências, é aconselhável utilizar ma1, ma2 ou ma3.

```
nbr observations  : 40
nbr ex-aequos     : 0
nbr turning points: 7 (first point is a peak)
E(p) = 25.33333 Var(p) = 6.788889 (theoretical)

  point type        proba      info
1     8 peak 2.967711e-07 21.684146
2    13  pit 5.952381e-03  7.392317
3    14 peak 2.380952e-03  8.714246
4    19  pit 1.736111e-03  9.169925
5    21 peak 5.952381e-03  7.392317
6    25  pit 1.640317e-08 25.861450
7    34 peak 6.151187e-10 30.598416
```

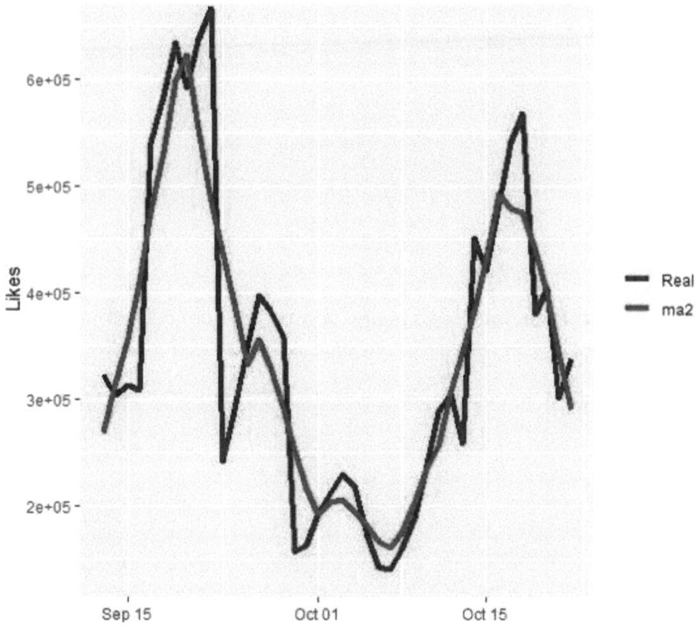

Fig. 9.20. Gráfico dos dados reais e dos dados alisados com k=5 e pontos de viragem com alisamento k=5

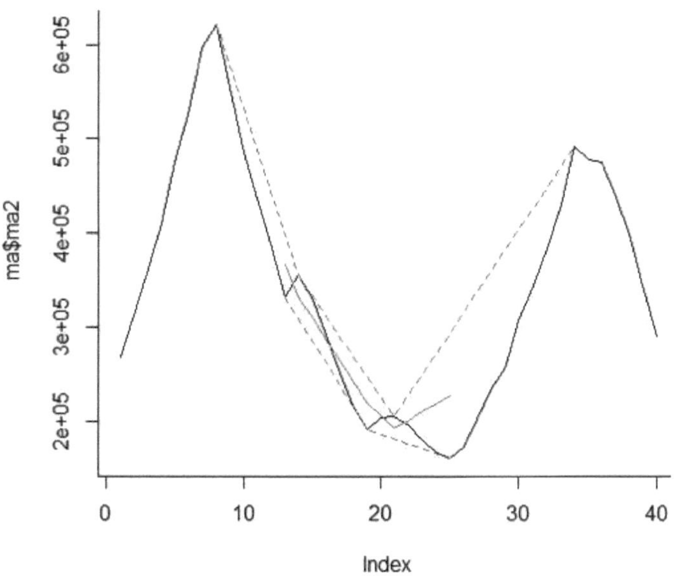

```
> cor(viewh$dislikes,ma$ma1)
[1] 0.9461382
> cor(viewh$dislikes,ma$ma2)
[1] 0.9059614
> cor(viewh$dislikes,ma$ma3)
[1] 0.8538839
> cor(viewh$dislikes,ma$ma4)
[1] 0.8401795
> cor(viewh$dislikes,ma$ma5)
[1] 0.8054417
> cor(viewh$dislikes,ma$ma6)
[1] 0.7487344
> cor(viewh$dislikes,ma$ma7)
[1] 0.7246649
```

Fig. 9.21. Visualização dos pontos de viragem e dos coeficientes de correlação entre os dados suavizados e os dados reais

	dates	views	wma1	wma2	wma3	wma4	wma5	wma6	wma7
1	2021-09-13	239818781	227850762	210111512	206392385	205597607	210517670	216760117	211578721
2	2021-09-14	180704846	200628679	208302773	207230618	206748773	210192594	215606497	210634805
3	2021-09-15	193399025	196904258	190562546	208068852	207899939	209867517	212390940	209690889
4	2021-09-16	194840017	192003825	185046424	205042049	209051106	209542441	210206351	208746973
5	2021-09-17	223707499	209033593	205288207	220771579	197026570	209217365	208021762	207803057
6	2021-09-18	215610185	214847595	208326925	187008410	195905997	195389744	205837174	206859141
7	2021-09-19	214269241	216289265	212532567	209745318	194785424	195685981	202150622	208731294
8	2021-09-20	209934374	212325298	213055627	210002140	193664851	195982218	201331421	194730665
9	2021-09-21	219536480	215457905	215677033	213726789	211737160	196278455	198662414	206297227
10	2021-09-22	242981546	229658662	224467029	221925861	218293015	196574692	196918310	202691148
11	2021-09-23	163013177	199089851	205315967	208362036	208784913	208350494	195174206	199085069
12	2021-09-24	162032174	175850737	189344370	195689633	199473758	200540475	193430102	195478990
13	2021-09-25	187636257	174997716	185389939	191620941	195980460	198176388	199283407	199353669
14	2021-09-26	208819913	193960738	189983268	193847232	196883978	199237889	200021597	186136454
15	2021-09-27	218266110	210012402	198439767	198629690	200007570	201640107	202449890	202768837
16	2021-09-28	196841253	205979315	201402342	197758373	198787170	200116574	201404729	201752580
17	2021-09-29	158367921	181175397	189285269	188079267	190259392	192587883	194825550	196285303
18	2021-09-30	156942080	164067223	176937198	181065615	182592367	185688860	188443472	190825937
19	2021-10-01	156987296	157202328	166650479	174280092	176325373	179665965	182801540	185676030
20	2021-10-02	170109959	163541092	164193488	170955409	174593894	176632410	179678481	182481896
21	2021-10-03	180537851	173136795	168422871	170863639	174790287	176085723	178530388	181037894
22	2021-10-04	179521927	178291907	173400506	171527961	174372258	176315832	177560201	179759171
23	2021-10-05	120340446	150100507	157240714	158780634	162298252	166432229	168575238	171372325
24	2021-10-06	104614544	122341075	138279063	144834003	149045275	154559334	158691421	161766356
25	2021-10-07	113712128	111784320	125841457	135081531	140137406	145460609	150749003	154255268
26	2021-10-08	131682843	121181222	123153945	131365665	136670993	140798029	145904819	150067765
27	2021-10-09	146310488	136001546	128599315	132210440	136723111	139885258	143765172	147969803
28	2021-10-10	168332330	154883468	143599395	139410658	141415855	143408412	145458418	148755586
29	2021-10-11	180602398	170797057	159490039	150114303	148310501	148825601	149453255	151235993
30	2021-10-12	190004425	183258400	173448835	163129868	156852387	155451305	154969687	155126800
31	2021-10-13	169654534	178262475	175538181	168569960	161113927	158185101	157231338	156709385
32	2021-10-14	205967937	191202884	187200548	180765546	172857422	166978031	164540920	163057700
33	2021-10-15	173620876	183742173	184103399	181579517	176228672	169994480	166691245	164965966
34	2021-10-16	204783318	194593274	191041160	188686311	184298937	178294080	173254766	170630548
35	2021-10-17	218558821	206477329	200958694	197148665	193100498	187610159	181519782	177618767
36	2021-10-18	225350001	219658494	211236329	205515012	201329717	196331672	190325990	185052144
37	2021-10-19	193049762	208068018	207034186	204208170	201342456	197978330	193363927	188074555
38	2021-10-20	179647060	191731784	199225687	199441890	198125377	196461402	193515377	189308897
39	2021-10-21	176104475	180109551	189834582	193433088	194221011	193848944	192436183	189606195
40	2021-10-22	206242037	191763687	192401253	196025229	196653046	196141653	195174206	193074938

Fig. 9.22. Dados suavizados de acordo com as fórmulas de Pollard

O número de pontos de viragem permite uma melhor análise das tendências. Como podemos ver, as tendências do atributo visualizações são melhor visualizadas. Este facto deve-se à peculiaridade dos dados. Os coeficientes de correlação estão próximos de 1 e diminuem à medida que o passo aumenta, uma vez que cada vez menos dados afectam a média. Tal como no caso de uma média móvel simples, para os nossos dados, é preferível não utilizar médias com um passo mais significativo do que 7 para obter informações mais exactas.

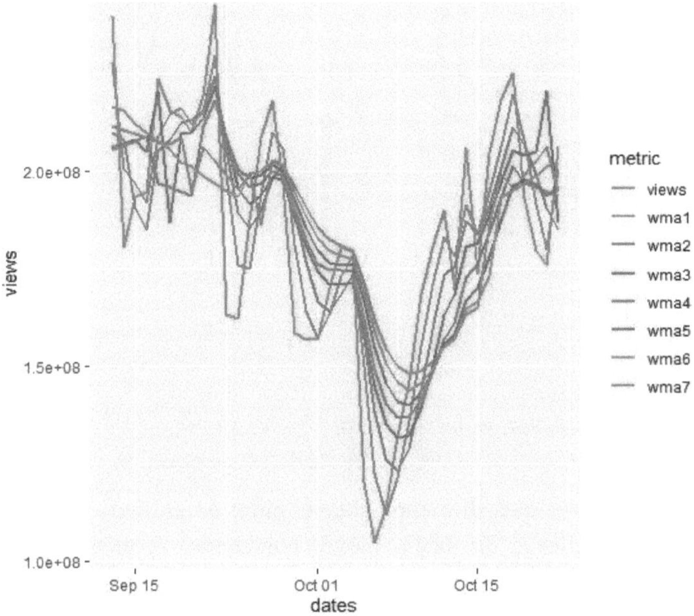

Fig. 9.23. Visualização dos dados reais e estruturados

```
nbr observations  : 40
nbr ex-aequos     : 0
nbr turning points: 11 (first point is a pit)
E(p) = 25.33333 Var(p) = 6.788889 (theoretical)

   point type        proba      info
1      4  pit 4.629630e-05 14.398744
2     10 peak 6.944444e-05 13.813781
3     13  pit 7.936508e-03  6.977280
4     16 peak 1.736111e-03  9.169925
5     20  pit 7.936508e-03  6.977280
6     22 peak 5.952381e-03  7.392317
7     26  pit 1.052189e-05 16.536247
8     32 peak 1.041667e-03  9.906891
9     33  pit 6.666667e-02  3.906891
10    36 peak 7.936508e-03  6.977280
11    39  pit 1.000000e-01  3.321928
```

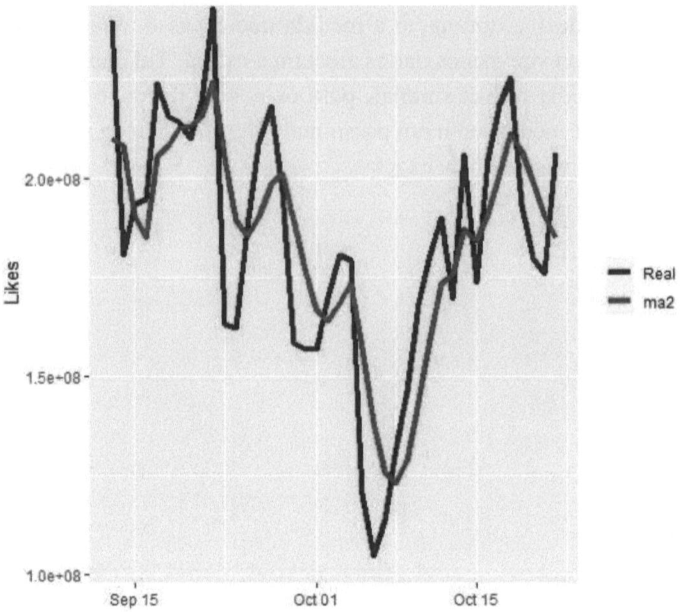

Fig. 9.24. Visualização dos dados reais e suavizados em w=5 e dos pontos de rotação em w = 5

Notamos uma diferença notável entre os gráficos da média móvel simples e da média móvel ponderada. A média móvel ponderada reage às alterações mais rapidamente do que a média móvel simples. Embora os resultados sejam bastante imprecisos, podem permitir-nos fazer previsões, uma vez que os métodos de suavização não foram concebidos para fazer previsões.

Em comparação com um gráfico de média móvel simples, podemos dizer que a média móvel ponderada é mais adequada para detetar tendências numa série cronológica.

```
> cor(wma$views,wma$wma1)
[1] 0.9177515
> cor(wma$views,wma$wma2)
[1] 0.8169842
> cor(wma$views,wma$wma3)
[1] 0.7533848
> cor(wma$views,wma$wma4)
[1] 0.6916134
> cor(wma$views,wma$wma5)
[1] 0.6161428
> cor(wma$views,wma$wma6)
[1] 0.6050743
> cor(wma$views,wma$wma7)
[1] 0.5634467
```

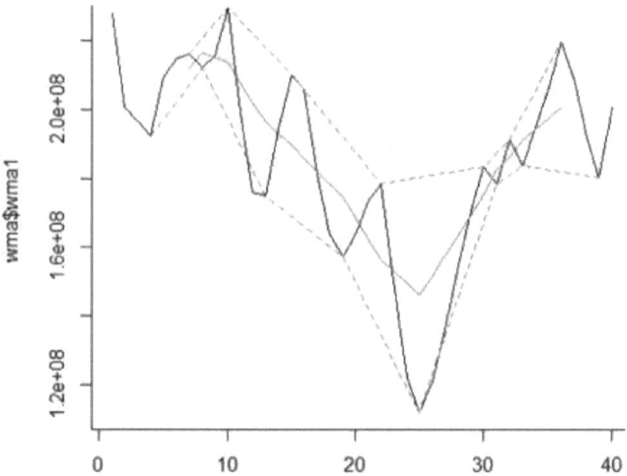

Fig. 9.25. Coeficientes de correlação dos dados reais e suavizados

À medida que o passo aumenta, o coeficiente de correlação diminui, uma vez que os valores têm menos influência na média. A regularização exponencial depende diretamente dos dados mais recentes, ou seja, da forma como a média ponderada irá reagir rapidamente às alterações.

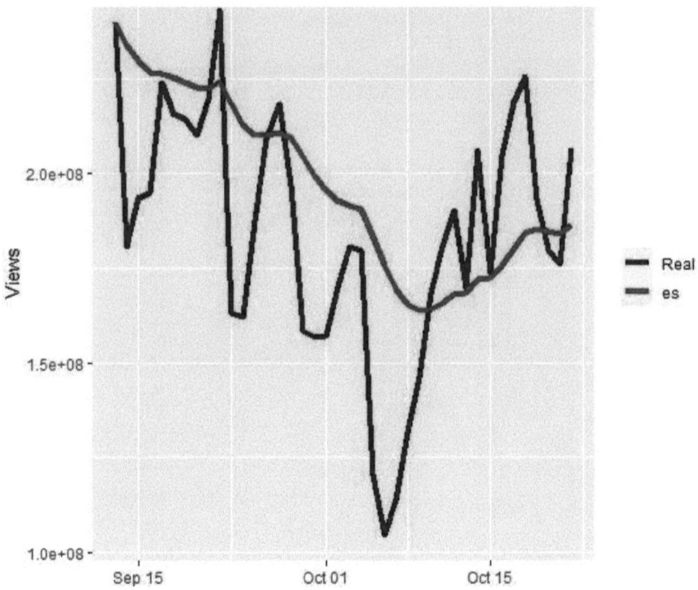

2.0e+08
1.5e+08
1.0e+08
Views
Sep 15
Oct 01
Oct 15
Real
es

	dates	views	exp_smooth
1	2021-09-13	239818781	239818781
2	2021-09-14	180704846	222084601
3	2021-09-15	193399025	213478928
4	2021-09-16	194840017	207887255
5	2021-09-17	223707499	212633328
6	2021-09-18	215610185	213526385
7	2021-09-19	214269241	213749242
8	2021-09-20	209934374	212604781
9	2021-09-21	219536480	214684291
10	2021-09-22	242981546	223173468
11	2021-09-23	163013177	205125380
12	2021-09-24	162032174	192197418
13	2021-09-25	187636257	190829070
14	2021-09-26	208819913	196226323
15	2021-09-27	218266110	202838259
16	2021-09-28	196841253	201039157
17	2021-09-29	158367921	188237786
18	2021-09-30	156942080	178849074
19	2021-10-01	156987296	172290541
20	2021-10-02	170109959	171636366
21	2021-10-03	180537851	174306812
22	2021-10-04	179521927	175871346
23	2021-10-05	120340446	159212076
24	2021-10-06	104614544	142832817
25	2021-10-07	113712128	134096610
26	2021-10-08	131682843	133372480
27	2021-10-09	146310488	137253882
28	2021-10-10	168332330	146577417
29	2021-10-11	180602398	156784911
30	2021-10-12	190004425	166750765
31	2021-10-13	169654534	167621896
32	2021-10-14	205967937	179125708
33	2021-10-15	173620876	177474259
34	2021-10-16	204783318	185666976
35	2021-10-17	218558821	195534530
36	2021-10-18	225350001	204479171
37	2021-10-19	193049762	201050348
38	2021-10-20	179647060	194629362
39	2021-10-21	176104475	189071896
40	2021-10-22	206242037	194222938

Fig. 9.26. Dados suavizados exponencialmente e visualização dos dados suavizados em alfa = 0,1

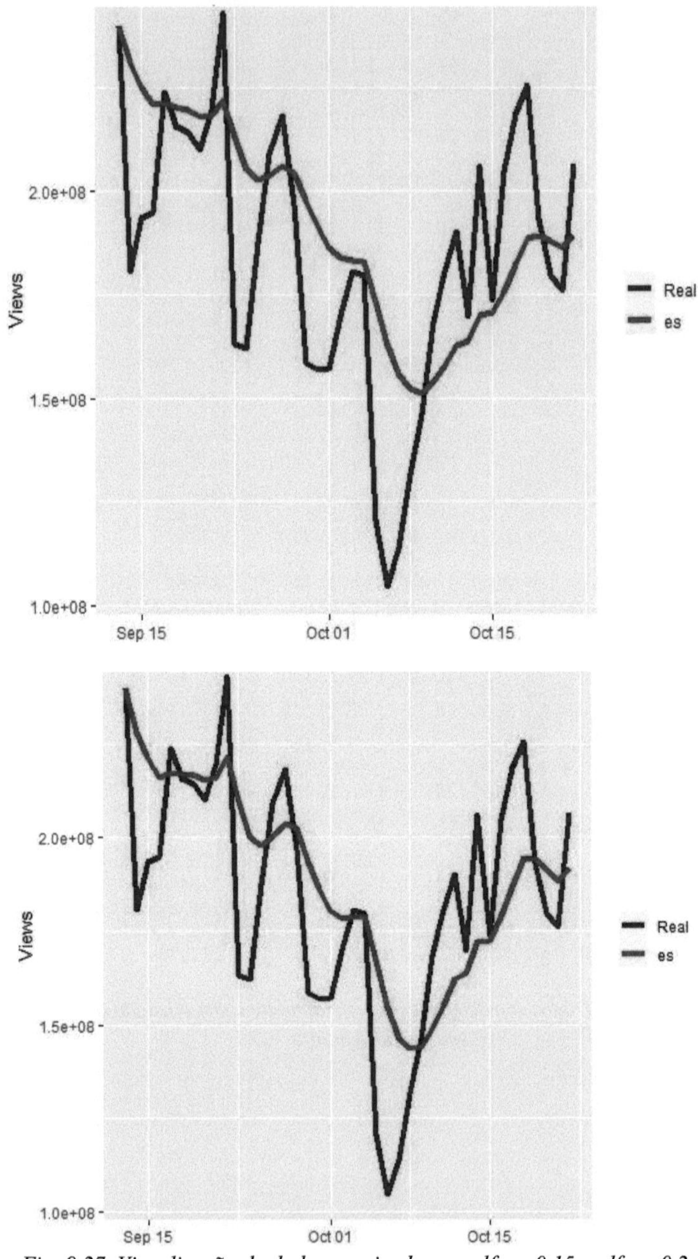

Fig. 9.27. Visualização de dados suavizados em alfa = 0,15 e alfa = 0,2

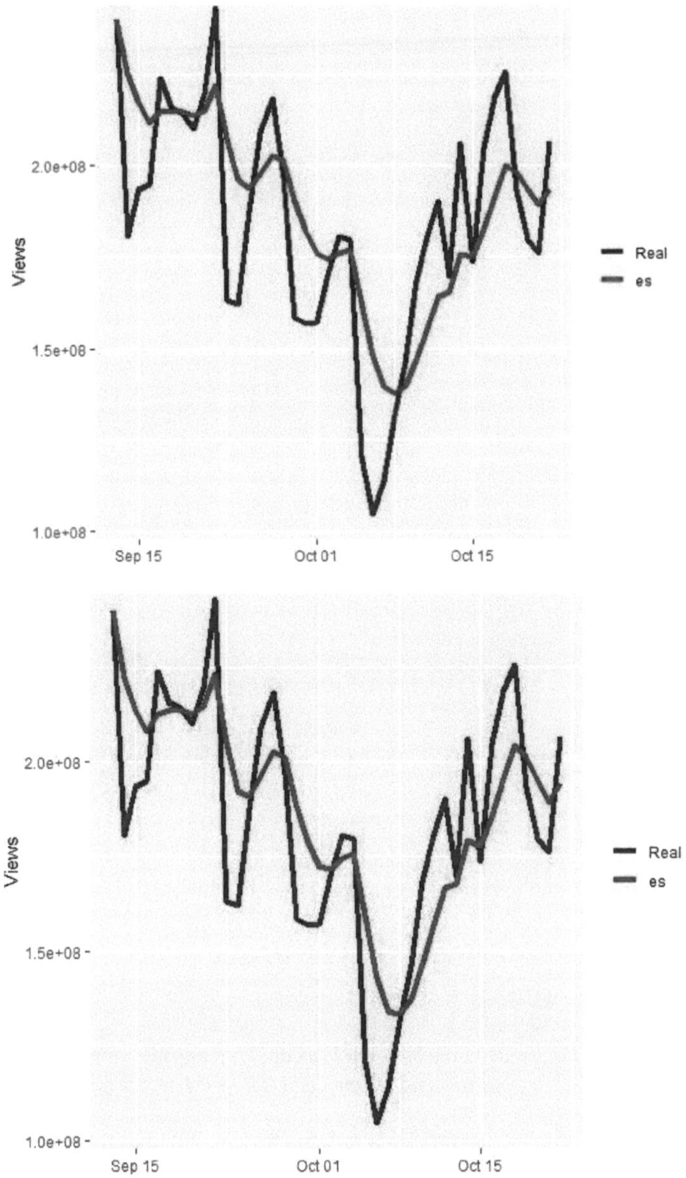

Fig. 9.28. Visualização de dados suavizados em alfa = 0,25 e alfa = 0,3

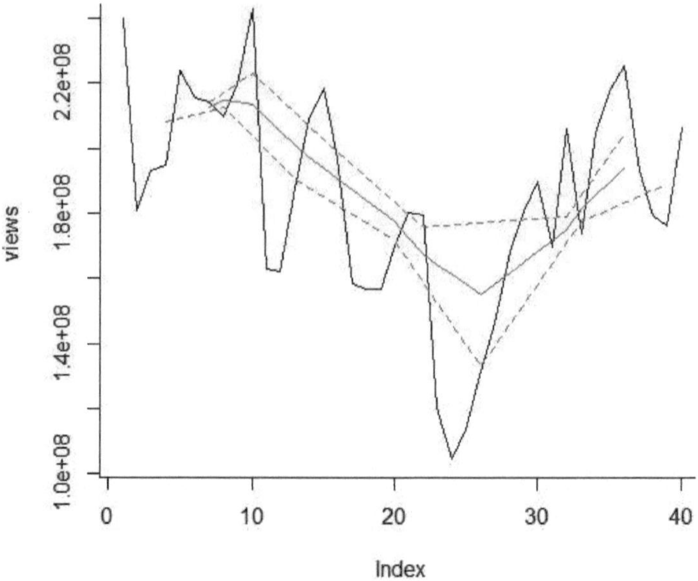


```
nbr observations  : 40
nbr ex-aequos     : 0
nbr turning points: 13 (first point is a pit)
E(p) = 25.33333 Var(p) = 6.788889 (theoretical)

   point type        proba      info
1      4  pit 7.936508e-03  6.977280
2      7 peak 1.000000e-01  3.321928
3      8  pit 2.500000e-01  2.000000
4     10 peak 2.777778e-02  5.169925
5     13  pit 2.777778e-02  5.169925
6     15 peak 1.041667e-03  9.906891
7     20  pit 1.736111e-03  9.169925
8     22 peak 5.952381e-03  7.392317
9     26  pit 1.052189e-05 16.536247
10    32 peak 1.041667e-03  9.906891
11    33  pit 6.666667e-02  3.906891
12    36 peak 7.936508e-03  6.977280
13    39  pit 1.000000e-01  3.321928
```

Fig. 9.29. Pontos de viragem e visualização dos pontos de viragem com suavização exponencial, alfa =0,1

```
> cor(views,exp_smooth)
[1] 0.8010819
```

Fig. 9.30. Coeficientes de correlação dos dados reais e dos dados suavizados exponencialmente com alfa =0,1

A regularização da mediana elimina completamente valores extremos ou anómalos de níveis únicos separados entre si por, pelo menos, metade do intervalo de regularização; preserva alterações acentuadas na tendência (a média móvel e a regularização exponencial suavizam-nas); elimina eficazmente níveis únicos com valores muito grandes ou mínimos que são aleatórios e se destacam acentuadamente de outros níveis.

	dates	views	med_fil
1	2021-09-13	239818781	227850762
2	2021-09-14	180704846	193399025
3	2021-09-15	193399025	193399025
4	2021-09-16	194840017	194840017
5	2021-09-17	223707499	215610185
6	2021-09-18	215610185	215610185
7	2021-09-19	214269241	214269241
8	2021-09-20	209934374	214269241
9	2021-09-21	219536480	219536480
10	2021-09-22	242981546	219536480
11	2021-09-23	163013177	163013177
12	2021-09-24	162032174	163013177
13	2021-09-25	187636257	187636257
14	2021-09-26	208819913	208819913
15	2021-09-27	218266110	208819913
16	2021-09-28	196841253	196841253
17	2021-09-29	158367921	158367921
18	2021-09-30	156942080	156987296
19	2021-10-01	156987296	156987296
20	2021-10-02	170109959	170109959
20	2021-10-02	170109959	170109959
21	2021-10-03	180537851	179521927
22	2021-10-04	179521927	179521927
23	2021-10-05	120340446	120340446
24	2021-10-06	104614544	113712128
25	2021-10-07	113712128	113712128
26	2021-10-08	131682843	131682843
27	2021-10-09	146310488	146310488
28	2021-10-10	168332330	168332330
29	2021-10-11	180602398	180602398
30	2021-10-12	190004425	180602398
31	2021-10-13	169654534	190004425
32	2021-10-14	205967937	173620876
33	2021-10-15	173620876	204783318
34	2021-10-16	204783318	204783318
35	2021-10-17	218558821	218558821
36	2021-10-18	225350001	218558821
37	2021-10-19	193049762	193049762
38	2021-10-20	179647060	179647060
39	2021-10-21	176104475	179647060
40	2021-10-22	206242037	200628679

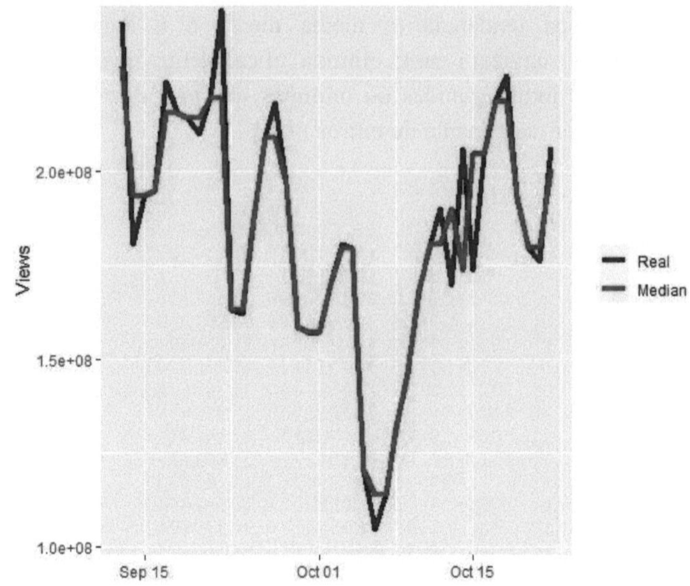

Fig. 9.31. Filtragem da mediana e visualização da filtragem da mediana

Como se pode ver nas Fig. 9.31-9.33, a filtragem da mediana eliminou os níveis aleatórios que são aleatórios. Como resultado, temos um programa mais estável.

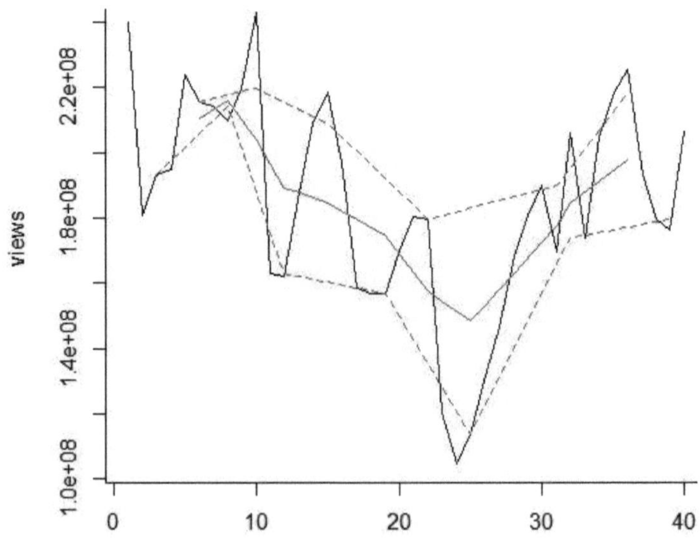

```
nbr observations  : 40
nbr ex-aequos     : 13
nbr turning points: 13 (first point is a pit)
E(p) = 25.33333 Var(p) = 6.788889 (theoretical)

   point type       proba      info
1      3  pit 0.250000000 2.0000000
2      6 peak 0.250000000 2.0000000
3      8  pit 0.666666667 0.5849625
4     10 peak 0.666666667 0.5849625
5     12  pit 0.250000000 2.0000000
6     15 peak 0.027777778 5.1699250
7     19  pit 0.027777778 5.1699250
8     22 peak 0.100000000 3.3219281
9     25  pit 0.001041667 9.9068906
10    31 peak 0.005952381 7.3923174
11    32  pit 0.250000000 2.0000000
12    36 peak 0.100000000 3.3219281
13    39  pit 0.250000000 2.0000000
```

Fig. 9.32. Pontos de viragem e visualização dos pontos de viragem na filtragem da mediana

```
> cor(views,med_fil)
[1] 0.9556164
```

Fig. 9.33. Coeficiente de correlação

Note-se que a correlação é elevada porque a filtragem da mediana não calcula nem generaliza, mas mostra a mediana num intervalo específico. É por isso que a filtragem da mediana é muito eficaz quando se estudam séries cronológicas.

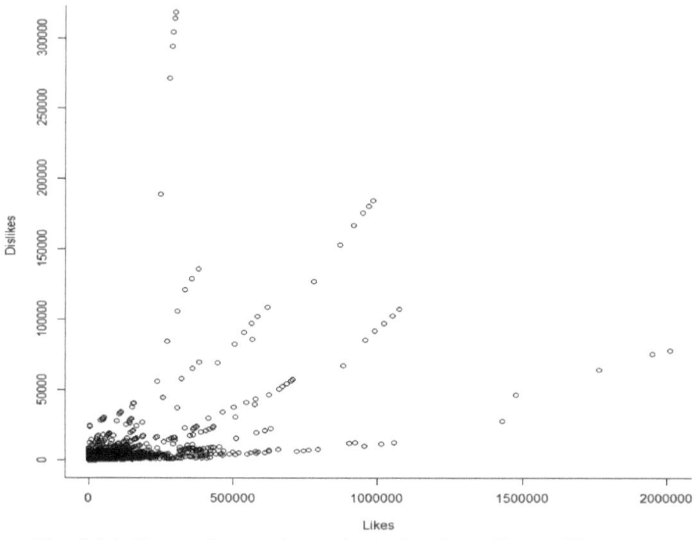

Fig. 9.34. Campo de correlação dos indicadores Gosto e Não gosto

```
> cor(dt$views, dt$dislikes)
[1] 0.5419003
```

Fig. 9.35. Coeficiente de correlação

Este valor mostra-nos uma influência bastante evidente no número de visualizações e de não gostos dos vídeos na plataforma YouTube.

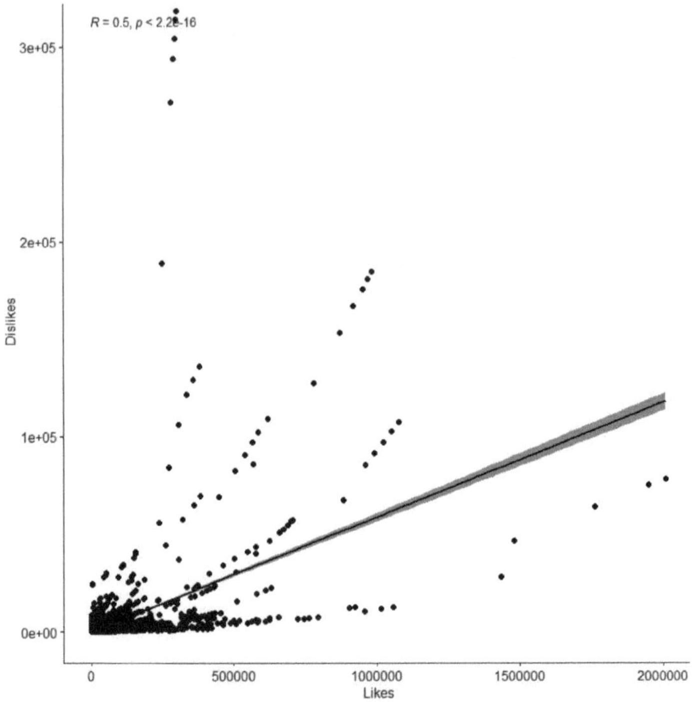

Fig. 9.36. Relação de correlação

Graças a este gráfico de correlação, podemos observar que, com um aumento rápido do número de gostos, o número de não gostos também aumenta ligeiramente.

A partir desta visualização, é possível concluir que o nosso quadro é estacionário, e como os dados em qualquer intervalo não são iguais a zero, segue-se a sua regularidade. Podemos concluir que o atributo pelo qual a matriz é construída é relativamente homogéneo, o que é lógico porque este atributo é apreciado.

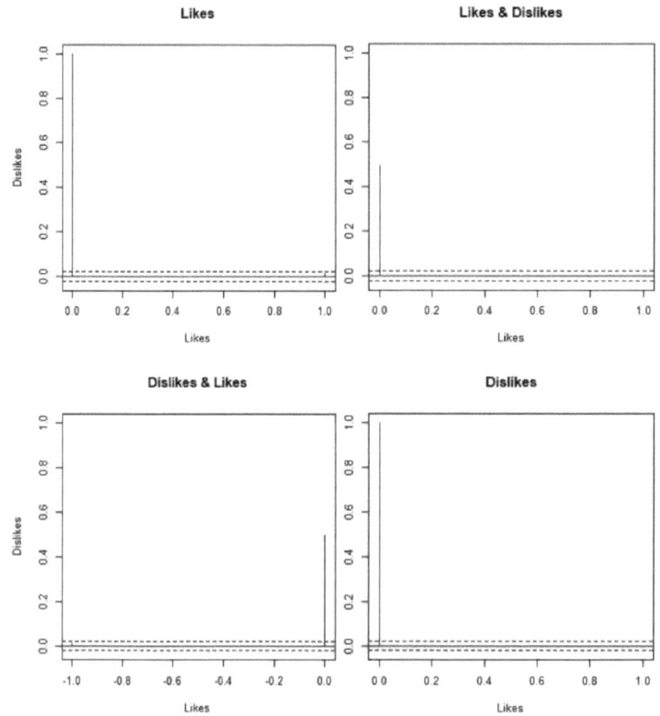


```
      part1 part2 part3
part1  1.00  0.06  0.01
part2  0.06  1.00  0.02
part3  0.01  0.02  1.00

n= 2666


P
      part1  part2  part3
part1        0.0016 0.4423
part2 0.0016        0.4081
part3 0.4423 0.4081
```

```
, Likes

Likes         Dislikes
 1.000 ( 0)  0.497 ( 0)
 0.013 ( 1)  0.008 (-1)

, Dislikes

Likes         Dislikes
 0.497 ( 0)  1.000 ( 0)
-0.001 ( 1) -0.001 ( 1)
```

Fig. 9.37. Gráficos das funções de autocorrelação, matriz de correlação e resultado da autocorrelação

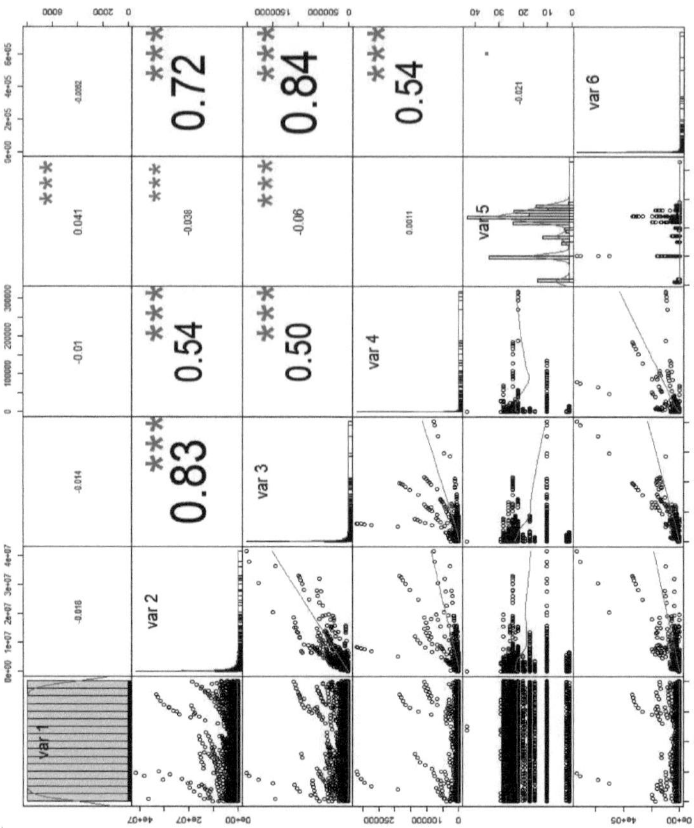

Fig. 9.38. Coeficientes de correlação múltipla

A partir dessa visualização, podemos ver fortes relações entre os atributos, mas também há resultados negativos do coeficiente de correlação. Mais uma vez, como provado anteriormente, à medida que o número de gostos aumenta, o número de visualizações aumenta. Embora seja difícil distinguir os grupos na visualização, é possível identificar dois grupos em geral: pontos azuis claros - a relação de um elevado número de visualizações e gostos, e pontos azuis escuros - um pequeno número destes atributos.

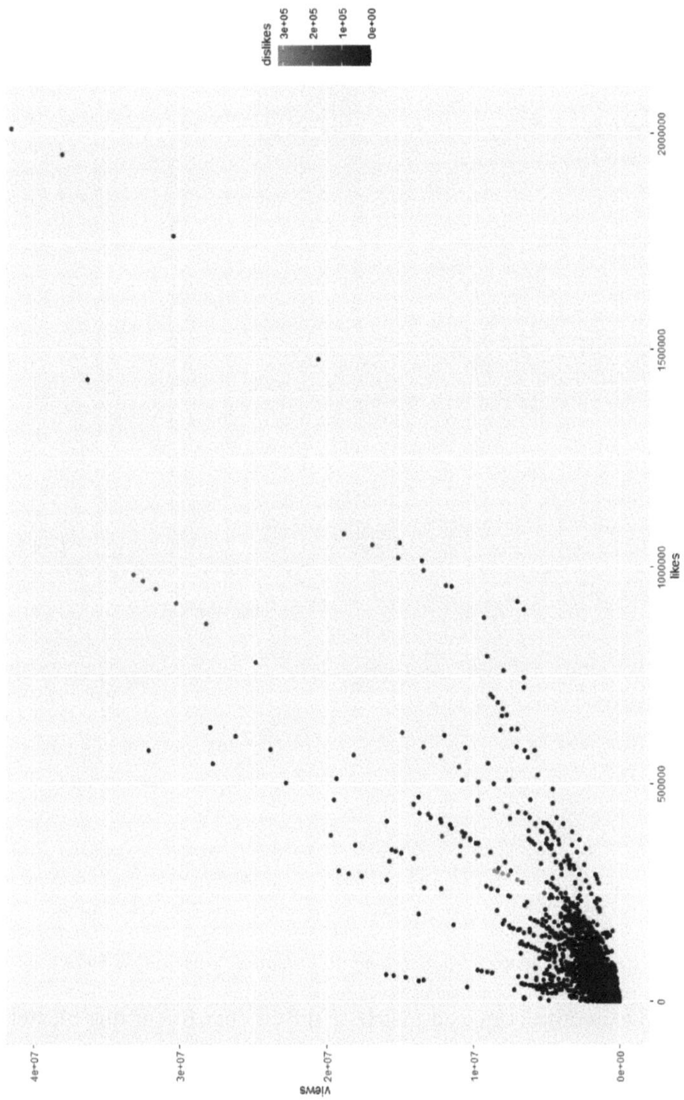

Fig.1 : Representação gráfica da análise de clusters

```
K-means clustering with 3 clusters of sizes 53, 7471, 474

Cluster means:
       [,1]     [,2]
1 836660.49 16.71698
2  17288.13 20.32017
3 216245.50 18.99367

Clustering vector:
   [1] 3 3 1 2 2 2 2 2 2 2 2 2 2 2 2 2 2 2 2 2 2 2 2 2 2 2 3 2 2 2 2 2 2 2
  [42] 2 2 2 2 2 2 2 2 2 2 2 2 2 2 2 2 2 2 2 2 2 2 2 2 2 2 2 2 2 2 2 2 2 2
  [83] 2 2 2 2 2 2 2 2 2 2 2 2 3 2 2 2 2 2 2 2 2 2 2 2 2 2 2 2 2 2 2 2 2 2
 [124] 2 2 2 2 2 2 2 2 2 2 2 2 3 2 2 2 2 2 3 2 2 2 2 2 2 2 2 2 2 2 2 2 2 2
 [165] 2 2 2 2 2 2 2 2 2 2 3 2 2 1 2 2 2 2 2 2 2 2 2 2 2 3 2 2 2 2 2 3 2 2
 [206] 2 2 3 2 2 1 2 2 3 2 2 2 2 2 2 2 2 2 2 2 2 2 2 2 2 2 2 2 2 2 2 2 2 2
 [247] 2 3 2 2 2 2 2 2 2 2 2 2 2 2 2 2 2 2 2 2 2 2 2 2 2 2 2 2 2 2 2 2 2 2
 [288] 2 2 2 2 2 2 2 2 2 2 2 2 2 2 2 2 2 2 2 2 2 2 2 2 2 2 2 2 2 2 2 2 2 2
 [329] 2 2 2 2 2 2 2 2 2 3 2 2 2 2 2 2 2 2 2 2 2 2 2 2 2 2 2 2 2 2 2 2 2 2
 [370] 2 2 2 2 2 2 2 2 2 3 2 2 3 2 2 2 2 2 2 2 2 2 2 2 2 2 2 2 2 2 3 2 3 2
 [411] 2 2 2 2 2 2 3 2 2 3 3 2 2 2 2 2 2 2 2 2 2 2 2 2 2 1 2 2 2 2 3 2 
 [452] 2 2 2 2 2 2 2 2 2 2 2 2 2 2 2 2 2 2 2 2 2 2 2 2 2 2 2 3 2 2 2 2 2 2
 [493] 2 2 2 2 2 2 2 2 2 2 2 2 2 2 2 2 3 2 2 2 2 2 2 2 2 2 2 2 2 2 2 2 2 2
 [534] 2 2 2 2 2 2 2 2 2 2 2 2 2 2 2 2 2 2 2 2 2 2 2 2 2 2 2 2 2 2 2 2 2 2
 [575] 2 2 2 2 2 2 2 2 2 2 2 2 3 2 2 2 2 2 2 2 2 2 2 2 2 2 2 3 2 2 2 2 2 2
 [616] 2 2 3 2 2 2 2 2 2 2 2 2 2 2 2 2 2 2 3 2 2 2 1 2 2 2 2 2 2 2 2 2 2 2
 [657] 2 2 2 2 2 2 3 2 2 2 2 2 2 2 2 2 2 2 3 2 2 2 2 2 2 2 3 2 2 2 2 2 2 2
 [698] 2 3 2 1 2 2 2 2 2 2 2 2 2 2 2 2 2 2 2 2 2 2 2 2 2 2 2 2 2 2 2 2 2 3
 [739] 2 2 2 2 2 2 2 2 3 2 2 2 2 2 2 2 2 2 2 2 2 2 2 2 2 2 2 2 2 2 2 2 2 2
 [780] 2 2 2 2 2 2 2 2 2 2 2 2 2 2 2 2 2 2 2 2 2 2 3 2 3 2 2 2 2 2 2 2 2 2
 [821] 2 2 2 2 2 2 2 2 2 2 2 2 2 2 2 3 2 2 2 3 2 2 2 2 2 3 3 2 2 2 2 2 2 2
 [862] 2 2 2 2 2 2 2 1 2 2 2 2 2 2 2 2 2 2 2 2 2 2 2 2 2 2 2 2 2 2 2 2 3 2
 [903] 2 2 2 3 2 2 2 2 2 2 2 2 3 2 2 2 2 2 2 2 2 2 2 2 2 2 2 2 1 3 2 2 2 2
 [944] 2 2 3 2 2 2 2 2 2 2 2 2 2 2 2 2 2 3 2 2 2 2 2 2 2 2 2 2 2 2 2 2 2 2
 [985] 2 2 2 2 2 2 2 2 2 2 2 2 2 2 2 2
 [ reached getOption("max.print") -- omitted 6998 entries ]


Within cluster sum of squares by cluster:
[1] 6.100590e+12 4.067499e+12 4.598632e+12
 (between_SS / total_SS =  77.9 %)

Available components:

[1] "cluster"      "centers"      "totss"        "withinss"     "tot.withinss"
[6] "betweenss"    "size"         "iter"         "ifault"
>
> table(cluster$cluster, dt$category_id)

       1    2   10   15   17   19   20   22   23   24   25   26   27   28   29   43
  1    0    0   27    0    0    0    0    7    0   16    0    3    0    0    0    0
  2  363  116 1102  116  395   48   81  784  635 1517  626  840  329  503   14    2
  3   15    0  123    0   15    0    1   91  120   68    0   27    5    9    0    0
```

Fig. 9.40. Matriz de agrupamento utilizando o método k-means

De acordo com esta matriz, é difícil determinar que cluster é construído e de acordo com que parâmetro. Ou seja, não existem fronteiras claras. O dendrograma foi construído sem etiquetas para facilitar a compreensão do número de níveis de agrupamento entre as categorias de conteúdos vídeo na plataforma YouTube, sacrificando, infelizmente, a relação hierárquica entre os objectos.

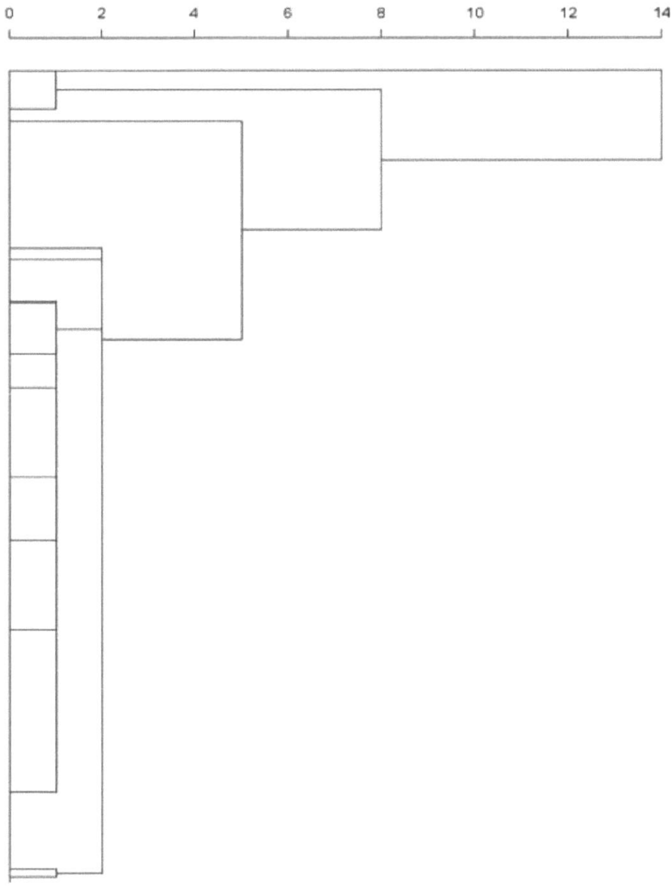

Fig. 9.41. Dendrograma

9.6 Discussão

Para uma melhor análise das categorias, vamos descobrir os nomes das categorias que correspondem aos identificadores: 1 - filmes e desenhos animados, 10 - música, 15 - animais de estimação e animais, 17 - desportos, 19 - viagens, 20 - jogos, 22 - pessoas e blogues, 23 - humor, 24 - entretenimento, 25 - notícias e política, 26 - estilo, 27 - educação, 28 - ciência e tecnologia, 29 - sem fins lucrativos e ativismo. Pode ver-se no histograma que as categorias mais populares são as categorias com identificadores 24, 10, 22 e 28. As pessoas estão mais interessadas em ver vídeos pensativos ou outras pessoas. Este gráfico mostra claramente quando temos uma mudança na tendência de visualização.

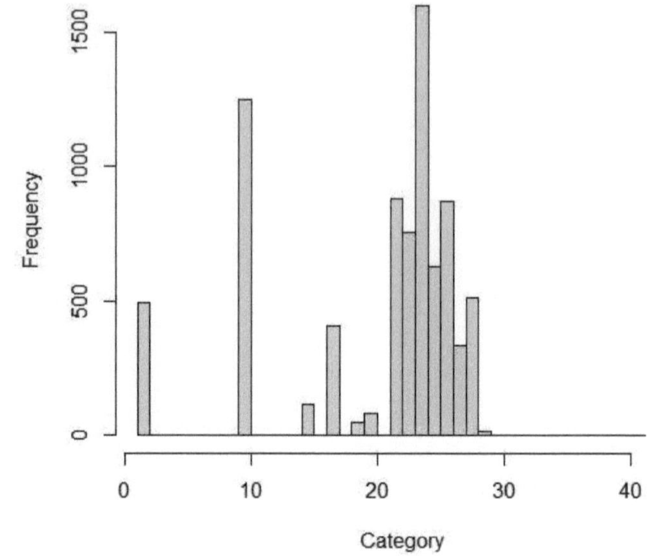

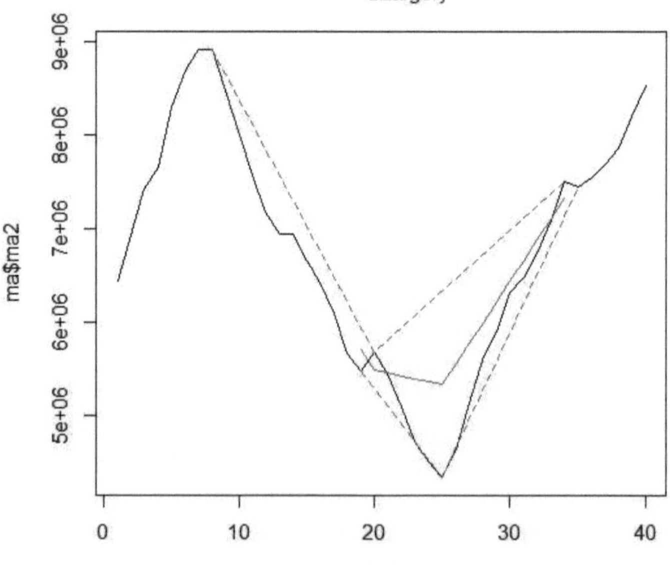

Fig. 9.42. Histograma dos dados do atributo category_id e visualização dos pontos de viragem com suavização simples

Uma média móvel simples eliminou o ruído, mas é preciso ter em conta que a plataforma deve estar em tendência. Uma média móvel simples é adequada para identificar tendências no passado, o que nos ajudará a prever o futuro com menos erros. No entanto, para uma plataforma tão grande e popular como o YouTube, é necessário analisar os últimos acontecimentos. Para tal, são necessários métodos que respondam rapidamente aos dados mais recentes. Ao trabalhar nesses métodos, utilizámos a média móvel ponderada e os métodos de suavização exponencial. Outro método é a suavização da mediana com o tamanho do intervalo de suavização w = 3.

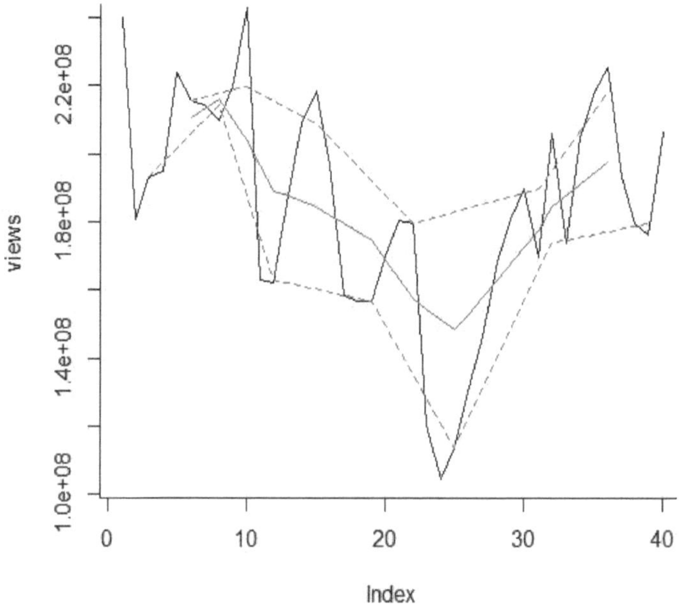

Fig. 9.43 Visualização dos pontos de viragem durante a filtragem da mediana

Podemos observar que as tendências gerais nos gráficos acima (Figs. 9.42-9.44) são praticamente idênticas, o que torna ambos os métodos adequados para trabalhar com o conjunto de dados selecionado. Graças à relação de correlação, podemos observar que, com um aumento rápido do número de gostos, o número de não gostos também aumenta ligeiramente. Analisando outros gráficos, podemos concluir que, quando o número de visualizações aumenta, o número de gostos aumenta e, por conseguinte, o número de não gostos aumenta.

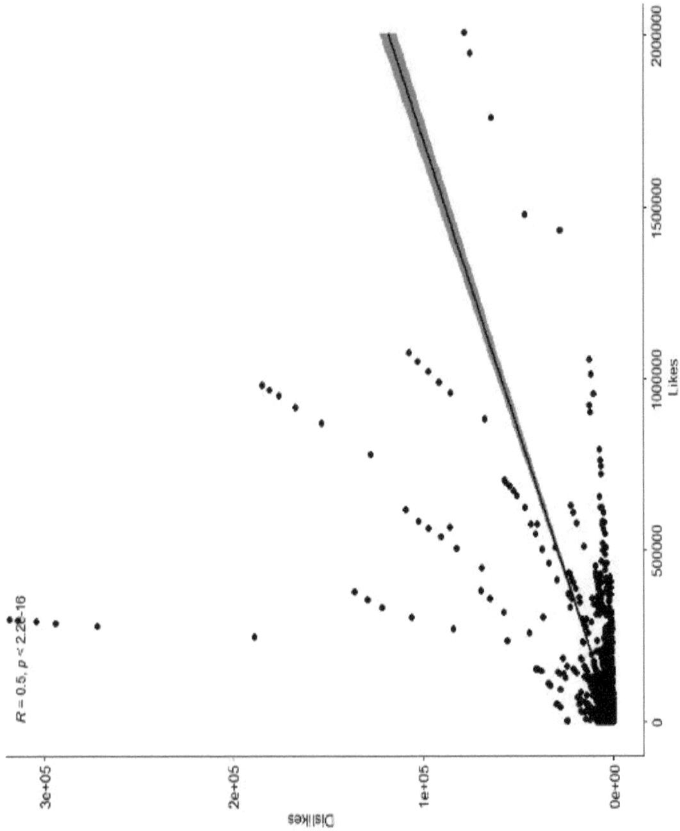

Fig. 9.44. Relação de correlação

Graças a este gráfico de correlação, podemos observar que, com um rápido aumento do número de gostos, o número de não gostos também aumenta ligeiramente. Mais uma vez, como provado anteriormente, à medida que o número de gostos aumenta, o número de visualizações aumenta. Embora seja bastante difícil distinguir os grupos na visualização, é possível identificar dois grupos em geral: pontos azuis claros - a relação de um elevado número de visualizações e gostos, e pontos azuis escuros - um pequeno número destes atributos.

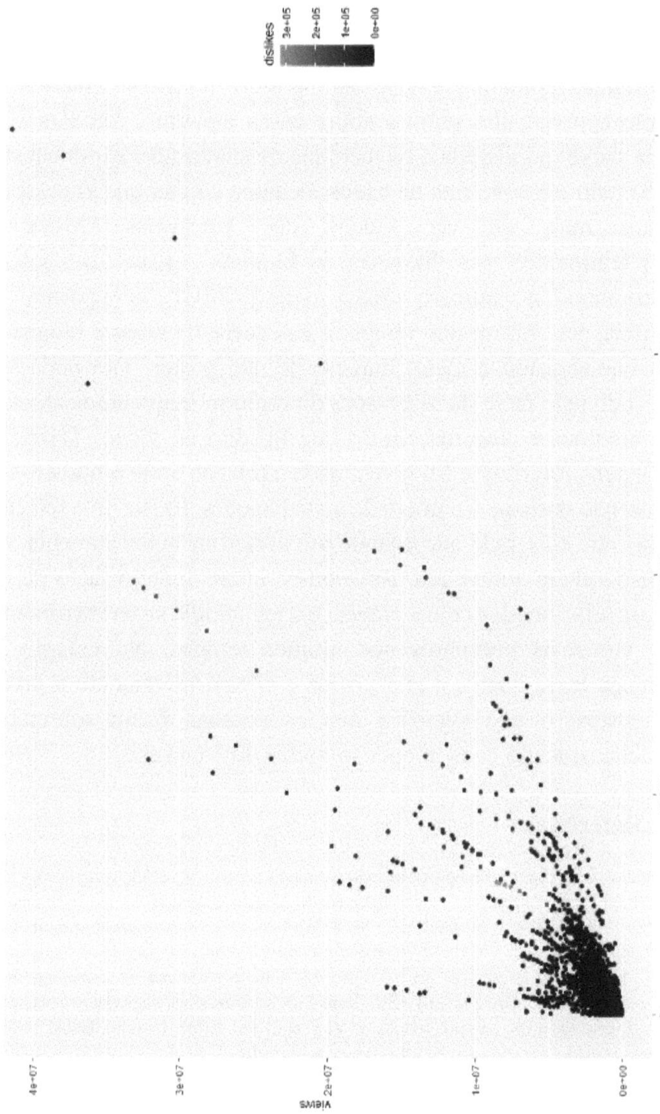

Fig. 9.45. Representação gráfica da análise de clusters

9.7 Conclusões

Uma média móvel simples é adequada para identificar tendências no passado, o que nos ajudará a prever o futuro com menos erros. No entanto, para uma plataforma tão grande e popular como o YouTube, é necessário analisar os últimos acontecimentos. Para o efeito, são necessários métodos que respondam rapidamente aos dados mais recentes. Durante o cálculo e o trabalho gráfico sobre esses métodos, estudámos a média móvel ponderada e os métodos de suavização exponencial. Analisando este conjunto de dados, ficámos a saber que as pessoas gostam mais de ver vídeos das categorias "Música", "Entretenimento" ou "Pessoas e blogues". Estas categorias representam o número mais significativo de gostos e visualizações. Ao mesmo tempo, a categoria "Pessoas e blogues" foi a que registou o maior número de não gostos. Isto pode ser explicado pelo facto de as pessoas divergirem frequentemente nas suas opiniões e discordarem do que foi dito no vídeo. Também vale a pena referir que foi investigada a relação entre o número de gostos, não gostos e o número de visualizações. Existe uma relação direta entre eles, pelo que quando um destes atributos aumenta, os outros também aumentam. Revelou-se interessante o facto de os tópicos relacionados com a ciência e a tecnologia se terem tornado cada vez mais populares nos últimos tempos. No entanto, a diferença entre gostos e não gostos é significativamente a favor dos gostos, o que significa que as pessoas ficam sobretudo satisfeitas quando consomem conteúdos do YouTube.

9.8 Referências

[1] Redes sociais mais populares em todo o mundo a partir de 2023, classificadas por número de utilizadores activos mensais: https://www.statista.com/statistics/272014/global-social-networks-ranked-by-number-of-users/

[2] M. Mohsin. 10 estatísticas do YouTube que todo profissional de marketing deve conhecer em 2022 [Infográfico]. URL: https://www.oberlo.com/blog/youtube-statistics

[3] B. Dean. Quantas pessoas usarão o YouTube em 2023? [Novos dados]. URL: https://backlinko.com/youtube-users#youtube-statistics

[4] R. F. Alhujaili, W. M.Yafooz, (). Análise de sentimento para vídeos do youtube com comentários de usuários. Em 2021 Conferência Internacional sobre Inteligência Artificial e Sistemas Inteligentes, 2021, pp. 814-820.

[5] Como o YouTube mudou o mundo. URL: https://s.telegraph.co.uk/graphics/projects/youtube/

[6] S. Kumar, M. Yadava, P. P. Roy, Fusão da resposta EEG e análise de sentimento da revisão de produtos para prever a satisfação do cliente. Fusão de informações, 52 (2019) 41-52.

[7] V.V. Hnatushenko, P. I. Kogut, M. V. Uvarov, sobre o problema ideal de segmentação de domínio 2-D por meio de aproximação suave por partes de mapeamentos de alvos

seletivos. Jornal de otimização, equações diferenciais e suas aplicações 27 (2) (2019). 60-95. DOI: 10.15421/141908.
[8] Hnatushenko V., Kogut P., Uvarov M. On Satellite Image Segmentation via Piecewise Constant Approximation of Selective Smoothed Target Mapping, Applied Mathematic
[9] L. P. Morency, R. Mihalcea, P. Doshi, Towards multimodal sentiment analysis: Harvesting opinions from the web. Em Actas da 13.ª conferência internacional sobre interfaces multimodais, 2011, pp. 169-176.
[10] V. Vysotska, O. Markiv, S. Teslia, Y. Romanova, I. Pihulechko, Análise de correlação dos resultados de identificação de autores de texto com base na distribuição de frequência de N-Gramas em artigos científicos e técnicos ucranianos, Actas do Workshop CEUR, Vol-3171 (2022) 277-314.
[11] N. Romanyshyn, Algoritmo para revelar conceitos artísticos na correlação de explicitação e implicação de sua manifestação textual, Atas do Workshop CEUR 2870 (2021) 719-730.
[12] Y. Yusyn, T. Zabolotnia, Métodos de aceleração do cálculo da matriz de correlação de termos no método de agrupamento de texto insular, Actas do workshop CEUR, Vol-2604 (2020) 140-150.
[13] B. Rusyn, V. Ostap, O. Ostap, Um método de correlação para o reconhecimento de imagens de impressões digitais utilizando caraterísticas espectrais, em: Actas da Conferência Internacional sobre Problemas Modernos de Engenharia Radioeléctrica, Telecomunicações e Informática, TCSET, 2002, pp. 219-220.
[14] S. Voloshyn, O. Markiv, V. Vysotska, I. Dyyak, L. Chyrun, V. Panasyuk, Projeto de Sistema de Reconhecimento de Emoções de Jornais Ingleses para Adaptação Regional de E-Business, em: IEEE 17th International Conference on Computer Sciences and Information Technologies (CSIT), 2022, pp. 392-397, doi: 10.1109/CSIT56902.2022.10000527.
[15] N. Kholodna, V. Vysotska, S. Albota, Um modelo de aprendizagem automática para a deteção automática de emoções a partir do discurso, Actas do Workshop CEUR, Vol-2917 (2021) 699-713 .
[16] M. Hryntus, M. Dilai, Traduzindo metáforas de emoção do inglês para o ucraniano: com base no corpus paralelo de ficção, CEUR Workshop Proceedings, Vol-3171 (2022) 737-750.
[17] O. Bisikalo, V. Kovenko, I. Bogach, O. Chorna, Explaining Emotional Attitude Through the Task of Image-captioning, CEUR Workshop Proceedings, Vol-3171 (2022) 1056-1065.
[18] K. Smelyakov, O. Bohomolov, M. Kizitskyi, A. Chupryna, Identification of Modern Facial Emotion Recognition Models, Actas do Workshop CEUR, Vol-3171 (2022) 1267-1281.
[19] D. Nazarenko, I. Afanasieva, N. Golian, V. Golian, Investigação das abordagens de aprendizagem profunda para classificar emoções em textos, Actas do Workshop CEUR, Vol-2870 (2021) 206-224.
[20] I. Bekhta, N. Hrytsiv, Ferramentas de linguística computacional no mapeamento da deslocação emocional da ficção traduzida, Actas do Workshop CEUR, Vol-2870 (2021) 685-699.
[21] I. Spivak, S. Krepych, O. Fedorov, S. Spivak, Abordagem para Reconhecimento de Emoções Humanas Visualizadas para Sistemas de Tomada de Decisão de Marketing, Procedimentos do Workshop CEUR, Vol-2870 (2021) 1292-1301.
[22] P.C. Thoumelin, N. Grabar, Subjetividade no discurso médico: Sobre a incerteza e os marcadores emocionais, Revue des Nouvelles Technologies de l'Information, E.26 (2014) 455-466.
[23] N. Grabar, L.O. Dumonet, Computação automática da polaridade emocional global em mensagens de fóruns de saúde franceses, Lecture Notes in Computer Science 9105 (2015) 243-248.

Chapter 10. Desenvolvimento de uma aplicação para reconhecer a vista de modo a controlar o ponteiro do rato

O objetivo deste capítulo é desenvolver uma aplicação que reconheça o ponto de vista do utilizador para controlar o ponteiro do rato. No decorrer da tarefa, foi efectuada uma análise da área temática e das tecnologias para a implementação da aplicação. Foram considerados os algoritmos de aprendizagem automática para a resolução do problema. Os dados de entrada do sistema são 50 coordenadas colocadas no rosto, que incluem os contornos do rosto, as sobrancelhas, os olhos, o nariz e as coordenadas das pupilas. A localização das coordenadas necessárias ocorre sem a utilização de dispositivos especiais, mas apenas com uma webcam utilizada para o reconhecimento. A aplicação é implementada sob a forma de dois módulos, um dos quais é responsável pelo sistema de formação para o reconhecimento da vista; o outro é responsável pelo controlo do cursor do rato com uma vista. O produto pode ser utilizado em qualquer sistema operacional: o principal requisito é a presença de um interpretador para a linguagem de programação Python, que pode ser descarregado gratuitamente a partir do sítio oficial.

10.1 Introdução

O objetivo deste capítulo é desenvolver uma aplicação para controlar o cursor do rato com a vista. A aplicação não utilizará dispositivos de terceiros. Será utilizada uma webcam para o reconhecimento. O seguimento do olhar pode ser utilizado de várias formas. Pode ser aplicado como uma nova forma de comunicação com os computadores, para além de ser benéfico para as pessoas com deficiência.

O reconhecimento dos olhos foi investigado para determinar o comportamento dos utilizadores na Internet [1]. Compreender aquilo a que as pessoas prestam atenção quando navegam numa página Web pode ser essencial para melhorar a publicidade, desenvolver uma melhor interface Web, otimizar os sítios Web para melhorar a interoperabilidade e facilitar a utilização dos computadores em geral. A forma mais fácil de acompanhar a visualização é a interação humana com um computador. O desejo é aumentar a capacidade de interação com o computador. A utilização da vista pode acelerar e tornar a interação mais intuitiva e natural do que um rato de computador. Pode também ajudar um utilizador com acesso limitado a controlar outros dispositivos de interação.

Os sistemas existentes que detectam e seguem as vistas utilizam frequentemente câmaras estéreo de luz infravermelha e requerem normalmente equipamento especial. Isto resulta em dispositivos pesados de terceiros que pioram a facilidade de utilização do sistema. Além disso, a radiação infravermelha pode não ser totalmente segura. A radiação infravermelha afecta o olho humano porque não pode refletir totalmente a radiação infravermelha da retina devido à natureza do olho humano. [2, 4, 5]

A transferência de vídeo em tempo real com largura de banda limitada é desejável, mas é um desafio obter uma imagem de alta qualidade. Para melhorar a perceção da qualidade da imagem, é possível comprimir mais ou menos partes diferentes da imagem do que outras. Por exemplo, transferir as regiões para onde o utilizador está a olhar com uma resolução mais elevada e comprimir as que estão fora da perspetiva do utilizador. Pode ser implementado utilizando informação do sistema de reconhecimento de vistas [3]. Assim, decidiu-se implementar uma aplicação que reconhece o ponto de vista do utilizador para controlar o ponteiro do rato. A aplicação deve utilizar apenas uma webcam e não necessita de dispositivos adicionais, tornando o sistema mais fácil de utilizar e acessível.

10.2 Utilização do rastreio ocular para controlar o ponteiro do rato

10.2.1 Descrição do problema do seguimento do olho

Visão - é a direção para a qual uma pessoa está a olhar. O reconhecimento do olhar significa detetar e seguir esta direção. A tarefa deste trabalho consiste em desenvolver um algoritmo que efectue o seguimento da vista utilizando uma webcam. Por outras palavras, o algoritmo da sequência de imagens em que o rosto é um olhar. O objetivo é criar um sistema funcional em tempo real. No processo de visualização de algo, como uma imagem ou ícones no monitor de um computador, os olhos apontam numa direção que indica aquilo em que estão focados. Devido a limitações fisiológicas, as pessoas podem observar apenas uma pequena área à volta do local onde os seus olhos estão concentrados. Esta propriedade do olho humano pode ser utilizada para criar um sistema de reconhecimento do olhar. O seguimento do olhar pode ser utilizado tanto para monitorizar como para responder com base na perspetiva do utilizador [4]. Durante a utilização regular de um computador, o utilizador faz frequentemente movimentos de cabeça em todas as direcções. Assim, o ponto em que o utilizador se concentra depende não só da direção dos olhos do utilizador, mas também da inclinação do seu rosto, da distância entre o rosto e o monitor, e de muitos outros parâmetros [4]. Devido ao facto de muitos factores afectarem o reconhecimento do olhar, bem como a presença de ruído nas imagens, a utilização de redes neuronais artificiais para esta tarefa será a mais adequada. Existem algumas limitações em relação à velocidade do sistema, porque é necessário um atraso mínimo para facilitar o controlo do cursor do rato. A tarefa requer uma enorme quantidade de potência computacional, uma vez que o processamento de imagens é um processo que consome muitos recursos. Embora, numa perspetiva futura, a velocidade possa aumentar à medida que a capacidade de computação do equipamento aumenta, no futuro, estes sistemas podem generalizar-se. A necessidade de equipamento adicional continua a ser um problema para os utilizadores comuns, uma vez que estes não querem comprar equipamento adicional. Num cenário perfeito, o utilizador apenas terá de instalar o software e utilizar a webcam para interagir com o computador. Por conseguinte, é evidente que as vistas de rastreio necessitam de mais desenvolvimento.

10.2.2 Utilização do rastreio ocular do utilizador

Esta secção apresenta alguns exemplos de aplicações e de investigação realizada com sistemas semelhantes para mostrar os benefícios do seguimento ocular. O seguimento ocular tem um grande número de aplicações possíveis para a comunidade.

Há muitas vantagens óbvias, como a ajuda a pessoas com deficiência ou uma nova forma de interação homem-computador. Na sua investigação de 1996, Tok estava a tentar seguir a posição das pálpebras enquanto estava num veículo. Este sistema poderia determinar quando um condutor fica sonolento, reduzindo assim o número de acidentes causados pela fadiga do condutor e potencialmente salvando vidas. [5].

10.2.3 Seguimento dos olhos na utilização de testes

Esta área tem um valor fundamental no estudo de sítios Web e aplicações. Não é apenas para fins de marketing, mas também para estudar a interação do utilizador com a aplicação. Por isso, podemos verificar:

1. A trajetória do movimento do globo ocular e o tempo de focagem num determinado objeto;
2. Em que sequência os objectos atraem a atenção dos inquiridos;
3. Elementos de distração;
4. Elementos que são frequentemente considerados;
5. A correção da apresentação dos objectos num sítio Web, ou a sua sequência, é a mesma em que são visualizados.

10.2.4 Utilização do rastreio ocular para estudar a ergonomia

Do ponto de vista do cliente, a ergonomia é fundamental quando se trata de escolher um produto. Neste caso, é medida pelo grau de simplicidade e de compreensão do produto aquando da sua utilização. A investigação estética sobre ergonomia é utilizada no teste de telemóveis, aparelhos de áudio e vídeo e electrodomésticos. Graças a esta investigação, podemos verificar o seguinte:

1. Exatidão dos elementos;
2. O que distraiu os inquiridos;
3. Que elementos não foram encontrados e porquê;
4. Se a sua utilização e comportamento eram previsíveis;

5. Os elementos estavam nos locais onde o inquirido os esperava?

10.2.5 Utilização do rastreio ocular em psicologia

A investigação sobre o rastreio ocular está cada vez mais a proporcionar novas oportunidades em muitas áreas da psicologia. A investigação sobre o rastreio ocular está cada vez mais a proporcionar novas oportunidades em muitas áreas da psicologia, devido ao desenvolvimento tecnológico, ao aumento da disponibilidade de equipamento e ao facto de o rastreio ocular poder ser utilizado nas seguintes áreas

1. A psicologia cognitiva e a ciência cognitiva são os estudos da perceção dos estímulos visuais, da relação entre o tipo de informação e a forma como é percepcionada, e do comportamento humano nos veículos. Ao mesmo tempo, estes movem-se e há uma interação entre o homem e o computador.
2. A psicologia do desenvolvimento é a investigação sobre o desenvolvimento da coordenação ocular, as capacidades de distribuição da atenção, a relação entre o sistema de controlo do movimento e a compreensão do texto e o estudo do autismo.
3. A psicologia experimental é o estudo da perceção e do reconhecimento do cego, da perceção visual de gráficos e imagens e das diferenças de perceção visual entre pessoas saudáveis e pessoas com perturbações do sistema nervoso.
4. A psicolinguística é o estudo da relação entre a perceção visual e a capacidade de ler.
5. Neuropsicologia e perturbação da saúde mental é a investigação da perceção de imagens por pessoas saudáveis e doentes, estudando os mecanismos de observação.
6. A oftalmologia é o diagnóstico do movimento músculo-esquelético do globo ocular e a avaliação do efeito do tratamento cirúrgico.

10.2.6 Utilização do rastreio ocular em anúncios publicitários

Os primeiros segundos de contacto dos clientes com a publicidade são essenciais. O seguimento ocular mostra quais os elementos que atraíram a atenção e quais os que permaneceram invisíveis. Assim, é possível obter uma imagem completa da eficácia de cada um deles. Utilizando o seguimento ocular, pode aprender sobre os seguintes tipos de produtos promocionais: Publicidade na imprensa, clips de vídeo, publicidade na Internet, publicidade exterior e correio eletrónico.

10.2.7 Utilização do rastreio ocular na observação de prateleiras em lojas

O seguimento ocular é utilizado no comércio moderno, onde os métodos actuais não fornecem resultados satisfatórios. Aplica-se tanto à navegação a nível macro como a nível micro. O nível macro de navegação refere-se à localização das categorias de produtos na loja. A investigação sobre o seguimento ocular é direcionada para permitir que os clientes se movimentem livremente pela loja e, ao mesmo tempo, tenham todos os elementos de informação ao seu alcance. A navegação ao nível micro cria uma localização óptima para cada produto na prateleira. O objetivo é adaptar o centro comercial para tornar a área dos produtos tão eficaz quanto possível.

10.2.8 Investigação sobre o rastreio ocular, orientada para o teste de sistemas públicos

Graças a eles, o nosso ambiente tornou-se cada vez mais compreensível. Ou seja, podemos encontrar facilmente o caminho para a estação de metro , para a caixa registadora ou para uma loja específica no centro comercial. O seguimento ocular é também utilizado quando é necessário avaliar sinais de evacuação e de aviso [7].

10.2.9 Revisão de análogos

Existem muitos sistemas de rastreio ocular. Oferecem-nos as seguintes funcionalidades: controlo com o rato, receção de dados dos olhos do utilizador e análise de dados. Análogos de sistemas:

1. O xLabs Gaze Tracking foi criado como uma extensão para o navegador Web Google Chrome. Esta aplicação é o resultado de 2 anos de investigação e desenvolvimento por quatro co-fundadores. *Vantagens*: Fácil de instalar, fácil de utilizar e pode ser utilizado em diferentes plataformas. *Desvantagens*: Funciona apenas com câmaras Web (menor

precisão), não há formas fáceis de obter dados, não há função de análise de dados e não há suporte.

2. O GazePointer é um programa fácil de instalar que funciona no Windows, o que faz dele um dos programas "fáceis de obter" desta lista. *Vantagens*: Fácil de instalar. *Desvantagens*: Funciona apenas com câmaras Web (menor precisão), não tem suporte e não tem função de análise de dados.

3. O software Ogama tem código aberto e foi desenvolvido na Universidade Livre de Berlim. *Vantagens*: Fornece os principais parâmetros de análise de dados. *As desvantagens* são a ausência de apoio e de actualizações nos últimos 2 anos.

4. O software OpenEyes, com código aberto, permite seguir o rasto dos olhos através de infravermelhos e iluminação visível utilizando o Matlab. *Vantagens*: Pode ser utilizado com câmaras Web e localizadores de olhos por infravermelhos. *Desvantagens*: É necessário instalar o Matlab (um programa comercial) e ter conhecimentos de funcionamento com o Matlab. Não existe suporte nem função de análise de dados.

5. O software PyGaze funciona em Python e foi publicado em 2014 por três investigadores (Universidade de Oxford, Universidade de Aix-Marseille e Universidade de Utrecht). *Vantagens*: Análise de dados (necessita de conhecimentos de Python). *Desvantagens*: Necessita de um forte conhecimento de Python e suporte limitado.

6. O OpenGazer é utilizado para aumentar a acessibilidade dos computadores e foi apoiado pela Samsung e pelo fundo de caridade Gatsby. *Vantagens*: Potencialmente compatível com o sistema operativo Apple (exige conhecimentos de programação). *Desvantagens*: Necessita de Linux (exige conhecimentos de utilização de Linux) e Não tem suporte.

7. O TurkerGaze é um programa desenvolvido por investigadores de Princeton. O sistema funciona em Linux e depende de alguns outros programas Linux para o seu funcionamento. Vantagens: Fornece as principais funções de análise de dados. *Desvantagens*: É melhor ser usado com um

apoio para a cabeça e precisa de Linux (exige conhecimentos de Linux).

8. O software GazeParser é composto por 2 componentes: GazeParser (conversação e análise de dados) e SimpleGazeTracker (utilizado para registar os olhos) com utilização de Python. *Vantagens*: Pode analisar dados (requer conhecimentos de Python). *Desvantagens*: Necessita de uma câmara de rastreio de movimento ou de uma câmara de visão artificial, é necessário um apoio para a cabeça para limitar o movimento da cabeça e necessita de conhecimentos sólidos de Python

9. O programa ITU Gaze Tracker foi criado pela Gaze na Universidade de Copenhaga. O ITU Gaze Tracked é uma plataforma com código aberto que é utilizada para aumentar o acesso à tecnologia. *Vantagens*: Fácil de instalar. *Desvantagens*: É necessário criar o seu próprio rastreador de olhos por infravermelhos (se não for utilizada uma câmara Web) e não existe suporte.

Durante a análise do software para reconhecer a perspetiva do utilizador, foram considerados os princípios básicos do funcionamento de tais aplicações. Foram analisados os análogos. Nomeadamente, foi determinado o sistema de reconhecimento da vista, bem como as suas vantagens e desvantagens. Há um grande número de sistemas que resolvem problemas, mas têm certas limitações, como o conhecimento de tecnologias adicionais ou o uso de dispositivos de terceiros. Outra desvantagem é que os análogos de aplicações foram desenvolvidos há muito tempo e muitos deles já não são suportados.

10.3 Formulação do problema do programa de criação do ponteiro do rato controlado pela vista do utilizador

10.3.1 Descrição geral do problema

Neste trabalho de licenciatura, a tarefa consistiu em desenvolver um sistema de reconhecimento do ponto de vista do utilizador para controlar o ponteiro do rato. Este sistema permite aos utilizadores controlar o ponteiro do rato com um simples olhar.

A principal prioridade da aplicação é o facto de utilizar apenas uma webcam normal, sem recorrer a dispositivos de terceiros. Por conseguinte, foram definidas as seguintes tarefas:

1. Análise de aplicações e analogias com funcionalidades semelhantes.
2. Análise de tecnologias e ambientes para o desenvolvimento de sistemas de reconhecimento de imagem.
3. Explorar e escrever um algoritmo de processamento de imagens que seja resistente a ruídos na imagem e que funcione com fotografias de baixa qualidade.
4. De acordo com o conjunto de tarefas, programar o sistema de controlo do cursor do rato.
5. Testar o sistema acabado.

A tarefa pode ser dividida em duas partes: análise de imagens e aprendizagem automática. Uma análise de imagem envolve a identificação e o isolamento de caraterísticas que são suficientes para determinar o aspeto. A aprendizagem automática é a criação e o treino da rede neural utilizando estas caraterísticas como entrada. Especifica a localização do ponteiro do rato utilizando a saída ou o resultado dos cálculos da rede neural. Este documento examina a criação de um sistema de controlo ocular do rato que utiliza hardware barato mas é bastante eficaz para atingir a precisão desejada. Um grande número de utilizadores de computadores já possui webcams, que são relativamente baratas. O hardware necessário para este sistema será uma webcam simples. O objetivo final deste projeto é descobrir se é possível criar um sistema de seguimento de vistas utilizando uma webcam normal. A aplicação utilizará as bibliotecas de visão computacional OpenCV e Dlib de código aberto para reconhecer a imagem.

10.3.2 Olho humano

Uma descrição geral do olho humano. O olho humano é um órgão que reage à luz e à pressão. Enquanto órgão sensorial, o olho dos mamíferos proporciona a visão. Os bastonetes e os cones na retina permitem a perceção consciente da luz e da visão, incluindo a diferenciação das cores e a perceção da profundidade. O olho humano consegue distinguir cerca de 10 milhões de cores.

Partes do olho humano. O olho é constituído por três camadas ou estratos que contêm diferentes estruturas anatómicas. A camada superior, conhecida como membrana fibrosa, é constituída pela córnea e pela esclerótica. A camada intermédia é constituída por uma membrana vascular, um corpo ciliar, um epitélio pigmentar e uma íris. A camada interna é a retina, que recebe oxigénio da vasculatura, bem como os vasos da retina (Fig. 10.1).

Visão. O campo de visão do olho humano depende da anatomia da pessoa, mas normalmente é de 30° para cima (para cima, limitado pela testa), 45° nasal (para o nariz), 70° inferior (para baixo) e 100° tempular (para as mechas). Para ambos os olhos, o campo de visão misto (binocular) é de 100 ° vertical e 200 ° horizontal. Quando vistos num grande ângulo de lado, a íris e a pupila ainda podem ser vistas, o que indica a capacidade da pessoa para a visão periférica neste ângulo.

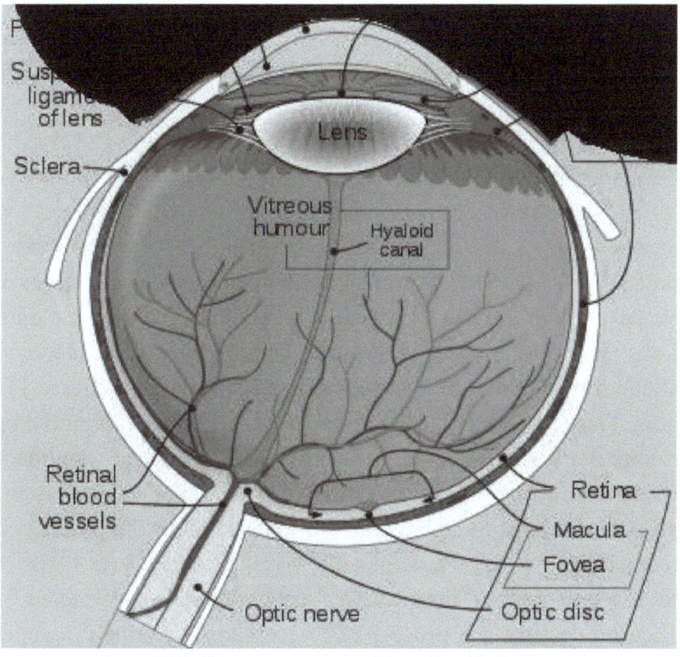

Fig. 10.1. Diagrama esquemático do olho humano

Estreitamento da pupila. As lentes não refractam os raios de luz nos seus bordos, uma vez que estes não se podem aproximar do centro. A imagem obtida com qualquer lente é sempre ligeiramente desfocada nos bordos (aberração esférica). Esta pode ser minimizada através da despistagem dos raios de luz periféricos e de um olhar mais focado no centro. No olho, a pupila serve este propósito: estreitar-se enquanto o olho se concentra em objectos adjacentes. Os pequenos orifícios também aumentam a profundidade de campo, permitindo que um espetro mais alargado seja visto "em foco". Assim, a pupila tem um duplo objetivo na visão de perto: reduzir a aberração esférica e aumentar a profundidade de campo.

Acomodação do cristalino. A alteração da curvatura do cristalino é efectuada devido ao trabalho do músculo ciliar que envolve o cristalino; este processo é designado por "acomodação". A acomodação reduz o diâmetro interno do corpo ciliar, o que enfraquece as fibras do ligamento de fixação ligadas aos bordos do cristalino e permite que este assente numa forma mais convexa ou esférica. Uma lente mais convexa refracta fortemente a luz e concentra os raios de luz divergentes dos objectos próximos na retina, o que permite uma melhor concentração nos objectos mais próximos. [8].

10.3.3 Especificação dos requisitos do produto de software

O objetivo deste projeto é criar um sistema de reconhecimento da perspetiva do utilizador para controlar o ponteiro do rato sem a utilização de dispositivos de terceiros, apenas com a utilização de uma webcam. Produtos-análogos: xLabs Gaze Tracking, GazePointer, Ogama, OpenEyes, PyGaze, OpenGazer, TurkerGaze, GazeParser/SimpleGazeTracker e ITU Gaze Tracker. Podem distinguir-se as seguintes caraterísticas principais: Reconhecimento de imagens de baixa qualidade, processamento de ruído nas imagens, alta velocidade, que é suficiente para o funcionamento em tempo real, e alta precisão de reconhecimento, que é suficiente para reconhecer o olhar. O sistema terá apenas uma classe: utilizadores de aplicações. A aplicação destina-se a pessoas que necessitam de utilizar o cursor do rato para olhar, bem como a pessoas com deficiência. O sistema requer um interpretador para Python.

10.3.3.1 Caraterísticas do sistema

Formação do sistema

1. Descrição e prioridade. A prioridade é a elevada capacidade de treinar o sistema de seguimento ocular.
2. Sequência ação-resposta
   (a) O utilizador abre a aplicação ViewpointData.
   (b) O utilizador executa um comando "train" na consola.
   (c) O sistema verifica se a formação foi bem sucedida.
   (d) Se a formação não for bem sucedida, o sistema comunica-o.
   (e) O sistema comunica os resultados da formação.
3. Requisitos funcionais
   (a) REQ 1. Aviso informativo do início do processo de formação.
   (b) REQ 2. Dar a possibilidade de cancelar o treino.
   (c) REQ 3: Proporcionar a oportunidade de ensaiar o sistema.

Armazenamento de dados

1. Descrição e prioridade. A prioridade é a capacidade média de guardar dados sobre as coordenadas dos traços faciais.
2. Sequência ação-resposta
   (a) O utilizador abre o ViewpointData e executa o comando "save" na consola.
   (b) Se a gravação falhar, o sistema notifica-o desse facto.
   (c) O sistema comunica o resultado da gravação.
3. Requisitos funcionais
   (a) REQ 1. Aviso informativo de que se inicia o processo de poupança.
   (b) REQ 2. Dar a possibilidade de anular a poupança.

Revisão da representação visual das coordenadas das caraterísticas

1. Descrição e prioridade. A prioridade é a baixa capacidade de representar visualmente as coordenadas dos traços faciais.

2. Sequência ação-resposta

(c) O utilizador abre o ViewpointData e executa o comando "show" na consola.

(d) O sistema apresenta uma janela com as coordenadas das caraterísticas do rosto.

(e) Os requisitos funcionais são REQ 1. Prever a possibilidade de interromper a visualização das coordenadas em qualquer altura.

Seguir o ponto de vista do utilizador

1. Descrição e prioridade. A prioridade é a elevada capacidade de seguir o ponto de vista do utilizador para controlar o ponteiro do rato.

2. Sequência ação-resposta

(f) O utilizador abre a aplicação Viewpoint.

(g) O cursor do rato desloca-se para a perspetiva do utilizador.

(h) Os requisitos funcionais são REQ 1. A exatidão do reconhecimento deve ser suficientemente elevada para seguir o olhar.

10.3.3.2 Requisitos das interfaces externas

Interfaces de utilizador. Os utilizadores podem interagir com o sistema utilizando um computador pessoal com uma webcam.

Interfaces de hardware. O sistema atual não utilizará quaisquer interfaces de hardware.

Interfaces de software: OpenCV, Dlib e Keras.

10.3.3.3 Outros requisitos não funcionais

O sistema deve reagir rapidamente às mudanças de posição das pupilas do utilizador para funcionar em tempo real (todas as informações devem ser processadas em poucos milissegundos). Os dados pessoais são informações confidenciais e não podem ser transferidos para terceiros. É possível fazê-lo tornando este sistema de código aberto. Atributos de qualidade do produto de software: Conforto de utilização, fiabilidade e conveniência do acompanhante. Para que a aplicação funcione, é necessária autorização para ter acesso a uma webcam. Nesta secção, foi feita a definição da tarefa e a justificação das tecnologias selecionadas para a resolver. Foi feita uma especificação dos requisitos. Foi descrita a escolha de formas e meios para o desenvolvimento de uma aplicação de controlo da vista do utilizador para controlo do rato e foram descritas as vantagens da direção escolhida para a resolução das tarefas associadas ao desenvolvimento da aplicação.

10.4 Conceção da aplicação Eye-Tracking

O objetivo do projeto é criar um sistema de seguimento do rato utilizando técnicas simples, como a webcam, o OpenCV e as bibliotecas Dlib. Uma vez que a conceção lógica da maioria dos sistemas de seguimento de vistas é relativamente normalizada, a conceção geral deste sistema é muito semelhante aos sistemas existentes. No entanto, as ferramentas utilizadas nestes sistemas têm um elevado grau de variação. Esta secção começa por apresentar os pormenores de algumas decisões de conceção, depois as motivações para a utilização de uma webcam e de uma linguagem de programação específicas e, por fim, passa às especificidades lógicas e reais da conceção.

10.4.1 Análise de algoritmos de aprendizagem automática

Árvore de decisão. As vantagens deste método são que é estável para lacunas de dados (quando o objeto é saltado, o objeto é saltado para a subárvore esquerda e direita). Permite vários tipos de dados (os dados não precisam de ser normalizados porque se trata de um classificador lógico). A desvantagem é que é sensível ao ruído e às alterações nos dados. Uma pequena alteração nos dados pode alterar significativamente a árvore. Também é possível uma opção de reaprendizagem, que pode ser resolvida através de podas e composições de árvores. Outra desvantagem é o facto de ser um algoritmo guloso, porque em cada vértice é escolhido um predicado que é o melhor localmente.

Método dos vizinhos mais próximos. A vantagem deste algoritmo é a simplicidade, porque o principal parâmetro de otimização é apenas o número de vizinhos. Também é adequado quando é mais fácil encontrar uma métrica informativa de distância do que sinais, como a distância de Levenstein para uma sequência de caracteres. A desvantagem é que consome muitos recursos, uma vez que os cálculos básicos são efectuados durante a avaliação e não durante a aprendizagem. Esta desvantagem deve-se ao facto de o método dos vizinhos mais próximos ter o chamado ensino preguiçoso [17].

A regressão linear tem muitas vantagens, uma das quais é a aprendizagem rápida devido ao facto de existirem poucos parâmetros, uma vez que o número de parâmetros é igual ao número de sinais. Este algoritmo pode ser utilizado para dados extensos através da otimização de uma descida de gradiente estocástica, que toma objectos alternadamente. Outra vantagem é o facto de ser fácil de interpretar. Quanto maior for o peso , mais crítico é o sinal. Também é adequado para dados esparsos. No entanto, o algoritmo tem algumas limitações. A regressão linear não consegue atingir uma qualidade muito elevada, por exemplo, nas florestas aleatórias. É obrigatório efetuar um pré-processamento dos dados. Os sinais têm de ser aumentados, e o ruído e as emissões têm de ser eliminados, o que, por sua vez, requer recursos adicionais.

O método dos vectores de apoio. No método do vetor de referência, a função de perda tem sempre um único mínimo, que é global. Ou seja, não há problemas em ficar preso em mínimos locais. Uma consequência prática deste algoritmo é a atribuição de objectos de apoio. Normalmente funciona bem com dados pequenos e limpos. A desvantagem é que os objectos de referência podem ser emissões ou ruído, pelo que os dados têm de ser limpos antes de treinar o classificador. Além disso, não funciona bem com dados extensos porque uma grande quantidade de dados de treino pode demorar muito tempo [18].

O algoritmo de floresta aleatória restaura dependências complexas e não retreina porque a adição de novas árvores à composição apenas melhora a qualidade. Não requer pré-processamento de dados, uma vez que é um classificador lógico. Uma das desvantagens é o facto de demorar muito tempo e de construir uma previsão durante muito tempo através da profundidade das árvores. Além disso, a floresta aleatória não funciona bem com dados esparsos devido ao facto de as árvores não estarem adaptadas para este fim [19-25].

O algoritmo Gradient boosting restaura dependências complexas e não requer dados de pré-processamento. Além disso, é mais rápido do que uma floresta aleatória. Um dos inconvenientes é que, durante a formação do modelo, é possível uma reprogramação e não funciona bem com dados esparsos [26-31].

A rede neural é uma composição de classificadores lineares, pelo que ultrapassa parcialmente as suas vantagens e desvantagens. As vantagens são que o gradiente de descida é utilizado nas redes neuronais para otimizar o modelo e pode trabalhar eficazmente com dados extensos. Além disso, as redes neuronais podem recuperar dependências complexas porque são uma composição de algoritmos e podem ter muitos neurónios. As chamadas redes neuronais profundas, que recentemente ultrapassaram todos os outros métodos de aprendizagem automática em tarefas complexas, como o reconhecimento de imagens, texto, etc., são especialmente eficazes para tarefas complexas. No que diz respeito às desvantagens desta abordagem, uma das desvantagens é que, à medida que o modelo cresce, aumenta a complexidade da sua otimização e o tempo durante o qual se obtém o resultado dos cálculos. A tendência para o retreinamento é também resolvida por diferentes métodos de regularização [17].

Escolha do algoritmo de aprendizagem automática. Após a análise dos algoritmos, foi selecionada uma rede neural artificial para encontrar a direção da perspetiva do utilizador. Este método é escolhido porque o problema é não linear e um pouco complicado de aproximar [32-37].

10.4.2 Redes neuronais artificiais

Uma parte do trabalho associado às redes neuronais significa que o sistema não está pronto a ser utilizado no início, pelo que tem de ser treinado. O treino é efectuado através da atualização de parâmetros que melhoram o comportamento do sistema. Durante a formação, o professor monitoriza o processo de aprendizagem utilizando os exemplos pedagógicos de input-output. As aplicações típicas da rede neuronal são a classificação e o reconhecimento de padrões [2]. A rede neuronal aproxima a função da dependência dos dados de entrada e saída [38-42].

10.4.2.1 Semelhança entre as redes neuronais e o cérebro humano

No cérebro humano, existem milhares de milhões de células nervosas (neurónios). Juntamente com a medula espinal, formam o sistema nervoso central. Nos neurónios, vários estímulos são tratados corretamente, como a contração muscular [2]. Um neurónio típico é constituído por um corpo celular (soma), dendritos e um axónio (Fig. 10.2). Os dendritos são os processos que saem do corpo da célula. Podem estender-se por centenas de micrómetros e ramificar-se, formando uma complexa "árvore dendrítica". O axónio é uma fibra celular única que emana do corpo de uma célula num local chamado corcova axonal e se estende a uma distância que pode ser de cerca de 1 m no ser humano e ainda maior em algumas espécies. Do corpo da célula saem frequentemente alguns dendritos, mas não mais do que um axónio, embora este último possa ramificar-se centenas de vezes. Na maioria das sinapses, os sinais são transmitidos do axónio de um neurónio para o dendrito de outro. No entanto, há muitas excepções a esta regra: alguns neurónios podem não ter dendritos ou axónios, as sinapses podem combinar axónio com axónio, dendrito com dendrito, etc. [9]. Assim, ao criar uma rede neuronal, a ideia é simular este tipo de comportamento.

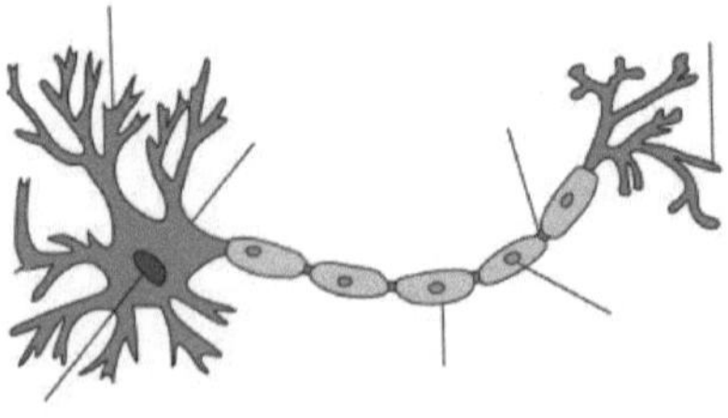

Fig. 10.2 Estrutura de um neurónio típico

10.4.2.2 Perceptron

Modelo de neurónio em redes neuronais artificiais perceptron (Fig. 10.3). O Perceptron (do latim perceptio - perceção) é um modelo matemático ou informático de perceção de informação do cérebro (um modelo cibernético do cérebro) proposto por Frank Rosenblatt em 1957 e implementado como uma máquina eletrónica "Mark-1" em 1960. O Perceptron tornou-se um dos primeiros modelos de redes neuronais e o Mark-1 - o primeiro neurocomputador do mundo. Apesar da sua simplicidade, o perceptron é capaz de aprender e resolver tarefas bastante complexas. O problema matemático fundamental com o qual é capaz de lidar é a separação linear de conjuntos não lineares arbitrários, a chamada disposição de separabilidade linear.

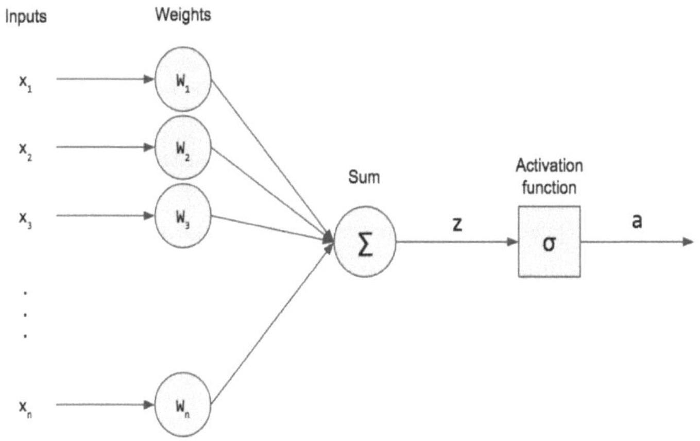

Fig. 10.3. Representação esquemática da parte fundamental da rede neuronal

O perceptron é composto por três tipos de elementos. Nomeadamente, os sinais recebidos dos sensores são transmitidos aos aspectos associativos e, por conseguinte, aos respondedores. Assim, os perceptrões permitem a criação de um conjunto de "associações" entre os estímulos de entrada e a resposta necessária à saída. Em termos biológicos, isto corresponde à transformação, por exemplo, da informação visual na resposta fisiológica dos neurónios motores. No contexto da crescente popularidade das redes neuronais, em 1969, o livro de Marvin Minsky e Seymour

Paperner mostrou o princípio da restrição do perceptron. Este facto levou a uma mudança no interesse dos investigadores em inteligência artificial para a área oposta às redes neuronais, a computação simbólica. Além disso, devido à complexidade da análise matemática dos porcos-espinhos, bem como à falta de terminologia comum, ocorreram várias imprecisões e erros. Posteriormente, o interesse pelas redes neuronais, e em particular pelo trabalho de Rosenblatt, foi atualizado. Por exemplo, hoje em dia, a biocomputação está a desenvolver-se rapidamente. A sua base teórica de computação, em particular, assenta nas redes neuronais e o perceptron é reproduzido com base em películas contendo bacteriorhodopsina.

Um perceptron elementar é composto por três tipos de elementos: Elementos S, Elementos A e um Elemento R. Os elementos S são camadas de sensores ou receptores. Em termos físicos, correspondem, por exemplo, às células fotossensíveis da retina ou aos fotoresistores da matriz da câmara. Cada recetor pode estar num de dois estados - repouso ou excitação - e só neste último caso pode transmitir um único sinal à camada seguinte, os elementos associativos. *Os elementos A* são chamados associativos porque cada um destes elementos corresponde, em regra, ao conjunto (associação) dos *elementos S.* O elemento A é ativado assim que o número de sinais dos elementos S na sua entrada excede um valor específico. Os sinais dos elementos A activados, por sua vez, são transmitidos ao somador R, e o sinal do *i-ésimo* elemento associativo é transmitido com o coeficiente de peso. Tal como os elementos A, o elemento R conta a soma dos valores dos sinais de entrada multiplicados pelos pesos (forma linear). O elemento R, e com ele o perceptron elementar, dá "1" se a forma linear exceder o limiar. Caso contrário, a saída será "-1". Matematicamente, a função que implementa o elemento R pode ser escrita da seguinte forma: $f(x) = sign(\sum_{i=1}^{n} w_i \cdot x_i - \theta)$, onde$x_i$ são os dados de entrada,w_i são os coeficientes de peso,θ é o valor de ativação. O treino do perceptron elementar consiste em alterar os coeficientes de peso das ligações A-R. As ligações S-A (que podem assumir os valores (-1; 0; 1)) e os valores de limiar dos elementos A são selecionados aleatoriamente no início e depois não são alterados. Após o treino, o perceptron está pronto para trabalhar em modo de reconhecimento ou generalização. Neste modo, os perceptrões são apresentados a objectos previamente desconhecidos, e devem estabelecer a que classe pertencem. O trabalho do perceptron consiste no seguinte. Quando o objeto é apresentado, os elementos A excitados transmitem o sinal do elemento R igual à soma dos coeficientes de peso correspondentes. Se esta soma for positiva, decide-se que o objeto pertence à primeira classe e, se for negativa, à segunda [10].

10.4.2.3 O método de retropropagação

O método de retropropagação é um método de treino do perceptron multicamada. É um algoritmo de gradiente iterativo que é utilizado para minimizar o erro de funcionamento de um perceptron multicamadas e obter a saída pretendida. A ideia básica deste método consiste em propagar os sinais de erro das saídas da rede para as suas entradas no sentido da propagação direta inversa dos sinais no modo de funcionamento normal . Barz e Okhonin propuseram o método geral ("princípio da dualidade"), que pode ser aplicado a uma classe mais vasta de sistemas, incluindo sistemas com atraso, sistemas distribuídos, etc. Para que seja possível utilizar o método de propagação inversa de erros, a função de ativação dos neurónios deve ser diferenciada [11].

10.4.3 Escolha da conceção do sistema

10.4.3.1 Componentes do sistema

Um sistema de reconhecimento do ponto de vista do utilizador do rato será composto por dois componentes:

1. O ViewpointData será capaz de reconhecer a posição dos rostos e armazenar esses dados. Também será capaz de treinar a rede neural com esses dados.
2. Viewpoint é um sistema de reconhecimento do ponto de vista do rato que utiliza uma rede neural treinada.

10.4.3.2 A tarefa de reconhecer o olhar

A tarefa de reconhecimento da vista pode ser dividida em duas partes:

1. A análise de imagens é a identificação das caraterísticas faciais que serão suficientes para reconhecer o olhar utilizando métodos de análise de imagens.
2. A aprendizagem automática consiste na criação e formação de um algoritmo de aprendizagem automática utilizando os sinais encontrados durante a análise da imagem.
3. Estas caraterísticas são utilizadas como entrada para o algoritmo de aprendizagem automática e para determinar a localização do ponteiro do rato utilizando a saída ou o resultado dos cálculos do algoritmo.

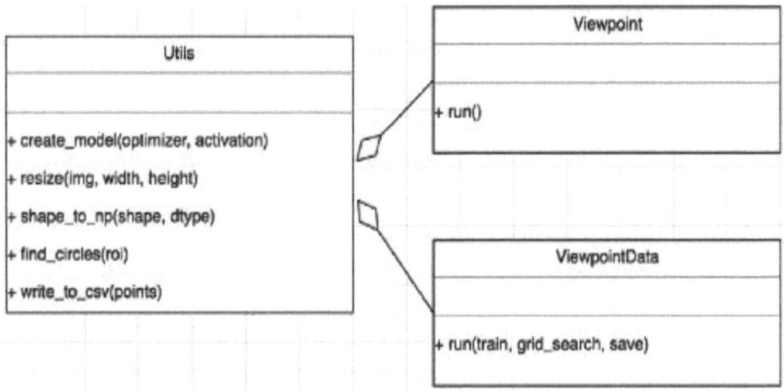

Fig. 10.4. Diagrama de Classes

10.4.3.3 Descrição geral do algoritmo

O primeiro passo baseia-se na obtenção de uma única imagem da câmara. Uma vez recebida a imagem, inicia-se o reconhecimento do rosto. A localização das partes do rosto separa as regiões dos olhos que estão a procurar as pupilas. O método para encontrar as pupilas consiste em encontrar um círculo, mas, para isso, é necessário limpar a imagem primeiro. A tecnologia de limiar é útil para reduzir o ruído na imagem. A deteção dos contornos da imagem também melhora a precisão da localização dos objectos pretendidos. Depois de procurar as pupilas nas regiões onde se encontram os olhos, os filtros podem ser procurados. Depois de encontrar as coordenadas das pupilas e de outras partes do rosto, o treino da rede neural começa com a utilização dessas coordenadas. A definição da tarefa e as tecnologias razoavelmente escolhidas para a resolver são efectuadas. Esta secção apresenta todos os principais aspectos técnicos da resolução da tarefa, descreve as soluções propostas para o desenvolvimento de componentes algorítmicos, funcionais e programáticos da aplicação de reconhecimento do olhar do utilizador para apontar o rato. Os algoritmos de aprendizagem automática são analisados, as suas vantagens e desvantagens são determinadas. Foi concebido um modelo de aplicação pormenorizado.

10.5 Realização e teste de uma aplicação de desenvolvimento de pontos de vista para controlo do ponteiro do rato por ponto de vista do utilizador

10.5.1 Reconhecimento ocular

Os sinais de Haar são sinais de uma imagem digital utilizados no reconhecimento de padrões. Os sinais de Haar foram utilizados no primeiro detetor de pessoas a trabalhar em tempo real. Historicamente, os algoritmos que trabalham apenas com a intensidade da imagem têm uma elevada complexidade computacional. Viola e Jones adaptaram a ideia de usar wavelets de Haar e desenvolveram o que foi chamado de sinais de Haar (Fig. 10.5). O sinal de Haar consiste em domínios rectangulares adjacentes. Eles são posicionados na imagem, depois a intensidade dos pixels nas regiões é somada e, em seguida, a diferença entre os valores é calculada. Essa diferença será o valor de um determinado atributo, um tamanho específico, de alguma forma posicionado na imagem [12].

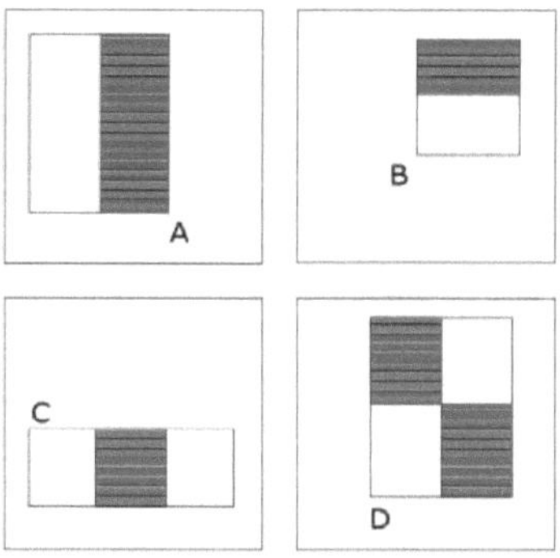

Fig. 10.5. Tipos de atributos utilizados no algoritmo de Viola-Jones

O Histograma de Gradientes Orientados (HOG) é um descritor de caraterísticas utilizado na visão computacional e no processamento de imagens para reconhecer objectos. O método calcula as direcções dos gradientes nos pontos locais da imagem. É calculado numa rede densa de células uniformemente espaçadas e utilizado para melhorar a precisão da normalização local do contraste [13].

Seleção de um método de reconhecimento ocular. Para reconhecer a imagem, esta foi convertida de uma imagem a cores para preto e branco, o que aumenta significativamente a velocidade de operação sem perder a maior parte da informação da imagem. Para o reconhecimento de rostos e olhos, utilizou-se primeiro o método Violi-Jones, que, por sua vez, utiliza sinais semelhantes aos de Haar. A procura do olho ocorre após a pessoa ser encontrada, ou seja, primeiro procura-se uma área retangular em que se encontra a face, depois procura-se o olho, isto é feito de forma a descartar um grande número de imagens e procurar apenas na região em que se encontra a face (Fig. 10.6a). Depois de as regiões dos olhos terem sido encontradas utilizando o método Viola-Jones, foi utilizada a ferramenta de deteção de faces que vem com a biblioteca Dlib. Esta ferramenta utiliza um histograma de gradiente direcionado. O detetor treinado foi utilizado para obter 68 coordenadas localizadas na face, que incluem as coordenadas dos contornos dos olhos, boca, nariz e semelhantes. Decidiu-se descartar o conjunto de coordenadas dos contornos da boca, e deixar apenas 48 coordenadas que são necessárias para o reconhecimento do olho, nomeadamente as coordenadas dos contornos dos olhos, sobrancelhas, nariz e contornos faciais (Fig. 10.6b). Depois de analisar a precisão do algoritmo de Viola-Jones e de o comparar com o método que utiliza o histograma de gradiente direcionado, decidiu-se utilizar este último, através de um reconhecimento mais preciso e mais fiável.

Fig. 10.6. Reconhecimento da face e do olho e coordenadas da face, encontradas utilizando um histograma de gradiente estratificado

10.5.2 Reconhecimento dos alunos

Depois de encontrar áreas rectangulares nas quais os olhos são vistos, o programa procura as pupilas nestas regiões. Para encontrar as pupilas, a transformação de Haf é utilizada para procurar objectos redondos nestas regiões. O OpenCV fornece uma classe HoughCircles que utiliza o operador Kenny para encontrar os limites da imagem (Fig. 10.7) e, em seguida, procura objectos redondos utilizando a transformada Haf.

10.5.3 Recolha de dados para treinar a rede neural

Para recolher os dados e treinar a rede neural, foi implementado um módulo de sistema separado que permitia seguir as coordenadas e registá-las num ficheiro de formato csv. Os dados consistiam em cinquenta coordenadas faciais bidimensionais (quarenta e oito coordenadas de rostos e duas coordenadas de pupilas) e coordenadas de posição do cursor. Ou seja, em geral, para o treino, a rede utilizou cinquenta e uma coordenadas, cinquenta parâmetros de entrada e uma saída (Tabela 10.1). A recolha de dados durou quinze minutos e o número total de linhas da tabela foi de cerca de treze mil (Tabela 10.1).

Fig. 10.7. Um filtro utilizado pelo operador de Kenny

Tabela 10.1. Parte dos dados utilizados para treinar a rede neural

(480, 246)	(480, 282)	...	(35.5, 17.5)	(41.5, 18.5)	(869.7578125, 482.58203125)
(474, 258)	(480, 294)	...	(35.5, 15.5)	(41.5, 14.5)	(838.81640625, 444.55078125)
(474, 258)	(480, 288)	...	(35.5, 15.5)	(41.5, 20.5)	(837.7734375, 442.69140625)
(480, 252)	(480, 288)	...	(35.5, 14.5)	(41.5, 15.5)	(835.83203125, 439.546875)
(474, 252)	(480, 288)	...	(35.5, 15.5)	(41.5, 15.5)	(833.5703125, 436.6796875)
...	...	...	...	...	...

10.5.4 Hiperparâmetros da rede neural

Os dados obtidos durante o reconhecimento das coordenadas faciais e da pupila foram utilizados para treinar a rede neural. A seleção dos hiperparâmetros foi efectuada utilizando o método Grid Search, que consiste numa visão completa das combinações de hiperparâmetros a partir do conjunto de hiperparâmetros fornecidos manualmente. Utilizando este método , determinou-se que o menor erro nesta tarefa tem uma rede neural com quinhentos e doze neurónios na primeira camada, sessenta e quatro neurónios na segunda e o número de objectos que serão tomados simultaneamente durante o treino de sessenta e quatro. Para regularização durante o treino, um quinto de todos os neurónios das camadas interiores foi anulado. Como função de ativação, foi utilizada a função linear Relu corrigida. O algoritmo de Adam foi escolhido para otimizar o modelo. Para avaliar a qualidade do algoritmo, foi selecionado o desvio quadrático médio.

10.5.5 Ferramentas usadas

De entre os conhecidos IDE (Integrated development environment), foi utilizado o PyCharm. Este ambiente de desenvolvimento foi aplicado por ser atualmente o programa de desenvolvimento de software mais popular na linguagem de programação Python. O PyCharm tem uma interface de fácil utilização, que permite navegar rapidamente pelos ficheiros e pelo código, bem como dicas inteligentes que aumentam a velocidade de escrita do código. O OpenCV foi utilizado para processar imagens. O OpenCV (em inglês Open Source Computer Vision Library) é uma biblioteca de funções e algoritmos para visão computacional, processamento de imagens e algoritmos numéricos gerais de código aberto. A biblioteca fornece ferramentas para o processamento e análise do conteúdo das imagens, incluindo a identificação de objectos em fotografias (por exemplo, pessoas e figuras de pessoas, texto, etc.), a localização de objectos, a transformação de imagens, a aplicação de métodos de aprendizagem automática e a descoberta de elementos comuns em várias imagens. A biblioteca foi desenvolvida pela Intel e é atualmente apoiada pela Willow Garage e pela Itseez. O código da biblioteca é escrito em C ++ e distribuído sob a licença BSD. Estão preparadas ligações para várias linguagens de programação, como Python, Java, Ruby, Matlab, Lua e outras. Pode ser utilizada livremente para fins académicos e comerciais [14].

A biblioteca Dlib foi utilizada para encontrar faces. A Dlib é uma biblioteca de software multiplataforma para aplicações gerais escritas na linguagem de programação C ++. A sua conceção influencia fortemente a ideia de conceção de contratos e de engenharia de software de componentes. Assim, trata-se, antes de mais, de um conjunto de componentes de software independentes. Trata-se de um programa de software de código aberto licenciado ao abrigo do software Boost . Desde a sua criação em 2002, a Dlib cresceu para uma vasta gama de ferramentas. A partir de 2016, contém componentes de software para trabalhar com tecnologias de rede, fluxos, interfaces gráficas de utilizador, estruturas de dados, álgebra linear, aprendizagem automática, processamento de imagens, saída de dados, XML e análise, otimização numérica, redes Bayesianas e muitas outras tarefas. Nos últimos anos, grande parte do desenvolvimento centrou-se na criação de uma vasta gama de ferramentas estatísticas de aprendizagem automática e, em 2009, a Dlib foi publicada no Journal of Machine Learning Research. Desde então, tem sido utilizada numa vasta gama de domínios [15].

O Keras foi utilizado para desenvolver a rede neural. O Keras é uma biblioteca aberta escrita em Python. É capaz de trabalhar em cima de Deeplearning4j, TensorFlow e Theano, e foi concebida para permitir experiências rápidas com redes de aprendizagem profunda. Está focado em ser mínimo, modular e extensível. Foi criado como parte do esforço de investigação do projeto ONEIROS, e o seu principal autor e patrocinador é François Schollie, um engenheiro da Google. Embora a equipa do Google TensorFlow tenha decidido apoiar o Keras na biblioteca principal do TensorFlow, Scholl afirmou que o Keras foi concebido como uma interface e não como um sistema de aprendizagem automática de ponta a ponta. Representa um conjunto de abstracções intuitivo e de alto nível que simplifica a formação de redes neuronais, independentemente da biblioteca de back-end da computação científica. A Microsoft está a trabalhar na adição do Keras e do CNTK [16].

10.5.6 Testar a aplicação

Durante o teste, verificou-se que o desvio quadrático médio é igual a 17 mil, o que, por sua vez, significa que o erro médio é de cerca de cem pixéis. Relativamente à velocidade, o atraso médio é de um segundo. Depois de testar o sistema, podemos concluir que o erro é demasiado grande para ser utilizado para um controlo conveniente e preciso do ponteiro do rato. A precisão do sistema depende fortemente da iluminação e da qualidade da webcam. Devido à complexidade da função aproximada, foi utilizada uma rede neural com um grande número de neurónios, o que, por sua vez, tornou o sistema mais lento devido ao grande número de cálculos a efetuar. Outra razão para o atraso é a análise da imagem, que é uma tarefa relativamente intensiva em termos de recursos.

O programa de implementação das decisões do projeto é descrito e o relatório de teste da aplicação é apresentado. Para garantir a utilização eficaz do software desenvolvido, é fornecido um manual do utilizador.

10.5.7 Manual do utilizador

Componentes de software. O pacote é desenvolvido utilizando a linguagem de programação Python 3 no ambiente de desenvolvimento PyCharm. Durante a conceção dos subsistemas, é utilizada uma combinação de abordagens de programação orientadas para os objectos e orientadas para os procedimentos. Todas as classes foram documentadas. Foram utilizadas as bibliotecas AutoPy, Keras, OpenCV e Dlib. Para o funcionamento correto do pacote, é necessária uma máquina personalizada com um processador de, pelo menos, 400 MHz e uma memória RAM de, pelo menos, 512 Mb. Para utilizar o pacote, é necessário instalar o interpretador da linguagem de programação Python e ter disponíveis todos os ficheiros de biblioteca e definições necessários. A lista de ficheiros necessários, a explicação da sua finalidade e a informação sobre a pertença a um projeto específico são apresentadas na Tabela 10.2.

Instalação do software. Para que o pacote possa funcionar, é necessário instalar o interpretador Python.

Software de configuração. Não é necessária qualquer configuração adicional para o sistema.

A função de base do software. Para guardar as coordenadas das caraterísticas faciais, executar a componente do sistema denominada ViewpointData com o comando -save. Para obter uma representação visual das coordenadas, execute a componente do sistema denominada ViewpointData com o comando -show. O sistema apresenta uma janela com as coordenadas da face. Para apresentar apenas as coordenadas, executar o comando -remove_background. Para treinar a rede neural, execute o componente do sistema chamado ViewpointData com o comando -train. Para controlar o ponteiro do rato, executar o componente do sistema Viewpoint.

Tabela 10.2. Um conjunto de ficheiros para o funcionamento correto do PPP "Clusterização"

Não	Ficheiro	Nomeação

1	ViewpointData.py	Um ficheiro para executar componentes para recolha de dados e treino da rede neural
2	ViewPoint.py	Um ficheiro para lançar componentes para seguir o aspeto do ponteiro do rato
3	Pontos.csv	Ficheiro com o conjunto de dados para treinar a rede neural
4	Modelo.h5	Modelo de rede neural

Análise do erro. Quando ocorre a mensagem "Failed to capture a frame from camera", verifique o funcionamento da câmara.

10.6 Conclusão

Os resultados da análise de erros obtidos durante o teste indicam que o sistema é ineficaz. Durante o reconhecimento de imagens, há uma série de limitações que prejudicam a precisão do reconhecimento. Estas limitações são a capacidade de processamento dos computadores, bem como a qualidade das imagens captadas pela webcam. Existem várias formas de melhorar a precisão do sistema. Uma delas é obter mais dados. Por sua vez, isso permitirá que o algoritmo se adapte a diferentes condições. No entanto, este aumento é suscetível de aumentar o tamanho da rede neural, o que, por sua vez, conduzirá a mais atrasos no trabalho. Nem todas as coordenadas com que o sistema trabalha podem ser necessárias para reconhecer o olhar, porque algumas delas podem ser linearmente dependentes. Por sua vez, isto leva muitas vezes a ficar preso no mínimo local devido ao problema da multicolinearidade. Por conseguinte, é necessário estudar a importância de cada coordenada e deixar apenas as que são suficientes para o reconhecimento da vista. É possível acelerar o sistema melhorando os cálculos utilizando um processador gráfico em vez de uma CPU. Outra forma de melhorar os resultados é procurar a rede neural de rolos, que apresenta uma elevada precisão no reconhecimento de imagens. Ao utilizar eficazmente uma rede neural convolucional, é possível obter uma melhor precisão de reconhecimento. Uma rede neural convolucional pode também ser utilizada para encontrar as coordenadas necessárias, que podem depois ser transmitidas a outro algoritmo de aprendizagem automática para encontrar as coordenadas do ponteiro do rato e reconhecer imediatamente as coordenadas do rato utilizando apenas a rede neural convolucional, que trabalhará diretamente com a imagem processada e filtrada. Após a análise do trabalho, obteve-se um resultado que constitui o conteúdo de mais investigação nesta área, devido às muitas possibilidades de melhoria de um algoritmo de reconhecimento da perspetiva do utilizador, bem como através do rápido desenvolvimento da tecnologia relacionada com as redes neuronais.

10.7 Referências

[1] B. Georg O que é que vê quando está a navegar? Usando o Eye Tracking para prever regiões salientes de páginas da Web / B. Georg, C. Edward, R. M. Meredith, 2007. - 10 c.

[2] Back D. Neural Network Gaze Tracking using Web Camera / David Back, 2003. - 52 c.

[3] Joakim R. Codificação de imagens de segunda geração baseada na perceção e com resolução variável. Tese de mestrado, Departamento de Engenharia Eléctrica / Joakim Rydell. - Linköping, Suécia, 2003. - 54 c.

[4] Nischal M. Piratla, Anura P. Jayasumanay, Um rastreador de olhar em tempo real baseado em rede neural, 2001.

[5] Wild D. J. Gaze Tracking Using A Regular Web Camera, Universidade de Rhodes / David Jonathan Wild, 2012.

[6] Sewell W. Real-Time Eye Gaze Tracking With an Unmodified Commodity Webcam Employing a Neural Network / W. Sewell, O. Komogortsev., 2010. - 6 c.

[7] Wąsikowska B. A aplicação do rastreamento ocular nos negócios / Barbara Wąsikowska., 2014. - 244 c.

[8] Вільна енциклопедія Вікіпедія "Людське око". URL: https://en.wikipedia.org/wiki/Людське_око.

[9] Вільна енциклопедія Вікіпедія "Нейрон". URL: https://uk.wikipedia.org/wiki/Нейрон.

[10] Вільна енциклопедія Вікіпедія "Перцептрон". URL: https://uk.wikipedia.org/wiki/Перцептрон.

[11] Вільна енциклопедія Вікіпедія "Метод зворотнього поширення помилки". URL: https://uk.wikipedia.org/wiki/Метод_зворотного_поширення_помилки.

[12] Вільна енциклопедія Вікіпедія "Признаки Хаара". URL: https://ru.wikipedia.org/wiki/Признаки_Хаара.

[13] Вільна енциклопедія Вікіпедія " Гістограма напрямлених градієнтів". URL: https://uk.wikipedia.org/wiki/Гістограма_напрямлених_градієнтів.

[14] Вільна енциклопедія Вікіпедія "OpenCV". URL: https://uk.wikipedia.org/wiki/OpenCV.

[15] Вільна енциклопедія Вікіпедія "Dlib". URL: https://uk.wikipedia.org/wiki/Dlib.

[16] Вільна енциклопедія Вікіпедія "Keras". URL: https://uk.wikipedia.org/wiki/Keras.

[17] Segaran T. Programar a inteligência colectiva / Toby Segaran, 2008. - 368 c.

[18] Mitchell T. Aprendizagem automática / Tom Mitchell, 1997. - 432 c.

[19] Nascimento, G., Ribeiro, M., Cerf, L., Cesário, N., Kaytoue, M., Raïssi, C., Meira, W.: Modelação e análise da comunidade de live-streaming de videojogos. In: Congresso Latino-Americano da Web. 1-9. (2014).

[20] Obermaier, J., Hutle, M.: Analisar a segurança e a privacidade dos sistemas de videovigilância baseados na nuvem. Em: Proceedings of the 2nd ACM International Workshop on IoT Privacy, Trust, and Security, 22-28. (2016).

[21] Xu, D., Wang, R., & Shi, Y. Q.: Ocultação de dados em fluxos de vídeo H. 264/AVC encriptados através da substituição de palavras de código. Em: IEEE transactions on information forensics and security, vol. 9(4), 596-606. (2014).

[22] Saxena, M., Sharan, U., Fahmy, S.: Analisar os serviços de vídeo na Web 2.0: uma perspetiva global. Em: Proceedings of the 18th International Workshop on Network and Operating Systems Support for Digital Audio and Video, pp. 39-44. (2008).

[23] Brône, G., Oben, B., Goedemé, T.: Para um método mais eficaz de análise de dados de rastreio ocular móvel: integração de dados do olhar com algoritmos de reconhecimento de objectos. In: Proceedings of the 1st international workshop on pervasive eye tracking & mobile eye-based interaction, 53-56. (2011).

[24] Reibman, A. R., Sen, S., Van der Merwe, J.: Analisar a qualidade espacial da transmissão de vídeo pela Internet. In: in Proceedings of International Workshop on Video Processing and Quality Metrics for Consumer Electronics. (2005).

[25] Perniss, P. Recolha e análise de dados de língua gestual: Requisitos de vídeo e utilização de software de anotação. In: Métodos de pesquisa em estudos de língua de sinais, 56-73. (2015).

[26] Tran, B. Q.: U.S. Patent No. 8,849,659. Washington, DC: Escritório de Marcas e Patentes dos EUA. (2014).

[27] Badawy, W., Gomaa, H.: U.S. Patent No. 9,014,429. Washington, DC: Escritório de Marcas e Patentes dos EUA. (2015).

[28] Badawy, W., Gomaa, H.: U.S. Patent No. 8,630,497. Washington, DC: Escritório de Marcas e Patentes dos EUA. (2014).

[29] Golan, O., Dudovich, B., Daliyot, S., Horovitz, I., Kiro, S.: U.S. Patent No. 8,885,047. Washington, DC: Escritório de Patentes e Marcas Registradas dos EUA. (2014).

[30] Chambers, C. A., Gagvani, N., Robertson, P., Shepro, H. E.: U.S. Patent No. 8,204,273. Washington, DC: Escritório de Marcas e Patentes dos EUA. (2012).

[31] Maes, S. H.: U.S. Patent No. 7,917,612. Washington, DC: Gabinete de Patentes e Marcas dos EUA. (2011).

[32] Peleshko, D., Ivanov, Y., Sharov, B., Izonin, I., Borzov, Y.: Conceção e implementação de um método de análise e registo da densidade de filas de espera de visitantes para fins de videovigilância de retalho. In: Data Stream Mining & Processing (DSMP), 159-162. (2016)

[33] Maksymiv, O., Rak, T., Peleshko, D.: Video-based Flame Detection using LBP-based Descriptor: Influences of Classifiers Variety on Detection Efficiency. In: Revista Internacional de Sistemas e Aplicações Inteligentes, 9(2), 42-48 (2017)

[34] Rusyn, B., Lutsyk, O., Lysak, O., Lukeniuk, A., Pohreliuk, L.: Compressão de imagens sem perdas nas aplicações de deteção remota. In: Int. Conf. sobre mineração e processamento de fluxos de dados (DSMP), 195-198 (2016)

[35] Kravets, P.: O agente de controlo com lógica difusa. Em: Tecnologias e Métodos de Perspetiva em Design MEMS, MEMSTECH'2010, 40-41 (2010)

[36] Babichev, S., Gozhyj, A., Kornelyuk A., Litvinenko, V.: Tecnologia indutiva de agrupamento objetivo de perfis de expressão genética baseada no algoritmo de agrupamento SOTA. In: Biopolímeros e Células, 33(5), 379-392. (2017)

[37] Nazarkevych, M., Klyujnyk, I., Nazarkevych, H.: Investigação do filtro Ateb-Gabor em sistemas de segurança biométrica. In: Mineração e Processamento de Fluxo de Dados, 580-583. (2018).

[38] Lytvyn, V., Sharonova, N., Hamon, T., Vysotska, V., Grabar, N., Kowalska-Styczen, A.: Linguística computacional e sistemas inteligentes. In: Actas do Workshop CEUR, Vol-2136 (2018)

[39] Vysotska, V., Fernandes, V.B., Emmerich, M.: Método de apoio ao conteúdo da Web em sistemas de negócios electrónicos. In: Actas do Workshop CEUR, Vol-2136, 20-41 (2018)

[40] Lytvyn, V., Peleshchak, I., Vysotska, V., Peleshchak, R.: Reconhecimento de informação espetral de satélite baseado na síntese de redes neurais dinâmicas

modificadas e técnicas de processamento de dados holográficos. In: Conferência Científica e Técnica Internacional sobre Ciências da Computação e Tecnologias da Informação (CSIT), 330-334 (2018)

[41] Su, J., Sachenko, A., Lytvyn, V., Vysotska, V., Dosyn, D.: Modelo de integração de recursos de informação turística de acordo com as necessidades dos utilizadores. In: Conferência Científica e Técnica Internacional sobre Ciências da Computação e Tecnologias da Informação, 113-116 (2018)

[42] Vysotska, V., Hasko, R., Kuchkovskiy, V.: Análise de processos em sistemas de comércio eletrónico de conteúdos. In: Conferência científica e técnica internacional Ciências da computação e tecnologias da informação (CSIT), 120-123 (2015).

Chapter 11. Reconhecimento de alvos de radar com base na aprendizagem automática

A inteligência da situação aérea baseia-se em informações de radar sobre o inimigo aéreo, o que permite revelar o alvo do ataque, determinar a composição e os meios que participam no ataque, escolher os meios mais perigosos e assegurar que as armas são apontadas para eles. O objetivo principal do capítulo é construir um modelo de reconhecimento de alvos sob a forma de mísseis de cruzeiro AGM-86C (CALCM) e CR Taurus KEPD 350. Foi também construído um módulo de reconhecimento de mísseis de cruzeiro AGM-86C e Taurus KEPD 350, que reconhece com suficiente precisão estes tipos de foguetes (precisão - 84,52%). Dado que um dos mísseis é por vezes referido como um míssil desenvolvido com tecnologia "furtiva", o modelo pode ser considerado adequado. A desvantagem do modelo é o facto de ter sido treinado apenas com dois tipos de mísseis. O problema é que os dados sobre a superfície de dispersão efectiva de todos os mísseis no arsenal de qualquer Estado são dados ultra-secretos.

11.1 Introdução

O dia 24 de fevereiro de 2022 mudou a vida das pessoas na Ucrânia para "antes" e "depois". A guerra está a ser travada em todas as frentes: na linha da frente, na retaguarda e no estrangeiro. Nessa altura, as pessoas faziam tudo o que dependia delas para ajudar o Estado, e cada vez mais pessoas vinham do estrangeiro para a Ucrânia, apesar do perigo constante do lado dos invasores. Quase todos os dias soam os alarmes aéreos e vários mísseis são apontados à nossa retaguarda, incluindo objectos civis. As defesas aéreas funcionam excecionalmente bem. O problema é que cada foguete tem uma propriedade diferente, o que causa problemas específicos ao interceptá-los. É por isso que o reconhecimento preliminar dos alvos aéreos é um aspeto essencial da proteção da retaguarda e, em particular, da frente.

11.2 Obras relacionadas

O reconhecimento automático de alvos é a capacidade de um algoritmo ou dispositivo para reconhecer alvos ou objectos com base em dados recebidos de sensores . É utilizado principalmente para fins militares e militares. Trata-se de uma vasta gama de algoritmos e dispositivos, a maioria dos quais com dados classificados [1]. A versão mais simples do reconhecimento automático de alvos é um sistema de reconhecimento de radar, um complexo técnico de hardware e software para distinguir automaticamente as suas tropas e armas do inimigo [2]. A essência do rcconhecimento é determinar se um alvo pertence a uma determinada classe com base nos resultados do processamento dos sinais de radar reflectidos ou emitidos por ele [3]. Desta forma, os sistemas "Home-Alien" dividem-se em activos (o alvo emite o sinal) e passivos (o sinal é refletido a partir do alvo). Vamos definir o conceito de "Radiolocalização".

A radiolocalização consiste em detetar objectos (alvos) e determinar as suas coordenadas espaciais e parâmetros de movimento utilizando meios e métodos técnicos de rádio. Este processo é designado por vigilância por radar e os dispositivos para este efeito são estações de radar (RADS) ou radares [4]. As principais caraterísticas dos veículos de ataque aéreo (AAV) como objectos de radar são as seguintes [5]:

- Superfície de dispersão efectiva do alvo (ESS);
- Diagrama da radiação secundária inversa;
- Retrato de radar de longo alcance do alvo.

A superfície de dispersão efectiva (ESS) do alvo é a principal caraterística energética do alvo. Afecta o alcance de deteção do alvo da estação de radar e a qualidade da informação do radar [6]. A superfície de dispersão efectiva é a área de um emissor secundário equivalente. Ela dispersa uniformemente toda a energia electromagnética que cai sobre ela e cria a mesma densidade de fluxo de energia no ponto de receção que o alvo real [7-8].

A área de dispersão efectiva (ESA) é uma caraterística da refletividade do alvo, que é determinada pela relação entre a potência da energia electromagnética reflectida pelo alvo na direção do recetor (radar) e a densidade superficial do fluxo de energia da onda plana incidente [9].

O EPR do alvo depende dos seguintes factores [1-9]:

- Geometria física e caraterísticas externas do alvo;
- Direção do radar;
- Frequência dos emissores de radar;
- Propriedades eléctricas da superfície alvo.

Enquanto a conceção dos aviões de passageiros está mais centrada na eficiência e na segurança, no caso dos aviões utilizados para fins militares, há o cuidado de manter esta superfície reflectora tão pequena quanto possível. As medidas para atingir este objetivo são designadas por tecnologia furtiva. A ESA do alvo é a dimensão da superfície metálica a partir da qual o fluxo de radiação secundária cria o mesmo fluxo no ponto de receção que o do alvo real. A magnitude da ESA depende das propriedades eléctricas do material da estrutura da aeronave e do seu revestimento, da relação entre as suas dimensões geométricas e o comprimento de onda, do ângulo de irradiação e da polarização das ondas electromagnéticas que irradiam o alvo. Além disso, é inerente ao objetivo complexo alterar a polarização da onda incidente, o que faz com que componentes ortogonais ao sinal de sondagem apareçam no sinal refletido.

O ESA será diferente para as diferentes classes de aeronaves, variando entre 1 e 10м^2 para as aeronaves tácticas e mais de 10м^2 para os bombardeiros. Para as aeronaves desenvolvidas com a tecnologia "Stealth", a ESA tem o valor 0,1...1,0м^2 [6-9].

O SCE pode ser calculado utilizando a seguinte fórmula [6]:

$$\sigma_t = 4\pi R^2 \cdot \frac{S_r}{S_t}, \qquad (1)$$

em queS_r é a densidade do fluxo de energia das ondas hertzianas na proximidade do recetor de radar;S_t é a densidade do fluxo de energia das ondas hertzianas na proximidade do alvo; R é a distância do alvo ao recetor de radar.

Uma superfície lisa e plana que conduza de forma ideal tem um padrão de dispersão secundária estreito. A parte central da energia da onda reflectida está contida na pétala central do diagrama de direção da antena (DAD). A largura do DAD diminui de acordo com o aumento do tamanho da superfície reflectora e com o encurtamento do comprimento da onda incidente. Se a superfície for irradiada num ângulo reto, a parte central da energia reflectida regressa à fonte de radiação. Em ângulos de irradiação inferiores a 90°, a parte da energia dispersa nos lóbulos laterais do ADD é devolvida ao radar [10-16]. Os objectos complexos (aviões, navios, tanques) podem ser considerados como uma coleção de muitos elementos separados que dispersam a energia electromagnética em diferentes direcções. A amplitude total do sinal refletido é determinada pelas fases e amplitudes relativas das emissões dos reflectores individuais e está sujeita a flutuações. A natureza da flutuação do sinal resultante depende em grande parte da velocidade e da direção de movimento do objeto e mesmo dos seus elementos em relação ao radar [17-19]. As fases dos sinais reflectidos por alvos complexos também mudam. Na dispersão de ondas electromagnéticas (EMW) por vários objectos, ocorre normalmente a despolarização dos sinais [20-24]. Os diagramas de dispersão de objectos reais mostram a dependência da intensidade de dispersão com o ângulo de incidência da onda, determinado pela sua configuração e orientação em relação à estação de radar. Em regra, eles são multi-petálicos.

Nos AAV modernos, a ESA varia muito, e as propriedades do tipo de alvo, por sua vez, dependem significativamente do comprimento de onda do radar, do ângulo de irradiação do alvo e de alguns outros factores [25-29]. As quedas da AEE podem atingir 100...1000 ou mais vezes [30-33]. As aeronaves e os UAVs (veículos aéreos não tripulados) mais recentes foram desenvolvidos tendo em conta a redução da sua ESA. Assim, as dimensões geométricas do avião B-1B são 10% mais pequenas do que as dimensões geométricas do avião B-52, e a sua ESA é quase 10 vezes mais pequena. A ESA dos caças, mísseis de cruzeiro e mísseis guiados também diminuiu significativamente.

A tarefa principal é construir vários modelos e escolher o melhor dos modelos construídos. A essência dos modelos é o reconhecimento dos mísseis de cruzeiro (CR) AGM-86C(CALCM) [9] e CR Taurus KEPD 350 [12-14]. O cálculo da superfície de dispersão efectiva (ESS) é efectuado a duas frequências: f= 180 MHz ($\lambda_1 \approx$ 1,667 m), que corresponde à gama de frequências de funcionamento do radar 5N84A, P-18 em modo de espera, e f= 350 MHz ($\lambda_1 \approx$ 0,857 m) para comparação.

O azimute foi calculado no plano horizontal (plano da asa) a partir do ângulo do nariz (= 0 corresponde ao estreitamento "no nariz" do radar, = 180 graus. - soando "na cauda"). O passo de mudança de azimute foi de 0,5 graus. Para cada valor fixo, o ângulo de localização da sondaβ foi escolhido aleatoriamente, uniformemente distribuído no intervaloε =-3±4 graus em relação ao plano da asa (um ângulo de localização negativo corresponde à parte de sondagem do hemisfério inferior). Os resultados são obtidos para duas polarizações - horizontal (o vetor de intensidade do campo elétrico do sinal de sondagem é paralelo ao plano da asa) e vertical (o vetor de intensidade do campo elétrico da onda de sondagem situa-se no plano, ortogonal ao plano da asa e passando pelo vetor de direção da sondagem).

11.3 Métodos

Dispomos de dois tipos de mísseis e calculámos as áreas de dispersão práticas em diferentes ângulos de elevação (RADS) e azimutes. Por outras palavras, resolvemos o problema da classificação. Para isso, utilizaremos o método da árvore de decisão.

Uma árvore de decisão representa uma sequência de decisões e de estados ambientais, indicando as probabilidades e os payoffs correspondentes para qualquer combinação de alternativas e estados ambientais. Nas arestas ("ramos") da árvore de decisão, escrevem-se os atributos de que depende a função objetivo; na "folha", escrevem-se os valores da função objetivo, e nos outros nós - os atributos pelos quais se distinguem os casos. É necessário descer a árvore até à letra e emitir o valor adequado para classificar um novo caso.

Cada folha representa o valor da variável de destino, que muda durante o movimento da raiz para a folha. Cada nó interno corresponde a uma das variáveis de entrada. Uma árvore também pode ser "aprendida" dividindo as variáveis originais em subconjuntos baseados em valores de atributos de teste. Este processo é repetido em cada um dos subconjuntos resultantes. A recursão termina quando o subconjunto num nó tem os mesmos valores que a variável alvo, pelo que não acrescenta valor às previsões.

Uma regra é uma construção lógica apresentada como "se: então:".

As árvores de decisão têm várias vantagens quando utilizadas.

- O utilizador interpreta rapidamente as árvores e estas são intuitivas.
- As árvores de decisão permitem a extração de regras de uma base de dados em linguagem simples. Exemplo de regra: Se a idade for superior a 35 anos e o rendimento superior a 200, conceder um empréstimo.
- As árvores de decisão permitem criar modelos de classificação nos domínios em que é bastante difícil para o analista formalizar o conhecimento.
- O algoritmo de construção da árvore de decisão não requer que o utilizador selecione os atributos de entrada (variáveis independentes). Todos os atributos existentes podem ser submetidos à entrada do algoritmo , e o próprio algoritmo selecionará os mais significativos de entre eles, que serão apenas utilizados para construir uma árvore. Em comparação, por exemplo, com as redes neurais, isto facilita muito o trabalho do utilizador, uma vez que a escolha do número de atributos de entrada afecta significativamente o tempo de treino nas redes neurais.
- Os modelos criados com árvores de decisão têm maior precisão do que outros métodos de construção de modelos de classificação (métodos estatísticos, redes neuronais).
- Processo de aprendizagem rápido. A criação de modelos de classificação utilizando algoritmos de árvores de decisão demora muito menos tempo do que, por exemplo, o treino de redes neuronais.
- A maioria dos algoritmos para a construção de árvores de decisão pode lidar especialmente com valores em falta.
- Muitos métodos estatísticos clássicos utilizados para resolver problemas de classificação só podem funcionar

com dados numéricos, enquanto as árvores de decisão funcionam com dados numéricos e categóricos.

11.4 Experiências, resultados e discussões

Os dados para processamento não estão disponíveis publicamente (quatro ficheiros em formato .xls como agm86c_f_180_vertical, agm86c_f_180_horizontal, kepd350_f_180_vertical, kepd350_f_180_horizontal). Cada ficheiro contém quatro colunas de dados:

A primeira coluna descreve o ângulo de elevação, a segunda - o azimute, e a terceira e quarta - a ESA calculada dos mísseis. Na terceira coluna, denominada ESA, os dados estão a uma frequência de f = 180 MHz, e na quarta, para comparação, ESA a f = 350 MHz. Para utilizar a árvore de decisão, combinaremos os dados numa tabela, onde as colunas descreverão um míssil específico numa determinada frequência e polarização.

- Ângulo - o ângulo do local, azimute - azimute, RCS (secção transversal do radar),
- H RCS (f= 180 MHz) - EPR a uma frequência de 180 MHz e polarização horizontal,
- H RCS (f= 350 MHz) - EPR a uma frequência de 350 MHz e polarização horizontal,
- V RCS (f= 180 MHz) - EPR a uma frequência de 180 MHz e polarização vertical,
- V RCS (f= 180 MHz) - ESR a uma frequência de 350 MHz e polarização vertical,
- O míssil é um tipo de míssil (que assume dois valores)

Como resultado, temos 722 linhas de dados (361 linhas para cada míssil).

89.01014736	0	32.34668541	0.000285704
90.54658416	0.5	32.39473194	0.000930973
93.68004879	1	31.33735002	0.009354365
91.80246483	1.5	31.38034445	0.012273822
95.5827018	2	28.93900567	0.085906038
90.39303196	2.5	29.78845157	0.041796866
94.68396326	3	27.435552	0.144342568
91.43188842	3.5	27.26550993	0.073528013
89.73129015	4	25.90301595	0.132250099
90.1785073	4.5	24.3586741	0.143169677
96.90806779	5	20.27232615	0.756644658
89.95263786	5.5	21.0039888	0.221759192
89.07138132	6	19.23492231	0.354000132
93.25331327	6.5	16.98907075	0.377292482
93.81411307	7	15.1136725	0.525210862
90.32999586	7.5	14.05407717	0.336499036
92.60628714	8	12.16667148	0.431644639
89.45644718	8.5	10.93426729	0.525907196
95.26655336	9	8.773305575	1.279912017
93.15900926	9.5	8.032427675	0.673798421
96.00774577	10	6.535233374	1.834122403
96.64719865	10.5	5.669434237	2.300434511
93.31473202	11	5.500640596	0.862906533
92.69659065	11.5	5.071053012	0.73677336
95.89775625	12	4.755947889	2.177824883
95.23726651	12.5	4.833353202	1.869880218
96.97436515	13	5.056289418	3.034274924
93.89194151	13.5	5.444373565	1.289186448
91.12971125	14	5.646353262	0.619165174
95.72095306	14.5	6.993791059	2.353914433
92.00685855	15	7.427189592	0.743224061

Fig. 11.1. A vista dos dados do soars (Captura de ecrã de parte dos dados de entrada)

Vamos reformatar o ficheiro para um ficheiro .csv e começar a parte central do trabalho - construir modelos.

Angle	Azimuth	H RCS (f = 180 MHz)	H RCS (f = 350 MHz)	V RCS (f=180 MHz)	V RCS (f=350 MHz)	missile
89.01015	0	2.0513996068	0.0000000000	3.8041211678	0.0000000000	agm86c
90.54658	0.5	1.7346564667	0.0022137812	3.7449501630	0.0004226931	agm86c
93.68005	1	1.2725430814	0.0126922654	3.5394311553	0.0052750432	agm86c
91.80246	1.5	1.5444753525	0.0226887686	3.5477221929	0.0064012921	agm86c
95.5827	2	0.9758979636	0.0633339884	3.2293332472	0.0334369731	agm86c
90.39303	2.5	1.7709292154	0.0529584752	3.3291808091	0.0093988707	agm86c
94.68396	3	1.1281533326	0.1259716703	3.0313029436	0.0604491158	agm86c
91.43189	3.5	1.6110615821	0.1134023927	2.9979670750	0.0286350590	agm86c
89.73129	4	1.9240657625	0.1211462218	2.8720531553	0.0153541222	agm86c
90.17851	4.5	1.8408639576	0.1572084332	2.7465667575	0.0243573878	agm86c
96.90807	5	0.8104282904	0.4387055010	2.6249406490	0.2588667235	agm86c
89.95264	5.5	1.9156094570	0.2191340468	2.6200862614	0.0290946892	agm86c
89.07138	6	2.1647064585	0.2339219521	2.6224840473	0.0168133994	agm86c
93.25331	6.5	1.3964945007	0.4405417633	2.8288695480	0.1714481325	agm86c
93.81411	7	1.3305444955	0.5396612311	3.0551139985	0.2314306077	agm86c
90.33	7.5	1.9163465266	0.3791441724	3.2072381449	0.0552446504	agm86c
92.60629	8	1.5390849386	0.5645513162	3.6986627177	0.1898440418	agm86c
89.45645	8.5	2.2136088200	0.4166967027	3.9889011113	0.0290567020	agm86c
95.26655	9	1.2079165246	0.9927375028	4.9336271192	0.5125830668	agm86c
93.15901	9.5	1.5336835076	0.7884585288	5.5053577347	0.2952563276	agm86c
96.00775	10	1.1685148889	1.2890637765	6.4575546177	0.7094478061	agm86c
96.6472	10.5	1.1208382760	1.5081391602	7.3493341676	0.8672493086	agm86c
93.31473	11	1.6190381794	0.9787982833	8.1328306424	0.3680971281	agm86c
92.69659	11.5	1.7591893228	0.9359866317	9.1097198526	0.2970943033	agm86c
95.89776	12	1.3621607680	1.6171995532	10.3262022858	0.8630290831	agm86c
95.23727	12.5	1.5034685137	1.5345522665	11.4155644434	0.7585015912	agm86c
96.97437	13	1.3473103557	2.0609304792	12.4613451656	1.1711653210	agm86c
93.89194	13.5	1.8098640116	1.3368845759	13.6644331932	0.5186073032	agm86c

Fig. 11.2. Dados processados (captura de ecrã de parte dos dados de entrada)

Em primeiro lugar, importamos as bibliotecas necessárias e o próprio conjunto de dados:

```
import numpy as np
import pandas as pd
from sklearn.tree import DecisionTreeClassifier
from sklearn.model_selection import train_test_split
from sklearn import metrics
import seaborn as sns
import matplotlib.pyplot as plt
#import pydotplus
%matplotlib inline
import matplotlib.pyplot as plt
```

```
df.info()
✓ 0.4s

<class 'pandas.core.frame.DataFrame'>
RangeIndex: 722 entries, 0 to 721
Data columns (total 7 columns):
 #   Column                Non-Null Count  Dtype
---  ------                --------------  -----
 0   Angle                 722 non-null    float64
 1   Azimuth               722 non-null    float64
 2   H RCS (f = 180 MHz)   722 non-null    float64
 3   H RCS (f = 350 MHz)   722 non-null    float64
 4   V RCS (f=180 MHz)     722 non-null    float64
 5   V RCS (f=350 MHz)     722 non-null    float64
 6   missile               722 non-null    object
dtypes: float64(6), object(1)
memory usage: 39.6+ KB
```

	Angle	Azimuth	H RCS (f = 180 MHz)	H RCS (f = 350 MHz)	V RCS (f=180 MHz)	V RCS (f=350 MHz)	missile
0	89.010147	0.0	2.051400	2.660000e-25	3.804121	9.190000e-25	agm86c
1	90.546584	0.5	1.734656	2.213781e-03	3.744950	4.226930e-04	agm86c
2	93.680049	1.0	1.272543	1.269226e-02	3.539431	5.275043e-03	agm86c
3	91.802465	1.5	1.544475	2.268877e-02	3.547722	6.401292e-03	agm86c
4	95.582702	2.0	0.975898	6.333399e-02	3.229333	3.343697e-02	agm86c

Fig. 11.3. Exemplo de dados e tipos de dados de variáveis (Captura de ecrã do programa)

Depois de analisar o conjunto de dados, descreveremos brevemente os atributos de que necessitamos para a implementação posterior. Temos um total de 722 registos de dados. O que é importante é que temos apenas dois valores únicos de "missile" (míssil), nomeadamente AMG86c e KEPD350, duas variáveis independentes, nomeadamente "Angle" (ângulo) e "Azimuth" (azimute), quatro variáveis dependentes - "H RCS (f = 180 MHz)", "H RCS (f = 350 MHz)", "V RCS (f=180 MHz)", "V

RCS (f=350 MHz)". A forma exacta como os valores das variáveis variam pode ser vista na figura 5.

	Angle	Azimuth	H RCS (f = 180 MHz)	H RCS (f = 350 MHz)	V RCS (f=180 MHz)	V RCS (f=350 MHz)
count	722.000000	722.000000	722.000000	7.220000e+02	722.000000	7.220000e+02
mean	92.863075	90.000000	5.496159	8.003638e-01	9.603326	4.648339e-01
std	2.280204	52.141784	8.034358	8.538729e-01	10.231695	5.734494e-01
min	89.010147	0.000000	0.021788	2.660000e-25	0.061390	9.190000e-25
25%	90.684599	45.000000	1.281541	1.937950e-01	2.086965	8.622363e-02
50%	93.136960	90.000000	3.078279	4.010581e-01	7.507735	2.320925e-01
75%	94.804597	135.000000	5.391920	1.157273e+00	13.826845	6.429147e-01
max	96.974365	180.000000	44.276757	4.837641e+00	75.750707	3.506987e+00

Fig. 11.4. Descrição do conjunto de dados (Captura de ecrã do programa)

O passo seguinte consiste em criar grupos de dados para treinar e testar o modelo. A amostra de teste consistirá em 33% do conjunto de dados:

```
X = df.drop(['missile'], axis=1)
y = df['missile']
X_train , X_test, y_train, y_test = train_test_split(X, y, test_size=0.33,
random_state=42)
```

```
X_train.shape, X_test.shape
✓ 0.3s
((483, 6), (239, 6))
```

```
X_train.head()
✓ 0.3s                                                          Python
```

	Angle	Azimuth	H RCS (f = 180 MHz)	H RCS (f = 350 MHz)	V RCS (f=180 MHz)	V RCS (f=350 MHz)
42	93.579190	21.0	3.555251	1.564884	20.340526	0.125035
73	96.863598	36.5	0.649556	2.337733	16.967664	2.320665
167	93.422450	83.5	0.356577	0.086764	3.756759	0.014718
250	89.308655	125.0	0.303236	0.077204	6.884478	0.214986
631	92.530441	135.0	4.263225	1.605771	1.122514	0.057594

```
X_test.head()
✓ 0.4s                                                          Python
```

	Angle	Azimuth	H RCS (f = 180 MHz)	H RCS (f = 350 MHz)	V RCS (f=180 MHz)	V RCS (f=350 MHz)
336	95.168060	168.0	6.037746	2.336418	17.540357	0.093433
516	96.359754	77.5	4.834882	0.901656	9.310164	0.984244
552	93.384332	95.5	21.390854	0.277159	1.563715	0.178914
33	91.207098	16.5	2.929826	1.078598	19.699535	0.074136
558	91.889125	98.5	6.404130	0.166498	1.212775	0.212532

Fig. 11.5. Distribuição de dados e exemplos de dados de amostra criados (captura de ecrã do programa)

Agora vamos passar à criação de uma instância do modelo DecisionTreeClassifier com o critério do índice de Gini e ao treino deste modelo:

```
clf_gini = DecisionTreeClassifier(criterion='gini', max_depth=6, random_state=0)
clf_gini.fit(X_train,y_train)
y_pred_gini = clf_gini.predict(X_test)
```

Verificaremos imediatamente a exatidão do modelo construído (Fig. 11.6):

```
from sklearn.metrics import accuracy_score
print('Model accuracy score with criterion gini index: {0:0:4f}',
format(accuracy_score(y_test, y_pred_gini)))
y_pred_train_gini = clf_gini.predict(X_train)
y_pred_train_gini
print('Training-set accuracy score: {0:0.4f}', format(accuracy_score(y_train,
y_pred_train_gini)))
```

```
Model accuracy score with criterion gini index: {0:0:4f} 0.8451882845188284
Training-set accuracy score: {0:0.4f} 0.9130434782608695
```

Fig. 11.6. Exatidão do modelo (critério de Gini)

Nesta fase, vamos construir um gráfico da árvore de decisão utilizando o seguinte bloco de código:

```
from sklearn import tree
plt.figure(figsize=(12,8))
tree.plot_tree(clf_gini.fit(X_train, y_train))
plt.show
```

A visualização do gráfico não é legível, pelo que exportamos a solução de árvore gráfica utilizando a função do módulo graphviz. Este módulo permite-lhe ver exemplos detalhados de soluções em árvore. Na Fig. 8, pode ver-se que decifra os elementos do modelo de forma mais compreensível:

```
features = ['Angle','Azimuth','H RCS (f = 180 MHz)','H RCS (f = 350 MHz)',
'V RCS (f=180 MHz)','V RCS (f=350 MHz)']
classnames = ['agm86c','kepd350']

tree.export_graphviz(clf_gini,
                     out_file="treegini.dot",
                     feature_names = features,
                     class_names=classnames,
                     filled = True)
```

Vamos passar à criação de uma instância do modelo DecisionTreeClassifier com o critério de índice Entropy e ao treino deste modelo:

```
clf_en = DecisionTreeClassifier(criterion='entropy', max_depth=6,
random_state=0)
clf_en.fit(X_train, y_train)
y_pred_en = clf_en.predict(X_test)
```

E vamos também verificar a exatidão do modelo construído (Fig. 11.7):

```
print('Model accuracy score with criterion entropy: {0:0.4f}'.
format(accuracy_score(y_test, y_pred_en)))
y_pred_train_en = clf_en.predict(X_train)
y_pred_train_en
print('Training-set accuracy score: {0:0.4f}'. format(accuracy_score(y_train,
y_pred_train_en)))
```

```
Model accuracy score with criterion entropy: 0.8201
Training-set accuracy score: 0.9048
```

Fig. 11.7. Exatidão do modelo (critério da entropia)

Assim, vamos construir um gráfico da árvore de decisão na Fig. 11.8-11.9.

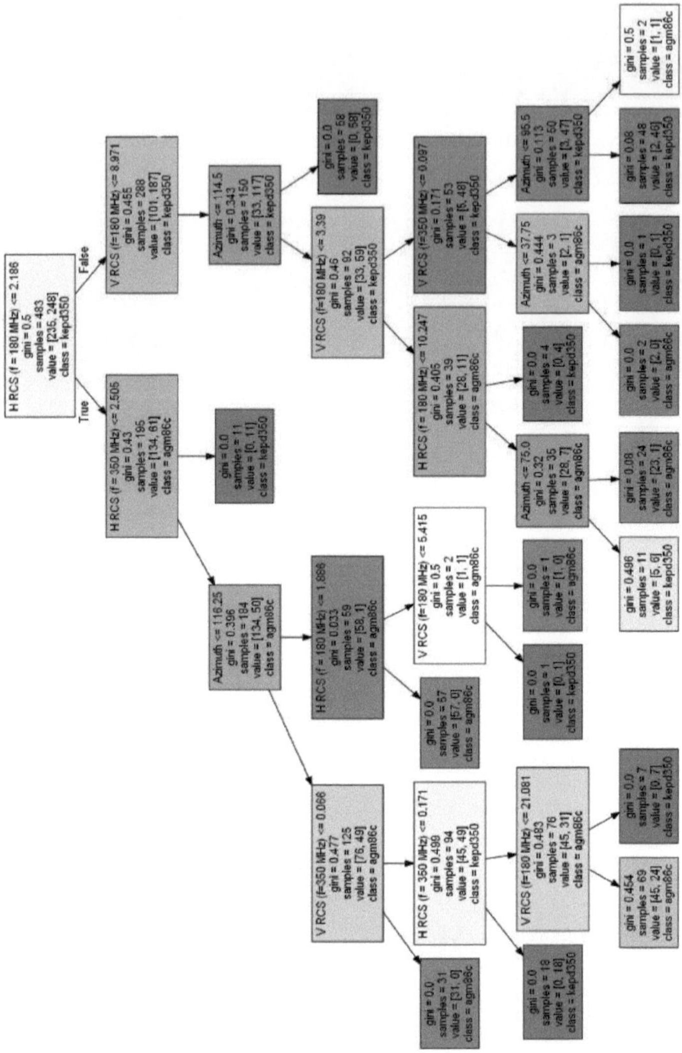

Fig. 11.8. Gráfico da árvore de decisão (critério de Gini)

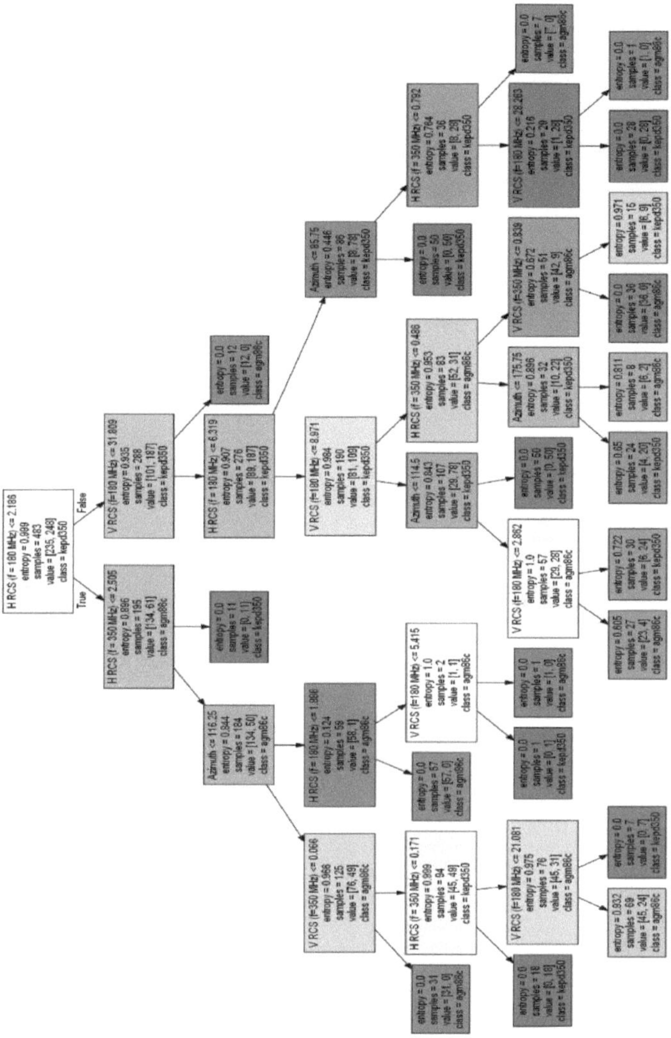

Fig. 11.9. Gráfico da árvore de decisão (Entropia)

Uma matriz de incoerências baseada no resultado do último modelo:

```
from sklearn.metrics import confusion_matrix
cfm = confusion_matrix(y_test, y_pred_en)
from sklearn.metrics import  confusion_matrix
conf_matrix = confusion_matrix(y_true=y_test, y_pred=y_pred_en)
fig, ax = plt.subplots(figsize=(7.5, 7.5))
ax.matshow(conf_matrix, cmap=plt.cm.Blues, alpha=0.3)
for i in range(conf_matrix.shape[0]):
    for j in range(conf_matrix.shape[1]):
        ax.text(x=j, y=i,s=conf_matrix[i, j], va='center', ha='center',
size='xx-large')
plt.xlabel('Predictions', fontsize=18)
plt.ylabel('Actuals', fontsize=18)
plt.title('Confusion Matrix', fontsize=18)
plt.show()
```

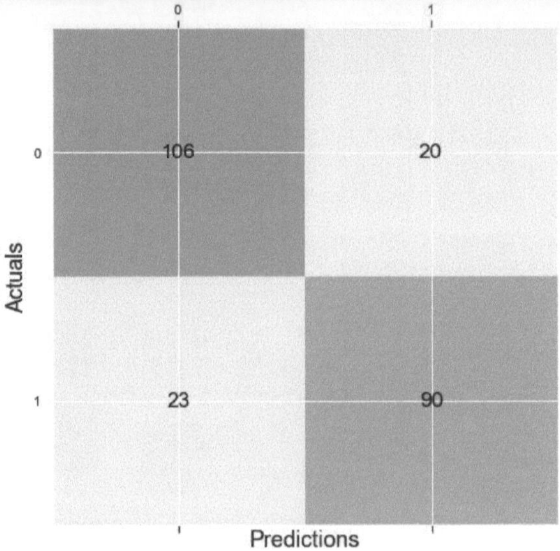

Fig. 11.10. Matriz de confusão das incoerências

Por fim, determinaremos qual o critério do índice que é mais exato:

```
if accuracy_score(y_test, y_pred_gini) > accuracy_score(y_test, y_pred_en):
    print("Gini Index Criterion is Better and it has accuracy equal to ",
accuracy_score(y_test, y_pred_gini)*100)
else:
    print("Entropy Criterion is Better and it has accuracy equal to ",
accuracy_score(y_test, y_pred_en)*100)
```

```
Gini Index Criterion is Better and it has accuracy equal to  84.51882845188284
```

Fig. 11.11. O resultado da execução de um bloco de código

11.5 Conclusões

Ninguém duvida da conveniência e necessidade do reconhecimento automático de alvos, especialmente nos dias de hoje. Criar novos modelos e melhorar os antigos é extremamente importante em tempo de guerra e preventivamente em tempo de paz. Foi construído um modelo para reconhecer os mísseis de cruzeiro AGM-86C e Taurus KEPD 350, que reconhece com precisão suficiente estes tipos de foguetes (precisão - 84,52%). O modelo é exato porque um dos mísseis é por vezes referido como um míssil desenvolvido com tecnologia "furtiva". A desvantagem do modelo é o facto de ter sido treinado apenas com dois tipos de foguetões. O problema é que os dados sobre a superfície de dispersão efectiva de todos os mísseis em serviço de qualquer Estado são altamente confidenciais. Foi utilizado o método da árvore de decisão, que permite realçar imediatamente a vantagem do modelo - a clareza do modelo ao escolher um míssil específico. Um problema futuro do modelo pode ser o aumento do número de mísseis a classificar. Nesse caso, valerá a pena considerar outros métodos de construção de um modelo, como as redes neuronais.

11.6 Referências

[1] Laboratório Lincoln do MIT. Introdução aos Sistemas de Radar, 2018. URL: https://www.youtube.com/watch?v=FmW4u_AU4H4&list=PLUJAYadtuizA8RC2Qk8LfmiWA56HZsk9y&index=11.

[2] Christian Wolff. Radar Cross-Section, 2021. URL: https://www.radartutorial.eu/01.basics/Radar%20Cross%20Section.en.html.

[3] M. Skolnik, Radar Handbook, McGraw-Hill Professional, 2008. URL: https://www.accessengineeringlibrary.com/content/book/9780071485470.

[4] C. Li, Z. Peng, T. Y. Huang, T. Fan, F. K. Wang, T. S. Horng, J.-M. Muñoz-Ferreras, R. Gómez-García, L. Ran, J. Lin, Uma revisão sobre o progresso recente dos sistemas portáteis de radar de micro-ondas sem contacto de curto alcance, em: Proceedings of the IEEE Transactions on Microwave Theory and Techniques, 65(5), 2017, pp. 1692-1706. doi: 10.1109/TMTT.2017.2650911.

[5] H. Rahman, Fundamental Principles of Radar. CRC Press, 2019. doi: doi.org/10.1201/9780429279478.

[6] H. Zhu, Q. Li, Classificação de alvos por radar convencional baseada em bispectro e CNN profunda, Progress In Electromagnetics Research 130, (2023) 127-138. doi:10.2528/PIERC22102401.

[7] V. Shvaliuchynskyi, The Experience of the Ukrainian Army in Countering Russian Aggression, National security and the future 24(1) (2023) 83-90. doi: 10.37458/nstf.24.1.8.

[8] S. Lubiejewski, The attack-reconnaissance squadron as a new formula and a new quality of the attack helicopter squadron of the Polish Armed Forces, Security and Defence

Quarterly, 2023. doi: 10.35467/sdq/159101. URL: https://securityanddefence.pl/The-attack-reconnaissance-squadron-as-a-new-formula-and-a-new-quality-of-the-attack,159101,0,2.html.

[9] J. Hunziker, E. C. Slob, J. Irving, Fast 3D ground penetrating radar simulations for glaciers, Computers & Geosciences, 173 (2023) 105320. doi: 10.1016/j.cageo.2023.105320. URL: https://www.sciencedirect.com/science/article/pii/S0098300423000249.

[10] P. J. Geller, Fielding the Long-Range Standoff Weapon Prevents a Dangerous Gap in the US Nuclear Deterrent, 2021. URL: https://www.heritage.org/sites/default/files/2021-01/BG3580.pdf.

[11] R. J. Fowler IV, Space-Based Countermeasure for Hypersonic Glide Vehicle, tese de doutoramento, Old Dominion University, 2020. URL: https://search.proquest.com/openview/7af8527d16f70fa01b4e595d6253380e/1?pq-origsite=gscholar&cbl=18750&diss=y.

[12] S. Majumdar, The Rafale-for all Reasons, Vayu Aerospace and Defence Review 5 (2020) 32-35. URL: https://www.proquest.com/openview/ae1c5df128ff0e34d80e707f37ee1c2d/1?pq-origsite=gscholar&cbl=2028820.

[13] F. Hoffmann, Cruise missile proliferation: Trends, strategic implications, and counterproliferation, Global Security Report. Construir uma melhor segurança para a Europa alargada. Rede Europeia de Liderança, 2021. URL: https://www.europeanleadershipnetwork.org/wp-content/uploads/2021/03/Fabian_Final-2.pdf.

[14] J. H. Pollack, C. Varriale, T. Plant, The changing role of allied conventional precision-strike capabilities in nuclear decision making, The Nonproliferation Review 27(1-3) 2020 21-37. doi: 10.1080/10736700.2020.2003561.

[15] Z. Wen, Z. Liu, S. Zhang, Q. Pan, aprendizagem autossupervisionada baseada em consciência de rotação para reconhecimento de alvo SAR com amostras de treinamento limitadas, em: Proceedings of the IEEE Transactions on Image Processing 30, 2021, pp. 7266-7279. doi: 10.1109/TIP.2021.3104179.

[16] X. Zhang, W. Wang, X. Zheng, Y. Wei, Um novo método de reconhecimento de alvo de radar para perfil de alcance de alta resolução aberto e desequilibrado, Digital Signal Processing 118 (2021) 103212. doi: 10.1016 / j.dsp.2021.103212.

[17] W. Chen, B. Chen, X. Peng, J. Liu, Y. Yang, H. Zhang, H. Liu, Tensor RNN com mistura não paramétrica bayesiana para modelagem HRRP de radar e reconhecimento de alvo, em: Proceedings of the IEEE Transactions on Signal Processing, 69, 2021, pp. 1995-2009. doi: 10.1109/TSP.2021.3065847.

[18] O. Kechagias-Stamatis, N. Aouf, Reconhecimento automático de alvos em imagens de radar de abertura sintética: A survey, Aerospace and Electronic Systems Magazine 36(3) (2021) 56-81.

[19] B. Feng, B. Chen, H. Liu, Reconhecimento de alvos de radar HRRP com redes profundas, Reconhecimento de padrões 61 (2017) 379-393.

[20] C. Du, B. Chen, B. Xu, D. Guo, H. Liu, auto-codificador variacional condicional discriminatório fatorizado para reconhecimento de alvo de radar HRRP, Signal Processing 158, (2019) 176-189. doi: 10.1016 / j.sigpro.2019.01.006.

[21] F. Gao, T. Huang, J. Wang, J. Sun, A. Hussain, H. Zhou, Uma nova abordagem baseada em LSTM bidirecional de várias entradas e HMM para reconhecimento de alvos a partir de perfis de alcance de radar de vários domínios, Electronics 8 (5) (2019) 535. doi: 10.3390 / eletrônicos8050535.

[22] S. Tian, Y. Lin, W. Gao, H. Zhang, C. Wang, Um auto-encoder de convolução em forma de u multi-escala baseado no módulo de pooling de pirâmides para reconhecimento de objectos em imagens de radar de abertura sintética, Sensors 20(5) (2020) 1533. doi: 10.3390/s20051533.

[23] W. Jiang, Y. Ren, Y. Liu, J. Leng, Um método de deteção de alvos de radar baseado em rede neural convolucional, Neural Computing and Applications 33 (2021) 9835-9847.
[24] C. Guo, Y. He, H. Wang, T. Jian, S. Sun, Reconhecimento de alvos de radar HRRP baseado em rede profunda de perceção residual unidimensional, em: Proceedings of the IEEE Acesso 7 (2019) 9191-9204.
[25] A. Vasyliuk, T. Basyuk, V. Lytvyn, Métodos interactivos especializados para a utilização de dados em modelos de aplicação de radar, Actas do Workshop CEUR 2631 (2020) 1-11.
[26] O. Klymovych, V. Hrabchak, O. Lavrut, T. Lavrut, V. Lytvyn, V. Vysotska, Os métodos de diagnóstico para ferramentas de comunicação modernas nas Forças Armadas da Ucrânia com base na abordagem de rede neural, CEUR Workshop Proceedings 2631 (2020) 198-208.
[27] S. Tyshko, O. Lavrut, V. Vysotska, O. Markiv, O. Zabula, Y. Chernichenko, T. Lavrut, Método compensatório para medir a mudança de fase usando sinais de conversão bisemiperiódica em sistemas de inteligência de diagnóstico, CEUR Workshop Proceedings 3312 (2022) 144-154.
[28] V. Korolov, O. Korolova, I.-P. Milkovych, Y. Zaiets, V. Zhyvchuk, H. Batyshcheva, V. Lytvyn, M. Bublyk, Requisitos funcionais para o sistema de apoio à decisão de reconhecimento das forças terrestres no campo de batalha de acordo com as normas da NATO, CEUR Workshop Proceedings 2917 (2021) 503-513.
[29] I. Garkusha, V. Hnatushenko, V. Vasyliev, Investigação da influência da atmosfera e da humidade nos dados de imagens de radar do Sentinel-1, em: Proceedings of the IEEE 37th International Conference on Electronics and Nanotechnology, 2017, pp. 405-408. doi: 10.1109/ELNANO.2017.7939787.
[30] Um conjunto de dados para a deteção de alvos fracos e o seguimento de aeronaves em sequências de ecos de radar https://www.scidb.cn/en/detail?dataSetId=720626420979597312
[31] R. Culberg, Radar Processing, 2019. URL: https://www.kaggle.com/code/rtculberg/radar-processing/notebook.
[32] M. Kim, Gráfico de radar, 2018. URL: https://www.kaggle.com/code/mikeskim/radar-chart/script.
[33] V. Shanbhag, Dados de tráfego por radar, 2020. URL: https://www.kaggle.com/datasets/vinayshanbhag/radar-traffic-data.

Chapter 12. Sistema inteligente de deteção passiva e classificação de minas utilizando redes neuronais profundas feed-forward

A atual guerra travada pela Rússia contra a Ucrânia acelerou o desenvolvimento de tecnologias avançadas, incluindo sistemas de artilharia autopropulsada com software integrado, drones para identificação do inimigo e a utilização generalizada do Starlink para ligação à Internet em zonas de acesso limitado. Um desafio significativo que a Ucrânia enfrenta é a desminagem dos territórios libertados da ocupação temporária. As estimativas oficiais indicam que mais de 30% destas áreas estão contaminadas com restos de guerra explosivos, com 2,6 milhões de hectares de terras agrícolas a necessitarem de desminagem urgente, perturbando gravemente a economia agrária do país. Detetar, classificar e neutralizar com segurança estas minas sem pôr em risco vidas humanas continua a ser uma questão premente. Os métodos de deteção actuais baseiam-se em sensores activos como o radar de banda ultralarga (UWB). Embora eficazes, estes sistemas podem desencadear inadvertidamente explosões de minas devido aos sinais electromagnéticos transmitidos e reflectidos. Em contrapartida, os métodos de deteção passiva que não activam os mecanismos de detonação oferecem uma alternativa mais segura. Esta investigação apresenta um sistema sofisticado para a deteção passiva e classificação de minas utilizando redes neuronais profundas. Foram desenvolvidos dois modelos: um com uma única camada oculta e outro com duas camadas ocultas, atingindo uma precisão de 97,9% e 99,2%, respetivamente. O modelo de duas camadas ocultas demonstrou um desempenho superior, superando um algoritmo heurístico k-NN comparável em 1% na precisão da classificação. Os principais avanços incluem erros de classificação reduzidos, maior eficiência de formação, melhor desempenho da curva ROC e uma AUC superior a 0,99, indicando uma eficácia excecional na diferenciação dos tipos de minas. A pontuação F1 superior a 0,8 reflecte a fiabilidade do modelo, enquanto as métricas de perda inferiores a 0,1 sublinham a eficácia do processo de formação. As recomendações para trabalhos futuros incluem o desenvolvimento de conjuntos de dados baseados em dados empíricos para aumentar a robustez e explorar a otimização de parâmetros utilizando hardware mais potente.

12.1 Introdução

A deteção de minas terrestres continua a ser um desafio global persistente e crescente, colocando em perigo milhões de pessoas devido à ameaça letal que estes engenhos explosivos representam. Em 2016, uma média de 23 pessoas por dia em todo o mundo foram mortas ou gravemente feridas por minas terrestres ou outros explosivos remanescentes de guerra. Atualmente, cerca de 61 países e territórios continuam contaminados por minas terrestres, com milhares de pessoas a viverem sob a ameaça diária de ferimentos ou morte devido a estes perigos ocultos [1]. Os métodos tradicionais de deteção e identificação de minas terrestres já não são suficientemente fiáveis ou eficientes, sendo necessária a adoção de ferramentas automatizadas modernas, como as redes neuronais. O desenvolvimento de um sistema passivo de deteção e classificação de minas terrestres com elevada precisão, utilizando redes neuronais e sensores de campo magnético, é uma prioridade urgente. A guerra da Rússia contra a Ucrânia acelerou ainda mais a utilização de tecnologias inovadoras pelas forças ucranianas, incluindo:

- Ciberataques. A Ucrânia migrou rapidamente a sua infraestrutura digital para a nuvem pública, alojada em centros de dados europeus. Através de colaborações com empresas internacionais de tecnologia, como a Cloudflare e a Microsoft, a Ucrânia reforçou a resiliência da sua encriptação e dos seus sistemas.
- Satélites. Foram instalados cerca de 25.000 terminais Starlink, que apoiam as operações militares e os civis ucranianos privados de acesso à Internet. Outras empresas espaciais comerciais contribuíram para os esforços militares da Ucrânia através da deteção remota e das comunicações por satélite. Por exemplo, o empresário ucraniano Serhiy Prytula facilitou a aquisição de um satélite e o acesso ao repositório de dados do ICEYE.

- Drones. Os veículos aéreos não tripulados (UAV), incluindo o Bayraktar, o Furia e o Valkyrie, são utilizados para missões de reconhecimento e de ataque. Os drones civis também têm sido amplamente reutilizados para reconhecimento.
- Inteligência Artificial (IA). A empresa ucraniana de IA Primer adaptou os serviços de transcrição e tradução de discursos baseados em IA para processar comunicações russas interceptadas, destacando automaticamente informações sobre as forças ucranianas. A tecnologia de reconhecimento facial alimentada por IA da Clearview AI também foi utilizada para identificar pessoal russo falecido através dos seus perfis nas redes sociais [2].

Uma questão crítica para a Ucrânia é a desminagem dos territórios libertados, anteriormente sob ocupação. O Serviço Estatal de Emergência da Ucrânia informou, através do seu canal oficial Telegram, que cerca de 175 000 quilómetros quadrados de território continuam a ser potencialmente perigosos devido a resíduos de guerra explosivos - o equivalente a 30% da área total do país. Além disso, 2,6 milhões de hectares de terras agrícolas necessitam de ser desminados devido à invasão russa, o que ameaça significativamente a produção agrícola da Ucrânia. As minas terrestres constituem um obstáculo substancial à reconstrução da Ucrânia após o conflito. Mesmo antes da invasão em grande escala, estima-se que 1,8 milhões de ucranianos viviam em zonas afectadas por minas desde 2014, de acordo com o Gabinete de Coordenação dos Assuntos Humanitários das Nações Unidas na Ucrânia [3]. A guerra em curso desencadeou uma crise humanitária em grande escala, incluindo a utilização generalizada de minas terrestres e outros engenhos explosivos, que resultou no crescimento mais rápido da população de refugiados desde a Segunda Guerra Mundial. As minas antipessoal e anticarro, juntamente com as munições não deflagradas na Ucrânia, representam uma grave ameaça para milhões de pessoas. A remoção destas minas levará anos, dificultando os esforços de reconstrução e pondo em perigo as pessoas deslocadas que regressam às suas casas. Embora a desminagem em grande escala não seja viável durante o conflito, estão a ser desenvolvidos esforços para coordenar o apoio às autoridades ucranianas na identificação, localização e remoção de engenhos explosivos sempre que possível [4]

A deteção de minas terrestres utiliza vários métodos, muitos dos quais recorrem a sensores activos. No entanto, os sensores activos podem desencadear inadvertidamente explosões de minas, uma vez que se baseiam em sinais transmitidos e reflectidos. Os métodos de deteção passiva, que não activam os mecanismos de detonação, oferecem uma alternativa mais segura. No entanto, os detectores passivos são normalmente menos eficazes do que os seus homólogos activos. Estudos indicam que os algoritmos de aprendizagem automática podem melhorar significativamente o seu desempenho. Este projeto prevê a deteção e neutralização seguras de minas terrestres. O sistema foi concebido para desarmar as minas durante as operações militares e limpar as zonas minadas depois de libertadas. A uma escala global, este sistema poderia ser utilizado para limpar áreas contaminadas por minas resultantes de conflitos passados, incluindo os que remontam à Segunda Guerra Mundial. O principal objetivo deste trabalho é a deteção e classificação eficientes de minas terrestres utilizando uma rede neural. O sistema classificará as minas com base nos dados de entrada, que incluem um vetor de três valores: tensão, altura acima do solo e tipo de solo. A saída apresentará o tipo de mina mais provável.

O trabalho visa desenvolver uma estrutura de rede neural óptima para reconhecer eficazmente diferentes tipos de minas em função da estrutura do solo. A tarefa principal do sistema é a classificação de minas utilizando uma rede neural artificial profunda de propagação direta. O objeto da investigação é o processo de classificação de minas de diferentes tipos localizadas em solos com outras estruturas. O tema da investigação são os métodos e meios de criação de um sistema de rede neural para a classificação de minas durante a execução de uma missão de combate ou de desminagem pelos serviços de proteção pública. Em particular, o processo de classificação de minas é investigado usando uma rede neural artificial de propagação para a frente com uma e duas camadas ocultas. A tarefa do trabalho é desenvolver um sistema ótimo de rede neural de propagação direta para reconhecer diferentes tipos de minas localizadas em vários solos, utilizando dados de sensores de campo magnético. Para o desenvolvimento bem sucedido do sistema, foi formada a seguinte sequência de tarefas:

1. A primeira tarefa consiste em analisar o estado atual e as perspectivas no domínio da deteção e reconhecimento de minas de vários tipos através de redes neuronais. É necessário analisar as publicações científicas que estão disponíveis gratuitamente na Internet e que têm uma funcionalidade semelhante.
2. A segunda tarefa envolve a análise do sistema e a modelação do sistema de redes neuronais. O resultado é uma descrição formalizada e unificada dos processos empresariais, dos requisitos do projeto, dos riscos, dos objectos de informação, do material, dos fluxos de recursos e de outros componentes do projeto.
3. O desenvolvimento do projeto envolve a formulação do problema, a construção de modelos para o resolver, a descrição dos métodos utilizados, a seleção de ferramentas de desenvolvimento e o desenvolvimento direto do sistema. O resultado da tarefa é um produto de software completo ou parcialmente acabado, que é suposto resolver o problema em causa.
4. O teste do projeto envolve a análise dos resultados da execução, a sua avaliação, variação e validação. A implementação consiste em desenvolver uma descrição documentada das acções relacionadas com a instalação do sistema e o seu funcionamento. O resultado da implementação é um sistema de redes neuronais que foi objeto de verificação e validação.

A contribuição inovadora desta investigação reside no desenvolvimento de um sistema completo que permite a deteção e classificação seguras e precisas de minas enterradas no solo. A abordagem descrita envolve a deteção e o reconhecimento de minas localizadas em solos com diferentes estruturas, utilizando sensores de campo magnético e uma rede neural profunda de propagação direta.

12.2 Obras relacionadas

12.2.1 Revisão analítica da investigação e desenvolvimento em tecnologias militares que utilizam a inteligência artificial

Os sistemas de deteção e classificação de minas são soluções de software integradas em sensores, robótica, drones ou veículos. Os sistemas de deteção e classificação de minas terrestres são soluções de software cada vez mais integradas em soluções tecnológicas avançadas, incluindo sensores, robótica, veículos aéreos não tripulados (UAV) e veículos terrestres autónomos. Uma abordagem moderna aos desafios da deteção de minas terrestres incorpora técnicas de aprendizagem automática, como a visão por computador, algoritmos de classificação e aprendizagem profunda. Estes métodos aumentam significativamente a precisão da deteção, melhorando as tecnologias tradicionais, que de outra forma seriam inadequadas sem uma integração sofisticada de software. Esta revisão termina com uma análise comparativa dos sistemas existentes com a nossa solução proposta, seguida de conclusões críticas retiradas desta comparação. Um dos avanços significativos neste domínio é a utilização de veículos aéreos não tripulados (UAV) para a deteção de minas terrestres. Os progressos recentes na deteção remota baseada em UAV, empregando sensores leves multiespectrais e de infravermelhos térmicos, detectaram rapidamente a contaminação por minas terrestres em grandes áreas, facilitando a cartografia eficiente e os esforços de deteção. Os investigadores da Universidade de Binghamton concentraram-se no desenvolvimento e teste de técnicas automatizadas de deteção remota de minas antipessoal, particularmente na identificação de minas antipessoal dispersas. O seu estudo salienta as graves e duradouras ameaças humanitárias e económicas colocadas pelos restos de minas de plástico dispersas, como a PFM-1, que continuam a afetar as comunidades em regiões pós-conflito. A metodologia utilizada por estes investigadores é particularmente adequada para a deteção de minas terrestres de plástico que contenham explosivos líquidos envoltos em materiais não metálicos, como o polietileno ou o plástico. O sistema utiliza conjuntos de dados multiespectrais e térmicos recolhidos através de um sistema automatizado de imagens de UAV, com minas terrestres do tipo PFM-1 a servir de objeto de teste. A equipa de investigação procurou automatizar a deteção de minas terrestres utilizando algoritmos de aprendizagem supervisionada, precisamente a Rede Neural Regional-Convolucional Mais Rápida (Faster R-CNN). Os seus ensaios utilizando imagens de luz visível RGB combinadas com a Faster R-CNN resultaram numa precisão de deteção de 99,3% para minas terrestres parcialmente ocultas, enquanto as minas terrestres totalmente ocultas foram detectadas com uma precisão de 71,5%. Em vários cenários de teste, a combinação de conjuntos de dados de georreferenciação à escala centimétrica com o algoritmo Faster R-CNN permitiu a deteção autónoma precisa de minas terrestres PFM-1 de teste. O potencial desta abordagem estende-se às operações de desminagem humanitária, com a capacidade de calibrar o método para detetar outros tipos de minas antipessoal dispersas. Poderá ser crucial nos esforços de desminagem em várias zonas pós-conflito em todo o mundo. A investigação recolheu dados de campo em diferentes condições ambientais para melhor modelar cenários do mundo real. Estas condições incluíam vegetação esparsa no Parque Estatal de Chenango Valley, campos agrícolas e de pastagem na Universidade de Binghamton e terreno coberto de neve depois de três polegadas de queda de neve. Os conjuntos de dados recolhidos são proxies para campos de minas em condições de deserto, agricultura e inverno, respetivamente. Embora estes ambientes possam não reproduzir na perfeição os campos de minas reais, oferecem análogos espectrais fiáveis, permitindo testar exaustivamente o sistema de deteção em várias paisagens Os dados foram recolhidos utilizando tecnologia de sensores avançada, incluindo o sensor infravermelho térmico FLIR Vue Pro e o sensor multiespectral Parrot Sequoia, montados numa plataforma UAV DJI Matrice 600 Pro. Os pontos de controlo no solo (GCPs) foram estrategicamente colocados em intersecções de grelha e foram recolhidos dados geoespaciais precisos utilizando o sistema portátil de navegação global por satélite (GNSS) Trimble Geo 7x. O UAV executou missões de voo sobre campos de minas simulados, cada um contendo 28-30 minas terrestres PFM-1 espalhadas aleatoriamente na grelha para simular as condições do mundo real. Múltiplas trajectórias de voo garantiram a recolha de extensos conjuntos de dados posteriormente utilizados para treinar e testar o modelo CNN. A rede neural convolucional (CNN) utilizada para a deteção de minas processou dados com um tempo médio de 1,87 segundos para detetar minas terrestres PFM-1 num campo minado de 10 × 20 m. Se o sistema for alargado a áreas maiores, o sistema pode analisar um quilómetro quadrado em aproximadamente duas horas e 36 minutos, atingindo uma precisão global de deteção de minas de 71,5%. Cada voo do UAV cobriu uma área de 10 × 20 m em 3 minutos e 30 segundos. Embora o sistema tenha demonstrado resultados promissores, particularmente com minas terrestres parcialmente escondidas, os investigadores reconheceram a necessidade de mais melhorias para aumentar a precisão da deteção de minas totalmente escondidas. Os resultados pormenorizados das suas conclusões são apresentados no quadro 12.1 [5].

Quadro 12.1. Resultados pormenorizados da investigação

Formação Amostra	Formaçã o Tempo	Dados de teste	Teste Tem po	Precisão média		
				PFM-1	Caixa KSF	Ambas as minas
Seis voos, relva e entulho (outono de 2019)	37	Escombros de um voo (outono de 2017)	1.87	0.703 0	0.7273	0.7152
Aleatório 70% de 7 voos totais	29	Aleatório 30% de 7 voos totais	5.47	0.998 3	0.9879	0.9931

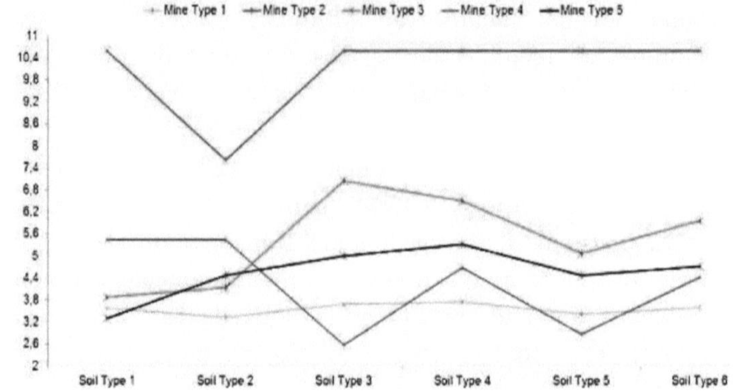

Fig. 12.1. Valores de anomalia do campo magnético relativos ao tipo de solo para cada tipo de mina [6]

No estudo [6], foi realizada uma experiência para gerar dados para a deteção passiva de minas e classificar as minas com base nas caraterísticas das anomalias do campo magnético, na profundidade do solo e no tipo de solo. Esta abordagem foi concebida para identificar o tipo específico de mina através da análise das variações das anomalias magnéticas. O método baseia-se em três variáveis independentes (parâmetros de entrada): o tipo de solo (<*G*>) em que a mina está enterrada, a altura do detetor acima do solo (<*H*>) e a magnitude da anomalia magnética (<*V*>). Um sensor ferroprobe foi utilizado para medir estas anomalias magnéticas. O processo de deteção começa por determinar se o objeto enterrado é uma mina. Se for identificada uma mina, o seu tipo é então classificado com base na análise da anomalia magnética causada pelo objeto enterrado. A classificação tem em conta o tipo de solo e a distância entre o sensor e o solo. São utilizados algoritmos avançados de aprendizagem automática para classificar o tipo de mina, em que o tipo de mina (<$M_{(tipo)}$>) é expresso em função das três variáveis independentes: $M_{tipo} = f(V, H, S)$. O estudo analisou ainda a relação entre as anomalias do campo magnético e vários factores ambientais, incluindo o tipo de solo (Fig. 12.1) e a profundidade (Fig. 12.2), identificando anomalias magnéticas específicas associadas a diferentes tipos de minas (Fig. 12.3) [6]. Esta análise pormenorizada aumenta a precisão da classificação das minas e fornece informações valiosas sobre a forma como as anomalias do campo magnético variam em função das condições ambientais circundantes.

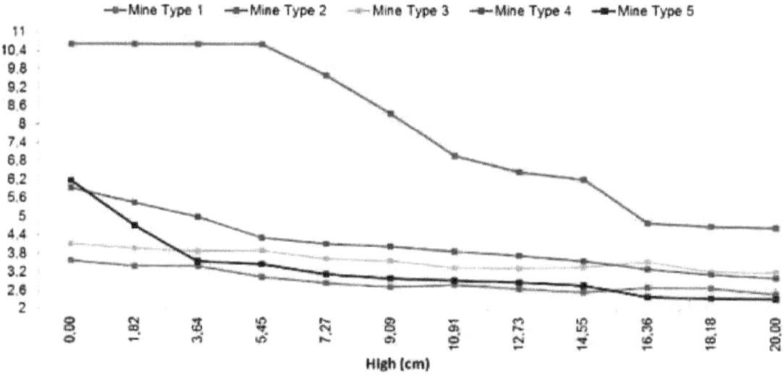

Fig. 12.2. Valores das anomalias do campo magnético em função da profundidade para cada tipo de mina [6]

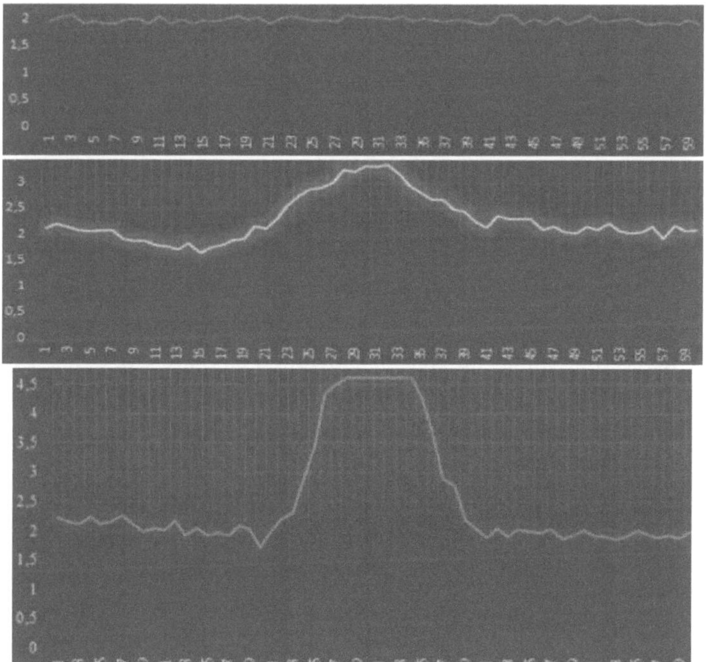

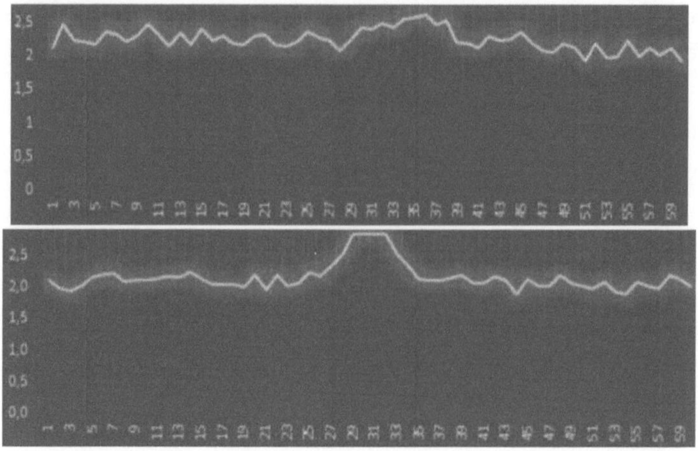

Fig. 12.3. Gráficos do conjunto de dados de treino: a - Ausência de mina, b - Mina anti-tanque, c - Mina anti-pessoal, d - Mina armadilha, e - Mina M14, onde x - posição do sensor (cm) e y - tensão da anomalia (V) [6]

Tendo estabelecido o conjunto de dados, os investigadores desenvolveram vários algoritmos de aprendizagem automática, incluindo modelos baseados em redes neuronais artificiais (RNA) e k-nearest neighbours (k-NN), para resolver o problema da deteção e classificação de minas. Após a realização de uma série de experiências, determinaram que o algoritmo heurístico k-NN, melhorado com métricas difusas, era o mais eficaz entre os modelos desenvolvidos. Esta abordagem alcançou uma eficiência de deteção de minas de 98,2%, superando os outros modelos. Em contrapartida, o modelo baseado em redes neurais artificiais demonstrou uma taxa média de sucesso de 95,6%, com uma taxa de erro de 4,4% [6].

12.2.2 Comparação dos produtos existentes

O "Landmine Detection Robot" é um sistema robótico avançado concebido para identificar minas terrestres utilizando sensores integrados e transmitir as coordenadas GPS das minas detectadas para um servidor, onde é mantido um mapa atualizado dos campos de minas. A utilização de vários robôs para a deteção de minas melhora a identificação de caminhos seguros, um processo conduzido de forma totalmente autónoma, sem envolvimento humano. Os criadores sublinham que os métodos convencionais de desminagem, como as ferramentas manuais, os detectores de metais operados por humanos ou a maquinaria, são trabalhosos, dispendiosos, demorados e representam riscos substanciais para o pessoal e o equipamento. O projeto visa fornecer soluções mais eficientes e sofisticadas para detetar, localizar e neutralizar minas terrestres, melhorando a segurança nas áreas afectadas.

O sistema inclui três componentes principais: uma aplicação Web, um robô e um servidor Web. A aplicação Web, implementada utilizando os métodos Amplify Serverless, serve como ponto de acesso do utilizador dentro de um grupo de utilizadores designado. Ao iniciarem a sessão, os utilizadores podem aceder à página de controlo principal para gerir um determinado robô ou à página de administrador se pertencerem a um grupo de utilizadores autorizado. A página de controlo do robô apresenta dados de entrada, parâmetros de controlo e uma representação gráfica do mapa da área de pesquisa, permitindo uma gestão abrangente do processo de deteção de minas. O robô é responsável pela deteção de minas terrestres, pela navegação autónoma e pela transmissão de dados no centro do projeto. O robô recebe coordenadas GPS do servidor, armazena dados da zona de pesquisa e detecta passivamente minas antipessoal enquanto navega na área de pesquisa. À medida que identifica as minas, actualiza os dados armazenados e envia informações em tempo real para o servidor, garantindo que o mapa e os dados relevantes permanecem actualizados. Os servidores Web facilitam a comunicação entre o hardware e os utilizadores, tratando de tarefas como o armazenamento de dados, cálculos de parâmetros e operações de entrada/saída. Os dados iniciais, introduzidos pelos utilizadores através da interface, incluem coordenadas GPS e os limites da área de pesquisa, que são enviados para os servidores para processamento. Quando as funções de nuvem do servidor são activadas, calculam os limites e os parâmetros da área de pesquisa, que são depois transmitidos ao robô. Estes valores são armazenados no servidor e fornecidos ao robô através de uma ligação de rede. Ao receber os parâmetros de pesquisa, o robô cria uma estrutura de dados para seguir o seu caminho, detetar a localização das minas e determinar os limites da área de pesquisa.

Primeiro, retém estes dados localmente e depois envia periodicamente actualizações para o servidor através de pedidos HTTP. Estas actualizações são armazenadas no servidor e acessíveis à aplicação Web. À medida que os dados são processados, é apresentado na interface do utilizador um mapa virtual que mostra a localização das minas e o progresso da pesquisa, fornecendo aos utilizadores dados visuais e informativos em tempo real (Fig. 12.4). Esta arquitetura de sistema permite aos utilizadores monitorizar e controlar remotamente o processo de deteção de minas, facilitando operações de desminagem mais eficientes e seguras [7]. O software desenvolvido para este projeto incorpora um conjunto diversificado de ferramentas e tecnologias avançadas:

- Python é a principal linguagem de programação para o desenvolvimento de modelos de aprendizagem automática, pré-processamento de dados e implementação de algoritmos e metodologias auxiliares.
- O MATLAB é utilizado para uma análise de dados abrangente e para o processamento de sinais ao longo do projeto.
- O C++ é utilizado para estabelecer interfaces de hardware e gerir o funcionamento do sistema de deteção de minas.
- O HTML/CSS/JavaScript é utilizado para construir a interface de utilizador baseada na Web do projeto.

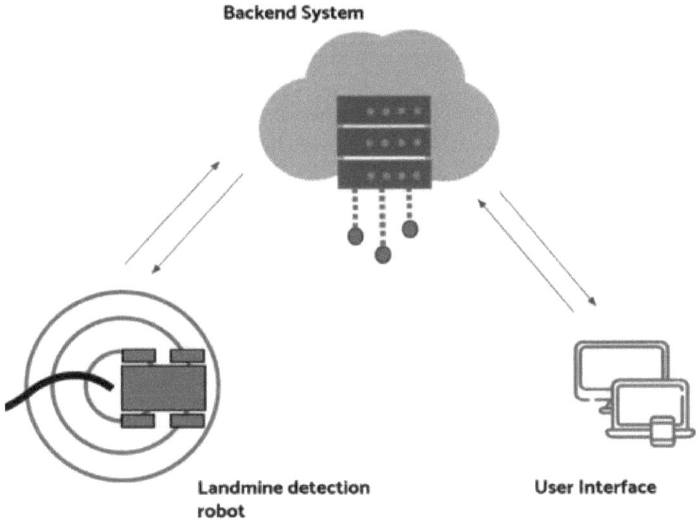

Fig. 12.4. Fluxo de dados no projeto de deteção de minas terrestres

O projeto HOMARD representa uma iniciativa de investigação de ponta para criar um sistema avançado de deteção de minas antipessoal. Este sistema integra robótica de ponta com técnicas sofisticadas de aprendizagem automática, utilizando uma combinação de sensores de radar de penetração no solo e algoritmos avançados para detetar minas terrestres e outros objectos enterrados. No âmbito da estrutura HOMARD, são utilizadas várias linguagens e ferramentas de programação para abordar diferentes aspectos do sistema. Os algoritmos de aprendizagem automática são implementados principalmente em Python, utilizando bibliotecas bem conhecidas, como TensorFlow e Keras. O software de controlo do robô e o sistema de recolha de dados são desenvolvidos em C++ e Python, garantindo uma integração eficiente entre hardware e software.

Para aumentar a precisão da deteção, os investigadores do projeto HOMARD experimentaram vários modelos de aprendizagem automática, incluindo Redes Neuronais Convolucionais (CNN) e Máquinas de Vectores de Suporte (SVM). Embora os dados específicos sobre o desempenho operacional e a precisão destes modelos ainda não tenham sido divulgados publicamente, o sistema é descrito pelos seus criadores como "promissor", com expectativas de contribuições significativas para as tecnologias de deteção de minas [8].

Tabela 12.2. Análise comparativa do sistema de deteção e classificação de minas desenvolvido

Caraterísticas	Projectos				
	Sistema desenvolvido	HOMARDA	Detetor de minas terrestres	R-CNN mais rápido	Modelo híbrido
Funcionalidade	Média	Média	Elevado	Baixo	Baixo
Usabilidade	Média	Média	Elevado	Média	Baixo
Fiabilidade	Elevado	-	Elevado	Média	Média
Desempenho	Média	-	Elevado	Elevado	Média
Utiliza Python	Sim	Sim	Sim	-	-
Utiliza C++	Não	Sim	Sim	-	-
Utiliza tecnologias de nuvem	Sim	-	Sim	Não	Não
Integra robôs ou drones (UAVs)	Não	Sim	Sim	Sim	Não
Precisão do modelo de aprendizagem automática	99.2%	-	-	98.2%	99.3%

Esta secção apresenta uma análise da investigação de fontes publicamente disponíveis, bem como de projectos comerciais. Foram identificados vários sistemas que utilizam ferramentas de aprendizagem automática para detetar minas. Entre eles, encontram-se tanto projectos comerciais como investigação para a criação de tais projectos. Como resultado da análise, foi formada uma tabela, segundo a qual é possível destacar as seguintes tendências na criação e investigação de sistemas de deteção de minas [9-12]:

- utilização de redes neuronais para a deteção exacta de minas, como as redes convolucionais, as redes totalmente ligadas e as suas modificações;
- Os algoritmos de aprendizagem automática utilizam dados de sensores montados em drones ou robôs para aumentar a segurança da deteção de minas;
- utilizam adicionalmente um servidor remoto para a recolha de dados, o que tem um efeito positivo na velocidade de processamento dos dados;
- Os meios típicos de implementação de algoritmos de aprendizagem automática são as linguagens de programação Python e C++.

12.3 Seleção de métodos e meios

12.3.1 Análise dos objectivos de funcionalidade do sistema

O principal objetivo do sistema desenvolvido é a deteção e classificação de alta precisão de minas terrestres. Para o efeito, será utilizado um modelo de rede neural, com melhorias contínuas resultantes do treino em grandes conjuntos de dados [12-18]. O sistema oferecerá acesso remoto através de uma interface gráfica do utilizador (GUI) e sensores integrados. Além disso, o sistema deve ser alojado num serviço de nuvem para otimizar o desempenho. Objectivos:

- O objetivo 1 consiste em garantir uma elevada precisão de deteção das minas. O sistema deve atingir uma elevada precisão de classificação, medida pela métrica de precisão do modelo de rede neural. Este objetivo será alcançado através da conceção e do treino de um modelo robusto com conjuntos de dados extensos e diversificados.
- O objetivo 2 é fornecer uma interface de utilizador remota. O sistema deve permitir que os utilizadores interajam com o software à distância, sem necessidade de ligações diretas aos sensores. Os utilizadores introduzirão dados através da interface para receberem os resultados da classificação, assegurando a facilidade de utilização e a flexibilidade.
- O objetivo 3 é desenvolver uma interface gráfica de utilizador. A GUI fará a ponte entre o software e os sensores, apresentando dados críticos num formato de fácil utilização, incluindo alterações nas anomalias do campo magnético e a proximidade de objectos enterrados.
- O objetivo 4 é facilitar a adição e atualização de dados. A melhoria contínua do modelo de rede neural exige o aumento e a atualização automáticos do conjunto de dados. O software deve suportar o acesso remoto a um serviço de nuvem para armazenar e gerir dados classificados.
- O objetivo 5 é permitir a interação com o modelo de rede neural. É necessária uma interface de fácil utilização para interagir com a rede neuronal, que permita aos utilizadores treinar o modelo a partir do zero, continuar o seu treino,

criar cópias da rede e guardar as alterações. Estas caraterísticas permitirão aos utilizadores melhorar as capacidades do modelo ao longo do tempo.

- O objetivo 6 é garantir a segurança dos dados e do modelo, que é fundamental para a integridade do conjunto de dados e do modelo. O sistema deve implementar restrições de utilização robustas, impedindo alterações não autorizadas à arquitetura da rede neural ou aos dados armazenados.

Devem ser antecipados os seguintes riscos:

- Classificação falsa de minas. A rede neural pode classificar incorretamente os objectos como minas ou não minas, afectando a fiabilidade do sistema.
- Perda de ligação ao servidor remoto. Os operadores que trabalham em áreas com conetividade limitada podem ter dificuldade em aceder ao servidor remoto. Nesses casos, recomenda-se a utilização de sensores com capacidades de armazenamento local.
- Servidor remoto não operacional. Uma falha do servidor pode afetar a funcionalidade do sistema. Para reduzir este risco, o software deve ser alojado em vários servidores de diferentes fornecedores.
- Interferência com a base de dados e o código do sistema. A integridade dos dados pode ser comprometida devido a acções maliciosas ou a erros de transmissão. Devem ser implementadas salvaguardas para proteger contra o acesso não autorizado e a corrupção do sistema.

Como resultado da identificação dos objectivos e riscos do sistema, foi estabelecido um conjunto detalhado de requisitos, resumidos no Quadro 12.3 [18-27].

Tabela 12.3. Formação de requisitos

Tipo de requisito	Requisitos comerciais	Requisitos do utilizador	Requisitos funcionais	Requisitos não funcionais
Objetivo	Definem as tarefas e acções dos utilizadores que a start-up irá apoiar	Definem os objectivos da estrutura empresarial que a empresa em fase de arranque irá alcançar e os	Descrição do que o sistema que está a ser desenvolvido na start-up inovadora deve fazer	Descrição do modo como o sistema que está a ser desenvolvido na start-up inovadora deve funcionar para

		problemas que irá resolver.		desempenhar as suas funções.
Conteúdo do requisito	Os soldados terão a capacidade de detetar minas terrestres de forma eficaz e segura. Limites do projeto: áreas minadas em todo o mundo. Efeitos: atempados, seguros e de alta precisão.	Os utilizadores do sistema são pessoas que neutralizam engenhos explosivos. O sistema permite aos utilizadores executar tarefas de deteção e classificação dc minas terrestres. O efeito da execução das tarefas é proporcionar uma área mais segura após a desminagem, em comparação com os métodos convencionais.	O sistema pode detetar e classificar minas terrestres à distância e utilizando sensores com software especializado.	Qualquer pessoa pode utilizar o sistema. Para uma classificação bem sucedida, os utilizadores devem introduzir dados específicos em intervalos determinados. Os atributos de qualidade do sistema são a exatidão, a rapidez e a segurança.

12.3.2 Modelação dos requisitos do sistema

A modelação dos requisitos do sistema de deteção e classificação passiva de minas terrestres será efectuada através de um diagrama de casos de utilização. Com base nos objectivos definidos para o desenvolvimento do sistema, foram identificados três intervenientes principais: o soldado, a aplicação e o programador. O soldado é o ator principal do sistema. O resultado do processo de modelação dos requisitos é a criação de um diagrama de casos de utilização que reflecte os requisitos funcionais e não funcionais, bem como as interações entre os intervenientes e o sistema. Como ator do sistema, o soldado procura obter informações sobre a presença de uma mina terrestre numa área específica do terreno. Os pré-requisitos para este caso de utilização incluem a instalação bem sucedida do software no sensor, o acesso remoto à interface do utilizador, o estado operacional dos sensores e o acesso à rede [27-34]. Se o software for ligado remotamente, é também necessária a fiabilidade do serviço de nuvem.

O diagrama de casos de utilização (Fig. 12.5) ilustra as seguintes acções críticas do soldado: ligação ao servidor remoto, introdução de dados do sensor no servidor remoto e receção dos resultados da classificação.

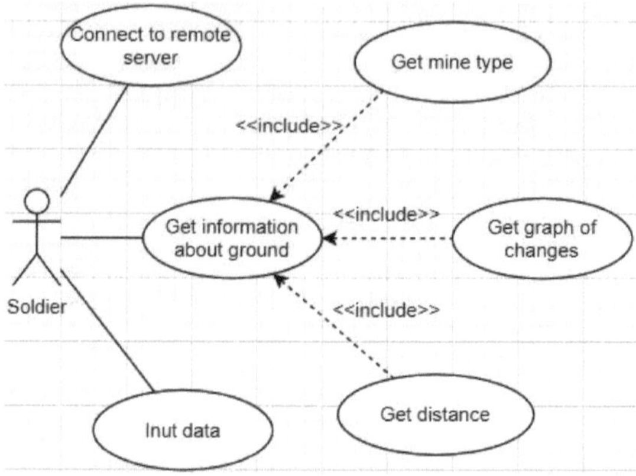

Fig. 12.5. Diagrama de casos de utilização para o ator Soldado

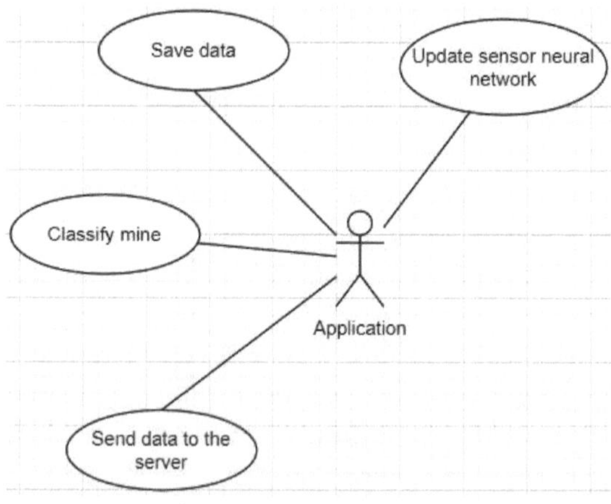

Fig. 12.6. Diagrama de casos de utilização para o ator da aplicação

O soldado receberá um resultado definitivo sobre o tipo de mina se a interface remota for utilizada. Suponhamos que o utilizador utiliza um sensor já ligado ao software. Nesse caso, serão apresentadas informações adicionais, incluindo a distância à superfície do solo e um gráfico que descreve as alterações nas leituras de profundidade e as anomalias do campo magnético. O software do sistema desenvolvido executará acções específicas de forma autónoma. Por conseguinte, é conveniente criar um ator que reflicta esta funcionalidade, a saber, a Aplicação. Este ator representa o componente back-end do projeto, que será alojado num serviço de nuvem. Os pré-requisitos para esse caso de uso incluem a implantação bem-sucedida do projeto e do banco de dados no serviço de nuvem . O diagrama (Fig. 12.6) ilustra as seguintes tarefas principais da Aplicação:

- O armazenamento de dados envolve a receção e o armazenamento de dados que tenham sido classificados com êxito em tempo real.
- A classificação de minas ocorre quando um pedido é efectuado pelo soldado à distância.
- Envio de dados para a base de dados.
- Actualiza o modelo da rede neural, se estiver instalado no dispositivo local.

O software, assim como o modelo de rede neural, necessita de apoio técnico após uma implementação bem sucedida. Neste caso, é necessário o papel do programador (Fig. 12.7). O modelo não deve ser atualizado automaticamente, pois isso poderia diminuir a precisão, obrigando a um retrocesso para uma versão anterior. As responsabilidades do programador incluem a análise dos dados obtidos, o treinamento e o retreinamento da rede neural, a atualização do software e a interação com o serviço de nuvem.

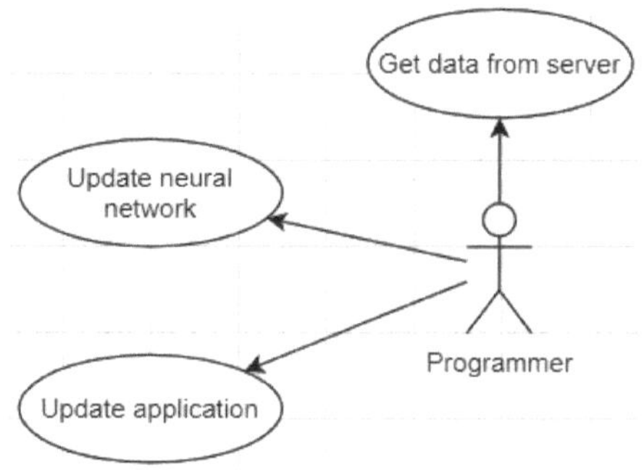

Fig. 12.7. Diagrama de Caso de Uso para o Ator Programador

12.3.3 Modelação de objectos do sistema

A modelação dos objectos do sistema será executada através da utilização de diagramas de classes (Fig. 12.8). A maioria dos métodos descritos alinha-se com o diagrama de casos de utilização, incorporando métodos para cálculos intermédios. Para além dos actores previamente identificados, serão introduzidas classes suplementares como Interface, Dataset e Data para aumentar a funcionalidade do . As relações entre estas classes são delineadas da seguinte forma:

- Soldier-Interface: um elo de associação, significando que o soldado utiliza a interface para classificar as minas;

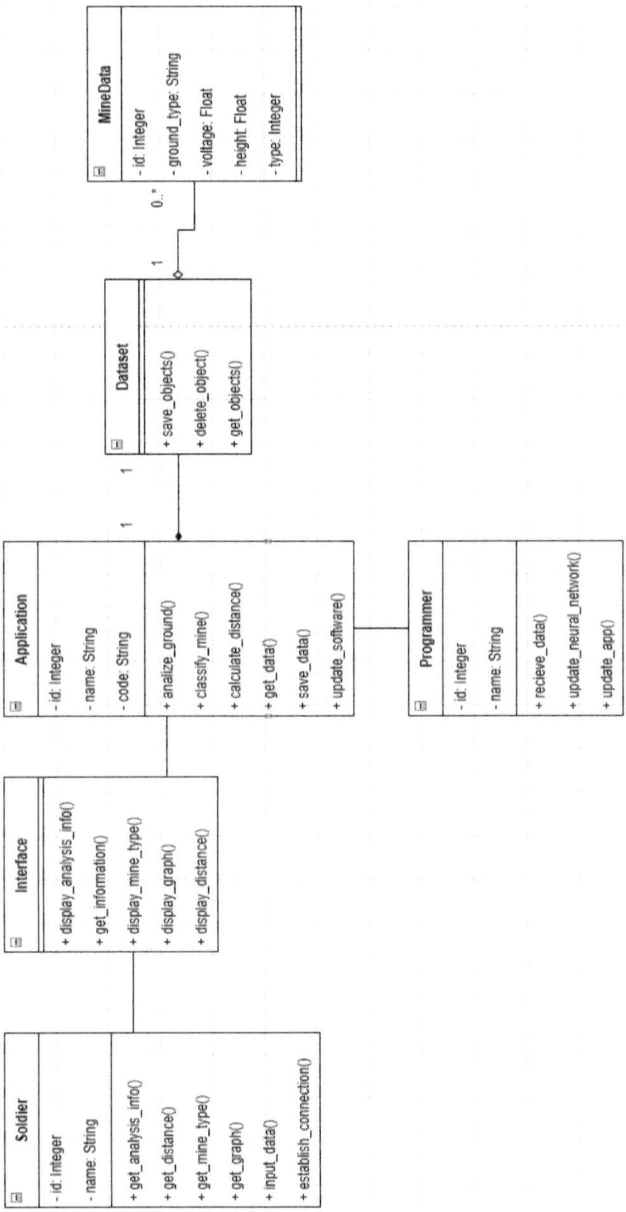

Fig. 12.8. Diagrama de Classes

- Aplicação-Interface: uma ligação de associação que ilustra que a aplicação, para a sua funcionalidade operacional, utiliza a interface;
- Aplicação-Dataset: uma ligação de composição de um para um, indicando que o conjunto de dados constitui um componente integral da aplicação;
- Conjunto de dados-Dados: uma ligação de agregação de um-para-muitos, demonstrando que os dados são uma parte essencial de um conjunto de dados singular;
- Aplicação-Programador: uma ligação de associação, uma vez que o programador influencia e possui a capacidade de modificar a aplicação.

A classe soldado representa o ator correspondente do diagrama de casos de utilização. Inclui atributos como um identificador e um nome, que são essenciais para armazenar o utilizador na base de dados. A classe também implementa todos os cenários de casos de utilização e funções intermédias adicionais, como a recuperação da distância, a obtenção da classificação das minas e a geração de gráficos. Uma descrição mais detalhada dos métodos e atributos pode ser encontrada na Tabela 12.4.

A classe Interface é essencial para estabelecer a interação entre o soldado e a aplicação. Esta classe carece de atributos; no entanto, engloba funções como a apresentação dos resultados da análise, a receção de dados de entrada e a visualização do tipo de mina, da distância e da alteração dos gráficos indicadores. Uma descrição mais pormenorizada dos métodos e atributos é apresentada na Tabela 12.5.

Tabela 12.4. Descrição dos objectos da classe Soldado

Classes de objectos		Atributos de classe		Métodos de classe	
Nome da classe	Objetivo da aula	Nome do atributo	Conteúdo do atributo	Nome do método	Conteúdo da ação
Soldado	O ator principal do sistema	id	Identifica-o na base de dados	get_analysis_info	Receber a classificação e informações adicionais sobre o terreno
		nome	Nome completo do soldado	obter_distância	Apresentar a distância do sensor ao solo

				get_mine_type	Mostrar o tipo de mina
				get_graph	Apresentar as alterações de distância e anomalia como uma curva
				dados_de_entrada	Introduzir os dados necessários para uma classificação posterior.
				estabelecer _conexão	Estabelecer uma ligação com um servidor remoto

A classe de aplicação representa o ator correspondente no sistema. Inclui atributos como um identificador, um nome e um código para o seu armazenamento na base de dados. A aplicação implementa vários métodos, incluindo a análise de dados, a classificação de minas, o cálculo da distância do sensor à superfície, a recuperação de dados de entrada, o armazenamento de dados e a atualização do software no dispositivo local. Uma descrição mais pormenorizada dos métodos e atributos pode ser encontrada na Tabela 12.6.

Tabela 12.5. Descrição dos objectos da classe de interface

Classes de objectos		Atributos de classe		Métodos de classe	
Nome da classe	Classe Objetivo	Nome do atributo	Conteúdo do atributo	Nome do método	Conteúdo da ação
Interface	API entre Soldado e Aplicação			exibir_análise _info	Apresentar todas as informações após uma classificação bem sucedida
				obter_informação	Receber dados de entrada dos soldados.
				tipo_de_mínimo_ de_exibição	Mostrar o tipo de mina
				display_graph	Apresentar as alterações de distância e anomalia como uma curva
				distância_de_exib ição	Apresenta a distância do sensor ao solo.

Tabela 12.6. Descrição dos objectos da classe de aplicação

Classes de objectos		Atributos de classe		Métodos de classe	
Nome da classe	Classe Objetivo	Nome do atributo	Conteúdo do atributo	Método Nome	Conteúdo da ação

Aplicação	Responsável para aceder a neural rede modelo e manipulação de dados	id	Identifica objectos no base de dados	analisar_chão	Efetuar a análise do terreno, iniciar o processo de classificação
		nome	Aplicação nome	classificar_meu	Efetuar a classificação das minas com base nos dados de entrada
		código	Código de aplicação único no sistema	calcular_distância	Calcular a distância entre o sensor e o solo
				obter_dados	Receber dados de entrada
				guardar_dados	Guardar dados na base de dados.
				actualizar_software	Atualizar o software no sensor local

A classe Dataset representa uma coleção de dados essencial para o treino do modelo de rede neural. O seu principal objetivo é facilitar a manipulação dos dados. Como tal, a classe não possui quaisquer atributos; no entanto, inclui as seguintes funções: guardar objeto, eliminar objeto e recuperar objeto. Uma descrição mais detalhada dos métodos e atributos pode ser encontrada na Tabela 12.7.

Tabela 12.7. Descrição dos objectos de classe do conjunto de dados

Classes de objectos		Atributos de classe		Métodos de classe	
Nome da classe	Objetivo da classe	Nome do atributo	Conteúdo do atributo	Nome do método	Conteúdo da ação
Conjunto de dados	Responsável para manipulação de dados necessários para neural modelo de rede			guardar_objecto	Guardar o objeto na base de dados.
				delete_object	Eliminar o objeto da base de dados.
				obter_objecto	Obter um objeto da base de dados.

A classe Data representa as informações sobre as minas com as quais o modelo de rede neural interage diretamente. Embora a classe não inclua nenhum método, ela engloba os seguintes atributos: identificador, tensão, distância, tipo de solo e tipo de mina. Uma descrição mais detalhada dos métodos e atributos pode ser encontrada na Tabela 12.8

Tabela 12.8. Frequência dos caracteres especiais

Classes de objectos		Atributos de classe		Métodos de classe	
Nome da classe	Objetivo da classe	Nome do atributo	Conteúdo do atributo	Nome do método	Conteúdo da ação
Conjunto de dados	Responsável pela manipulação de dados necessários para o modelo de rede neural	id	Identifica objectos na base de dados		
		tipo de solo	Representa um dos tipos de solo		
		tensão	Exibir anomalia magnética		
		alto	Apresenta a distância entre um solo e um sensor		
		tipo de mina	Representa o tipo de mina correto para um objeto		

A classe Programador é responsável por representar o ator correspondente no sistema. Esta classe inclui os seguintes atributos: identificador e nome. Além disso, contém os seguintes métodos: recuperar dados da aplicação, atualizar o modelo da rede neuronal e atualizar o software. Uma descrição mais detalhada dos métodos e atributos pode ser encontrada na Tabela 12.9.

Tabela 12.9. Descrição dos objectos de classe do programador

Classes de objectos		Atributos de classe		Métodos de classe	
Classe Nome	Classe Objetivo	Nome do atributo	Conteúdo do atributo	Nome do método	Conteúdo da ação
Programador	Responsável para atualização neural rede e aplicação	id	Identifica objectos na base de dados	receber_dados	Obter dados da base de dados e obter código do sistema remoto
		nome	Representa o nome do programador	actualizar_ neural_ rede	Atualizar o modelo de rede neural após formação adicional
				actualizar_ aplicação	Atualizar a aplicação

12.3.4 Modelação dos processos do sistema

A modelação dos processos do sistema será efectuada através de diagramas de atividade e de sequência. Estes diagramas ilustram o cenário de sucesso primário de como o utilizador interage com o produto de software. O cenário de sucesso representado no diagrama de actividades (Fig. 12.9) compreende a seguinte sequência de passos:

1. Ativar o sensor e aguardar a entrada do utilizador;
2. Se a aplicação permanecer ativa, a análise do solo é realizada. Caso contrário, a aplicação termina e o utilizador sai;
3. Ao mesmo tempo, o sistema apresenta um gráfico que ilustra as variações do campo magnético e a distância aos obstáculos;
4. Classificação de minas. Se for detectada uma mina, os dados são armazenados na aplicação e o programa regressa ao passo 2. Se não houver nenhuma mina presente, o programa continua a funcionar a partir do passo 2.

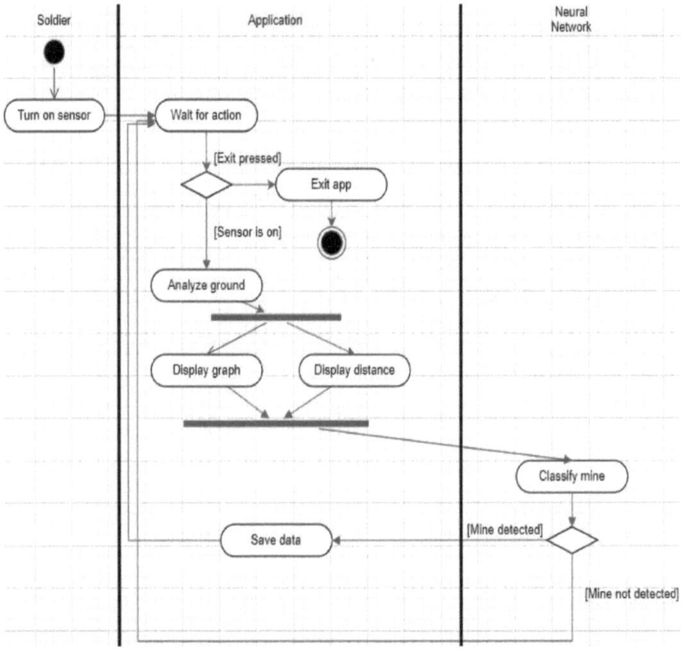

Fig. 12.9. Diagrama de actividades

O cenário de sucesso ilustrado no diagrama de sequência (Fig. 12.10) engloba a seguinte sequência de passos:

1. Realização de análises de solos;
2. Visualização do gráfico de variação do campo magnético;
3. Cálculo da distância até aos obstáculos;
4. Classificar a mina;
5. Apresentação dos resultados da classificação;

6. Armazenamento de dados de classificação;
7. Visualização dos resultados da análise do solo.

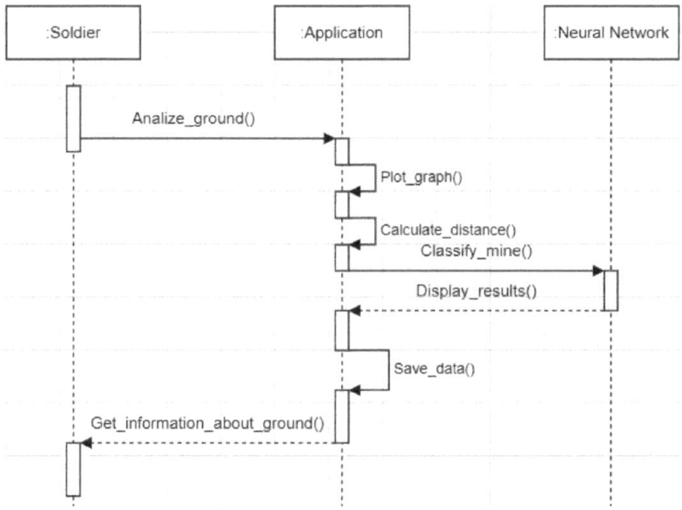

Fig. 12.10. Diagrama de sequência

O diagrama de componentes (Fig. 12.11) ilustra dois componentes principais: o software e o serviço de nuvem. O software engloba elementos como o serviço de análise do solo e a rede neural para a classificação das minas. O acesso ao serviço é facilitado através de uma interface de utilizador e da integração de sensores, enquanto a interação com a rede neural ocorre através de uma API. O serviço de nuvem funciona de forma independente do software e foi concebido para o armazenamento remoto de dados. O acesso ao serviço é efectuado através de comandos de consola.

Os objectivos operacionais do sistema foram meticulosamente articulados, incluindo a identificação dos principais utilizadores e uma definição abrangente dos objectivos funcionais. Os requisitos foram sistematicamente formulados e modelados através de um diagrama de casos de utilização. A modelação de objectos foi executada através de diagramas de classes, que oferecem uma exposição aprofundada das estruturas das classes. Além disso, a modelação dos processos do sistema foi realizada com sucesso, com especial ênfase no cenário do caso de utilização de sucesso principal, utilizando diagramas de atividade e de sequência.

Esta secção descreve em pormenor a finalidade do funcionamento do sistema, os principais utilizadores e os objectivos da operação. Os requisitos foram formulados e modelados através de um diagrama de utilização . A modelação dos objectos foi feita através de um diagrama de classes e descrita em pormenor através de diagramas de classes. Os processos do sistema foram modelados com sucesso, nomeadamente o principal caso de utilização bem sucedido, utilizando diagramas de atividade e de sequência.

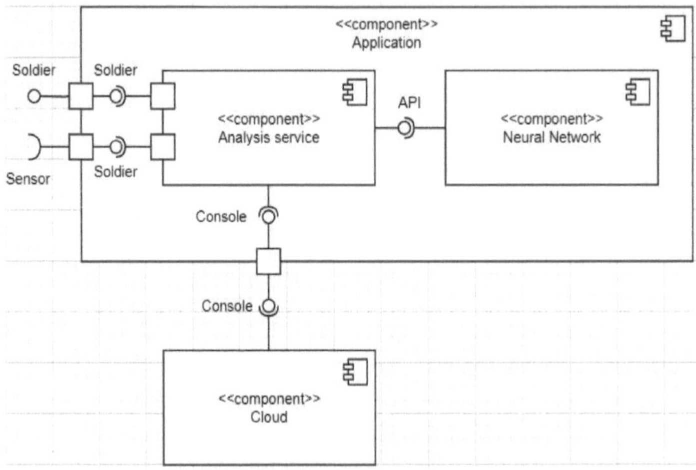

Fig. 12.11. Diagrama de componentes

12.4 Desenvolvimento da solução do projeto

12.4.1 Formulação e justificação do problema

O principal objetivo desta investigação é conceber um quadro concetual abrangente para um sistema de software destinado à deteção passiva e à classificação de minas terrestres. A funcionalidade central do sistema classifica as minas terrestres através da aplicação de uma rede neural artificial profunda, que delineia as classificações em cinco categorias distintas. O foco desta investigação é o próprio processo de classificação. O assunto engloba as metodologias e ferramentas utilizadas no desenvolvimento de um sistema de classificação de minas terrestres, particularmente em operações de combate ou esforços de desminagem conduzidos por agências de defesa civil. Especificamente, este estudo explora o processo de classificação através da implementação de uma rede neural artificial profunda com configurações de uma e duas camadas ocultas e redes neurais convolucionais. Antes do processo de classificação, é essencial enfrentar o desafio de gerar valores adicionais dentro do conjunto de dados , uma vez que o tamanho atual da amostra é limitado a 45 (representando os valores de anomalia magnética a profundidades que variam entre 26 e 34 centímetros para o tipo de solo "Seco e Húmus" associado a cada uma das cinco classificações de minas). No entanto, as redes neuronais requerem conjuntos de dados de treino que englobam vários milhares de instâncias. Para resolver este subproblema de forma eficaz, a abordagem proposta utiliza uma função de distribuição normal para facilitar o aumento dos dados.

12.4.2 Construção de modelos para a resolução de problemas

Para ilustrar as vantagens de uma arquitetura de rede neural profunda, foi também desenvolvida uma rede neural alternativa com uma única camada oculta [33-35]. Este modelo é constituído por uma camada de entrada com três nós, seguida de uma primeira camada oculta com sete nós que utilizam a função de ativação ReLU. A camada de saída é constituída por cinco nós que utilizam a função de ativação Softmax. O optimizador Adam foi utilizado com a entropia cruzada categórica como função de perda, sendo a precisão a principal métrica de desempenho (Fig. 12.12). A saída desta rede neural é expressa quantitativamente pela relação delineada na equação (12.1).

$$y_i = f_{softmax}\left(\sum_{j=1}^{7} w_{ij} f_{relu}\left(\sum_{k=1}^{3} w_{jk} x_k\right)\right), ,i \in \overline{\{1;5\}} \quad (12.1)$$

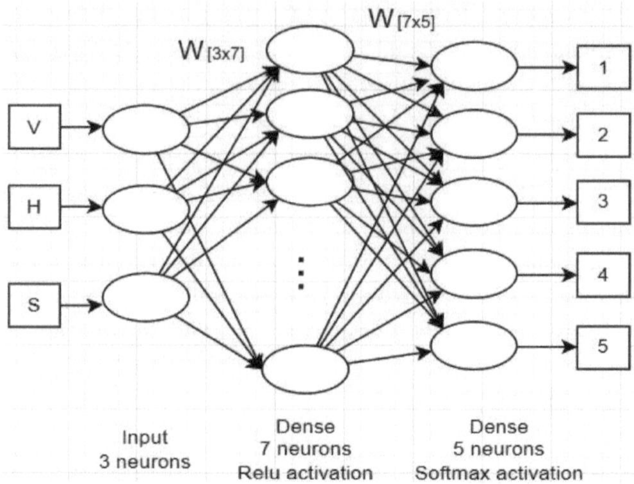

Fig. 12.12. Arquitetura da rede neural com uma única camada oculta

ondey_i - representa o elemento do vetor de saída das probabilidades correspondentes à associação do objeto a cada classe de minas, enquanto$f_{softmax}$ - denota a função de ativação Softmax,w_{ij} - refere-se a um elemento da matriz de pesos entre a primeira e a segunda camadas ocultas ew_{jk} - representa um elemento da matriz de pesos que liga a camada de entrada à primeira camada oculta. Além disso,x_k - significa um aspeto do vetor de caraterísticas de entrada associado à mina [33-35]. A arquitetura da rede neural com duas camadas ocultas apresenta um tamanho de camada de entrada de 3, sendo a primeira camada composta por sete neurónios e empregando a função de ativação ReLU. A segunda camada oculta tem caraterísticas idênticas às da primeira, enquanto a camada de saída é constituída por 5 neurónios que utilizam a função de ativação Softmax. É utilizado o optimizador Adam, com a entropia cruzada categórica como função de perda, e a precisão é utilizada como métrica de desempenho (Fig. 12.13). A saída desta rede neural será descrita pela equação (12.2).

$$y_i = f_{softmax}\left(\sum_{l=1}^{7} w_{li} f_{relu}\left(\sum_{j=1}^{7} w_{ij} f_{relu}\left(\sum_{k=1}^{3} w_{jk} x_k\right)\right)\right), i \in \{\overline{1;5}\}, \quad (12.2)$$

em quey_i - representa um elemento do vetor de probabilidades de saída, indicando a relação do objeto com cada classe de minas;$f_{softmax}$ - designa a função de ativação Softmax;f_{relu} - refere-se à função de ativação ReLU;w_{li} - é um elemento da matriz de pesos que liga a segunda camada oculta à camada de saída; w_{ij} - representa um elemento da matriz de pesos entre a primeira e a segunda camadas ocultas;w_{jk} - é um aspeto da matriz de pesos que liga a camada de entrada à primeira camada oculta;x_k - significa um aspeto do vetor de entrada que representa as caraterísticas da mina [33-35].

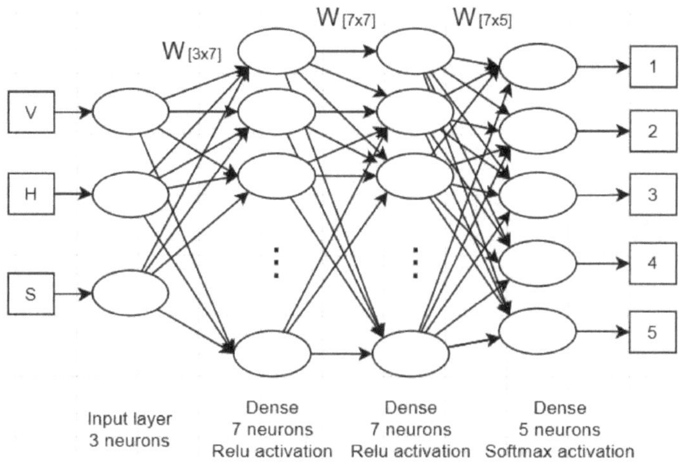

Fig. 12.13 Arquitetura da rede neural com duas camadas ocultas

12.4.3 Seleção e justificação dos métodos de resolução de problemas

Em consonância com os objectivos estabelecidos, é imperativo assegurar uma elevada precisão na deteção de minas. O principal desafio a enfrentar é a classificação. Na aprendizagem automática, a classificação diz respeito à formação de um modelo para categorizar ou classificar os dados de entrada em classes ou categorias predefinidas. Envolve a aprendizagem do limite de decisão ou da função de mapeamento que correlaciona as caraterísticas de entrada com as etiquetas de saída correspondentes. O objetivo é prever com precisão a classe de instâncias não vistas com base nos padrões e relações derivados dos dados de treino [36]. Vários modelos de classificação são discutidos a seguir.

- A regressão logística é um classificador simples e amplamente utilizado que modela a probabilidade de pertencer a uma classe específica com base em caraterísticas de entrada. Calcula coeficientes para cada caraterística e aplica uma função logística para previsão. A regressão logística é normalmente utilizada em tarefas de classificação binária ou em cenários em que a variável de resultado é categórica.
- O classificador Bayes baseia-se no teorema de Bayes, operando sob o pressuposto de independência entre caraterísticas. Calcula a probabilidade posterior de cada classe e seleciona a classe com a probabilidade mais elevada. O classificador de Bayes é frequentemente aplicado na classificação de textos, na filtragem de spam e noutras tarefas de dados de elevada dimensão.
- Os modelos de Árvore de Decisão constroem uma estrutura em forma de árvore, particionando recursivamente os dados com base nos valores das caraterísticas. Cada nó interno representa um teste de caraterística, enquanto cada nó de folha corresponde a uma etiqueta de classe. As árvores de decisão são úteis para tarefas de classificação e regressão e são reconhecidas pela sua interpretabilidade e capacidade de tratar dados numéricos e categóricos.
- O método Random Forest integra várias árvores de decisão. Cada árvore é treinada num subconjunto aleatório dos dados e a previsão final é determinada por votação maioritária ou pela média das previsões das árvores individuais. As florestas aleatórias são robustas e eficientes para classificação e regressão, sendo frequentemente utilizadas em tarefas com conjuntos de dados complexos.
- O classificador Máquina de Vectores de Suporte (SVM) identifica o hiperplano ótimo que separa as classes maximizando a margem entre elas. Mapeia os dados num espaço de dimensão superior para encontrar um limite de decisão linear ou não linear. Os SVM são normalmente utilizados para tarefas de classificação binária, mas podem ser alargados a problemas multiclasse. São eficazes em

espaços de elevada dimensão e podem tratar relações lineares e não lineares.

- Os modelos de redes neuronais são estruturalmente e funcionalmente semelhantes aos neurónios biológicos. Compostas por camadas interligadas de neurónios artificiais, as redes neuronais aprendem com os dados através da propagação de sinais para a frente e para trás. São excelentes em tarefas que envolvem grandes conjuntos de dados, padrões complexos e relações não lineares, encontrando aplicações generalizadas na classificação de imagens, no processamento de linguagem natural e em vários outros domínios [37].

Neste momento, o objetivo de fornecer uma interface gráfica de utilizador não será implementado, uma vez que implica o desenvolvimento de um sensor de utilizador capaz de detetar anomalias no campo magnético da Terra. As funções estipuladas por outros objectivos podem ser realizadas na parte back-end do sistema utilizando serviços em nuvem.

12.4.4 Desenvolvimento de algoritmos de resolução de problemas

A geração baseada na distribuição normal implica a aplicação da fórmula de distribuição padrão [38] e a geração de valores pseudo-aleatórios [39].

$$p(V) = \frac{1}{\sqrt{2\pi\sigma^2}} e^{-\frac{(V-\mu)^2}{2\sigma^2}}, , V_i^* = rand(V_i, \sigma_3) \qquad (12.3)$$

ondeV_i - representa o valor da anomalia do campo magnético a uma profundidadeH_i e tipo de solo ;$S_i V_i^*$ - denota o novo valor da anomalia do campo magnético a uma profundidadeH_i e tipo de solo ;$S_i rand(V_i, \sigma_3)$ é uma função que gera valores pseudo-aleatórios baseados na função de distribuição normal, onde μ - é a média aritmética e σ é o desvio padrão [39]. Consequentemente, os novos valores serão gerados de forma mais próxima dos valores do conjunto de dados de treino, aproximando a média aritmética e considerando o desvio padrão da anomalia do campo magnético da Terra. O desvio padrão é calculado da seguinte forma:

$$\sigma_3 = avg(\sigma_i), ,i \in \{\overline{1; 15}\} \qquad (12.4)$$

ondeσ_3 - representa o desvio padrão da anomalia do campo magnético terrestre;σ_i - denota o desvio padrão da anomalia do campo magnético a uma profundidadeH_i . O índice i - assume valores de 1 a 15, uma vez que o estudo [6] indicou que este intervalo corresponde às distâncias a que a intensidade da anomalia magnética da mina não é detectada. A fase seguinte consiste na preparação dos dados. Foram estabelecidos os seguintes passos para a preparação dos dados. Normalizar os dados da anomalia do campo magnético com base no valor médio e no desvio padrão [40].

$$V' = \frac{V-\bar{V}}{\sigma_v}, \tag{12.5}$$

ondeV' representa o valor normalizado da anomalia;V representa o valor inicial da anomalia;$\bar{V}$ significa o valor médio da anomalia;σ_v indica o desvio padrão da anomalia. Adicionalmente, a codificação é aplicada aos valores do tipo de solo, uma vez que estes dados são registados como variáveis categóricas. O principal desafio a enfrentar é a classificação das minas utilizando uma rede neural profunda. Um classificador funciona de forma a estabelecer uma correspondência entre cada par de caraterísticas do objeto e as respectivas classes. Neste estudo, as caraterísticas do objeto (a mina) são representadas por um vetor composto por três valores $<V, H, S>$, correspondentes ao valor da anomalia do campo magnético da mina e da Terra em volts, à profundidade em centímetros e ao tipo de solo, respetivamente. As classes de objectos constituem um conjunto de cinco valores $C = \{0, 1, 2, 3, 4\}$, que representam os tipos de minas: "sem mina", "mina anti-tanque", "mina anti-pessoal", "armadilha" e "M14". A tarefa de classificação é enquadrada como a identificação de um classificador que garanta as normas mínimas no espaço euclidiano:

$$\min\|f - f_0\|, \tag{12.6}$$

onde:f representa o classificador de destino;f_0 representa a rede neural profunda [41].

O operador de mapeamento é conhecido apenas para objectos numa amostra de treino finita:

$$X_m = \{(x_1, y_1), \ldots, (x_m, y_m)\}, \tag{12.7}$$

onde X_m é o conjunto de elementos da amostra de treino com um tamanho de m, o objetivo é construir um algoritmo capaz de determinar a pertença de qualquer objeto $x \in X$ à classe $y \in Y$ [41-42].

12.5 Experiências

12.5.1 Seleção e justificação das ferramentas de desenvolvimento

O objetivo central do sistema é a tarefa de classificação, sendo o foco principal do desenvolvimento a conceção e implementação de um modelo de rede neural preciso. As redes neuronais são normalmente desenvolvidas utilizando linguagens de programação ou bibliotecas especializadas. Segue-se um resumo das linguagens de programação mais utilizadas no domínio da aprendizagem automática:

- Python é uma linguagem amplamente utilizada para aplicações de aprendizagem automática e de redes neuronais. Oferece um ecossistema robusto de bibliotecas e estruturas, como TensorFlow, Keras e PyTorch, que fornecem abstracções de alto nível e implementações optimizadas para redes neuronais. A simplicidade e a legibilidade do Python fazem dele a escolha ideal para programadores principiantes e experientes, permitindo uma prototipagem rápida e uma aprendizagem contínua. A extensa e ativa comunidade Python de cientistas de dados e profissionais de aprendizagem automática fornece muitos recursos, tutoriais e códigos de exemplo. Apesar das suas numerosas vantagens, o Python pode ter um desempenho mais lento do que as linguagens de nível inferior, como o C++, nomeadamente em operações computacionalmente intensivas que envolvam redes neuronais de grande escala ou tarefas que exijam a máxima eficiência [43].
- O R é tradicionalmente utilizado para computação estatística e análise de dados. No entanto, também possui várias bibliotecas de aprendizagem automática, incluindo TensorFlow, Keras e MXNet, que facilitam a criação e o treino de redes neuronais. A vasta gama de bibliotecas de

análise de dados do R torna-o adequado para modelação estatística e análise exploratória de dados. As suas capacidades de visualização de dados, exemplificadas por pacotes como o ggplot2, são altamente eficazes para visualizar os resultados das redes neuronais. No entanto, a natureza interpretada do R pode levar a tempos de execução mais lentos quando comparado com linguagens como Python ou C++, o que pode afetar o desempenho de redes neuronais de grande escala e outras tarefas computacionalmente intensivas. Além disso, a gestão automática da memória do R pode resultar em ineficiências no tratamento de processos com grande consumo de memória [44].

- O MATLAB é uma linguagem de programação amplamente reconhecida nos domínios científico e de engenharia. Oferece conjuntos de ferramentas como a Neural Network Toolbox e a Deep Learning Toolbox, que fornecem um conjunto abrangente de funções e algoritmos para conceber e treinar redes neurais. O ambiente interativo do MATLAB permite uma rápida prototipagem, visualização e experimentação, facilitando o desenvolvimento. No entanto, o MATLAB é um software comercial que requer uma licença paga, o que o torna menos acessível em comparação com alternativas de código aberto como o Python. Além disso, a sua natureza proprietária pode limitar a flexibilidade e a possibilidade de personalização em relação às linguagens de código aberto [45].
- O C++ é uma linguagem de programação de alto desempenho frequentemente utilizada para a programação de sistemas e tarefas computacionalmente exigentes. Bibliotecas como TensorFlow, Caffe e Torch fornecem APIs C++ que permitem a construção e o treinamento de redes neurais. O C++ oferece um desempenho superior ao de linguagens interpretadas como Python, o que o torna adequado para computações com uso intensivo de recursos ou redes neurais de grande escala. A sua gestão explícita da memória dá aos programadores um controlo granular sobre a atribuição e a anulação da atribuição de memória. No

entanto, o C++ tem uma curva de aprendizagem mais acentuada e pode ser mais difícil do que as linguagens de nível superior como o Python. O processo de desenvolvimento em C++ pode ser mais moroso devido à sua natureza de baixo nível e à necessidade de gestão manual da memória [46].

Para atingir os objectivos adicionais do sistema, é necessário desenvolver o componente back-end. O back-end é criado com recurso a frameworks de várias linguagens de programação. Segue-se uma descrição das linguagens de programação mais utilizadas para o desenvolvimento do back-end:

- Python possui um ecossistema robusto de bibliotecas e estruturas, tornando-o adequado para o desenvolvimento web, análise de dados e computação científica. O Python é frequentemente escolhido pela sua facilidade de utilização, rápido crescimento e forte apoio da comunidade. É amplamente utilizado para desenvolvimento Web do lado do servidor, criação de APIs, processamento de dados e scripting.
- O JavaScript é uma linguagem de script versátil utilizada principalmente para o desenvolvimento web front-end. No entanto, com o advento do Node.js, o JavaScript agora também pode ser empregado como uma linguagem do lado do servidor. O Node.js permite o desenvolvimento de JavaScript no lado do servidor, o que o torna uma excelente opção para a criação de aplicativos Web escalonáveis e de alto desempenho. O JavaScript (Node.js) é frequentemente usado para criar aplicativos em tempo real, renderizar no lado do servidor e lidar com muitas conexões simultâneas.
- Java é uma linguagem de programação robusta orientada para objectos, conhecida pela sua independência de plataforma e escalabilidade. Oferece uma vasta gama de bibliotecas e estruturas para o desenvolvimento de aplicações de nível empresarial. O seu vasto conjunto de ferramentas, desempenho e forte suporte de ferramentas tornam Java popular para sistemas do lado do servidor em grande escala. O Java é normalmente utilizado para o

desenvolvimento de aplicações empresariais, sistemas distribuídos e componentes do lado do servidor.

- Ruby é uma linguagem de programação dinâmica orientada para objectos com uma sintaxe elegante e legível. Dá ênfase à simplicidade e à produtividade do programador e é conhecida pelo seu foco na satisfação do programador. O Ruby possui uma estrutura web madura chamada Ruby on Rails, que promove o desenvolvimento rápido de aplicações e segue o princípio da convenção sobre a configuração. O Ruby é frequentemente utilizado para desenvolvimento Web, prototipagem e criação de aplicações Web escaláveis através da estrutura Ruby on Rails.
- O PHP é uma linguagem de scripting do lado do servidor concebida especificamente para o desenvolvimento Web. É amplamente utilizada para criar sítios Web dinâmicos e aplicações Web. O PHP tem um grande ecossistema de estruturas, como Laravel e Symfony, que fornecem ferramentas e bibliotecas poderosas para o desenvolvimento Web. O PHP é normalmente utilizado para o desenvolvimento de sítios Web, sistemas de gestão de conteúdos (CMS) e plataformas de comércio eletrónico.

12.5.2 Descrição das ferramentas de projeto desenvolvidas

O desenvolvimento das ferramentas do projeto inclui a criação do componente back-end, um modelo de rede neural e a sua implementação num serviço de nuvem. Durante o desenvolvimento, foi criada uma rede neuronal, um gerador de objectos, uma representação gráfica do desempenho da rede neuronal, o componente back-end e o ficheiro necessário para a implementação do contentor. O software para a rede neural consiste em ferramentas para geração de conjuntos de dados, pré-processamento de dados e o próprio modelo de rede neural. Como mencionado anteriormente , a geração de números foi efectuada utilizando métodos de geração de números pseudo-aleatórios disponíveis nas bibliotecas Python. O pré-processamento dos dados foi efectuado pela biblioteca Panda, que foi concebida para trabalhar com grandes conjuntos de dados. As etapas executadas por este script foram descritas anteriormente. Os modelos de rede neural foram desenvolvidos usando a biblioteca TensorFlow. O produto final usará apenas o modelo com duas camadas ocultas.

O back-end segue a estrutura básica da estrutura Django, aderindo à arquitetura Model-View-Template (MVT). Todas as funções necessárias foram desenvolvidas no ficheiro de vistas, enquanto as tabelas da base de dados foram definidas no ficheiro de modelos. A interface gráfica é integrada utilizando a estrutura Django Rest. Para implementar a funcionalidade necessária, o modelo de rede neural foi adicionado aos ficheiros back-end. Consequentemente, quando um utilizador submete um pedido de classificação, o modelo é carregado e utilizado para classificar os dados.

Nesta secção, as tarefas de desenvolvimento são formuladas e fundamentadas. Foi criado um modelo matemático de redes neuronais de propagação direta com uma e duas camadas ocultas e foi implementada a sua arquitetura. Como resultado da análise das ferramentas de desenvolvimento, foram escolhidas as seguintes funcionalidades básicas:

- A rede neural será implementada utilizando a linguagem de programação Python, em particular a biblioteca TensorFlow.
- A parte back-end do sistema será implementada utilizando a linguagem de programação Python e a estrutura Django.
- A implantação do sistema será efectuada utilizando o software Docker.

12.6 Resultados e discussão

12.6.1 Teste do sistema

O desempenho da rede neural foi rigorosamente avaliado utilizando métricas-chave, incluindo a exatidão e a AUC, juntamente com uma série de visualizações que captam eficazmente os resultados do treino e do teste do sistema. Os resultados da classificação da rede neural são ilustrados nos diagramas seguintes (Fig. 12.14-12.17):

- Matriz de confusão O mapa de calor visualiza a matriz de confusão dos resultados da classificação, em que o eixo X corresponde às classes previstas e o eixo Y representa as classes efectivas (Fig. 12.14). Para maior clareza na apresentação de valores grandes, é utilizada notação científica (por exemplo, "e+02"), indicando que o número dado deve ser multiplicado por 10^2. O mapa de calor revela uma elevada precisão de classificação, com a maioria das classes corretamente classificadas. Mais de 180 amostras por classe foram previstas com exatidão, enquanto o número total de amostras mal classificadas se mantém abaixo de 10, sublinhando o desempenho robusto do modelo [47].

- A curva ROC (Receiver Operating Characteristic) fornece uma avaliação pormenorizada da qualidade da classificação em cada classe. O eixo X acompanha o crescimento das classificações positivas efectivas, enquanto o eixo Y mede o aumento das classificações falsas positivas (Fig. 12.15) [48]. Esta visualização permite uma avaliação precisa do poder discriminatório do modelo para classes individuais, destacando a sua eficácia na distinção entre elas.

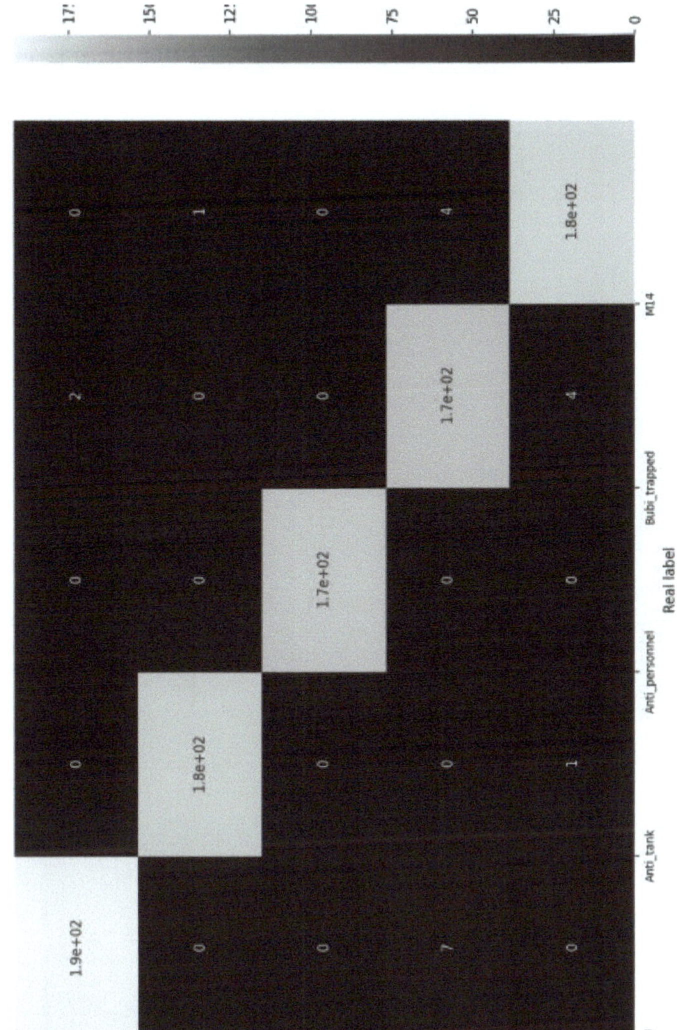
Predicted label
Real label
Null
Anti_tank
Anti_personnel
Bubi_trapped
M14
1.9e+02
1.8e+02
1.7e+02
1.7e+02
1.8e+02

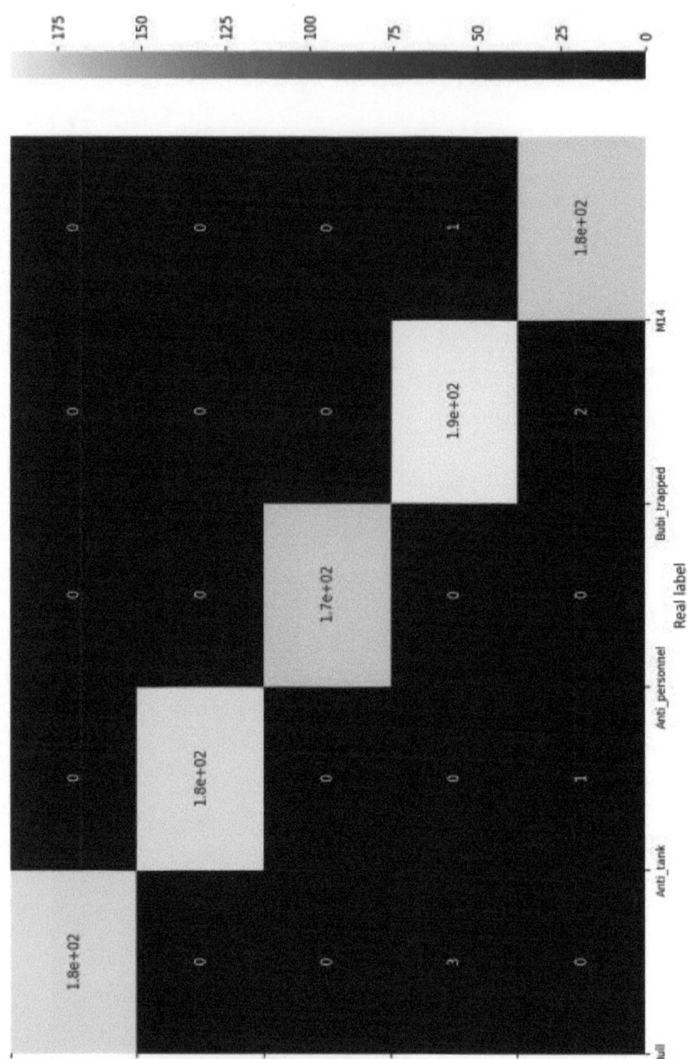

Fig. 12.14. Matriz de confusão, onde a - Rede neural com uma camada oculta, b - Rede neural com duas camadas ocultas

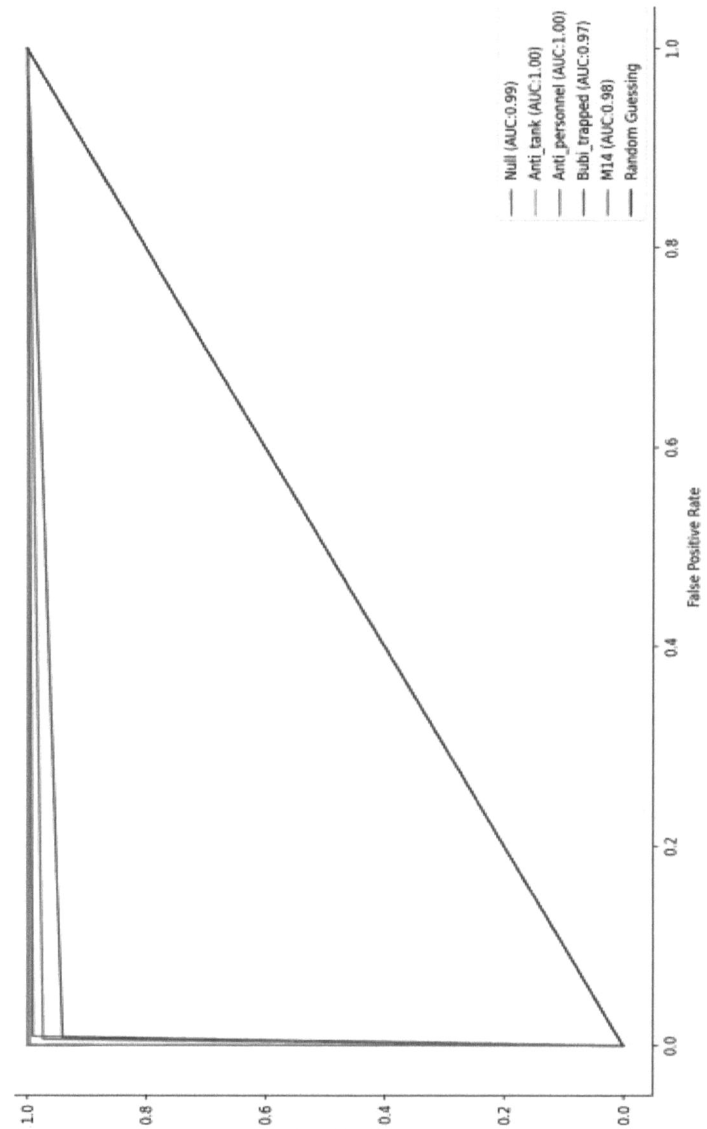

Null (AUC:0.99)
Anti_tank (AUC:1.00)
Anti_personnel (AUC:1.00)
Bubi_trapped (AUC:0.97)
M14 (AUC:0.98)
Random Guessing
False Positive Rate
True Positive Rate
0.0
0.2
0.4
0.6
0.8
1.0

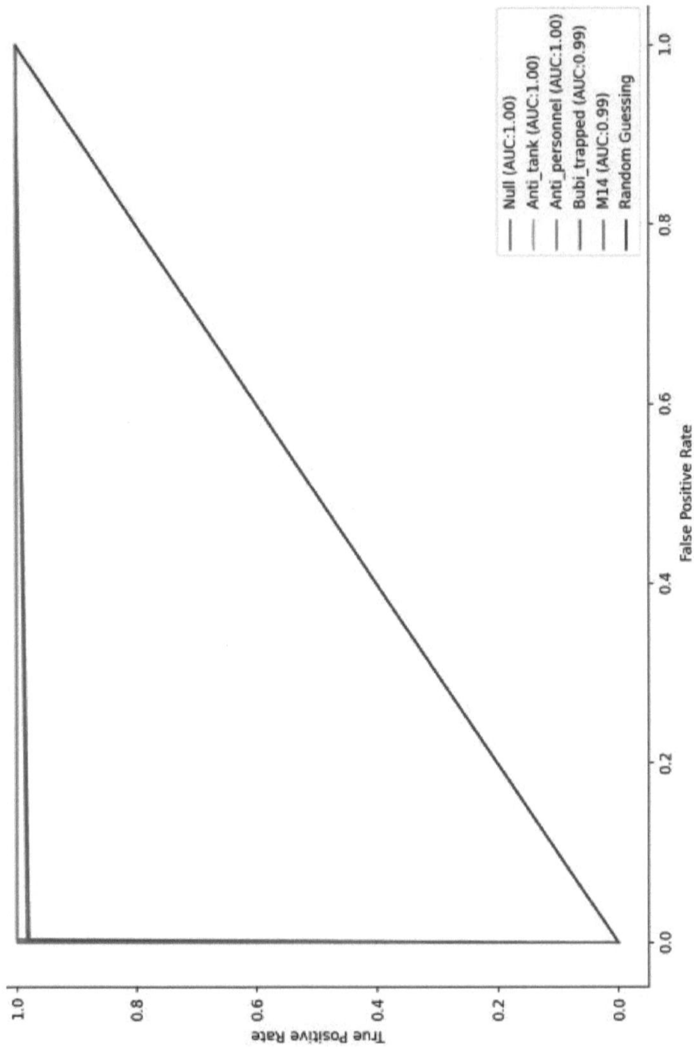

Fig. 12.15. Curvas ROC para cada tipo de mina, em que a - Rede neural com uma camada oculta, b - Rede neural com duas camadas ocultas.

- As curvas Precisão-Rechamada oferecem uma visão adicional do desempenho de classificação do modelo e das melhorias incrementais. A variação na recuperação é representada no eixo X, enquanto o eixo Y apresenta as alterações correspondentes na precisão (Fig. 12.16). Além disso, a pontuação F, uma média harmónica de Precisão (P) e Recuperação (R) [49], é representada, servindo como uma medida abrangente do desempenho global do modelo. A pontuação F é calculada da seguinte forma:

$$F = \frac{2PR}{P+R}. \quad (8)$$

- O gráfico inclui curvas iso-F1, que representam linhas em que os valores de precisão e de recuperação produzem uma pontuação F1 correspondente [50]. Estas curvas permitem uma compreensão intuitiva do equilíbrio entre a precisão e a recuperação e do modo como isso afecta o critério F1.
- As curvas de exatidão e de perda ilustram a métrica de exatidão e a função de perda após cada época de treino. Os valores da exatidão e da perda são apresentados no eixo Y, enquanto o eixo X representa a progressão das épocas de treino (Fig. 12.17) [51].
- As curvas ROC para o modelo de duas camadas ocultas apresentam um desempenho superior em comparação com uma rede neural semelhante com uma única camada oculta. A área sob as curvas (AUC) na Fig. 12.15 é maior em todas as classes de minas. Foi obtido um valor AUC superior a 0,99, demonstrando um desempenho de classificação excecional para cada classe de minas. Isto indica que o modelo de rede neural distingue de forma fiável os diferentes tipos de minas com uma precisão notável.
- O mapa de calor demonstra que o número de classes mal classificadas é significativamente reduzido, com mais de 180 amostras corretamente classificadas para cada classe e menos de dez classificações incorrectas no total. O treinamento de uma rede neural com duas camadas ocultas acelera o aprendizado, como mostra a Fig. 12.16. Conseqüentemente, o modelo é capaz de alcançar maior precisão em um ritmo mais rápido em comparação com uma rede neural com apenas uma camada oculta.
- A pontuação F1 é consistentemente elevada, excedendo 0,8 (Fig. 12.16), o que indica um baixo número de falsos negativos e falsos positivos, reflectindo assim a precisão do modelo na classificação.

- Os valores de perda da rede neural são impressionantemente baixos, situando-se abaixo de 0,1, em contraste com estudos semelhantes em que os valores de perda atingiram um máximo de 0,1. Isto sugere que o processo de formação da rede neural é altamente eficiente, resultando num melhor desempenho global e convergência.

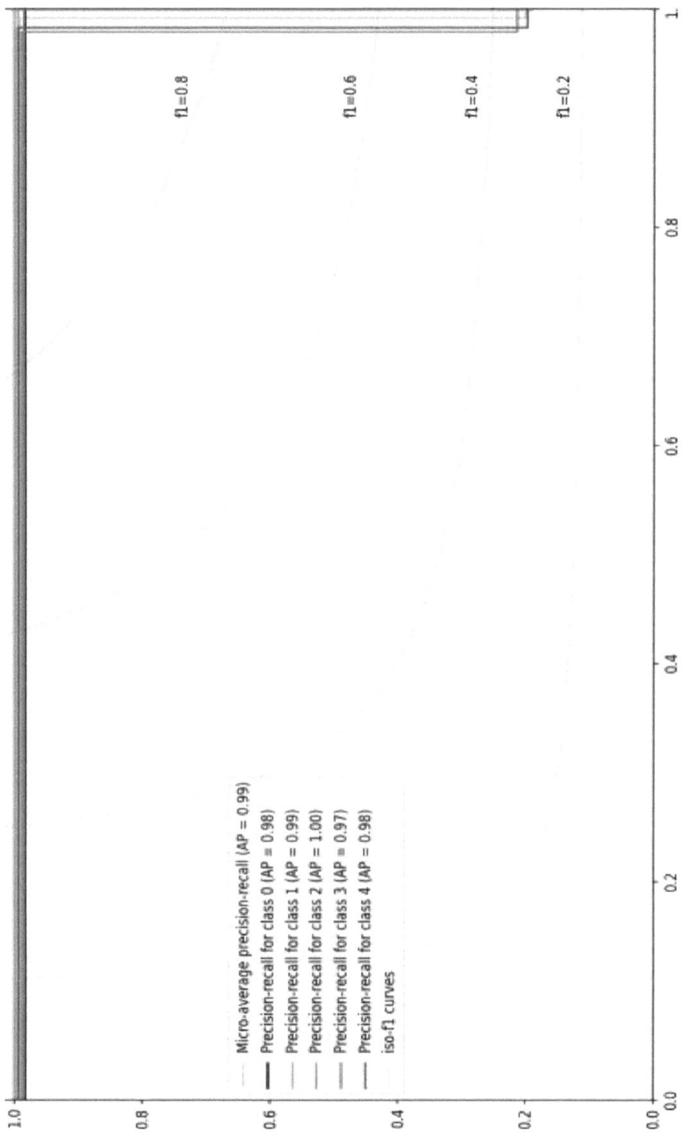
Micro-average precision-recall (AP = 0.99)
Precision-recall for class 0 (AP = 0.98)
Precision-recall for class 1 (AP = 0.99)
Precision-recall for class 2 (AP = 1.00)
Precision-recall for class 3 (AP = 0.97)
Precision-recall for class 4 (AP = 0.98)
iso-f1 curves
f1=0.8
f1=0.6
f1=0.4
f1=0.2
0.0
0.2
0.4
0.6
0.8
1.0
1

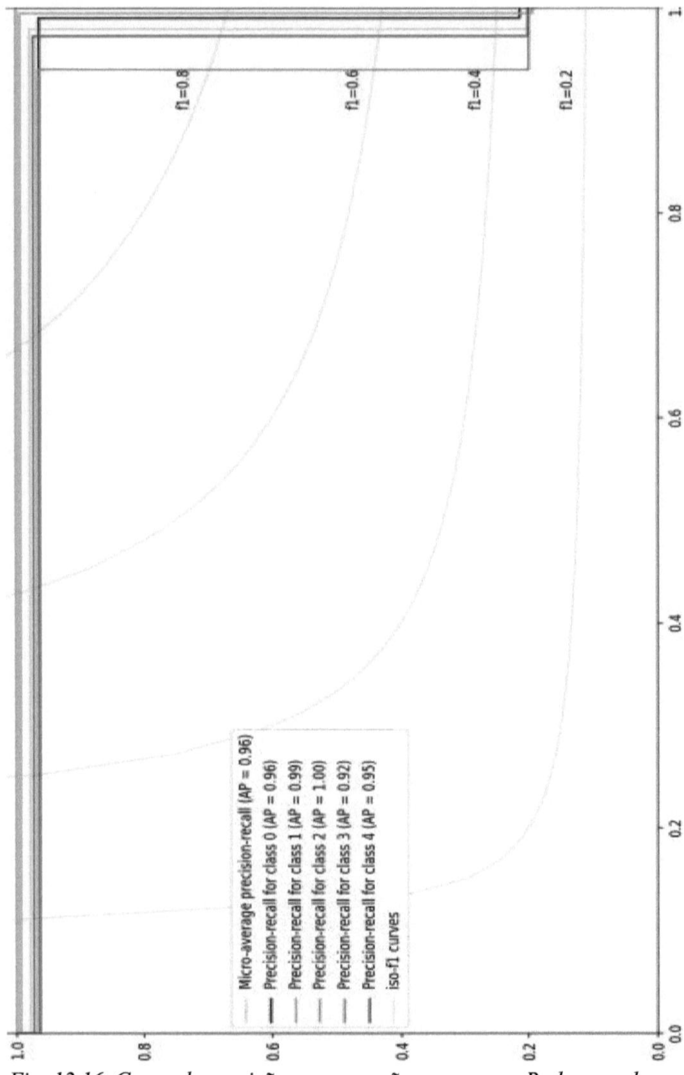

Fig. 12.16. Curva de precisão-recuperação, em que a - Rede neural com uma camada oculta, b - Rede neural com duas camadas ocultas.

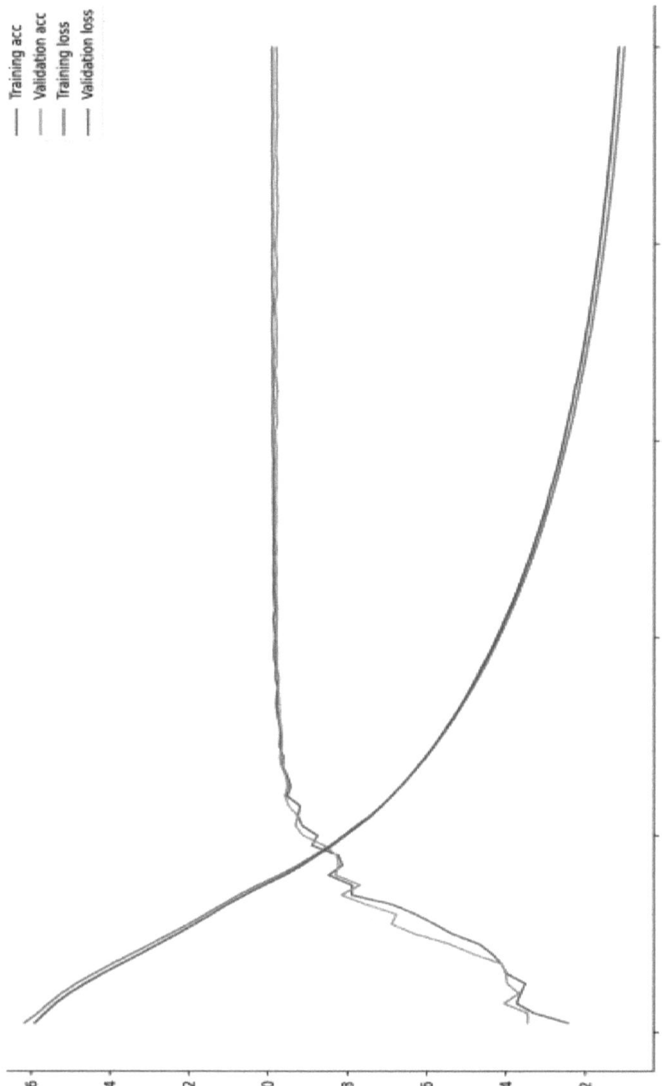
Training acc
Validation acc
Training loss
Validation loss
1.6
1.4
1.2
1.0
0.8
0.6
0.4
0.2
0
20
40
60
80
100

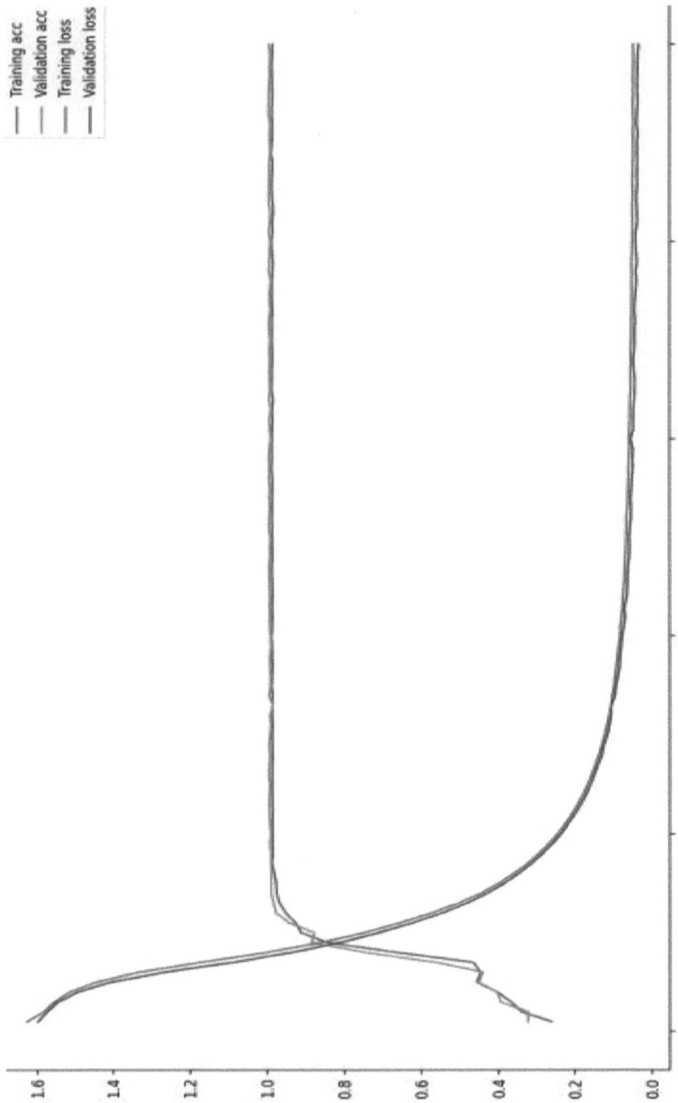

Fig. 12.17. Curvas de perda de precisão, onde a - Rede neural com uma camada oculta, b - Rede neural com duas camadas ocultas.

0.8
0.6
0.4
0.2
10
20
30
40

Fig. 12.18. A relação entre as métricas de precisão e perda relativamente ao número de neurónios na primeira (a) e segunda (b) camadas ocultas.

As experiências foram efectuadas em redes neurais com uma e duas camadas ocultas. A eficácia das redes foi avaliada utilizando as métricas de exatidão e pontuação AUC. Os optimizadores Adam, RMSprop e SGD foram selecionados para um desempenho ótimo. A avaliação destes optimizadores foi efectuada utilizando a métrica Precisão. Os resultados são apresentados no quadro 12.10. Para melhorar o desempenho da rede neural, foi efectuada uma investigação exaustiva da sua simetria. A simetria na arquitetura da rede neural é definida por uma distribuição igual dos neurónios em todas as camadas [52] e pela uniformidade das funções de ativação [53] relativamente ao plano de simetria estabelecido. Neste estudo, o plano de simetria foi delineado entre a primeira e a segunda camadas ocultas. Foram implementados os seguintes procedimentos experimentais:

- Variação da contagem de neurónios: Alterar sistematicamente o número de neurónios na primeira e segunda camadas ocultas, variando de 3 a 49.
- Modificação das funções de ativação: Ajustar as funções de ativação utilizadas na primeira e segunda camadas ocultas.
- Avaliação do desempenho da camada de saída: Avaliar os resultados de desempenho do modelo ao variar a função de ativação na camada de saída.

Tabela 12.10. Resultados das redes neurais por métrica de exatidão relativa aos optimizadores e resultados das redes neurais por métrica de exatidão e pontuação AUC

Optimizadores	NN de 1 camada	NN de 2 camadas		Métricas	NN de 1 camada	NN de 2 camadas
Adão	0.9790	0.9923		Exatidão	0.9790	0.9923
RMSprop	0.9790	0.9856		Pontuação AUC	0.9870	0.9953
SGD	0.9695	0.9812				

A Fig. 12.18 elucida os resultados, em que a linha laranja denota a métrica de precisão, enquanto a linha azul representa a função de perda. O eixo Y engloba as métricas de precisão e perda, enquanto o eixo X indica a contagem de neurónios na primeira e na segunda camadas ocultas. Os resultados indicam que a assimetria entre a primeira e a segunda camadas ocultas exerce uma influência negligenciável na precisão do modelo ($\leq$ 1%); no entanto, ocorre uma escalada significativa de até 75% na função de perda quando a simetria é comprometida. Em particular, a escolha das funções de ativação na camada de saída da rede neural tem implicações profundas no desempenho. Especificamente, a substituição da função ReLU na camada de saída por alternativas como as funções softmax, softplus, sigmoide ou exponencial resulta num aumento notável da precisão, que passa de 21% para uns impressionantes 98%. Em contraste com , a função de perda atinge o seu pico (superior a 6) quando se utilizam funções de ativação como ReLU, SELU, ELU e tanh. Em contrapartida, apresenta valores mínimos quando se utilizam as funções softplus, softmax, sigmoide e exponencial.

Losses
Accuracy
relu
softplus
selu
elu
softmax
sigmoid
exponential
tanh
0.0
0.2
0.4
0.6
0.8
1.0

Fig. 12.19. Correlação entre as métricas de precisão e perda influenciadas pela função de ativação na primeira (a) e segunda (b) camadas ocultas, cada uma com sete neurónios

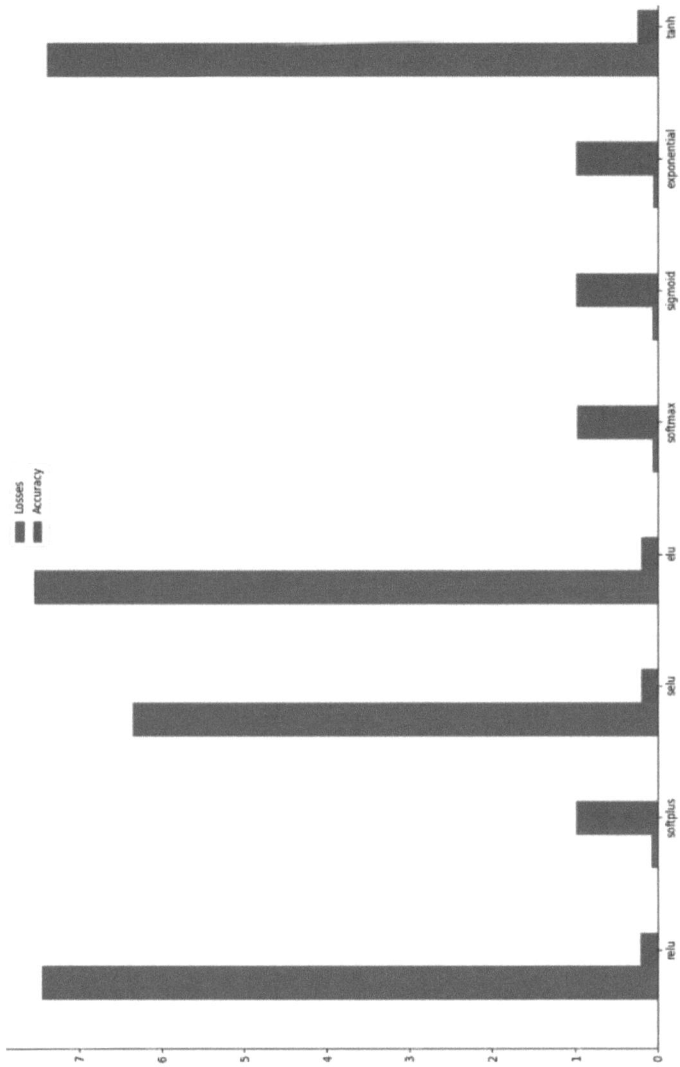

Fig. 12.20. Correlação entre as métricas de precisão e perda na função de ativação na camada de saída

As métricas observadas para a exatidão e a perda podem ser elucidadas através do desaparecimento e da explosão do gradiente. No caso da função ReLU, conforme ilustrado na Figura 19, tanto o desaparecimento como a explosão de gradientes estão ausentes, dado que a derivada da função ReLU permanece constante para valores de entrada positivos. Por outro lado, todas as outras funções de ativação demonstram vulnerabilidade aos problemas de desaparecimento e explosão do gradiente, devido às suas derivadas variáveis nos respectivos domínios. A Figura 20 exemplifica ainda mais essa relação inversa.

12.6.2 Implantação do sistema

A implantação inicial do sistema será orquestrada utilizando o software Docker, que também englobará a base de dados no contentor. Os passos seguintes elucidam o processo de criação e lançamento do contentor Docker [52]:

- A criação da etapa Dockerfile implica a formulação de um ficheiro especializado intitulado "Dockerfile" localizado no diretório raiz da aplicação. Este ficheiro articula uma sequência completa de instruções para inicializar a aplicação e a base de dados no contentor. Especificamente, designa a imagem oficial Python 3.9 como imagem de base, estabelece o diretório raiz como /app, copia o ficheiro requirements.txt para o contentor, instala as dependências necessárias, transfere o código da aplicação para o contentor, abre a porta 8000 e inicia o servidor.
- A criação do processo do ficheiro requirements.txt envolve a geração de um ficheiro dedicado que enumera todos os pacotes e bibliotecas essenciais, juntamente com as respectivas versões, que são imperativos para a execução bem sucedida da aplicação dentro do contentor.
- O comando Docker Image do diretório raiz da aplicação é executado no terminal.
- Lançamento do contentor Docker O contentor deve ser instanciado utilizando um comando específico. Após a iniciação bem-sucedida, o contentor ficará visível no registo do Docker, com o back-end e a base de dados totalmente operacionais.

Os procedimentos de teste e implementação do sistema foram meticulosamente documentados. Cada componente do sistema foi submetido a várias metodologias de teste, sendo o desempenho da rede neural representado através de métricas e visualizações correspondentes. A implementação do sistema foi efectuada localmente utilizando o software Docker, incorporando tanto a base de dados como os componentes back-end. Para futuros projectos de desenvolvimento, é aconselhável considerar a aquisição de hardware a fornecedores de serviços na nuvem.

12.7 Conclusões

Esta investigação apresentou um sistema sofisticado para a deteção passiva e classificação de minas utilizando redes neuronais profundas. Foram desenvolvidos dois modelos, com uma e duas camadas ocultas, que atingiram uma precisão de 97,9% e 99,2%, respetivamente. Embora a rede neural com uma única camada oculta tenha apresentado uma precisão ligeiramente inferior à da sua homóloga com duas camadas ocultas, foi menos intensiva em termos de computação durante a fase de treino. Notavelmente, a precisão da classificação obtida neste estudo foi de 99,2%, superando o desempenho de um algoritmo heurístico semelhante, o k-NN, que utilizava uma métrica difusa por uma margem de 1%.

Em comparação com os resultados apresentados na referência [6], foram alcançados vários avanços notáveis, incluindo métricas de precisão superiores:

- Mapa de calor Os resultados da análise ilustrados no mapa de calor demonstraram uma redução significativa do número de instâncias mal classificadas, com classificações corretas superiores a 180 para cada categoria. Ao mesmo tempo, o total de erros de classificação foi limitado a menos de 10.
- O processo de aprendizagem de uma rede neuronal com duas camadas ocultas é mais rápido, como mostram as Figuras 16-18. Assim, a formação e a precisão de um modelo com duas camadas ocultas é mais rápida do que a de uma rede neuronal com uma camada oculta, devido à morfologia optimizada da rede neuronal com duas camadas ocultas.
- Os valores de desempenho da curva ROC foram notavelmente mais altos do que os relatados no estudo análogo envolvendo uma única camada oculta. Os gráficos

da Figura 15 exibiram áreas maiores sob as curvas em todas as classes de minas, indicando uma maior capacidade de discriminação.

- Foi alcançada uma AUC superior a 0,99, o que demonstra uma elevada eficiência na classificação de cada classe de mina. O modelo de rede neural distingue claramente um tipo de mina de outro, tendo em conta a estrutura do solo.
- A métrica F1 tem um valor superior a 0,8, o que significa um número reduzido de falsos negativos e falsos positivos classificados.
- As taxas de perda da rede neural atingem um valor inferior a 0,1, em comparação com as taxas de um outro estudo em que atingiram um pico de 0,1, o que significa um treino prático da rede neural.

A abordagem descrita não é perfeita e pode ser melhorada. Para melhorar o desempenho da deteção passiva de minas com base em dados de sensores de campo magnético e a sua classificação utilizando redes neuronais, devem ser tomadas as seguintes medidas: aumentar o conjunto de dados com base em dados reais, considerando diferentes tipos de estrutura do solo e desenvolver modelos optimizados de outras arquitecturas de redes neuronais.

12.8 Referências

[1] Campanha Internacional para Banir as Minas Terrestres. URL: http://www.icbl.org/en-gb/resources/partner-links.aspx.

[2] McGee-Abe J. Um ano depois: 10 tecnologias utilizadas na guerra na Ucrânia. Tech Informed. URL: https://techinformed.com/one-year-on-10-technologies-used-in-the-war-in-ukraine/.

[3] Na Ucrânia. URL: https://www.ukrinform.ua/rubric-ato/3619278-v-ukraini-175-tisac-kvadratnih-kilometriv-teritorij-e-minno-nebezpecnimi-dsns.html.

[4] L. Collier, Clearing landmines from Ukraine may take decades; Work to find, map, and remove them has already started. Genebra : GICHD, 2022.

[5] J. Baur, G. Steinberg, A. Nikulin, K. Chiu, Timothy Smet, Aplicando Aprendizagem Profunda para Automatizar a Deteção Baseada em UAV de Minas Terrestres Dispersáveis, Sensoriamento Remoto 12 (2020) 859. 10.3390/rs12050859.

[6] C. Yilmaz, H. T. Kahraman, S. Söyler, Método de deteção e classificação de minas passivas com base no modelo híbrido, IEEE Access 6 (2018) 47870-47888, doi: 10.1109/ACCESS.2018.2866538.

[7] Detetor de minas terrestres. URL: https://cepdnaclk.github.io/e17-3yp-Landmine-Detetor/#intro.

[8] B. Zhang, et al. Tong, Research on Mine Robot Positioning Based on Weighted Centroid Method," in International Conference on Robots & Intelligent System (ICRIS), Changsha, China, 2018, pp. 17-20.
[9] V. Motyka, M. Nasalska, Y. Stepaniak, V. Vysotska, M. Bublyk, Radar Target Recognition Based on Machine Learning, Actas do Workshop CEUR, Vol-3373 (2023) 117-128.
[10] S. Vladov, et al. The Method of Restoring Lost Information from Sensors Based on Auto-Associative Neural Networks, Applied System Innovation 2024, 7(3), 53. doi:10.3390/asi7030053.
[11] V. Teslyuk, V. Chornenkyi, V. Tsapiv, I. Kazymyra, Investigating Hand Gesture Recognition Models: 2D CNNs vs. Visual Transformers, CEUR Workshop Proceedings 3688 (2024) 29-38.
[12] S. Vladov, et al. Neural network system for predicting anomalous data in applied sensor systems, Applied System Innovation 7(5) (2024). doi: 10.3390/asi7050088.
[13] Y. Kryvenchuk, M. Dmytryshyn, Utilization of Machine Learning in Recognition of Rocks and Mock-mines by Sonar Chirp Signals, CEUR Workshop Proceedings 3688 (2024) 209-218.
[14] A. Vasyliuk, T. Basyuk, V. Lytvyn, Métodos interactivos especializados para a utilização de dados em modelos de aplicação de radar, CEUR Workshop Proceedings 2631(2020) 1-11.
[15] I. N. Garkusha, V. V. Hnatushenko, V. V. Vasyliev, Investigação da influência da atmosfera e da humidade nos dados de imagens de radar do Sentinel-1, na 37.ª Conferência Internacional IEEE sobre Eletrónica e Nanotecnologia (ELNANO), Kiev, 2017, pp. 405-408. doi: 10.1109/ELNANO.2017.7939787.
[16] V. Hnatushenko, et al. Creating soil moisture maps based on radar satellite imagery, in Proc. SPIE 10426, Active and Passive Microwave Remote Sensing for Environmental Monitoring, 104260J (3 de outubro de 2017).
[17] O. Kavats, et al. Flood Monitoring Using Multi-temporal Synthetic Aperture Radar Images. Avanços em sistemas inteligentes e computação 1080. (2020) Springer, Cham. doi: 10.1007/978-3-030-33695-0_5.
[18] M. Makaruk, A. Nazarov, I. Shubin, N. Shanidze, Método de representação de conhecimento para reconhecimento de objetos em sistemas de radar não lineares, CEUR Workshop Proceedings 2870 (2021) 948-958.
[19] L. Mochurad, R. Bliakhar, N. Reverenda, Identification and Tracking of Unmanned Aerial Vehicles Based on Radar Data, CEUR Workshop Proceedings 3426 (2023) 171-181.
[20] A. Mihalyov, V. Hnatushenko, V. Hnatushenko, N. Vladimirska, rede de sensores sem fio de vida útil do modelo de otimização, na 8ª Conferência Internacional IEEE sobre Aquisição Inteligente de Dados e Sistemas de Computação Avançada: Tecnologia e Aplicações (IDAACS), 2015, pp. 867-871, doi: 10.1109/IDAACS.2015.7341427.
[21] I. N. Garkusha, V. V. Hnatushenko, Modelando a Temperatura de Brilho TOA nos Sensores SWIR, no Simpósio Internacional de Geociências e Sensoriamento Remoto do IEEE, 2018. doi:10.1109/igarss.2018.8519287.
[22] V. Hnatushenko, V. Hnatushenko, Reconhecimento de dados de deteção remota multi-sensor de alta dimensão de várias resoluções espaciais, na Terceira Conferência Internacional IEEE sobre Mineração e Processamento de Fluxo de Dados (DSMP), Lviv, Ucrânia, 2020, pp. 262-265, doi: 10.1109/DSMP47368.2020.9204186.
[23] V. Lytvynenko, et al., Interpretação de dados de sensores de combustão ótica utilizando um algoritmo híbrido de seleção negativa com redes imunitárias artificiais, Mathematical Modeling and Computing, 2(1) (2015) 58-70.
[24] S. Voloshyn, et al. Big Data Analysis for Multispectral Images Recognition Based on Deep Learning, em: Actas da 16.ª Conferência Internacional do IEEE sobre Ciências da Computação e Tecnologias da Informação (CSIT), 22-25 de setembro, Lviv, Ucrânia. 2021, Vol. 1, pp. 160-170.

[25] Y. Kondratenko, O. Gerasin, A. Topalov, Um modelo de simulação para sensores de deslocamento de deslizamento do robô, International Journal of Computing 15(4) (2016) 224-236.
[26] R. Peleshchak, et al. Stochastic Pseudo-Spin Neural Network with Tridiagonal Synaptic Connections, em: Sistemas e Tecnologias de Informação Inteligentes (SIST), Nur-Sultan, Cazaquistão, 2021 .
[27] A. Sartiukova, et al. The Multiclass Classification of Objects Based on Multispectral Images Recognition, em: Ciências da Computação e Tecnologias da Informação, 22-25 de setembro, Lviv, Ucrânia. 2021, Vol. 1, pp. 52-60.
[28] S. Tchynetskyi, et al. A Neural Network Development for Multispectral Images Recognition, em: Ciências da Computação e Tecnologias da Informação (CSIT), 22-25 de setembro, Lviv, Ucrânia. 2021, Vol. 2, pp. 278-284.
[29] R. Peleshchak, et al. Two-Stage AES Encryption Method Based on Stochastic Error of a Neural Network, em: Tendências avançadas em radioelectrónica, telecomunicações e engenharia informática, 2022.
[30] V. Lytvyn, et al. Object image recognition using multilayer perceptron combined with Singular value decomposition, CEUR Workshop Proceedings 3711 (2024) 225-234.
[31] V. Lytvyn, et al. Deteção de semelhança entre imagens com base numa rede neural de pré-treino de imagem-linguagem contrastiva, Actas do Workshop CEUR 3664 (2024) 94-104.
[32] I. Peleshchak, D, et al. Classification of Dynamic Objects Using a Multilayer Perceptron, CEUR Workshop Proceedings 3664 (2024) 192-203.
[33] R. Peleshchak, et al. Neural Network Technology of Mine Recognition Based on Data from Magnetic Field Sensors, em Actas da Conferência Internacional sobre Aquisição Inteligente de Dados e Sistemas de Computação Avançada: Technology and Applications, Dortmund, Alemanha, 7-9 de setembro de 2023; pp. 546-549.
[34] R.M. Peleshchak, et al. Influência da morfologia da rede neural Symmetry na métrica de deteção de minas, Symmetry 2024, 16, 485. https://doi.org/10.3390/sym16040485
[35] R. Peleshchak, V. Lytvyn, O. Mediakov, I. Peleshchak, Morphology of Convolutional Neural Network with Diagonalized Pooling, na Conferência Internacional sobre Modelação e Desenvolvimento de Sistemas Inteligentes (MDIS 2022), Sibiu, Roménia, 2022, doi: 10.1007/978-3-031-27034-5_11.
[36] C. M. Bishop, Pattern Recognition and Machine Learning (Ciência da Informação e Estatística). Springer-Verlag, Berlim, Heidelberg, 2006.
[37] Scikit-learn: Machine Learning in Python, Pedregosa et al., JMLR 12, pp. 2825-2830, 2011.
[38] P. Glasserman, The Normal Distribution. Managerial Statistics, 2001.
[39] Comunidade NumPy. Guia do Utilizador NumPy, URL: https://numpy.org/community/.
[40] P. Muhammad Ali, R. Faraj, Normalização e Padronização de Dados: A Technical Report, 2014.
[41] R. Peleshchak, et al. Text Tonality Classification Using a Hybrid Convolutional Neural Network with Parallel and Sequential Connections Between Layers (Classificação da tonalidade do texto utilizando uma rede neural convolucional híbrida com ligações paralelas e sequenciais entre camadas), CEUR Workshop Proceedings 3171 (2022) 904-915.
[42] A. Alan Pol, Aplicações de Deteção de Anomalias de Aprendizagem Automática à Monitorização da Qualidade dos Dados do Solenoide de Muões Compacto. Inteligência Artificial [cs.AI]. Université Paris-Saclay, 2020.
[43] J. Luna, Python vs R for Data Science: Qual é que deve aprender? Datacamp. URL: https://www.datacamp.com/blog/python-vs-r-for-data-science-whats-the-difference.
[44] C. Lortie, A review of R for Data Science: key elements and a critical analysis. 10.7287/peerj.preprints.2873v1.

[45] J. Rogel-Salazar, MATLAB para a ciência dos dados e a aprendizagem automática. Domino. URL: https://www.dominodatalab.com/blog/why-choose-matlab-for-data-science-and-machine-learning.

[46] A. Ravikiran, C++ Vs Python: Visão geral, utilizações e principais diferenças. Simplilearn. URL: https://www.simplilearn.com/tutorials/cpp-tutorial/cpp-vs-python.

[47] J. Markoulidakis, et al. Multiclass Confusion Matrix Reduction Method and Its Application on Net Promoter Score Classification Problem, Technologies 9 (2021) 81. doi:10.3390/technologies9040081.

[48] M. Majnik, & Z. Bosnic, Análise ROC de classificadores em aprendizagem automática: A survey, Intelligent Data Analysis 17 (2013) 531-558. doi:10.3233/IDA-130592.

[49] Y. Sasaki, A verdade da medida F. URL: https://nicolasshu.com/assets/pdf/Sasaki_2007_The%20Truth%20of%20the%20F-measure.pdf.

[50] F. Pedregosa, et al., Scikit-learn: Aprendizagem automática em Python, JMLR 12 (2011) 2825-2830.

[51] Y. Lu, Food Image Recognition by Using Convolutional Neural Networks (CNNs) (Reconhecimento de imagens de alimentos usando redes neurais convolucionais). URL: https://arxiv.org/abs/1612.00983.

[52] M. Thoma, Analysis and Optimisation of Convolutional Neural Network Architectures (Análise e Otimização de Arquitecturas de Redes Neuronais Convolucionais). ArXiv, abs/1707.09725.

[53] K. He, et al. Delving Deep into Rectifiers: Surpassing Human-Level Performance on ImageNet Classification, na Conferência Internacional do IEEE sobre Visão Computacional, Santiago, Chile, 2015, pp. 1026-1034.

[54] D. Merkel, Docker: contentores linux leves para desenvolvimento e implementação consistentes, Linux Journal (239) (2014) 2.

Chapter 13. Método passivo de deteção e classificação de minas utilizando campos magnéticos e redes neurais convolucionais

Os detectores activos são atualmente muito utilizados na deteção de minas, proporcionando uma elevada precisão. No entanto, o seu princípio de funcionamento pode representar um perigo, uma vez que tem o potencial de acionar a detonação de minas escondidas. Este estudo apresenta um método inovador de deteção e classificação de minas compostas por diferentes materiais (metálicos, semi-metálicos, plásticos) através da utilização de uma rede neural convolucional. A rede analisa as anomalias derivadas de uma matriz de caraterísticas concebida de forma única, alcançando uma precisão notável na classificação. O processo de classificação é baseado num vetor de entrada de caraterísticas que inclui leituras de tensão do sensor de campo magnético FLC-100, que detecta anomalias de campo magnético perto de minas com sensibilidades que variam entre 10^{-10} e 10^{-4} Tesla; dados de seis tipos de solo, considerando o seu teor de humidade; e a altura do sensor acima da mina. Uma vez que as minas feitas de diferentes materiais exibem propriedades magnéticas distintas, a utilização de dados de anomalias de campo magnético permite uma classificação eficaz das minas com base no material. A exatidão da classificação foi avaliada utilizando várias métricas, tais como F1, Precisão, Exatidão, FPR, FNR, Recall e TNR.

13.1 Introdução

A deteção de minas terrestres continua a ser um problema crítico e crescente a nível mundial, pondo em perigo milhões de vidas. Só em 2016, uma média de 23 pessoas foram mortas ou feridas por minas terrestres todos os dias. Atualmente, cerca de 61 países e regiões continuam a enfrentar o risco persistente colocado por estes explosivos ocultos, o que constitui um perigo constante para a segurança humana [1]. A deteção e neutralização das minas é fundamental para garantir a segurança nas zonas pós-conflito. Os métodos tradicionais de deteção de minas já não oferecem os níveis necessários de eficiência e fiabilidade. Os detectores activos utilizados para a deteção de minas geram sinais eléctricos que podem acionar inadvertidamente o mecanismo explosivo de uma mina, provocando consequências perigosas. Por esta razão, os detectores passivos baseados na medição de anomalias do campo magnético no local da mina estão a tornar-se uma alternativa mais segura. Os métodos automatizados modernos, como as redes neuronais, estão a revelar-se eficazes para enfrentar este desafio. Os seguintes factores podem explicar a importância da utilização de redes neuronais em combinação com dados de anomalias magnéticas:

Segurança do pessoal militar e civil: A deteção de minas é crucial para salvar vidas, tanto durante o combate como na limpeza de áreas de engenhos explosivos após o fim dos conflitos.

Rapidez e precisão: Os sensores de campo magnético facilitam a deteção rápida de minas enterradas, permitindo uma resposta rápida. As redes neuronais melhoram este processo, classificando com precisão os sinais detectados e filtrando o ruído ou objectos não relevantes.

Redução dos riscos: Os sistemas automatizados baseados em redes neuronais reduzem as hipóteses de erro humano, melhorando significativamente a precisão da deteção e classificação das minas.

Esta secção apresenta um método de deteção e classificação de minas, visando diferentes tipos de materiais (metálicos, semi-metálicos, plásticos) através da utilização de uma rede neural convolucional. A abordagem utiliza dados de um sensor magnético capaz de detetar anomalias de campo magnético com sensibilidades entre 10^{-10} e 10^{-4} Tesla perto de minas, considerando também o tipo de solo e a altura do sensor acima do objeto enterrado. Estes dados são transformados numa matriz de caraterísticas especializada, após o que a rede neural convolucional analisa os dados a partir desta matriz gráfica.

13.2 Revisão da literatura

Os métodos tradicionais de deteção e identificação de engenhos explosivos podem ser classificados em vários tipos: dispositivos que utilizam radiações penetrantes, detectores de vapor e de substâncias explosivas (tais como analisadores de gás e instrumentos de análise química), sistemas magneto-mecânicos e vários dispositivos de busca [2]. As técnicas de radiação penetrante incluem os raios X e as radiações ionizantes, estando também a ser explorados métodos físico-nucleares, como as fontes de neutrões e a deteção de radiações gama na sequência de interações com objectos-alvo [2]. Os métodos de deteção baseados em produtos químicos estão a ser cada vez mais integrados nas tecnologias robóticas [3]. Além disso, o equipamento de busca, como os detectores de metais, está a avançar, com uma ênfase atual no desenvolvimento de sistemas automatizados baseados nestes dispositivos. Estas inovações aumentam a segurança e melhoram a precisão da deteção através da incorporação de detectores de metais em plataformas robóticas [4].

Os detectores de minas são classificados em activos e passivos. Os detectores activos emitem um sinal na direção do alvo e analisam o sinal refletido para detetar minas. Embora estes dispositivos ofereçam uma elevada precisão, comportam o risco de acionar acidentalmente o mecanismo de detonação da mina. Por outro lado, os detectores passivos baseiam-se na identificação de perturbações no campo magnético causadas pela presença de minas. Embora menos precisos, são geralmente considerados mais seguros [5, 6].

Numerosos estudos exploraram a utilização de algoritmos de aprendizagem automática para classificar minas com base em anomalias do campo magnético. Por exemplo, um estudo utilizou um autoencoder sintonizado, obtendo uma precisão de classificação de 93% e uma AUC de 98% para a deteção de minas escondidas [7]. Outro estudo [8] utilizou o algoritmo k-NN com dados de uma rede de 32 sensores magnéticos, obtendo uma precisão de 91,66% na deteção de minas. A inovação deste trabalho é o desenvolvimento de uma rede neural convolucional capaz de classificar com elevada precisão minas feitas de vários materiais. O processo de classificação é conduzido por um vetor de caraterísticas de entrada, que inclui leituras de tensão do sensor de campo magnético FLC-100, informações sobre seis tipos de solo diferentes com níveis de humidade variáveis e a altura do sensor acima da mina.

13.3 Materiais e métodos

Esta investigação investiga arquitecturas de redes neuronais, incorporando componentes como camadas totalmente ligadas, camadas convolucionais, mecanismos de agrupamento e diferentes funções de ativação, incluindo sigmoide e ReLU.

Uma camada totalmente ligada numa rede neuronal liga cada neurónio a todos os neurónios da camada anterior. Isto garante que cada saída da camada anterior está associada a cada neurónio da camada atual. A camada convolucional é um componente fundamental das redes neuronais convolucionais (CNNs). Aplica operações de convolução à imagem de entrada utilizando uma série de filtros (kernels) para extrair caraterísticas visuais como arestas, cantos, formas e padrões [9-11]. Ao utilizar pequenos núcleos quadrados, estes filtros identificam várias caraterísticas nos dados de entrada. A convolução capta as caraterísticas da imagem de entrada, mantendo a relação espacial entre os pixéis, permitindo à rede aprender as caraterísticas da imagem através de pequenos fragmentos de entrada. Na camada convolucional, são descobertas novas caraterísticas através da multiplicação de matrizes entre o núcleo e a imagem de entrada. Os tamanhos dos kernel utilizados podem variar, sendo normalmente 2x2, 3x3 ou 5x5, e as matrizes destes tamanhos representam-nos. O núcleo aplicado extrai diferentes caraterísticas dos dados de entrada. A seleção e aplicação destes núcleos aos dados de entrada é crucial. Um tamanho de kernel grande pode fazer com que certas caraterísticas dos dados de entrada não sejam detectadas. Os coeficientes do kernel representam os pesos numa CNN. Em cada iteração, os coeficientes do kernel são ajustados através de treino. À medida que os valores são aprendidos, os coeficientes são actualizados, resultando na geração de novos kernels. Para cada pixel nos dados de entrada, o kernel desliza por todos os pixels, efectuando uma multiplicação entre o coeficiente dos dados de entrada e o coeficiente do kernel. Esta operação é efectuada de forma independente para cada canal dos dados de entrada. Os resultados de todos os canais são então somados, e o valor final é atribuído ao ponto correspondente nos dados de saída. A convolução é um processo matemático que envolve dados de entrada, como uma matriz de imagem, e um kernel. A operação de convolução é demonstrada na Fig. 13.1. O tamanho da saída reflecte o número total de kernels distintos que podem ser derivados da imagem.

- Dimensões da imagem de entrada: $h \times w \times d$
- Dimensões do núcleo: $fh \times fw \times d$
- Dimensões da matriz de saída: $(h\text{-}f\ h+1) \times (w - fw + 1) \times 1$

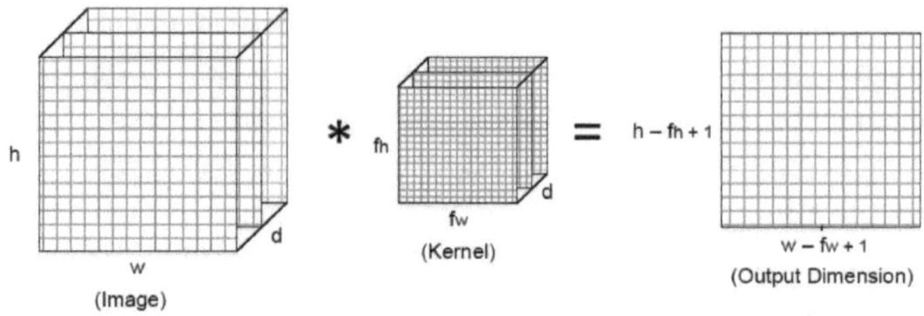

Fig. 13.1. O processo da operação de convolução

Uma camada de pooling em redes neuronais profundas reduz a dimensionalidade dos dados de entrada, diminuindo o número de parâmetros e eliminando detalhes insignificantes de uma imagem ou vetor de caraterísticas. Actua como um filtro que calcula propriedades estatísticas (como valores máximos ou médios) para cada pixel, fragmento de imagem ou grupo de caraterísticas no vetor. Na formação de modelos, a camada de agrupamento reduz o número de parâmetros e ajuda a mitigar o risco de sobreajuste. Pode ser adicionada uma camada de agrupamento após cada camada convolucional para reduzir a amostragem dos dados de entrada e eliminar os pormenores menos importantes. A camada de pooling diminui o tamanho da imagem, mantendo as caraterísticas importantes. O agrupamento reduz a altura e a largura dos dados de entrada, o que acelera o processo de formação da rede neural, embora possa resultar em alguma perda de caraterísticas. Uma limitação do agrupamento é o facto de não introduzir parâmetros aprendíveis, uma vez que o tamanho do kernel e o stride são predefinidos e fixos.

Um dos métodos de pooling mais utilizados é o max pooling. Nesta técnica, é escolhida uma janela$n \times n$, em que$n$ é inferior ao tamanho da imagem, e é selecionado o valor mais elevado dentro dessa janela. A janela desloca-se então ao longo da imagem com um comprimento de passo especificado, e esta operação é repetida. A Fig. 13.2 ilustra a operação de agrupamento máximo. Em resumo, as camadas de agrupamento desempenham um papel crucial na redução do tamanho dos dados, evitando o sobreajuste e assegurando um cálculo mais rápido, preservando a informação mais relevante.

Como métricas de qualidade para modelos de aprendizagem automática, foram selecionadas as seguintes:

- Pontuação F1: Esta métrica é a média harmónica da precisão e da recuperação. Capta o compromisso entre estes dois aspectos, oferecendo uma avaliação completa do desempenho do modelo.
- Precisão: Esta métrica avalia a percentagem de previsões positivas corretas feitas pelo modelo. Uma precisão mais elevada indica menos previsões de falsos positivos.
- Exatidão: Esta métrica avalia a proporção de todas as previsões corretas do modelo. Reflecte o desempenho geral do modelo, independentemente da classe que está a ser prevista.

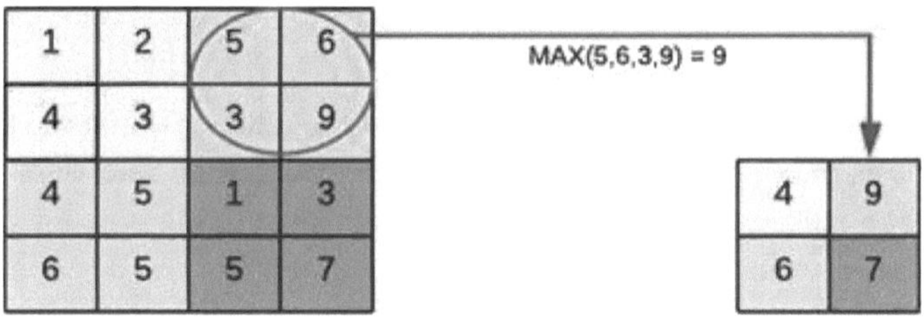

Fig. 13.2. Um exemplo de agrupamento máximo com um núcleo 2 x 2

- FPR (Taxa de falsos positivos): Esta métrica mede a proporção de exemplos negativos (a classe que não está a ser prevista) que o modelo classificou incorretamente como positivos.
- FNR (Taxa de falsos negativos): Esta métrica avalia a percentagem de instâncias positivas reais que o modelo identificou erradamente como negativas.
- Recall (Sensibilidade): Esta métrica avalia a percentagem de instâncias positivas reais que o modelo reconheceu com sucesso.

- TNR (Especificidade): Esta métrica avalia a percentagem de instâncias negativas que o modelo classificou corretamente. Indica até que ponto o modelo consegue diferenciar as classes negativas.

13.4 Conjunto de dados e pré-processamento de dados

Este estudo foca a classificação de minas com base nas caraterísticas das anomalias de campo magnético, utilizando dados de [12], com parâmetros detalhados na Tabela 13.1 - Tabela 13.3. Além disso, foi efectuada uma análise de correlação entre as anomalias de campo magnético, a composição do solo e a distância do sensor à mina. Adicionalmente, foram identificados padrões típicos de anomalias magnéticas para cada tipo de mina. O sensor ferro-elétrico FLC100 [13, 14] foi utilizado para detetar anomalias magnéticas perto de minas enterradas. O conjunto de dados contém informações sobre cinco tipos de minas em seis tipos de solo diferentes, com a altura do sensor acima do solo variando de 0 cm a 20 cm. O passo seguinte envolve a criação de uma matriz 101x6 que reflecte os dados do conjunto de treino (Fig. 13.3). O processo de criação da matriz começa por definir o eixo X utilizando os valores únicos do tipo de solo (S), que variam de 1 a 6. O eixo Y é definido utilizando valores de altura (H) que vão de 0,00 a 20,00, mas que foram normalizados para um intervalo de 0,00 a 1,00, com incrementos de 0,01. É inicializada uma matriz vazia preenchida com zeros, em que o número de linhas corresponde aos valores do eixo Y e o número de colunas corresponde aos valores do eixo X.

Tabela 13.1. Parâmetros de dados

Nome	Dados de entrada			Dados de saída
	Tensão (V)	Elevado (H)	Tipo de solo (S)	Tipo de mina (M)
Definição	O valor da tensão de saída do sensor FLC	A altura do sensor acima do solo	Seis tipos de solo distintos, classificados de acordo com os seus níveis de humidade	Cinco classes distintas de minas
Valores-limite/Classe	[0 V, 10,6 V]	[0 cm, 20 cm]	Árido e arenoso	Nulo
			Árido e lamacento	Anti-tanque
			Árido e calcário	Anti-pessoal

			Húmido e arenoso	Armadilha Anti-pessoal
			Húmido e húmus	M14 Anti-pessoal
			Húmido e calcário	

Tabela 13.2. Relação entre as anomalias de campo magnético na proximidade de minas e o tipo de solo

Tipo de solo	Nulo, V	Anti-Tanque, V	Anti-pessoal, V	Armadilhas anti-pessoal, V	M14 Anti-Pessoal, V
Árido e arenoso	3.570	10.410	3.840	5.600	3.210
Árido e lamacento	3.510	7.510	3.930	5.600	4.430
Árido e calcário	3.730	10.410	6.900	2.416	5.000
Húmido e arenoso	3.790	10.410	6.230	4.500	5.240
Húmido e húmus	3.360	10.410	5.060	2.780	4.210
Húmido e calcário	3.620	10.410	5.970	4.410	4.560

Tabela 13.3. Influência da distância do sensor ao solo nas anomalias do campo magnético na proximidade de minas

Altura (cm)	Mina Tipo 1 Tensão, V	Mina Tipo 2 Tensão, V	Mina Tipo 3 Tensão, V	Tipo de mina 4 Tensão, V	Tipo de mina 5 Tensão, V
0.00	3.7	10.5	4.2	6.0	6.3
1.83	3.5	10.5	4.1	5.6	4.8
3.65	3.5	10.5	3.9	5.1	3.7
5.46	2.9	10.5	4.0	4.5	3.6
7.28	3.0	9.6	3.7	4.4	3.2
9.10	2.8	8.4	3.5	4.3	3.0
10.92	3.0	7.1	3.5	4.3	2.9
12.74	2.7	6.5	3.5	4.1	2.8
14.56	2.6	6.3	3.6	4.0	2.7
16.37	2.7	4.9	3.7	3.3	2.6
18.19	2.7	4.7	3.3	3.3	2.6
20.00	2.5	4.6	3.3	3.2	2.6

A função itera através de cada linha do DataFrame, identificando a coluna apropriada com base no tipo de solo (S) e a linha correta com base na altura (H). Para cada entrada de dados, o valor da tensão (V) é colocado na célula da matriz na linha e coluna especificadas. Se várias entradas tiverem os mesmos valores de S e H, o valor de tensão mais recente substituirá o anterior na matriz.

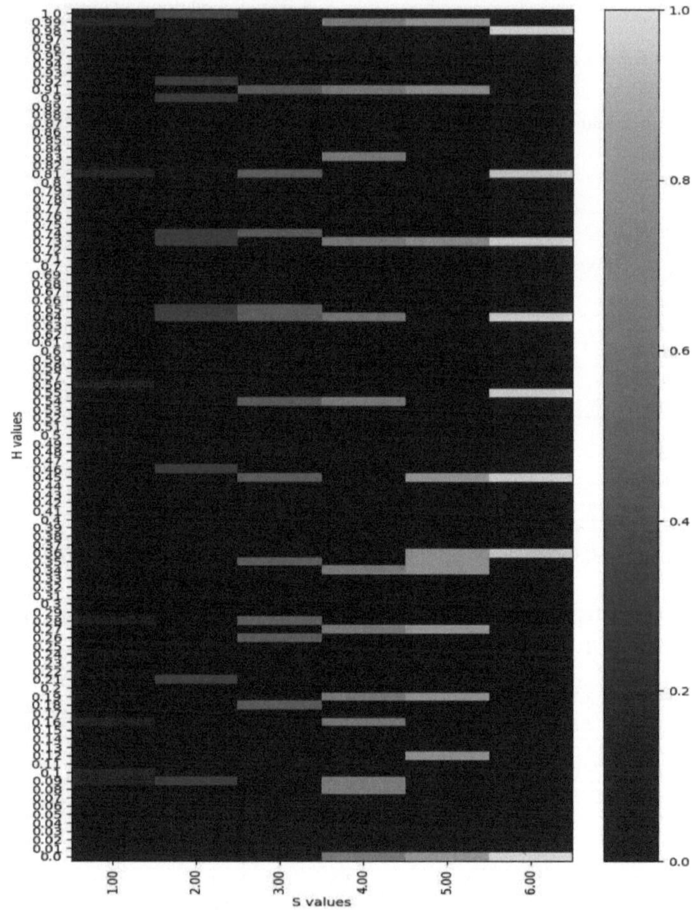

Fig. 13.3. Matriz de visualização de dados

O resultado é uma matriz estruturada que representa valores de tensão para diferentes tipos de solo e alturas. Finalmente, a matriz completa é devolvida para processamento posterior. Esta abordagem sistemática organiza os dados de forma a realçar as relações entre a tensão, o tipo de solo e a altura.

13.5 Modelo CNN e resultados

Foram utilizadas duas arquitecturas de redes neurais convolucionais para comparação. O Python 3.9 e a biblioteca Keras 2.10 foram utilizados para construir e avaliar o desempenho do modelo.

Estrutura #1 - 1@101x6 - 16@3x3/2x2 - 32@3x3/2x2 - F128 - F64 - F32 - S5

Na camada de entrada, que aceita uma matriz de tamanho 101x6, designamo-la por 1@101x6. Uma camada totalmente ligada com 128 neurónios é designada por F128, enquanto S5 se refere à camada com uma função de ativação Softmax. Uma camada convolucional com 16 filtros, um núcleo de convolução 3x3 e um núcleo de pooling 2x2 é representada por 16@3x3/2x2.

Estrutura #2 - 1@101x6 - 16@T3x3/2x2 - 24@3x3/2x2 - F128 - F64 - F32 - LS5

Em 16@T3x3/2x2, o "T" indica que as matrizes são transpostas antes de serem introduzidas na camada convolucional. LS5 refere-se a uma camada totalmente ligada com uma função de ativação LogSoftMax.

Os resultados do treinamento para cada rede, juntamente com as métricas de desempenho correspondentes, são apresentados na Tabela 13.4. Uma análise exaustiva dos resultados dos testes realça as relações complexas entre a arquitetura da rede, os critérios de perda, os optimizadores e os respectivos parâmetros, e a forma como estes factores afectam em conjunto as métricas de desempenho. A conceção da arquitetura é crucial para a capacidade do modelo de aprender e generalizar eficazmente a partir dos dados. Por exemplo, os modelos com camadas convolucionais mais profundas, como o Teste n.º 2 e o Teste n.º 5, que incluem várias camadas convolucionais e de pooling, bem como camadas totalmente ligadas, atingem consistentemente pontuações F1 e precisão mais elevadas. Isto indica que uma arquitetura mais complexa com camadas suficientes pode captar padrões mais complexos nos dados. A escolha do critério de perda também tem um impacto significativo no desempenho do modelo. Os modelos que utilizam a perda de entropia cruzada geralmente superam os que utilizam a perda de NLLoss em termos de pontuações F1 e precisão. Isto pode dever-se ao facto de a perda de entropia cruzada fornecer gradientes mais informativos, conduzindo a um processo de aprendizagem mais eficaz. No entanto, algumas configurações com NLLoss, como o Teste #8 e o Teste #10, ainda alcançam resultados competitivos, indicando que, com definições estruturais e parâmetros de otimização adequados, a NLLoss pode ser utilizada eficazmente.

A escolha do optimizador e dos seus parâmetros é crucial para afinar o processo de aprendizagem. O Adam com uma taxa de aprendizagem de 0,001 parece ser o mais eficaz em vários testes, fornecendo consistentemente uma elevada exatidão, precisão e pontuações F1. Por exemplo, o Teste #2 e o Teste #5, que utilizam o Adam com esta taxa de aprendizagem, demonstram um forte desempenho. Por outro lado, optimizadores alternativos como o NAdam e o RAdam mostram resultados mistos; o NAdam no Teste #12 alcança um TNR elevado mas um FPR baixo, enquanto o RAdam no Teste #13 equilibra eficazmente a precisão e a recordação. Além disso, uma taxa de aprendizagem mais baixa, como se viu no Teste #6 com Adam definido em 0,0001, leva a uma formação mais estável, mas com um desempenho ligeiramente inferior, destacando o compromisso entre a taxa de aprendizagem e o desempenho do modelo.

A análise das métricas de desempenho revela que a precisão e a recuperação elevadas estão correlacionadas com pontuações F1 mais elevadas, que são indicadores de uma classificação equilibrada e eficaz. Os testes #2, #5 e #8 destacam-se com pontuações F1 superiores a 0,93, demonstrando a sua fiabilidade na identificação correta de classes positivas e negativas. A taxa de falsos positivos (FPR) e a taxa de falsos negativos (FNR) oferecem uma compreensão adicional dos erros específicos cometidos pelos modelos. Os modelos com FPR e FNR mais baixos, como o Teste #10 e #14, mostram um melhor equilíbrio entre sensibilidade e especificidade, tornando-os mais fiáveis para aplicações práticas.

Globalmente, o método proposto, que utiliza uma rede neural convolucional, pode classificar eficazmente as minas com uma precisão de 94,08% e uma pontuação F1 de 93,75%. No entanto, poderá ser necessária investigação adicional e a afinação de parâmetros para adaptar este método a outros conjuntos de dados.

Tabela 13.4. Resultados da formação

Estrutura	Critério	Optimizad	Parâmetros do	F1	Exatidão	Precisão	Recall	FPR	FNR	TNR
1@101x6 - 16@3x3/2x2 - 32@3x3/2x2 - F128 - F64 - F32 - F5	Perda de entropia cruzada	Adão	lr = 0,001	0.9215	0.9230	0.9230	0.9230	0.0443	0.0770	0.9557
1@101x6 - 16@3x3/2x2 - 32@3x3/2x2 - F128 - F64 - F32 - S5	Perda de entropia cruzada	Adão	lr = 0,001	0.933	0.9347	0.9345	0.9347	0.0845	0.0973	0.9155
1@101x6 - 8@3x3/2x2 - 16@3x3/2x2 - F128 - F64 - F32 - S5	Perda de entropia cruzada	Adão	lr = 0,001	0.9012	0.9006	0.9043	0.9006	0.1308	0.0628	0.8692
1@101x6 - 32@3x3/2x2 - 64@3x3/2x2 - F128 - F64 - F32 - S5	Perda de entropia cruzada	Adão	lr = 0,001	0.9074	0.9078	0.9179	0.9078	0.2268	0.0959	0.7732
1@101x6 - 16@3x3/2x2 - 24@3x3/2x2 - F128 - F64 - F32 - S5	Perda de entropia cruzada	Adão	lr = 0,001	0.9347	0.9363	0.9376	0.9363	0.0813	0.1015	0.9187
@101x6 - 16@4x4/2x2 - 24@3x3/2x2 - F128 - F64 - F32 - S5	Perda de entropia cruzada	Adão	lr = 0,0001	0.9037	0.9091	0.9277	0.9091	0.1917	0.0595	0.8083
1@101x6 - 16@3x3/2x2 - 24@3x3/2x2 - F128 - F64 - F32 - S5	NLLoss	Adão	lr = 0,001	0.929	0.9307	0.9362	0.9307	0.1532	0.0304	0.8468
1@101x6 - 16@3x3/2x2 - 24@3x3/2x2 - F128 - F64 - F32 - LS5	NLLoss	Adão	lr = 0,001	0.9375	0.9387	0.9385	0.9387	0.0978	0.082	0.9022
1@101x6 - 16@3x3/2x2 - 24@T3x3/2x2 - F128 - F64 - F32 - LS5	NLLoss	Adão	lr = 0,001	0.9271	0.9291	0.9307	0.9291	0.0463	0.1545	0.9537

1@101x6 - 16@T3x3/2x2 - 24@3x3/2x2 - F128 - F64 - F32 - LS5	NLLoss	Adão	lr = 0,001	0.939	0.9408	0.9419	0.9408	0.081	0.1063	0.919
1@101x6 - 16@T3x3/2x2 - 24@3x3/2x2 - F128 - F64 - F32 - LS5	NLLoss	AdamW	lr = 0,001	0.9312	0.9326	0.9313	0.9326	0.0825	0.0932	0.9175

13.6 Conclusões

O método proposto para a classificação de minas, baseado em dados de anomalias magnéticas recolhidos pelo sensor FLC-100, demonstra uma elevada eficiência e segurança em comparação com os detectores activos, que podem representar um risco de detonação. O modelo de rede neural convolucional (CNN) permite a classificação precisa de minas construídas com diferentes materiais, como metal, semi-metal e plástico.

O estudo mostrou que a utilização do campo magnético como base para a análise de anomalias permite uma diferenciação eficaz das minas, tendo em conta o tipo de solo e a altura do sensor. Uma análise global dos resultados demonstrou que o melhor desempenho é obtido com estruturas de rede complexas e optimizadores como o Adam, com uma taxa de aprendizagem de 0,001.

A precisão mais elevada (94,08%) e a pontuação F1 (93,75%) realçam a fiabilidade do modelo, tornando-o promissor para aplicações no mundo real. No entanto, para garantir um elevado desempenho noutros conjuntos de dados, poderá ser necessário um ajuste adicional do modelo, tendo em conta as condições ambientais específicas e os parâmetros do solo.

O método proposto não só garante uma elevada precisão de classificação como também aumenta a segurança na desminagem, uma vez que utiliza uma abordagem de deteção passiva, eliminando o risco de detonação acidental.

13.7 Referências

[1] Campanha Internacional para a Proibição das Minas Terrestres, Landmine Monitor 2023 (ICBL-CMC: janeiro de 2023). [Online]. Disponível: www.the-monitor.org.

[2] Ishchenko, A.V.; Kobets, M.V. "Means and Methods of Detecting Explosive Substances and Devices in the Fight against Terrorism: Training and Practice", NAVSU Publishing House: Kyiv, Ucrânia, 2005; p. 144.

[3] Krausa, M.; Massong, H.; Rabenecker, P.; Ziegler, H. "Chemical methods for the detection of mines and explosives. In Detection of Explosives and Landmines," Eds.; NATO Science Series; Springer: Dordrecht, Países Baixos, 2002; Volume 66. https://doi.org/10.1007/978-94-010-0397-1_1.

[4] Masunaga, S.; Nonami, K. "Detetor de metais controlado montado num robô de deteção de minas", Int. J. Adv. Robot. Syst. 2007, 4, pp. 237-245. https://doi.org/10.5772/5692

[5] Yilmaz, C.; Kahraman, H.T.; Söyler, S. "Método de deteção e classificação de minas passivas baseado em modelo híbrido", IEEE Access 2018, 6, 47870-47888. https://doi.org/10.1109/ACCESS.2018.2866538.

[6] Peleshchak R.M., Lytvyn V.V., Nazarkevych M.A., Peleshchak I.R., Nazarkevych H.Y. "Influence of the Symmetry Neural Network Morphology on the Mine Detection Metric," Symmetry. 2024; 16(4):485. https://doi.org/10.3390/sym16040485

[7] Bestagini, P., Lombardi, F., Lualdi, M., Picetti, F., & Tubaro, S. "Landmine Detection Using Autoencoders on Multi-polarization GPR Volumetric Data," 2018. [Online]. Disponível: https://arxiv.org/pdf/1810.01316.pdf

[8] S. Gürkan, M. Karapinar e S. Doğan, "Classificação de materiais explosivos detetados pelo método de anomalia magnética", 2017 4th International Conference on Electrical and Electronic Engineering (ICEEE), Ankara, Turkey, 2017, pp. 347-350, doi: 10.1109/ICEEE2.2017.7935848.

[9] Xiaohui Wei, Changbao Zhou, Hengshan Yue, Joey Tianyi Zhou. "TC-SEPM: Characterizing soft error resilience of CNNs on Tensor Cores from program and microarchitecture perspectives," Journal of Systems Architecture, Volume 145, 2023, 103024, ISSN 1383-7621. https://doi.org/10.1016/j.sysarc.2023.103024.

[10] Martin Tetard, Veronica Carlsson, Mathias Meunier, Taniel Danelian. "Fusão de bases de dados para reconhecimento de imagens CNN: aumentar o enviesamento ou melhorar os resultados?" Marine Micropaleontology, Volume 185, 2023, 102296, ISSN 0377-8398. https://doi.org/10.1016/j.marmicro.2023.102296.

[11] Huanhua Liu, Wei Wang, Hanyu Liu, Shuheng Yi, Yonghao Yu, Xunwen Yao. "A Degradation Type Adaptive and Deep CNN-Based Image Classification Model for Degraded Images," CMES - Computer Modeling in Engineering and Sciences, Volume 138, Número 1, 2023, Páginas 459-472, ISSN 1526-1492. https://doi.org/10.32604/cmes.2023.029084.

[12] Conjunto de dados Minas Terrestres - Repositório de Aprendizagem de Máquina da UCI, 2022. [Online]. Disponível: https://archive.ics.uci.edu/dataset/763/land+mines-1

[13] C. Yılmaz, Y. Sönmez, H. T. Kahraman, S. Soyler, e U. Güvenç, "Desenvolvimento de um sistema de apoio à decisão para a classificação de minas terrestres através de um classificador metaheurístico," in Proc. Int. Symp. Innov. Intell. Syst. Appl. (INISTA), agosto de 2016, pp. 1-5.

[14] A. Barnawi, K. Kumar, N. Kumar, B. Alzahrani e A. Almansour "A Deep Learning Approach for Landmines Detection Based on Airborne Magnetometry Imaging and Edge Computing," Comput. Model. Eng. Sci., vol. 139, no. 2, pp. 2117-2137. 2024. https://doi.org/10.32604/cmes.2023.044184

Chapter 14. Tecnologia da informação para o processamento operacional de conteúdos militares para comandantes de unidades tácticas do exército

No mundo moderno, a esfera militar ocupa um lugar de destaque na vida do país. Ao mesmo tempo, este domínio necessita de soluções rápidas e precisas. Esta decisão pode afetar significativamente o desenrolar dos acontecimentos no campo de batalha e indica que devem ser utilizadas com cuidado, recorrendo a todos os meios possíveis. Durante a guerra, a rapidez e a importância das decisões são críticas, e notamos que a relevância deste tema está a crescer acentuadamente. O objetivo do trabalho é criar um sistema de informação abrangente que facilite o trabalho dos comandantes de unidades tácticas, que organize a visualização e classificação de objectos aéreos em tempo real, a classificação de objectos para a inteligência rádio-técnica, a estruturação da informação militar e facilite a perceção da informação militar. O objeto de investigação/desenvolvimento é um fenómeno que cria um problema problemático, tem a presença de factores de abrandamento no processo de comando e controlo, utilizando equipas de ligações tácticas, que podem retardar a tomada de decisões, bem como afetar a sua correção. A investigação/desenvolvimento visa colmatar os estrangulamentos emergentes no processo de comando e controlo realizado pelas equipas de ligações tácticas, proporcionando uma melhor visualização, análise e trabalho com dados militares. O resultado do trabalho é um sistema de informação para o processamento de dados militares para ajudar os comandantes de unidades tácticas. Este sistema melhora significativamente as ferramentas conhecidas de assistência aos oficiais, embora inclua um conjunto de programas que têm sido utilizados em paralelo, consoante as necessidades. O sistema cobre os problemas que podem surgir para os comandantes que utilizam as modernas tecnologias de informação e a facilidade de utilização. Além disso, cada programa incluído no complexo sistema de informação tem o seu grau de inovação. A possibilidade de utilização em qualquer dispositivo distingue o sistema de informação para a estruturação da informação militar. O sistema de informação para a visualização e agrupamento de objectos aéreos e o sistema de informação para a classificação de objectos para a inteligência técnica de rádio distinguem-se pela sua natureza de componentes. Isto significa que a aplicação pode utilizar fontes de informação de entrada e o sítio fornece uma API para utilizar outras informações de processamento. No que diz respeito ao sistema de informação para a integração em materiais de informação, são definidos termos e abreviaturas largamente desconhecidos, pelo que tais soluções não podem integrar os dados necessários em documentos reais. Por conseguinte, ao utilizar este sistema de informação abrangente, o comando das unidades tácticas terá a oportunidade de melhorar a qualidade e realizar o processo de comando e controlo.

14.1 Introdução

Os processos de comando e controlo têm, sem dúvida, um dos valores mais essenciais na esfera militar [1]. Dedica-se muito tempo à formação dos comandantes, uma vez que esta afecta diretamente os resultados obtidos. Os procedimentos de comando e controlo não são claros. Muito depende diretamente do comandante e das acções que este toma em momentos extremos. O papel e o lugar do comandante na operação podem muitas vezes mudar consoante a fase específica da operação. À medida que a operação avança, a liberdade de ação do comandante diminui, enquanto as restrições externas aumentam. De ator principal no terreno, passa a ser um fornecedor de apoio a outros actores civis ou locais. Ao mesmo tempo, independentemente da fase da operação, os princípios básicos do comando permanecem inalterados; em particular, é necessário adaptar o comandante militar ao ambiente em que opera e dar sentido às suas acções [2]. O comando e o controlo no campo de batalha são um ato de equilíbrio constante [3]. A necessidade de um planeamento detalhado deve ser equilibrada com a necessidade de uma ação rápida e decisiva. O processo de comando e controlo ajuda o comandante e o seu estado-maior a alcançar este equilíbrio à medida que aplicam a sua experiência, discernimento e criatividade para um objetivo comum. O papel do comandante tático é proteger a vida, a propriedade e o ambiente, assegurando uma ação rápida e eficaz que salve vidas e minimize os danos. Trabalham entre os níveis de comando estratégico e operacional. Os comandantes tácticos são responsáveis pela interpretação da direção estratégica (quando é utilizado o comando de nível estratégico) e pelo desenvolvimento e coordenação do plano tático. A posição de comandante implica o processamento de uma grande quantidade de informação. Todas as decisões devem ser cuidadosamente ponderadas, apoiadas por factos e previsões racionais dos seus potenciais resultados. O comandante deve ter em conta todos os factores e ser guiado por tácticas e estratégias já pensadas e descritas [4-6]. Além disso, um dos principais factores de um bom comando é a rapidez. Assim, a tarefa do comandante é comandar e controlar de forma rápida e ponderada. Mas encontrar rapidamente a solução correta pode ser uma tarefa difícil. Afinal, para o fazer, é necessário analisar rapidamente toda a informação em geral, o que por vezes é impossível. No mundo de hoje, as tecnologias mais recentes estão a desenvolver-se muito rapidamente. Muitos serviços facilitam o trabalho de muitas pessoas. Por conseguinte, devem ser utilizados ativamente na esfera militar. Os mais recentes sistemas de informação serão capazes de cobrir possíveis problemas e ajudar os oficiais a tomar decisões rápidas e racionais.

No processo de trabalho, os comandantes podem enfrentar três tipos de problemas:

- Falta de conhecimento - pode ser difícil para uma pessoa reter todo o conhecimento acumulado devido à quantidade. Isto pode causar uma situação em que a solução ideal para o problema já foi descrita anteriormente, mas a pessoa não se lembra dela;
- Análise lenta da informação - a informação analisada deve estar acessível o mais rapidamente possível e de forma completa, mas o processo de análise pode ser bastante longo;
- A incompreensibilidade dos materiais de informação - No domínio militar, existe uma grande quantidade de documentação que, sem dúvida, contém muitos termos e

abreviaturas. A incoerência afecta a compreensibilidade da informação apresentada.

Um único programa não pode cobrir estes desafios que um comandante de unidade tática pode enfrentar. Por conseguinte, será conveniente criar um conjunto de programas que cubram a sua parte dos problemas e, assim, ajudem os oficiais a tomar decisões rápidas e bem ponderadas. É necessário criar um sistema de informação complexo para cobrir as questões acima mencionadas, que representarão coletivamente um sistema complexo de processamento de dados militares para ajudar os comandantes de unidades tácticas. A tarefa do trabalho é desenvolver este sistema. Uma vez que o sistema alvo é um sistema de informação complexo, a tarefa do trabalho é desenvolver todos estes sistemas. Os sistemas de informação incluídos no sistema complexo podem ser classificados de acordo com os problemas que se destinam a resolver: conhecimento e análise. Assim, para cobrir possíveis problemas, é necessário desenvolver quatro programas independentes:

1. Um programa de estruturação da informação militar. Este sistema de informação pertence à categoria dos conhecimentos e tem por objetivo organizar diversos materiais de informação. Permitirá a utilização e a pesquisa de informações de forma cómoda e rápida numa base de conhecimentos única. Permitirá aos oficiais encontrar rapidamente a informação necessária e utilizá-la para os seus objectivos. Além disso, este sistema é muito adequado para fins educativos porque a informação será bem estruturada.

2. Um programa de visualização e classificação de objectos aéreos em tempo real. Este sistema de informação está incluído na categoria de análise e destina-se à visualização e classificação conveniente de objectos aéreos em tempo real. Permitirá aos agentes reagir rapidamente a vários eventos, uma vez que a informação será analisada e visualizada automaticamente.

3. Um programa de classificação de objectos para as informações técnicas sobre rádio. Este sistema de informação está incluído na categoria de análise e destina-se a classificar objectos para a informação radiotécnica. Os comandantes precisam de saber quais os recursos que o inimigo está a utilizar. Uma vez que, no campo de batalha, é muito provável que existam meios de

informação radiotécnica. As ondas electromagnéticas são visíveis a longa distância. Com este programa, será possível descobrir com exatidão os recursos utilizados pelo inimigo.

4. Um programa de integração de definições de termos e abreviaturas potencialmente desconhecidos em materiais informativos. Este sistema de informação pertence à categoria do conhecimento e destina-se a processar documentos para incorporar definições de termos e abreviaturas potencialmente desconhecidos nos mesmos. Permitirá que os oficiais utilizem qualquer literatura sem qualquer problema, uma vez que todos os termos e abreviaturas serão conhecidos.

No mundo moderno, a esfera militar ocupa um lugar de destaque na vida do país. Ao mesmo tempo, este domínio necessita de soluções rápidas e precisas. Estas decisões podem afetar significativamente o desenrolar dos acontecimentos no campo de batalha, o que significa que devem ser tomadas cuidadosamente, utilizando todos os meios possíveis. No período de guerra, a rapidez e a atenção das decisões são críticas, o que significa que a relevância deste tópico está a crescer acentuadamente.

O objetivo do trabalho é criar um sistema de informação abrangente que facilite o trabalho dos comandantes das unidades tácticas, que organize a visualização e a classificação dos objectos aéreos em tempo real, a classificação dos objectos para a inteligência técnica de rádio, a estruturação da informação militar e a facilitação da perceção da informação militar. O objeto de investigação/desenvolvimento é um fenómeno que cria uma situação problemática: a presença de factores de abrandamento no processo de comando e controlo levado a cabo pelos comandantes das unidades tácticas, que podem atrasar a tomada de decisões e também afetar a sua correção. O tema da investigação/desenvolvimento é resolver os problemas do aparecimento de factores de abrandamento no processo de comando e controlo levado a cabo por comandantes de unidades tácticas, utilizando a melhoria da visualização, análise e trabalho com dados militares. Para desenvolver um sistema de informação complexo para o processamento de dados militares e ajudar os comandantes das unidades tácticas, é necessário resolver quatro tarefas:

- Desenvolver um programa de estruturação da informação militar.
- Desenvolver um programa para a visualização e classificação de objectos aéreos em tempo real.
- Desenvolver um programa de classificação de objectos para a informação radiotécnica.
- Desenvolver um programa para integrar definições de termos e abreviaturas potencialmente desconhecidos em materiais informativos.
- Combinar os programas desenvolvidos para formar um sistema de informação abrangente.

Para desenvolver um sistema de informação para o tratamento de dados militares destinado a ajudar os comandantes das unidades tácticas, é necessário realizar as seguintes tarefas

- Analisar algumas fontes literárias para o estudo da área temática.
- Analisar os meios disponíveis para resolver problemas.
- Realizar uma análise do sistema para separar o objetivo final do projeto e os sub-objectivos, atingir um nível aceitável de decomposição e definir os processos no sistema.
- Construir um modelo concetual utilizando a notação UML.
- Realizar a implementação prática do sistema de informação para o processamento de dados militares para ajudar os comandantes das unidades tácticas.
- Realizar testes e implementar o projeto.

A inovação (novidade) do trabalho resulta no facto de o trabalho ser um sistema de informação para o processamento de dados militares para ajudar os comandantes das unidades tácticas. Este sistema melhora significativamente os meios conhecidos de assistência aos oficiais, porque inclui um conjunto de programas que são utilizados em paralelo, consoante as necessidades. O sistema cobre os problemas que podem surgir para os comandantes através da utilização de tecnologias de informação modernas e da facilidade de utilização. Além disso, cada programa incluído no sistema de informação complexo tem o seu grau de inovação. O sistema de informação para a estruturação da informação militar distingue-se pela possibilidade de o utilizar em qualquer dispositivo. O sistema de informação para a visualização e agrupamento de objectos aéreos e o sistema de informação para a classificação de objectos para inteligência técnica de rádio distinguem-se pela sua natureza de componentes. Isto significa que a aplicação pode utilizar diferentes fontes de informação de entrada e fornecer uma API para processar a informação. Quanto ao sistema de informação para a integração de definições de termos e abreviaturas potencialmente desconhecidos em materiais de informação, existem soluções semelhantes, mas não podem incorporar os dados necessários em documentos reais. Por conseguinte, utilizando este sistema de informação abrangente, os comandantes das unidades tácticas poderão melhorar a qualidade e acelerar o processo de comando e controlo.

14.2 Obras relacionadas

As acções militares terrestres, iniciadas a nível estratégico e planeadas a nível operacional, são desenvolvidas no âmbito de um sistema global de gestão de crises que combina aspectos políticos, diplomáticos, de defesa, culturais, económicos e de comunicação. Neste contexto, todos os actores civis e militares devem agir em sinergia e coerência. Por conseguinte, todas as acções devem fazer parte de um processo lógico destinado a atingir o objetivo político estabelecido antes da operação. Assim, o comandante militar deve não só ter em conta a presença de outros actores e as suas acções no campo de batalha, mas também procurar uma coordenação óptima com eles. Por conseguinte, é ele que deve posicionar-se corretamente em relação a esses actores, assegurando que as suas acções, desde a fase de planeamento, são inteiramente coerentes com os objectivos das operações não militares [1]. É fundamental perceber o que é o comando e controlo, um sistema de comando e controlo, e o que estes termos significam individualmente em contexto militar [2]. Vários autores reformulam a definição, e todos eles são relativamente iguais.

Comando. A autoridade que um comandante das Forças Armadas exerce legitimamente sobre os subordinados com base no posto ou nomeação. O comando inclui a autoridade e a responsabilidade pela utilização eficaz dos recursos disponíveis e o planeamento, a organização, a direção, a coordenação e o controlo das forças militares para cumprir as tarefas atribuídas.

O controlo é uma autoridade que pode ser inferior ao comando total do comandante sobre uma parte das actividades dos subordinados ou de outras organizações.

Comando e controlo. O exercício da autoridade e da direção pelo comandante devidamente designado sobre as forças destacadas e adstritas durante a execução da missão [3]. As funções de comando e controlo são realizadas através da organização do pessoal, do equipamento, das comunicações, das instalações e dos procedimentos utilizados pelo comandante para planear, dirigir, coordenar e controlar as forças e as operações durante a missão. O comando e o controlo referem-se separadamente à autoridade dos comandantes sobre os subordinados. Envolve o planeamento, a organização, a direção, a coordenação e o controlo das forças sob o seu comando ou controlo. Um sistema de comando e controlo inclui pessoal, equipamento, comunicações, instalações e procedimentos que contribuem para a capacidade de comando ou controlo dos comandantes. O comando e o controlo em conjunto são os processos através dos quais os comandantes utilizam o pessoal, o equipamento, as comunicações, as instalações e os procedimentos (sistemas de comando e controlo) para planear, organizar, dirigir, coordenar e controlar (comandar ou controlar) os seus subordinados. A última definição acima descreve o comando e o controlo como um processo. O ciclo de Lawson é um modelo comummente aceite do processo de comando e controlo. Desenvolvido por Joel S. Lawson, foi aplicado a estes processos desde a era napoleónica até à década de 1990. O modelo consiste em cinco funções, nomeadamente, sentimento, processo, comparação, solução e ação.

Sentir. A função de deteção recolhe dados do ambiente. O comandante utiliza todos os meios disponíveis, incluindo informações recolhidas por soldados, radares e veículos aéreos não tripulados. O ambiente inclui as forças amigas e inimigas, o terreno, o clima e outras informações valiosas para os comandantes.

Processo. A função de processo agrega e correlaciona os dados recolhidos pela função de sentido. Embora a função do ciclo de Lawson denominada "processo" seja um termo comum na comunidade de gestão da informação, a comunidade militar refere-se a esta função como fusão de dados. É o processo de estudar todas as fontes de informação e inteligência para obter uma avaliação completa da atividade.

Comparação. O comandante pega na informação que acabou de ser processada na função de processamento e compara o estado atual do ambiente com o estado desejado do ambiente. O estado atual pode indicar os pontos fortes e fracos, as localizações e as intenções do inimigo. É provável que o estado-maior do comandante desenvolva cursos de ação para fazer evoluir o estado atual do ambiente para o estado desejado.

Solução. Após a função de comparação, os comandantes escolhem os cursos de ação apresentados pelo seu pessoal. Esta função pode parecer uma pequena parte de um processo mais extenso. No entanto, é um processo minucioso através do qual o comandante examina e compara as opções disponíveis quanto à sua viabilidade e eficácia. Em alguns casos, o comandante pode rejeitar todos ou parte dos cursos de ação, o que exige um planeamento adicional por parte do quartel-general. Além disso, os comandantes comunicam a decisão e o seguimento da mesma aos quartéis-generais superiores, o que também pode influenciar desvios/alterações no curso de ação.

Ação. A função de ação é uma manifestação da decisão do comandante. O comandante dá ordens para influenciar o estado atual do ambiente.

O ciclo de Lawson classifica muito bem as componentes do trabalho do comandante e, consequentemente, os sistemas de informação desenvolvidos para ajudar os comandantes abrangem uma ou mais categorias deste ciclo. O sistema de informação desenvolvido neste trabalho abrange as funções de deteção e resolução. Em particular, os sistemas de informação pertencentes ao grupo da análise podem ser atribuídos à função de sentir, e os sistemas de informação pertencentes ao grupo do conhecimento podem ser atribuídos à função de decisão. A partir de 2022, podemos destacar várias soluções de software populares e bem sucedidas que têm estado a funcionar durante um período considerável e que conseguiram provar que são sistemas que vale a pena verificar. Estes sistemas não são necessariamente de natureza militar, mas têm como objetivo ultrapassar os mesmos problemas que surgem no processo de comando e controlo levado a cabo pelos comandantes de unidades tácticas.

Fandom é um serviço wiki americano, também conhecido como Wikia. O Fandom utiliza o MediaWiki, um software wiki de código aberto. O Fandom tem uma audiência global de mais de 200 milhões de pessoas por mês e mais de 400.000 comunidades. É uma fonte de entretenimento em que os fãs confiam, com mais de 50 milhões de páginas. Uma wiki é como uma base de dados, desenvolvida de forma colaborativa por uma comunidade de utilizadores, onde estes podem editar e adicionar conteúdos. As wikis de fandom consistem em enciclopédias em linha, cada uma especializada num tópico específico. Este serviço pode ser utilizado a partir de qualquer dispositivo que tenha acesso à Internet, utilizando um navegador Web. O principal objetivo de uma Wiki na comunidade Fandom é destacar informações e discutir um determinado tópico a um nível muito mais profundo do que o que pode ser encontrado em qualquer outro lugar na Internet. As wikis mais populares do serviço Fandom são constantemente actualizadas de acordo com as informações dos utilizadores. É um sítio Web comunitário. Qualquer pessoa pode editar um artigo existente ou criar uma notícia, wiki ou post no Fandom. Todos podem trabalhar juntos para tornar o FANDOM um lugar melhor no futuro e expandir a base de conhecimento.

Klassify, Data Classification Suite é uma plataforma de classificação de dados que ajuda as organizações a comunicar as políticas de classificação de dados aos seus utilizadores. Obriga-os a aplicar a classificação adequada aos dados que criam, partilham e armazenam com base na sensibilidade dos dados. A classificação de dados com o Klassify facilita as obrigações de conformidade das organizações com uma variedade de requisitos regulamentares, incluindo PCI DSS, EU GDPR, HIPAA, DPA, CCPA e muitos outros, e fornece metadados detalhados e informações contextuais para melhorar o gerenciamento de informações e a eficiência organizacional para gerenciar dados não estruturados O pacote de classificação de dados do Klassify ajuda a construir uma base sólida para a segurança de dados, forçando os usuários a aplicar rótulos de classificação e rótulos correspondentes a documentos e e-mails, definindo claramente a sensibilidade das informações.

O Dataedo é uma das ferramentas de dicionário de dados mais populares. Em 2020, foi nomeada pela Gartner Peer Insights Customers' Choice como a solução de gestão de metadados de referência. O software permite aos utilizadores navegar entre milhões de documentos e trocar dados em formato HTML. O Dataedo ajuda a encontrar significado nos dados, acrescentando informações a conjuntos de dados com os quais os utilizadores estão familiarizados. Encontrar dados é fácil com o Dataedo. Os utilizadores podem adicionar relações entre conjuntos de dados e tabelas para proporcionar ao leitor uma melhor compreensão dos dados. Dados organizados significam continuidade dos processos empresariais. Com diferentes equipas e departamentos a possuírem diferentes conjuntos de dados, a organização dos dados torna-se imperativa. O Dataedo ajuda a gerir a complexidade das operações comerciais, permitindo que os utilizadores criem perfis de dados segmentados para cada departamento/equipa, para ajudar a organizar grandes conjuntos de dados.

Indicadores fundamentais que permitem avaliar e comparar as vantagens e desvantagens da utilização dos análogos mais próximos [7-17]:

- Plataforma - avaliação quantitativa;
- Sistema operativo - avaliação quantitativa;
- Linguagem de programação - avaliação das vantagens (melhor/bom/pior);
- Recursos necessários - avaliação dos benefícios (mais/menos);
- Interoperabilidade - avaliação booleana (sim/não);
- Mobilidade - avaliação booleana (sim/não);
- Escalabilidade - avaliação booleana (sim/não);
- Interação com o utilizador - avaliação quantitativa;
- Funcionalidade - avaliação quantitativa;
- Adequação à utilização - avaliação quantitativa;
- Fiabilidade - avaliação quantitativa;
- Produtividade - avaliação quantitativa;
- Usabilidade - avaliação quantitativa.

Uma escala que permita avaliar e comparar quantitativamente as vantagens e desvantagens da utilização dos análogos mais próximos:

- 5 - o software e o sistema operativo mais bem selecionados, interação muito fácil de utilizar, funcionalidade completa, usabilidade total, fiabilidade, desempenho e operacionalidade.
- 4 - software e sistema operativo bem escolhidos, mas apenas para uma gama específica de utilizadores, funcionalidade parcial, usabilidade total, fiabilidade, desempenho e operacionalidade.
- 3 - software e sistema operativo bem escolhidos, mas apenas para uma gama específica de utilizadores e aplicações num domínio semelhante (não para a silvicultura, mas para a agricultura), usabilidade parcial, fiabilidade, desempenho e operacionalidade.
- 2 - software e sistema operativo bem escolhidos, mas apenas para uma gama específica de utilizadores e aplicações num domínio semelhante, com fraca facilidade de utilização, fiabilidade, desempenho e operacionalidade.
- 1 - software e sistema operativo mal selecionados, utilização limitada, fraca facilidade de utilização, fiabilidade, desempenho e operacionalidade.

Quadro 14.1. Quadro comparativo das caraterísticas do projeto e dos análogos mais próximos

Caraterísticas	Projeto	Análogos mais próximos		
		Fandom	Klassify	Dataedo
Plataforma	4	5	4	5
Sistema operativo	5	5	5	5
Linguagem de programação	melhor	pior	melhor	pior
Recursos necessários	menos	mais	mais	mais
Interoperabilidade	sim	não	não	não
Mobilidade	não	sim	sim	sim
Escalabilidade	sim	sim	não	sim
Interação com o utilizador	5	4	4	3
Funcionalidade	5	4	4	4
Adequação à utilização	5	5	4	3
Fiabilidade	5	5	4	4
Produtividade	5	5	4	5
Usabilidade	4	5	5	5

Não existe um sistema de informação integrado de pleno direito que processe dados militares para ajudar os comandantes das unidades tácticas. Depois de analisar os análogos mais próximos e de os comparar com o produto-alvo, é possível notar algumas diferenças, nomeadamente [7-14]:

- Alguns programas analisados são bastante avançados e têm muitas funcionalidades. Se o utilizador necessitar de rapidez no trabalho, uma configuração longa e a distribuição da informação podem ser um problema. Por conseguinte, será uma boa abordagem determinar as necessidades básicas do utilizador e fornecer apenas a funcionalidade necessária. É a abordagem do sistema de informação direcionado.
- Alguns serviços analisados funcionam em linha e podem ser acedidos a partir de qualquer parte do mundo. No domínio militar, isto não é muito bom. Por conseguinte, a solução para este problema é a implementação de todos os sistemas de informação sob a forma de software ou a possibilidade da sua implantação numa rede local. É assim que funciona o sistema de informação que está a ser desenvolvido. Alguns programas serão instalados no computador e outros serão abertos num programa de navegação na rede local.
- Nenhum dos programas analisados pode trabalhar com dados em tempo real. Nos análogos mais próximos de programas para análise de dados, é necessário introduzir informações actualizadas manualmente ou utilizando ferramentas de importação. Para uma análise rápida, o fornecimento automático de dados é uma vantagem significativa do programa. O sistema de informação para a visualização e classificação de objectos aéreos funciona em tempo real. Ao ligá-lo a dispositivos de localização de objectos aéreos, a análise e a visualização de dados serão realizadas instantaneamente.
- Uma vantagem dos programas analisados pode ser o seu carácter multiplataforma. A maioria dos programas de sistemas de informação integrados que estão a ser desenvolvidos será implementada numa plataforma específica, mas os programas que uma vasta audiência utilizará potencialmente serão multiplataforma. Isto

permitirá aos utilizadores da rede local utilizar os sistemas de informação em qualquer dispositivo.

- O software que foi analisado utiliza a abordagem de um programa único. Ou seja, para ter algumas vantagens, é necessário utilizar os programas correspondentes em paralelo com outros. Isto pode tornar-se um problema quando o utilizador precisa de mudar de um software que já utiliza há muito tempo para um novo programa que ainda precisa de aprender. Também será inconveniente utilizar mais do que um programa em paralelo para atingir o objetivo correspondente. Um dos programas do sistema complexo foi concebido para resolver estes problemas. Um sistema de informação para integrar definições de termos e abreviaturas potencialmente desconhecidos em materiais informativos irá gerar material de entrada com dados adicionais. Assim, será possível utilizá-lo em programas antigos e convenientes com informações adicionais necessárias.

Comparando o sistema de informação de alvos com os análogos mais próximos, pode concluir-se que é relevante e essencial para os comandantes das unidades tácticas. Utilizando este sistema, é provável que os comandantes acelerem o processo de comando e controlo e aumentem a probabilidade de tomar a decisão correta e racional. Ao utilizarem este sistema, os utilizadores sentir-se-ão confortáveis, uma vez que ele terá apenas a funcionalidade necessária e uma interface gráfica conveniente. Os diferentes programas do sistema serão responsáveis apenas por um campo específico de atividade e, por isso, terão as suas vantagens: plataforma cruzada, trabalho com dados em tempo real, trabalho protegido numa rede local e integração de informação nos materiais de programas já conhecidos e populares.

14.3 Formulação de objectivos e definição de tarefas

A análise do sistema é um processo de recolha e interpretação de factos, de identificação de problemas e de decomposição do sistema nas suas componentes [4-14]. A análise do sistema é realizada para estudar o sistema ou as suas partes e determinar os seus objectivos. É uma técnica de resolução de problemas que melhora o sistema e garante que todos os componentes do sistema funcionam eficientemente para atingir o seu objetivo. Esta informação pode informar a tomada de decisões ou melhorar a utilização eficiente do tempo, do dinheiro e dos recursos na vida quotidiana e na empresa. Uma vez que o sistema de informação que está a ser desenvolvido é complexo, inclui vários programas. É necessário modelar os requisitos tanto para o sistema de informação complexo em geral como para cada programa que compõe o sistema separadamente. Um sistema de informação complexo deve consistir em programas que estão unidos pelo objetivo apropriado. Estes programas devem acrescentar funcionalidades adicionais ao sistema e ser independentes. Assim, a remoção ou adição de novos programas ao sistema não terá qualquer efeito sobre outros programas do sistema. A arquitetura de software deve garantir a escalabilidade e a expansão do programa [15]. Funcionalidades adicionais devem ser adicionadas através da adição de módulos extras sem modernização significativa dos módulos já existentes. A arquitetura dos programas deve seguir os princípios geralmente aceites da arquitetura MVC [16]. O sistema deve permitir que os utilizadores disponham das seguintes capacidades

- Organização dos materiais de informação - gestão dos materiais de informação pelos utilizadores;
- Utilização de materiais informativos - visualização de materiais informativos pelo utilizador;
- Classificação de objectos aéreos - obtenção de informações sobre objectos aéreos em tempo real;
- Visualização de objectos aéreos - o utilizador deve ser capaz de visualizar as coordenadas dos objectos aéreos;
- Classificação dos objectos para a informação radiotécnica - obtenção de informações sobre os objectos para a informação radiotécnica;
- Adicionar termos e abreviaturas ao dicionário - o utilizador deve poder adicionar termos e abreviaturas ao dicionário para utilização posterior;
- Combinação de dicionário e material informativo - o utilizador deve poder combinar o dicionário com material

informativo, resultando numa cópia do material informativo de entrada com dados adicionais.

Requisitos de software.

- todos os servidores envolvidos no sistema são operados sob a pressão de sistemas operativos da família MS Windows, salvo indicação em contrário nas especificações técnicas;
- todos os servidores e outros equipamentos informáticos do sistema são combinados num único sistema centralizado de gestão e monitorização;
- todos os servidores funcionam numa rede local para garantir a segurança dos dados;

Requisitos de hardware.

- O hardware e os programas do sistema devem possuir certificados de conformidade UkrSEPRO.
- A composição do hardware deve cumprir os requisitos de disponibilidade e proteção da informação.

A língua principal da interface do sistema e de todos os programas incluídos neste complexo sistema de informação é o ucraniano.

Requisitos para uma plataforma de software e código para a estruturação de informações militares:

- A aplicação deve ser desenvolvida utilizando HTML + CSS + JS + PHP + JQuery + CKEditor.
- A codificação de texto a utilizar em todas as páginas de todas as versões linguísticas é UTF-8.
- A utilização do programa deve estar disponível através do protocolo HTTPS (com proteção criptográfica do intercâmbio de dados entre o sítio Web e o local de trabalho).
- O software deve funcionar 24 horas por dia, 7 dias por semana, 365 dias por ano (desde que o hardware funcione sem falhas).
- O software deve ser capaz de solicitar interrupções para manutenção de rotina e/ou cópia de segurança do conteúdo da informação.

O programa deve fornecer a capacidade de efetuar cópias de segurança e restaurar matrizes de informação através da interface Web do administrador. A aplicação deve ser protegida contra XSS, bem como outros meios de interferir com o funcionamento contínuo da sua plataforma de software.

O programa deve permitir que os utilizadores realizem as seguintes operações:

- Acesso à informação - o utilizador deve poder visualizar a informação.
- Pesquisa de conteúdos - o utilizador introduz uma palavra-chave para pesquisar o conteúdo pretendido.
- A divisão em tópicos - receber informações com base no tópico relevante.
- Estrutura das páginas em forma de árvore - as páginas do material informativo devem formar uma estrutura em forma de árvore.
- Gestão da informação - um utilizador com direitos adequados deve poder gerir a informação.

Requisitos de software.

- A parte cliente do programa não deve ser instalada em computadores pessoais.
- Um utilizador com direitos de administrador deve ter uma interface gráfica.

Plataforma de software e requisitos de código para visualização e classificação em tempo real de objectos aéreos:

- A aplicação deve ser desenvolvida utilizando HTML + CSS + JS + NodeJS + ElectronJS + BrainJS.
- A codificação de texto deve ser utilizada em todas as páginas de todas as versões linguísticas - UTF-8.
- O software deve funcionar 24 horas por dia, 7 dias por semana, 365 dias por ano (desde que o hardware funcione sem falhas).
- O software não deve exigir interrupções para manutenção de rotina e/ou cópias de segurança do conteúdo da informação.

O programa deve permitir que os utilizadores realizem as seguintes operações:

- Visualização de objectos aéreos - o utilizador deve poder utilizar uma interface gráfica de fácil utilização para visualizar os dados;

- Classificação de objectos aéreos - obtenção de informações sobre as classes de objectos aéreos de uma forma conveniente;
- Funcionamento em tempo real - Recebe dados de entrada automaticamente para processamento imediato.

Além disso, o programa deve ser instalado em computadores pessoais. Os requisitos para a plataforma de software e o código para a classificação de objectos para a inteligência técnica de rádio são os seguintes

- A aplicação deve ser desenvolvida utilizando HTML + CSS + JS + JQuery.
- A codificação de texto deve ser utilizada em todas as páginas de todas as versões linguísticas - UTF-8.
- A utilização do programa deve estar disponível através do protocolo HTTPS (com proteção criptográfica do intercâmbio de dados entre o sítio Web e o local de trabalho).
- O software deve funcionar 24 horas por dia, 7 dias por semana, 365 dias por ano (desde que o hardware funcione sem falhas).
- O software não deve exigir interrupções para manutenção de rotina ou cópias de segurança do conteúdo da informação.

O programa deve permitir que os utilizadores realizem as seguintes operações:

- Gestão de parâmetros - o utilizador deve poder introduzir dados que constituirão parâmetros para o classificador.
- Classificação de objectos para inteligência técnica de rádio - obtenção de informações sobre a probabilidade da classe a que pertence o objeto com dados de entrada.
- Atualização instantânea - actualiza o resultado após cada alteração do parâmetro de entrada.

A parte cliente do programa não deve ser instalada em computadores pessoais.

Requisitos para a plataforma de software e código para a integração de definições de termos e abreviaturas potencialmente desconhecidos em materiais informativos:

- O programa deve ser desenvolvido com Python + Tkinter + PyMuPDF.
- O software deve funcionar 24 horas por dia, 7 dias por semana, 365 dias por ano (desde que o hardware funcione sem falhas).
- O software não deve exigir interrupções para manutenção de rotina e/ou cópias de segurança do conteúdo da informação.

O programa deve permitir que os utilizadores realizem as seguintes operações:

- Seleção do dicionário e do ficheiro PDF informativo - o utilizador deve poder selecionar tanto o ficheiro PDF informativo como o dicionário antes da integração.
- O dicionário CSV é o dicionário que o utilizador deve poder utilizar como base de dados de todos os termos, abreviaturas e respectivas definições.
- Notas como definições - integração no PDF de notas com definições de termos e abreviaturas que aparecem quando visualizadas em programas de visualização de PDF.
- Gerar ficheiro de extensão de entrada - guardar o resultado como um ficheiro de informação com a mesma extensão que o ficheiro de informação de entrada.
- Guardar o último dicionário utilizado - da próxima vez que entrar no programa, o dicionário utilizado anteriormente será selecionado automaticamente.

14.4 Apresentação dos materiais primários

Antes de desenvolver um sistema de informação, é necessário compreender plenamente o produto-alvo, o seu lugar no ambiente e todas as funções que irá abranger. Para este efeito, os programadores criam um modelo concetual do sistema antes do processo direto do seu desenvolvimento [17]. Assim, durante o processo de desenvolvimento, serão conhecidos todos os objectivos e o resultado final que deverá ser obtido. A Linguagem de Modelação Unificada (UML) é uma linguagem de modelação normalizada. Ela ajuda os desenvolvedores de software a visualizar, construir e documentar novos sistemas de software. A

UML é utilizada para criar diagramas de estrutura estática com base numa variedade de técnicas de engenharia que se revelaram eficazes na criação de sistemas complexos. Historicamente, a UML era utilizada para modelar sistemas de software, mas não se limitava aos programadores de software. Atualmente, os diagramas UML são também utilizados para a gestão de processos e projectos. Como o sistema de informação que está a ser desenvolvido é complexo, foram criados diagramas apropriados para o sistema como um todo e para cada programa que inclui o sistema separadamente. Foi utilizado um diagrama de casos de utilização para resumir os detalhes dos utilizadores do sistema e a sua interação com o sistema (Fig. 14.1). Ele visualiza tanto o sistema geral quanto os programas que ele contém. Assim, este diagrama inclui opções para os utilizadores do sistema em desenvolvimento.

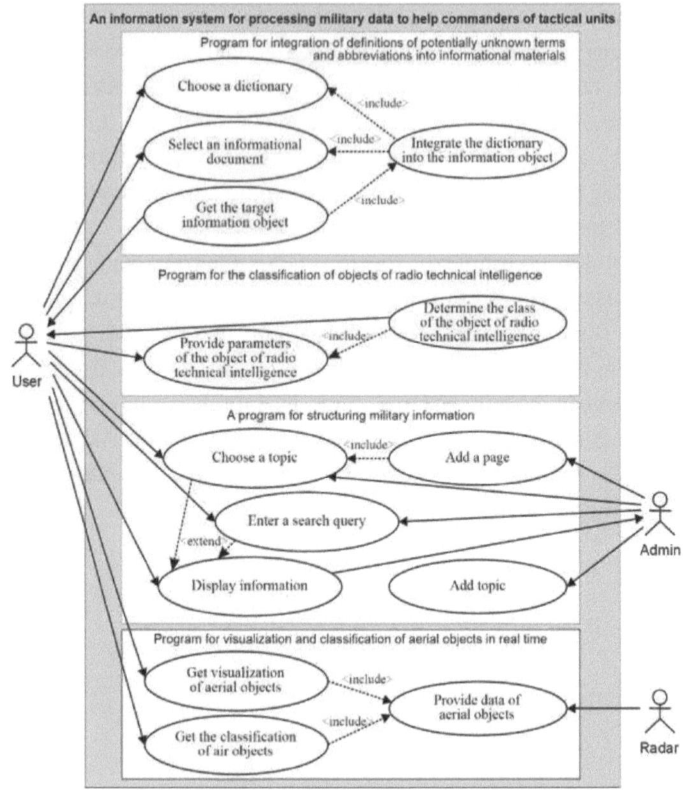

Fig. 14.1. Diagrama das possibilidades de utilização do sistema

O complexo sistema de informação para o processamento de dados militares para ajudar os comandantes das unidades tácticas contém um certo número de programas. Estes programas não são necessariamente do mesmo tipo e não são necessariamente independentes. Podem utilizar serviços externos e ser eles próprios um serviço Web. Assim, o funcionamento de alguns programas será mais complicado do que um simples programa para um computador pessoal. Foi utilizado um diagrama de implementação para apresentar os nós de computação durante o funcionamento dos programas, componentes e objectos executados nesses nós (Fig. 14.3). Assim, é possível ver com precisão como o sistema de informação é implementado e como os componentes interagem entre si e com objectos externos. Os diagramas apresentados na Fig. 14.1 e na Fig. 14.3 descrevem o sistema em geral. Para uma descrição mais pormenorizada dos processos, é necessário definir cada programa que faz parte do sistema que está a ser desenvolvido. O programa de estruturação da informação militar envolve o trabalho de 2 utilizadores. Assim, são necessários dois diagramas para todos os processos de visualização que ocorrem no programa: um diagrama de actividades para o visitante (Fig. 14.2) e um diagrama de actividades para o administrador (Fig. 14.4).

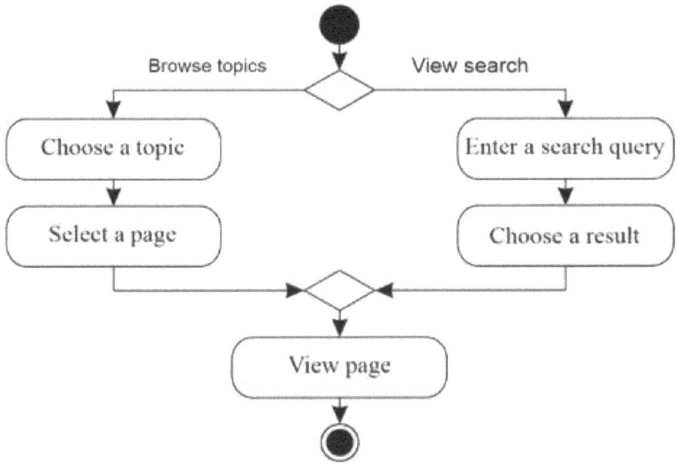

Fig. 14.2. Diagrama de actividades para o visitante do programa de estruturação da informação militar

O administrador deste programa é um visitante avançado. Tem todas as mesmas capacidades que um utilizador simples (Fig. 14.2), e capacidades adicionais estão disponíveis apenas para este tipo de utilizador (Fig. 14.4). O conceito deste programa inclui quatro objectos: utilizador, administrador, programa e base de dados. Foi utilizado um diagrama de sequência para mostrar as interações destes objectos (Fig. 14.5). Além disso, este diagrama mostra as interações dos objectos ordenadas por tempo. O programa para visualização e classificação de objectos aéreos em tempo real envolve o trabalho de um utilizador, mas interage com uma fonte externa de informação - o radar.

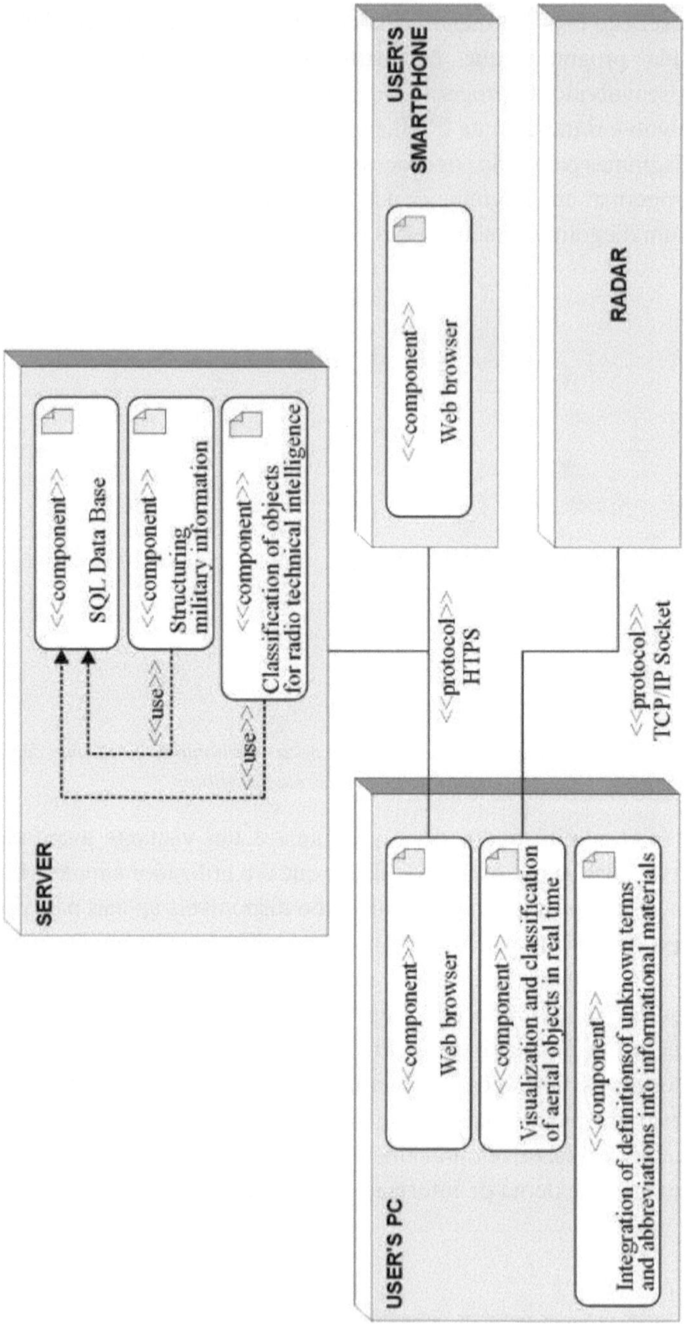

Fig. 14.3. Diagrama de implantação do sistema

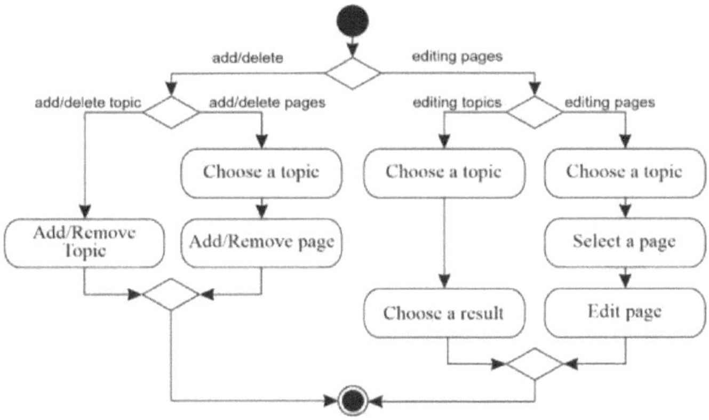

Fig. 14.4. Diagrama de actividades para a estruturação da informação militar

Foi utilizado um diagrama de estados para mostrar o funcionamento geral do programa (Fig. 14.6a). Este diagrama contém todos os estados e transições que o programa contém. O conceito deste programa inclui três objectos: o utilizador, o radar e o programa. O diagrama de sequência (Fig. 14.6b) mostra as interações destes objectos. O programa para a classificação de objectos para a inteligência técnica de rádio envolve o trabalho de um utilizador. É independente e não interage com objectos externos. Foi utilizado um diagrama de estados para mostrar o funcionamento geral do programa (Fig. 14.7a). Este diagrama contém todos os estados e transições que o programa contém. O conceito deste programa inclui dois objectos: o utilizador e o programa. O diagrama de sequência (Fig. 14.7b) mostra as interações destes objectos. O programa para integrar definições de termos e abreviaturas potencialmente desconhecidos em materiais informativos requer o trabalho de um utilizador. É independente e não interage com objectos externos. O programa em desenvolvimento utiliza os ficheiros de outros programas. Em particular, PDFs para ficheiros de informação aos quais serão adicionados termos desconhecidos e abreviaturas do dicionário, e os ficheiros de texto, por sua vez, têm a extensão CSV. Para utilizar este tipo de dicionário, é necessário criá-lo utilizando outros programas. Um diagrama de estados foi usado para mostrar o funcionamento geral do programa (Fig. 14.8). Este diagrama contém todos os estados e transições que o programa inclui.

O conceito deste programa inclui dois objectos: o utilizador e o programa. O diagrama de sequência (Fig. 14.9) mostra as interações destes objectos. O diagrama não mostra outros programas que criam um ficheiro de informação ou criam um dicionário, uma vez que, para trabalhar com o programa de integração de definições de termos e abreviaturas potencialmente desconhecidos em materiais de informação, é necessário ter ficheiros prontos para fusão. Estes são utilizados como dados de entrada.

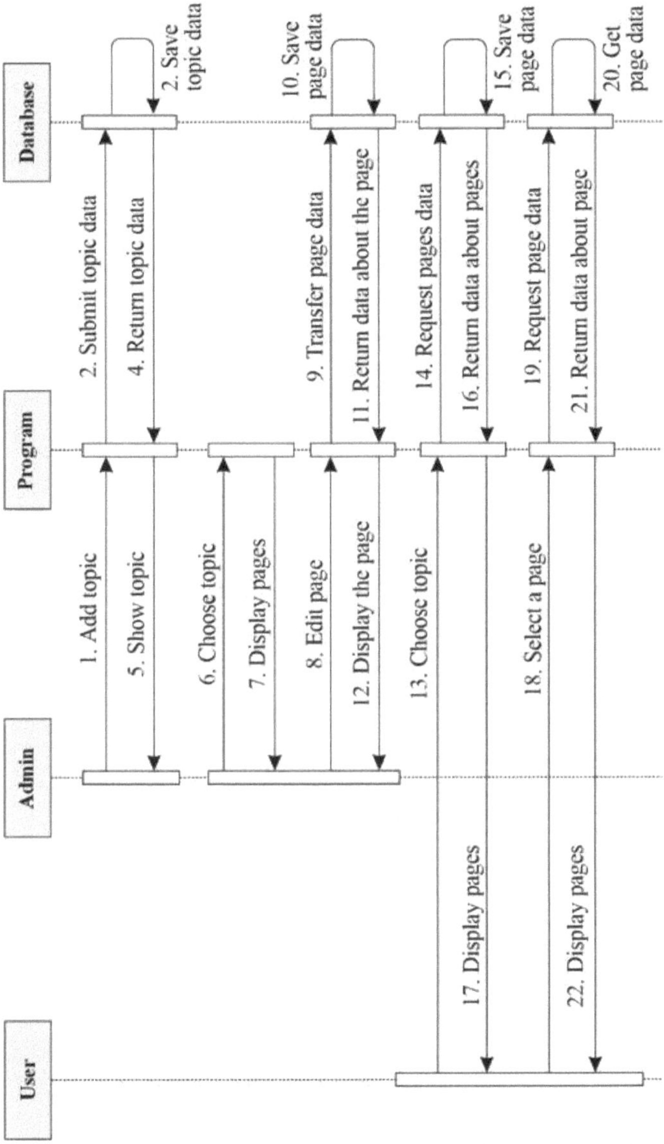

Fig. 14.5. Diagrama de sequência do programa de estruturação da informação militar

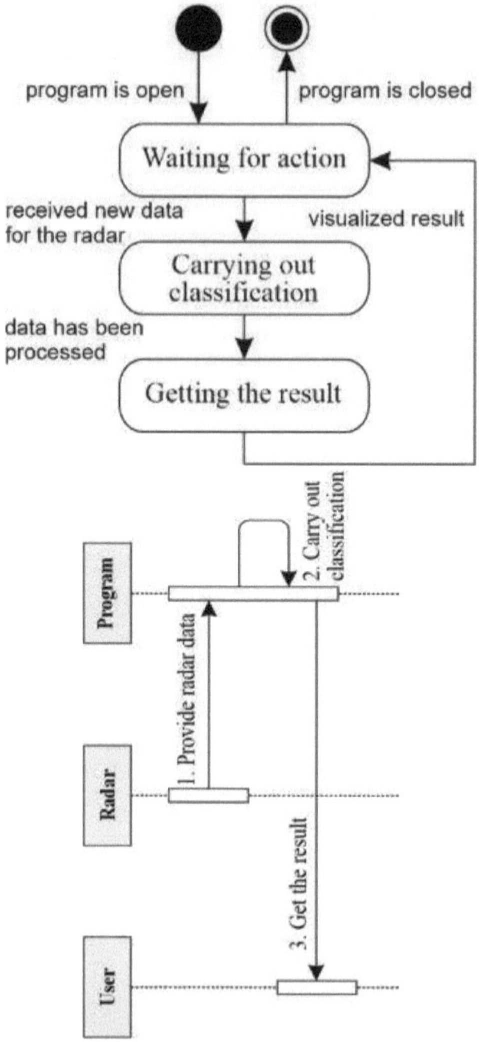

Fig. 14.6. Diagrama de estados e sequência para visualização/classificação de objectos aéreos

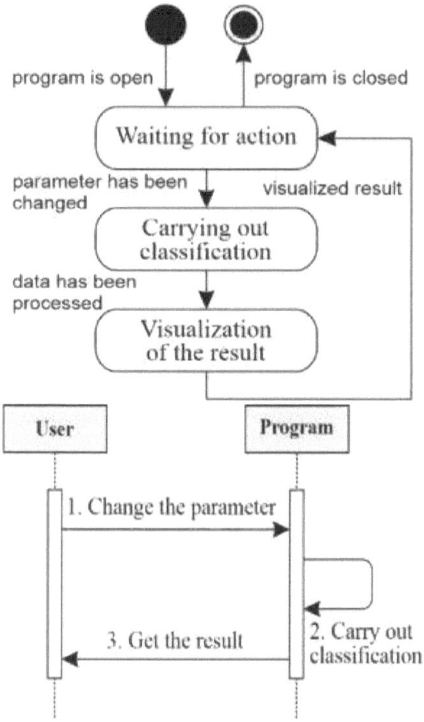

Fig. 14.7. Diagrama de estados do programa para a classificação

Tendo modelado os processos que ocorrem no sistema de informação, surge uma ideia de como o sistema deve funcionar. Para a sua implementação, é necessário simular o modelo de objeto do próprio software. Numa abordagem orientada por objectos, o foco está em capturar a estrutura e o comportamento dos sistemas de informação em pequenos módulos que combinam dados e processos. O principal objetivo da conceção orientada para objectos é melhorar a qualidade e a produtividade da análise e conceção de sistemas, tornando-os mais fáceis de utilizar [18]. Na fase de análise, os modelos orientados para objectos são utilizados para preencher a lacuna entre o problema e a solução. Funciona bem numa situação em que os sistemas estão constantemente a ser concebidos, adaptados e mantidos. Identifica os objectos num domínio problemático, classificando-os com base nos dados e no comportamento. O sistema de informação complexo que está a ser desenvolvido é composto por vários programas, que devem ser modelados utilizando uma abordagem orientada para os objectos.

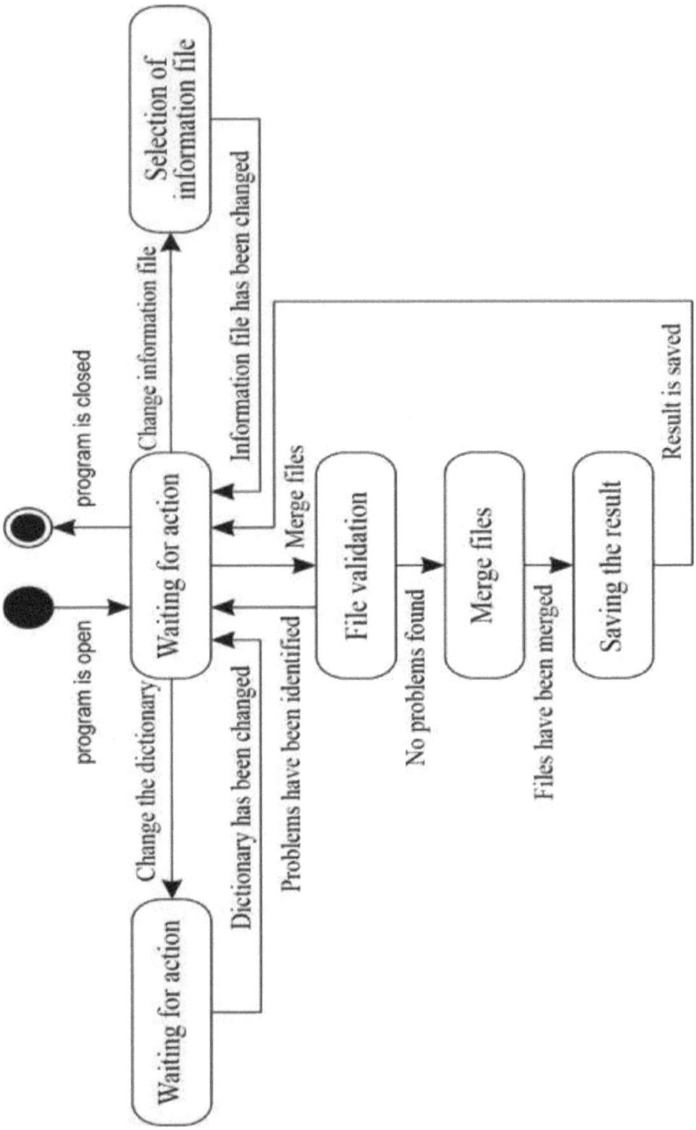

Fig. 14.8. Diagrama dos estados do programa para a integração de definições de termos e abreviaturas potencialmente desconhecidos em materiais informativos

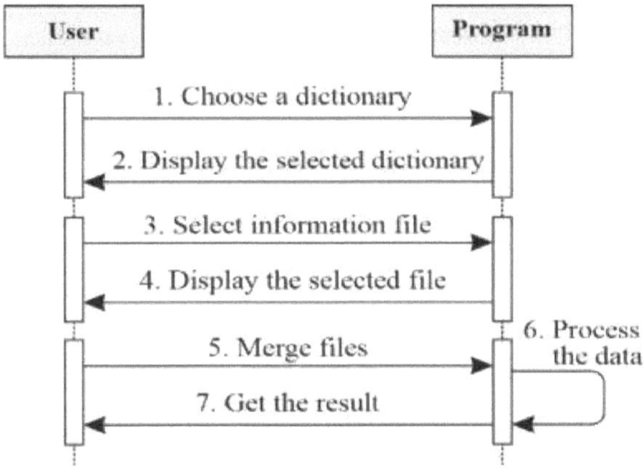

Fig. 14.9. Diagrama de sequência do programa de integração de definições de termos e abreviaturas potencialmente desconhecidos em materiais informativos

O programa de estruturação da informação militar permite uma navegação cómoda nas páginas, uma boa visualização dos dados e uma ligação hierárquica das páginas. Foi desenvolvido um diagrama de classes correspondente para resolver estes problemas primários (Fig. 14.10). As interfaces IMenu e IViewer permitem experimentar diferentes implementações de menus e visualizadores, o que significa que é possível escolher rapidamente a melhor implementação sem uma intervenção significativa na arquitetura. A presença do campo dos filhos na classe da página permite utilizar uma ligação hierárquica entre páginas [19].

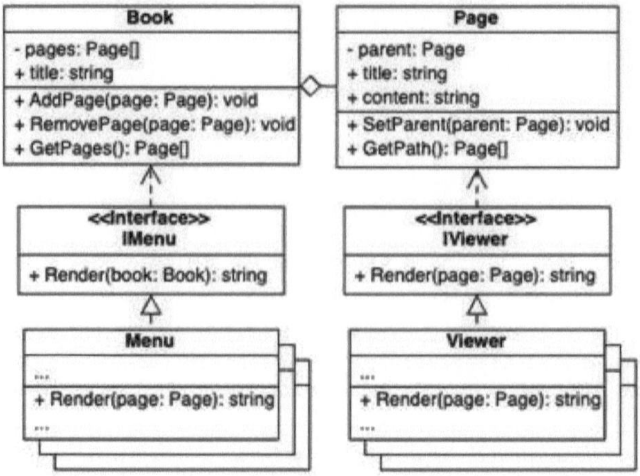

Fig. 14.10. Diagrama de classes de um programa de estruturação da informação militar

O programa de visualização e classificação de objectos aéreos em tempo real pressupõe a presença de um classificador que irá classificar os objectos. No entanto, os algoritmos de classificação e os dados podem mudar rapidamente. Foi desenvolvido um diagrama de classes correspondente para resolver esta tarefa principal (Fig. 14.11). A arquitetura permite alterar a classe responsável pelos dados do objeto que é objeto de classificação e pode potencialmente mudar utilizando classes modelo. Resta apenas criar uma nova classe que implemente a interface IClassifier do tipo apropriado para processar novos modelos de dados ou novos algoritmos.

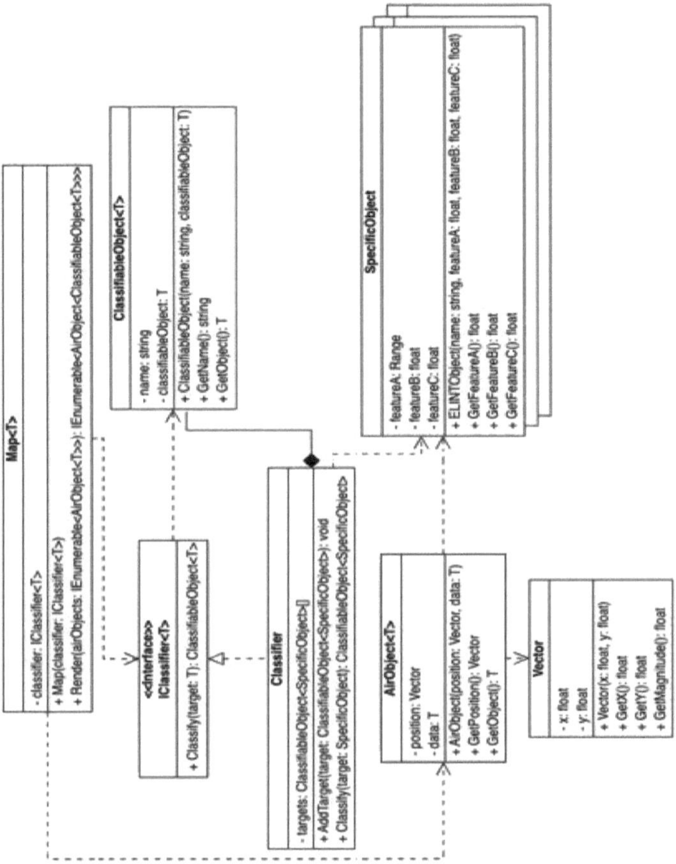

Fig. 14.11. Diagrama de classes do programa de visualização e classificação de objectos aéreos

O programa de classificação de objectos para a inteligência radiotécnica pressupõe, tal como no caso anterior, a presença de um classificador que fará a classificação dos objectos. O esquema geral é muito semelhante ao do programa de visualização e classificação de objectos aéreos em tempo real. Foi desenvolvido um diagrama de classes correspondente para resolver esta tarefa principal (Fig. 14.12). Embora a tarefa principal seja a mesma que no caso anterior, o classificador continua a ser diferente. Deve devolver as probabilidades de todas as classes, o que significa objectos únicos, como mostra o diagrama.

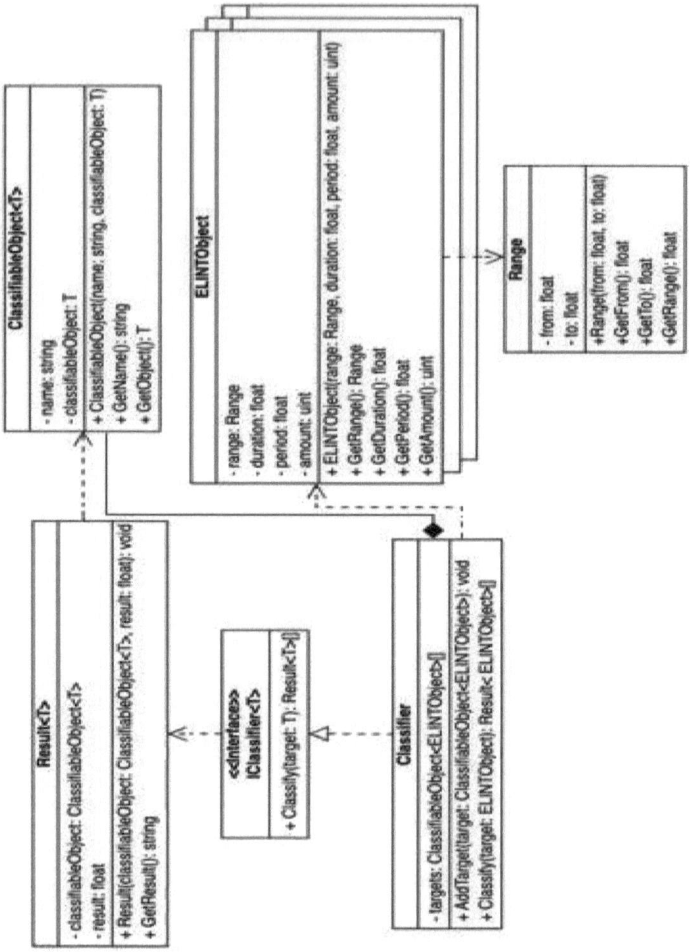

Fig. 14.12. Diagrama de classes para a classificação de objectos para a informação técnica de rádio

O programa de integração de definições de termos e abreviaturas potencialmente desconhecidos em materiais informativos envolve o trabalho com ficheiros informativos e dicionários. Estes ficheiros podem ter diferentes extensões, pelo que cada extensão terá a sua própria implementação. Foi desenvolvido um diagrama de classes correspondente para resolver esta tarefa principal (Fig. 14.13). Para a conceção do som, a arquitetura foi concebida com base em interfaces. Desta forma, é possível adicionar diferentes implementações das interfaces

IResource e IDictionary, o que torna possível expandir o programa para muitos outros tipos de ficheiros no futuro.

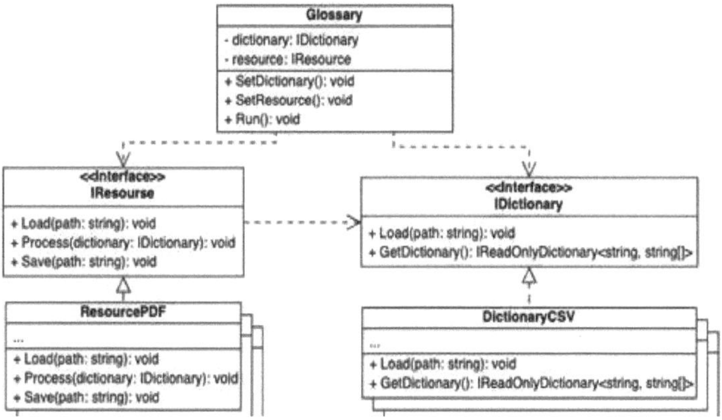

Fig. 14.13. Diagrama de classes do programa de integração de definições de termos e abreviaturas potencialmente desconhecidos em materiais informativos

O desenvolvimento de software refere-se a um conjunto de actividades informáticas dedicadas ao processo de criação, conceção, implementação e manutenção de software. O software em si é um conjunto de instruções ou programas que dizem a um computador o que fazer.

Depois de definir a finalidade, os requisitos e os objectivos, de analisar os análogos e de efetuar uma análise do sistema, o resultado final tornou-se totalmente conhecido. Existe uma imagem completa do sistema através de um modelo concetual, da sua funcionalidade e dos seus utilizadores. O próximo passo no desenvolvimento do projeto é o desenvolvimento direto da interface gráfica, dos algoritmos e da escrita do código. Um sistema de informação abrangente para o processamento de dados militares para ajudar os comandantes das unidades tácticas inclui vários programas com propósitos diferentes, mas unidos por um objetivo. Por conseguinte, cada um deles tem requisitos diferentes e caraterísticas funcionais principais diferentes.

1. Método de classificação. Uma das caraterísticas é a classificação dos dados. A classificação é o processo de reconhecimento, compreensão e agrupamento de ideias e objectos em categorias ou "subgrupos" pré-determinados [20]. Os

programas de aprendizagem automática utilizam uma variedade de algoritmos para classificar conjuntos de dados futuros em categorias utilizando conjuntos de dados de treino pré-categorizados. Existem vários métodos de classificação básicos: regressão logística, classificador naive Bayes, k-vizinhos mais próximos, árvore de decisão e máquina de vectores de apoio.

O método de regressão logística é um cálculo utilizado para prever um resultado binário: ou algo acontece, ou não acontece [21]. Pode ser representado como Sim/Não, Satisfatório/Insatisfatório, Vivo/Morto, etc. As variáveis independentes são analisadas para determinar um resultado binário com resultados que pertencem a uma de duas categorias. As variáveis independentes podem ser categóricas ou numéricas, mas a variável dependente é sempre categórica. Pode ser utilizada para calcular a probabilidade de uma palavra ter um valor positivo ou negativo (0, 1, ou numa escala intermédia). Ou pode ser utilizada para identificar um objeto numa fotografia (árvores, flores, relva, etc.), sendo atribuída a cada objeto uma probabilidade entre 0 e 1.

O método de classificação Naive Bayes calcula a probabilidade de um ponto de dados pertencer ou não a uma categoria específica [22]. Durante a análise de texto, pode ser utilizado para classificar palavras ou frases de acordo com uma "etiqueta" predefinida (classificação) ou não. Naive Bayes é uma família de algoritmos probabilísticos que tiram partido da teoria das probabilidades e do teorema de Bayes para prever a etiqueta de um texto (por exemplo, notícias ou comentários de clientes). São probabilísticos, o que significa que calculam a probabilidade de cada etiqueta para um determinado texto e, em seguida, produzem a etiqueta com o valor de probabilidade mais elevado. Obtêm estas probabilidades utilizando o teorema de Bayes, que descreve a probabilidade de uma caraterística com base no conhecimento prévio das condições que podem estar associadas a essa caraterística.

O método dos vizinhos mais próximos (K-NN) é um algoritmo de reconhecimento de padrões que utiliza conjuntos de dados de treino para encontrar k parentes mais próximos em exemplos futuros [23]. Quando o k-NN é utilizado na classificação, os dados são calculados colocando-os na categoria de vizinhos mais próximos. Se k = 1, então o dado será colocado na classe mais próxima de 1. K é classificado através da sondagem do conjunto dos seus vizinhos. Com este algoritmo, é possível trabalhar com muitas caraterísticas. O número de factores é responsável pelo número de dimensões do espaço em que os objectos classificados serão colocados. Utilizando vectores num espaço multidimensional, é possível calcular facilmente a distância entre pontos e utilizá-los para encontrar os vizinhos mais próximos.

O método da árvore de decisão é um algoritmo de aprendizagem supervisionada que é ideal para problemas de classificação porque pode ordenar as classes a um nível preciso [24]. Funciona como um fluxograma, dividindo os pontos de dados em duas categorias semelhantes de cada vez, desde o "tronco da árvore" até aos "ramos" e "folhas", onde as categorias se tornam mais finitamente semelhantes. Cria categorias dentro de categorias, permitindo uma classificação orgânica com supervisão humana limitada. Um algoritmo de floresta aleatória é uma extensão da árvore de decisão em que muitas árvores de decisão são primeiro criadas com dados de treino. Em seguida, são inseridos novos dados numa das árvores como uma "floresta aleatória". Essencialmente, calcula a média dos dados para os relacionar com a árvore mais próxima na escala de dados. Os modelos de floresta aleatória são úteis porque resolvem o problema da árvore de decisão de "colar" desnecessariamente os pontos de dados numa categoria.

O método da máquina de vectores de suporte (SVM) utiliza algoritmos para formar e classificar os dados em graus de polaridade, atribuindo-lhes limites de previsão X/Y [25]. O SVM atribui um hiperplano que melhor separa as etiquetas. Em duas dimensões, é apenas uma linha. Tudo o que está de um lado da linha é vermelho e tudo o que está do outro lado é azul. Na análise de sentimentos, por exemplo, será positivo e negativo. O melhor hiperplano é aquele que tem a distância mais significativa entre cada etiqueta para maximizar a aprendizagem automática. No entanto, à medida que os conjuntos de dados se tornam mais complexos, pode não ser possível traçar uma única linha para categorizar os dados em dois campos. Utilizando SVM, quanto mais complicados forem os dados, mais exato se tornará o preditor, aumentando o número de dimensões.

Depois de analisar as diferentes abordagens à classificação de dados na aprendizagem automática, é possível escolher a que melhor se adequa à tarefa. No sistema de informação que está a ser desenvolvido, dois programas necessitam diretamente destes métodos para a sua funcionalidade: um programa para visualização e classificação de objectos aéreos em tempo real e um programa para classificação de objectos para inteligência técnica de rádio.

O programa de visualização e classificação de objectos aéreos envolve a classificação habitual baseada em dados conhecidos. É também de salientar que um elemento de classificação pode ter mais do que duas caraterísticas, e todas elas afectam a classe. Depois de analisar os métodos de classificação conhecidos, podemos concluir que a maioria dos métodos não é adequada para esta tarefa. O método de regressão logística não seria uma má opção, mas este método suporta funções lineares e, neste problema, não é evidente que haja uma dependência linear. O método do classificador Bayesiano ingénuo tem os mesmos problemas que o método anterior neste problema. O método da máquina de vectores de apoio dos restantes três métodos, o método dos k-vizinhos mais próximos, é o melhor para este problema porque é desejável utilizá-lo quando existe um grande número de pontos. Poderá utilizar um número diferente de caraterísticas e trabalhar com rapidez suficiente

O programa de classificação de objectos para a inteligência radiotécnica também envolve a utilização do método de classificação de objectos com base em dados conhecidos. No entanto, este classificador difere do classificador descrito acima. Este classificador deve devolver as probabilidades de o objeto pertencer à classe correspondente. Nas suas caraterísticas gerais, é semelhante a um classificador que contém um programa de visualização e classificação de objectos aéreos, pelo que se pode concluir que o método dos k vizinhos mais próximos é adequado para esta tarefa. No entanto, neste problema, é necessário determinar as probabilidades e, com a ajuda do processo em análise, é impossível fazê-lo. A solução para este problema será um método de classificação único baseado nos k vizinhos mais próximos e num classificador Bayesiano ingénuo. Esta abordagem baseia-se na comparação das distâncias dos objectos classificados num plano multidimensional com os eixos correspondentes às suas caraterísticas. A probabilidade de pertencer à classe correspondente com base em todas as distâncias será calculada utilizando esta abordagem.

2. Outra caraterística que um dos programas do sistema inclui é o processamento da linguagem natural (PNL). O PNL refere-se ao domínio da ciência da computação, ou melhor, ao domínio da inteligência artificial, que dá aos computadores a capacidade de compreender texto e palavras faladas quase tão bem como os seres humanos [26]. O PNL combina a linguística computacional - modelação da linguagem humana baseada em regras - com modelos estatísticos, de aprendizagem automática e de aprendizagem profunda. Em conjunto, estas tecnologias permitem que os computadores processem a linguagem humana sob a forma de texto ou dados vocais e "compreendam" todo o seu significado, juntamente com a intenção e o sentimento do orador ou escritor. A PNL gere programas informáticos que traduzem texto de uma língua para outra, respondem a comandos de voz e resumem rapidamente grandes volumes de texto, mesmo em tempo real. As pessoas estão a interagir com a PNL sob a forma de sistemas de voz GPS, assistentes digitais, software de conversão de voz em texto, chatbots de serviço ao cliente e outras comodidades para o consumidor. No entanto, a PNL está também a desempenhar um papel cada vez mais importante nas soluções empresariais que ajudam a racionalizar as operações comerciais, a melhorar a produtividade dos funcionários e a simplificar os processos comerciais essenciais. O processamento de linguagem natural inclui duas abordagens: métodos estatísticos e de redes neuronais. Grande parte da investigação sobre o processamento da linguagem natural assenta fortemente na aprendizagem automática [27]. O paradigma da aprendizagem automática envolve a utilização de inferência estatística para aprender automaticamente regras através da análise de grandes corpora (a forma plural do corpus é um conjunto de documentos, possivelmente com anotações humanas ou informáticas) de exemplos típicos do mundo real. No

entanto, a principal desvantagem dos métodos estatísticos é o facto de exigirem um desenvolvimento pormenorizado das caraterísticas. Assim, o sector abandonou os métodos estatísticos e passou a utilizar redes neuronais para a aprendizagem automática [28]. As técnicas mais populares incluem a utilização da incorporação de palavras para captar as propriedades semânticas das palavras e aumentar a aprendizagem de ponta a ponta de uma tarefa de nível superior (por exemplo, responder a perguntas), em vez de depender da cadeia de tarefas intermédias separadas (por exemplo, etiquetagem da parte do discurso e análise de dependências). A PNL é uma funcionalidade necessária para que o programa integre definições de termos e abreviaturas potencialmente desconhecidos em materiais informativos. Neste programa, será racional utilizar a aprendizagem automática em vez de redes neuronais. No programa, devem ser desenvolvidos os métodos de processamento de determinadas palavras e frases para a sua pesquisa, e não os métodos de compreensão do significado das frases ou tarefas semelhantes, que são mais bem tratadas por uma rede neuronal. As tarefas que devem ser executadas dizem respeito a uma área específica da linguagem natural processamento - análise morfológica. Inclui tópicos como a lematização, a segmentação morfológica, a marcação de parte do discurso e o stemming. A lematização é a tarefa de remover apenas as terminações flexionais e devolver a forma básica da palavra no dicionário, que também é conhecida como lema. É outro método de reduzir as palavras à sua forma normalizada. Mas, neste caso, a conversão utiliza um dicionário para apresentar as palavras na sua forma atual. Segmentação morfológica - divisão de uma palavra em morfemas separados e determinação da classe de morfemas. A complexidade desta tarefa depende em grande medida da complexidade da morfologia (ou seja, da estrutura das palavras) da língua em causa. O inglês tem uma morfologia razoavelmente simples, especialmente a morfologia flexional. Assim, é muitas vezes possível ignorar completamente esta tarefa e modelar todas as formas possíveis de palavras (por exemplo, "open, opens, opened, opening") como palavras separadas. No entanto, em línguas altamente aglutinadas, como o turco ou o meitei, uma língua indiana, esta abordagem não é possível, uma vez que cada entrada de dicionário contém milhares de formas possíveis de palavras. A marcação de parte do discurso é a identificação da parte do discurso para cada palavra numa dada frase. Muitas palavras, sobretudo as mais comuns, podem desempenhar as funções de várias partes do discurso. Por exemplo, "livro" pode ser um substantivo ("o livro em cima da mesa") ou um verbo ("reservar um voo"); "conjunto" pode ser um substantivo, um verbo ou um adjetivo; e "fora" pode ser qualquer uma de, pelo menos, cinco partes do discurso diferentes. O enraizamento é o processo de redução de palavras declináveis (ou por vezes derivadas) à sua forma básica (por exemplo, "close" será a raiz de "closed", "closing", "closed", "closer", etc.). A geração de raízes produz os mesmos resultados que a lematização, mas fá-lo com base em regras e não num dicionário. Todos estes métodos desempenharão um papel fundamental nos algoritmos de processamento da linguagem natural que estarão contidos nos ficheiros de informação militar das forças armadas. Estes métodos ajudarão a ligar o dicionário ao texto, mesmo que as palavras estejam em casos ou frases diferentes. Cada programa de sistema de informação tem os seus próprios algoritmos. Estes algoritmos têm de ser analisados separadamente. No entanto, existem também algoritmos não principais. Este organiza o trabalho do programa de forma a que este possa funcionar corretamente. Estes algoritmos não são únicos. São formados de acordo com os princípios básicos da programação e são simplesmente necessários para o funcionamento do sistema. O programa de estruturação da informação militar envolve a elaboração do algoritmo de formação de um menu hierárquico (Fig. 14.14a). O algoritmo processa os objectos de página que estão ligados por uma ligação unidirecional. A função deve processar estas ligações e criar um objeto de menu com uma estrutura hierárquica. O algoritmo foi implementado utilizando recursão, o que tornou possível formar dinamicamente subitens para cada item de menu.

O programa de visualização e classificação de objectos aéreos em tempo real envolve a elaboração do algoritmo de formação do modelo de mapa (Fig. 14.14b). O algoritmo recebe dados de entrada do radar. Estes contêm informações sobre objectos aéreos. O algoritmo processa estes dados com a ajuda de um classificador que utiliza o algoritmo dos k vizinhos mais próximos e forma uma estrutura de dados que conterá um modelo de mapa com todos os objectos aéreos classificados em tempo real. O programa de classificação de objectos para inteligência radiotécnica envolve o desenvolvimento de um algoritmo de classificação único (Fig. 14.15). O algoritmo processa o processo formado pelas abordagens dos vizinhos mais próximos (k-nearest neighbours) e do classificador Bayesiano ingénuo (naive Bayesian classifier). Calcula os valores de erro para determinar a distância entre a caraterística e a caraterística-alvo utilizando logaritmos, e a função de potência normaliza as distâncias e estabelece o intervalo admissível. Além disso, para o algoritmo, cada caraterística é igual em termos de peso, pelo que se 3 das 4 caraterísticas tiverem um valor de 1 e a última tiver um valor de 0, o resultado será 75%. Após a obtenção de todos os valores de probabilidade para as classes, o algoritmo forma um objeto para devolver a estrutura de dados final com toda a informação.

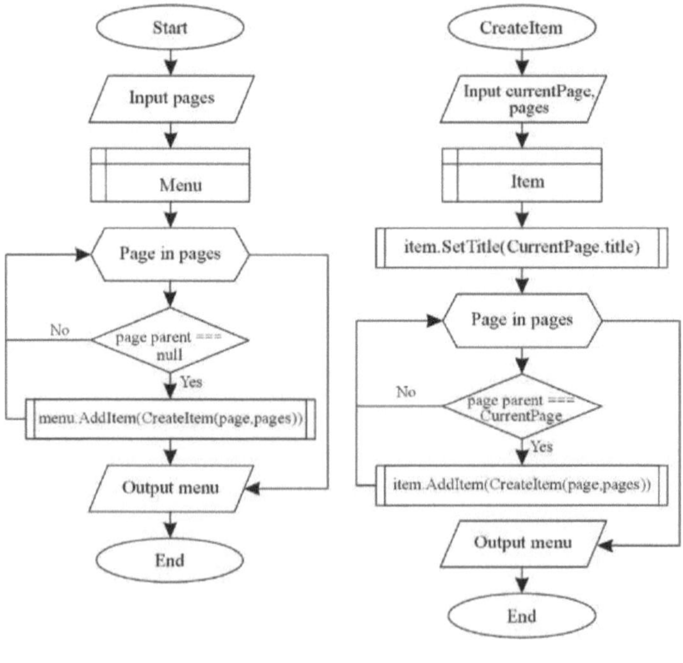

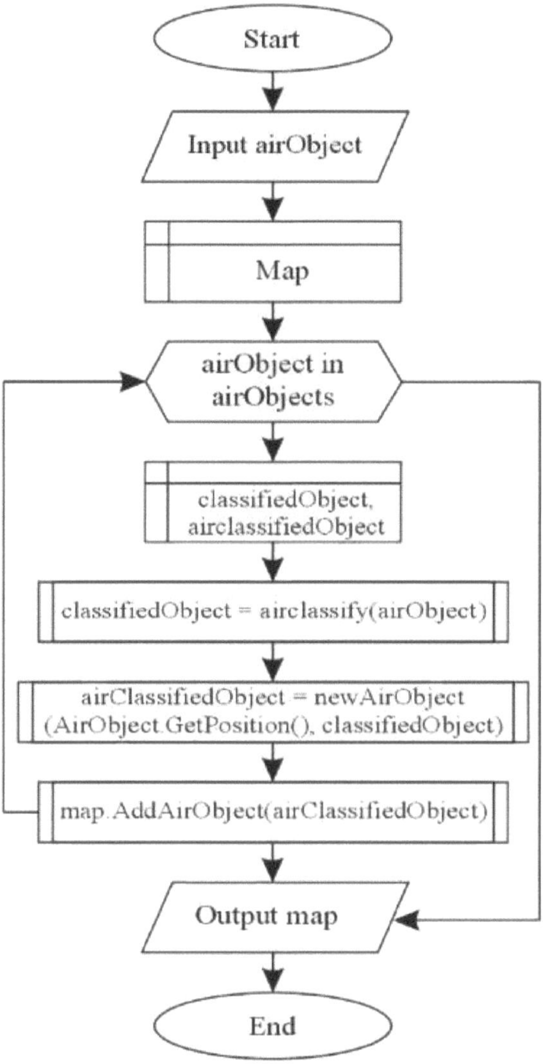

Fig. 14.14. Diagrama de blocos do algoritmo para a) estruturação da informação militar e b) visualização e classificação de objectos aéreos em tempo real

O programa para a integração de definições de termos e abreviaturas potencialmente desconhecidos em materiais informativos envolve o desenvolvimento de um algoritmo para formar a estrutura de dados do dicionário que liga todas as palavras a todas as definições (Fig. 14.15). O algoritmo recebe os dados do dicionário como entrada em forma de texto para transformar esses dados num objeto estruturado que contém um modelo do dicionário com o qual o programa irá trabalhar. O algoritmo forma duas estruturas de dados baseadas em uma tabela de hash para chaves (palavras do dicionário) e definições (conteúdo associado a uma palavra no dicionário). Um dicionário pode ter várias definições para várias palavras. Este algoritmo define grupos e combina entidades para completar várias definições da mesma palavra ou frase. Como resultado, estes objectos são combinados numa única estrutura de dados devolvida.

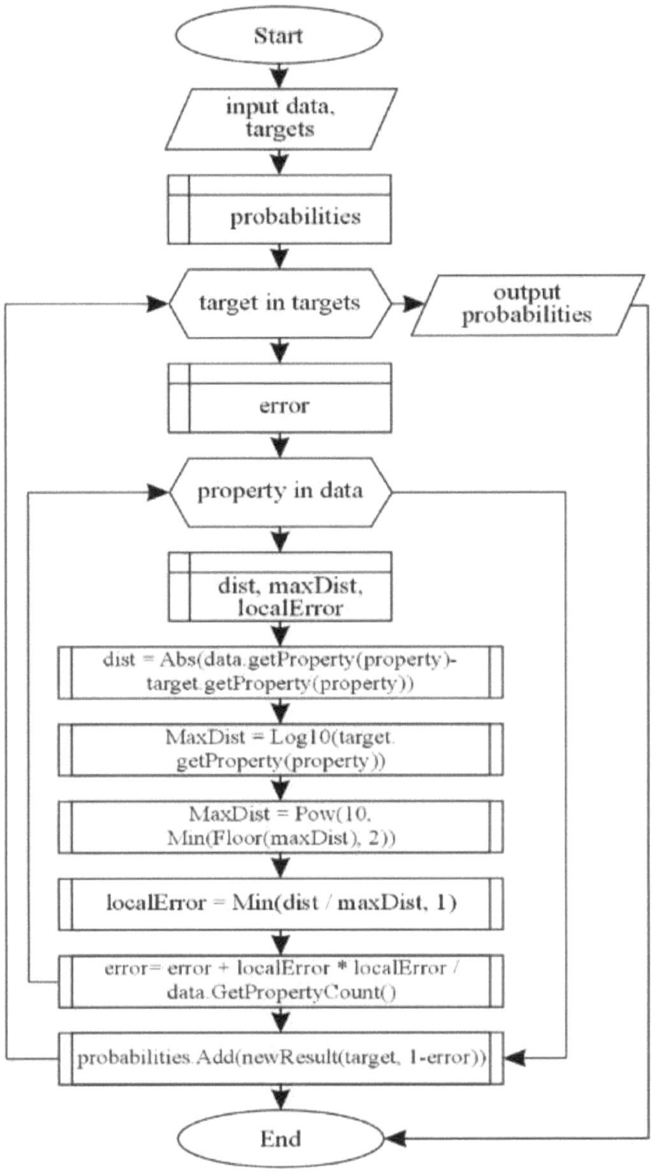
Start
input data, targets
probabilities
target in targets
output probabilities
error
property in data
dist, maxDist, localError
dist = Abs(data.getProperty(property)-target.getProperty(property))
MaxDist = Log10(target.getProperty(property))
MaxDist = Pow(10, Min(Floor(maxDist), 2))
localError = Min(dist / maxDist, 1)
error= error + localError * localError / data.GetPropertyCount()
probabilities.Add(newResult(target, 1-error))
End

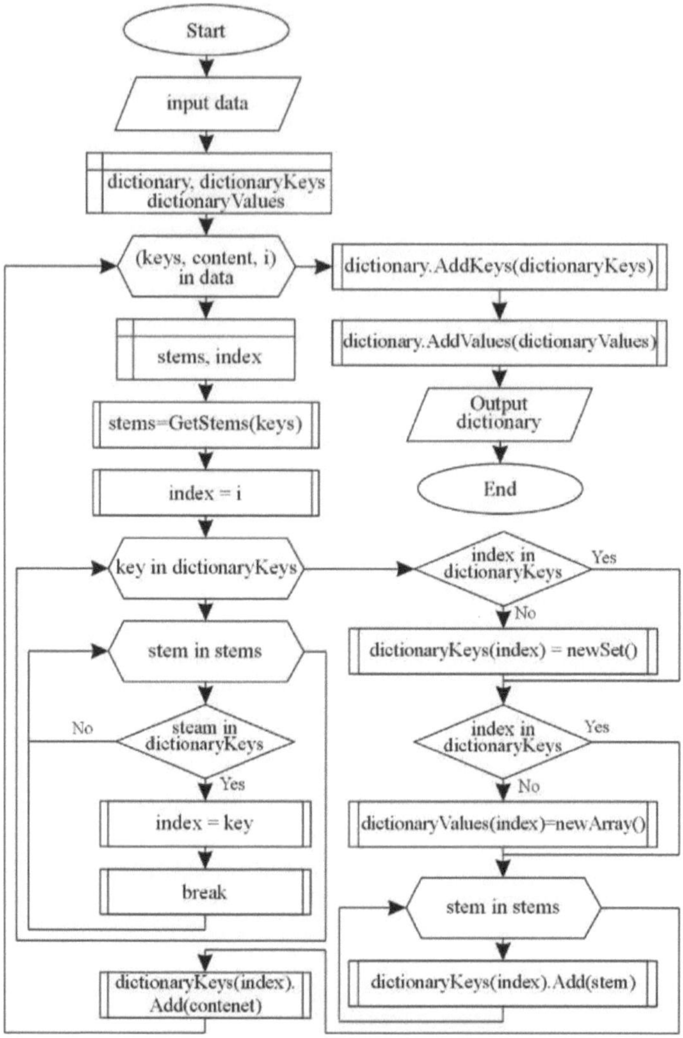

Fig. 14.15. Diagrama de blocos para a) a classificação de objectos para inteligência radiotécnica e b) a integração de definições de termos e abreviaturas potencialmente desconhecidos

O sistema de informação desenvolvido é complexo e, portanto, inclui um conjunto de programas independentes separados que não têm nada em comum, mas estão unidos por um objetivo comum - processar dados militares para ajudar os comandantes das unidades tácticas. Todos estes programas estão incluídos num único pacote. Utilizando um script bash, pode instalar facilmente estes programas no seu computador automaticamente. Como as ferramentas, tecnologias e requisitos para o desenvolvimento destes programas são diferentes, o próprio processo de desenvolvimento e os resultados também são diferentes. A parte central do desenvolvimento de software inclui duas fases paralelas. A primeira fase é o desenvolvimento da parte do cliente. Esta fase envolve o desenvolvimento de uma interface através da qual a interação com o programa terá lugar. Normalmente, este trabalho é efectuado por programadores adequados com uma pilha de tecnologia única [29-31]. A segunda fase é o desenvolvimento da parte do servidor do programa. Nesta fase, está a ser desenvolvida a principal funcionalidade do programa. Os programadores responsáveis por esta fase não se preocupam com a parte cliente do programa; implementam os módulos e interfaces necessários, independentemente das interfaces do lado cliente [32]. Antes de desenvolver o projeto, foi organizado um espaço de trabalho. Foi implementado um servidor XAMPP local, foi criada uma base de dados (Fig. 14.16) e foram organizadas as ligações entre as tabelas [33].

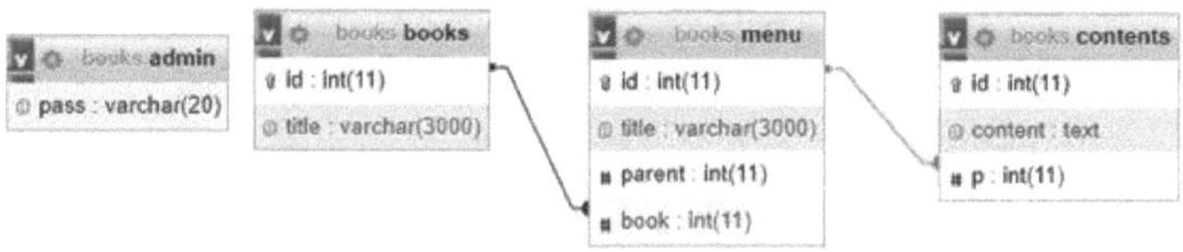

Fig. 14.16. Estrutura da base de dados

Após a criação do ambiente, passámos ao processo de escrita do código do software. Primeiramente, foi desenvolvido o layout da interface gráfica (Fig. 14.17a). Estes modelos serão gerados para que o utilizador possa interagir visualmente com o software através do browser. Para criar uma interface de utilizador conveniente para os administradores, foi utilizada uma página de utilizador normal e foram construídos componentes adicionais sobre ela, que apenas o administrador verá (Fig. 14.17b). Assim, a interface gráfica será direta e fácil de utilizar. Depois de desenvolver o esquema da representação gráfica do programa, foi criada a parte lógica do programa. Usando PHP, o programa foi ligado à base de dados (Fig. 14.17c), e a parte correspondente da interface gráfica foi gerada (Fig. 14.18). Nesta fase, o programa estava pronto, uma vez que o XAMPP pode executar programas escritos em PHP e devolver uma resposta usando pedidos HTTP.

```
<body>
  <div class="sidebar">
    <ul>
      <li>
        <div>
          <a href="#"><b>Сторінка книги</b></a>
        </div>
      </li>
    </ul>
  </div>

  <main>
    Конент сторінки
  </main>

  <script type="text/javascript">
    function setCookie(cname, cvalue, exdays) {
      var d = new Date();
      d.setTime(d.getTime() + (exdays*24*60*60*1000));
      var expires = "expires="+ d.toUTCString();
      document.cookie = cname + "=" + cvalue + ";" + expires + ";path=/";
    }

    function getCookie(cname) {
      var name = cname + "=";
      var decodedCookie = decodeURIComponent(document.cookie);
      var ca = decodedCookie.split(';');
      for(var i = 0; i <ca.length; i++) {
```

```
<body>
  <div class="sidebar">
    <div class="controls">
      <a href="add" style="background: #13ce66;">Додати</a>
      <a href="delete" style="background: #f00;">Видалити</a>
      <a href="rename" style="background: #aaa;">Змінити</a>
    </div>
    <ul>...</ul>
  </div>

  <main>
    <form method="POST" action="#">
      <textarea name="editor" id="editor" rows="10" cols="80"></textarea>
      <div class="submit">
        <button type="submit">Зберегти</button>
      </div>
    </form>
  </main>
```

```
<?php
  $admin = false;

  session_start();

  $conn = new mysqli("localhost", "**********", "**********", "books");
  $conn->set_charset("utf8");
  if ($conn->connect_error) {
    die("Connection failed: " . $conn->connect_error);
  }

  if (isset($_GET["exit"])) {
    session_destroy();
    header("location: index.php");
  } else if (isset($_GET["admin"]) && !isset($_SESSION["admin"])) {
    if (strlen($_GET["admin"]) > 0) {
```

Fig. 14.17. Fragmento do código de apresentação da página, fragmento do código de apresentação da página para o administrador e fragmento do código de ligação à base de dados

```
<body>
  <div class="sidebar">
    <?php
      if (isset($_SESSION["admin"]) && $_SESSION["admin"] == 1) {
        ?>
    <div class="controls">
      <a href="add" style="background: #13ce66;">Додати</a>
      <a href="delete" style="background: #f00;">Видалити</a>
      <a href="rename" style="background: #aaa;">Змінити</a>
    </div>
        <?php
      }
    ?>
    <ul <?php if(isset($_SESSION["admin"]) && $_SESSION["admin"] == 1) {echo
        "id=\"bookList\"";} ?>>
  <?php
    for ($i=0; $i<count($mainData[0]); $i++) {
      ?>
      <li data-info="<?php echo ($i+1); ?>" <?php if ($page ==
          $mainData[0][$i]["id"]) {echo "class=\"active\"";} ?>>
        <div>
          <?php if (isset($mainData[$mainData[0][$i]["id"]])) { ?>
            <button class="sh"></button>
            <div class="sh-l"></div>
          <?php } ?>
```

Fig. 14.18. Um fragmento do código do programa

Antes de desenvolver o projeto, foi organizado um espaço de trabalho. O NodeJS foi instalado e os pacotes necessários, como ElectronJS, BrainJS e outros, foram importados. Foi também criado um ficheiro de configuração para uma configuração conveniente (Fig. 14.19a). Assim, tornou-se possível gerir as capacidades do programa. Depois de organizar o ambiente, foi criada a interface gráfica do programa (Fig. 14.19b) utilizando tecnologias Web, porque o ElectronJS permite executar programas num PC.

settings.json

```json
{
  "radar": {
    "size": 1000,
    "cells": 24
  },
  "knn": 5,
  "data": {
    "path": "/includes/data/data.txt",
    "full": false
  },
  "updateDelay": 500
```

```html
<!DOCTYPE html>
<html lang="en">
<head>
  <meta charset="UTF-8">
  <meta name="viewport" content="width=device-width, initial-scale=1.0">
  <title>Radar</title>
  <link rel="stylesheet" href="includes/css/common.css">
</head>
<body class="loading">
  <div id="container">
    <div></div>
  </div>

  <div class="legend">
    <div class="class">*****</div>
    <div class="class red">*******</div>
  </div>

  <script src="renderer.js"></script>
</body>
</html>
```

Fig. 14.19. Ficheiro de configuração e código da interface gráfica

O próximo passo foi desenvolver a lógica de negócios da aplicação. O trabalho geral do programa foi organizado utilizando a estrutura (Fig. 14.20a). Em seguida, foi criado um código que forma um mapa para a visualização dos objectos aéreos classificados. Foi necessário ligar o radar ao programa para gerir o trabalho em tempo real [34]. Uma vez que muitos radares não podem funcionar num canal aberto permanente, foi utilizada uma abordagem intermédia. O programa só deve ler dados de um ficheiro especificado num intervalo de tempo específico, e a tarefa do radar ou do programa adaptador de radar é editar este ficheiro (Fig. 14.20b). O ficheiro deve conter todos os dados fornecidos pelo radar. Assim, o programa utilizou uma interface para trabalhar com diferentes tipos de radares.

```
const createWindow = () => {
  mainWindow = new BrowserWindow({
    width: 1000,
    height: 600,
    minHeight: 400,
    minWidth: 400,
    icon: `${__dirname}/includes/img/icon.ico`,
    webPreferences: {
      preload: `${__dirname}/preload.js`,
      nodeIntegration: true,
      contextIsolation: false,
      enableRemoteModule: true,
    },
  });

  mainWindow.loadURL(`file://${__dirname}/index.html`);
  mainWindow.setMenuBarVisibility(false);

  mainWindow.on('closed', () => {
    mainWindow = null;
  });
};

app.on('ready', createWindow);

app.on('window-all-closed', () => {
  if (process.platform !== 'darwin') {
    app.quit();
```

```
data.txt
94.34227942, 66, 5.401525452, 0.32463404465268527, 483, 122
95.16805951, 168, 17.54035745, 6.0377464082355948, -152, -44
96.27306041, 128, 1.697072879, 2.7168489511194665, 121, 395
91.69138542, 104, 12.66592337, 1.1099055995599542, -400, 275
```

Fig. 14.20. Fragmento de código do programa e ficheiro para comunicação entre o radar e o programa

O passo seguinte foi definir a classificação. Para classificar objectos, é necessário ter um classificador funcional e, para que este funcione, é necessário primeiro formá-lo. Assim, o código para criar um classificador (Fig. 14.21a) foi escrito de modo a formar uma estrutura de dados (Fig. 14.21b), que será utilizada mais tarde pelo programa para classificar os objectos aéreos. O último passo foi a criação de um ficheiro executável , utilizando as operações fornecidas pelo CLI da estrutura ElectronJS, para executar o programa no sistema operativo Windows. Antes do desenvolvimento do projeto, foi organizado um espaço de trabalho para desenvolver um programa de classificação de objectos para a inteligência radiotécnica. Foi implementado um servidor XAMPP local para utilizar a aplicação num navegador através de uma rede local. De seguida, foi desenvolvido o layout da interface gráfica (Fig. 14.21c). Para o funcionamento do programa, o código foi escrito na linguagem JavaScript (Fig. 14.22a) e, para uma extensão cómoda e rápida do programa, foram utilizados atributos que fornecem informações sobre a classe (Fig. 14.22b). Assim, basta adicionar novos objectos com atributos para obter a probabilidade de o objeto de entrada pertencer a essas novas classes.

```
fs.readFile(`${__dirname}/includes/data/train/train.csv`, 'utf8', (err, data) =>
    {
  if (err) {
    console.error(err);
    return;
  }

  const rows = data.split('\n');
  const input = [];
  for (const row of rows) {
    input.push(row.replace(/\s/g, '').split(';').map(parseFloat));
  }

  const inputData = [];
  const outputData = [];
  for (const row of input) {
    if (row.length < 4) { continue; }
    inputData.push(row.slice(0, -1));
    outputData.push(row.slice(-1)[0]);
  }

  knn = new KNN(inputData, outputData, { k: window.knn });

  const jsData = knn.toJSON();
  fs.writeFile('includes/data/knn/knn.json', JSON.stringify(jsData), 'utf8', ()
      => {
    console.log('done');
```

knn.json Відкрити: Xcode

{"name":"KNN","kdTree":{"obj":[93.13696044,22.5,25.71761141,2.584593539928225,1],"left":
{"obj":[90.15860111,93,47.96407341,33.68266514081011,0],"left":{"obj":
[92.69659065,11.5,9.109719853,1.759189322768343,0],"left":{"obj":
[91.44657566,67,2.227646477,1.901384976809625,1],"left":{"obj":
[90.39303196,2.5,3.329180809,1.770929215367789,0],"left":{"obj":
[91.40062109,73.5,3.702581345,0.131803653547207,0],"left":{"obj":
[90.94291722,61,1.575509416,0.4577055760076303,0],"left":{"obj":
[90.81854713,56,4.352656665,1.76997426642708,0],"left":{"obj":
[90.54658416,0.5,3.744950163,1.734656466665524,0],"left":{"obj":
[90.47430124,60,1.756420137,0.6369118932575244,0],"left":null,"right":null,"parent":null
,"dimension":4},"right":null,"parent":null,"dimension":3},"right":{"obj":
[89.75523382,54.5,6.645838057,1.656273761076941,0],"left":{"obj":
[89.78018192,54,7.587334479,1.562111658239804,0],"left":null,"right":null,"parent":null,
"dimension":4},"right":null,"parent":null,"dimension":3},"parent":null,"dimension":2},"r
ight":{"obj":[90.01783831,74,2.493852027,0.03237421280276569,0],"left":{"obj":
[89.83850221,76.5,0.061390106,1.405785760 20203,0],"left":{"obj":
[89.57833877,75.5,0.248801648,0.3841261120344546,0],"left":null,"right":null,"parent":nu
ll,"dimension":4},"right":null,"parent":null,"dimension":3},"right":{"obj":
[90.22127027,71.5,8.768158873,0.9721468024314139,0],"left":{"obj":


```
  <div style="display: inline-block; padding: 5px;">
    <div style="font-size: 14px;">*********:</div>
    <input data-input placeholder="0" value="0" style="padding: 10px;border: 2px solid
        #ddd;border-radius: 5px;font-size: 16px;display: block;width: 100%;margin-top: 5px;" type="text">
  </div>
</div>

<hr>

<div style="font-size: 20px; line-height: 1.5;">*******: <b>0%</b></div>
<div style="font-size: 20px; line-height: 1.5;">********: <b>0%</b></div>
<div style="font-size: 20px; line-height: 1.5;">*********: <b>0%</b></div>

<script>
  (function(){
    const fade = 2;

    const inputs = $("*[data-input]");
    const entities = $("*[data-entity]");

    for(let i = 0; i < inputs.length; i++) {
      $(inputs[i]).on("keyup", function(){
        input();
```

Fig. 14.21. Fragmento de código para a criação de um modelo de classificador, modelo de classificador e layout da interface gráfica

```
<script>
  (function(){
    const fade = 2;

    const inputs = $("*[data-input]");
    const entities = $("*[data-entity]");

    for(let i = 0; i < inputs.length; i++) {
      $(inputs[i]).on("keyup", function(){
        input();
      });
    }

    function input() {
      const data = [];
      for(let i = 0; i < inputs.length; i++) {
        let v = parseFloat(inputs[i].value) || 0;
        data.push(v);
        if(inputs[i].value[inputs[i].value.length - 1] == ".") v += ".";
        inputs[i].value = v;
      }

      update(data);
```

```
<b data-entity="[[0.2,18],[0.2],[2],[10]]">0%</b>
<b data-entity="[[1,18],[3],[5],[20]]">0%</b>
<b data-entity="[[0.03,1.7],[2],[2],[1000]]">0%</b>

<script>
  (function(){
    const fade = 2;

    const inputs = $("*[data-input]");
    const entities = $("*[data-entity]");

    for(let i = 0; i < inputs.length; i++) {
      $(inputs[i]).on("keyup", function(){
        input();
```

Fig. 14.22. Um fragmento do código do programa e fragmento de código dos objectos de classificação

Uma vez que a aplicação foi escrita como um recurso estático no servidor, o XAMPP pode executar a aplicação utilizando um simples pedido HTTP no browser.

Antes do desenvolvimento do programa, é organizado um espaço de trabalho para integrar definições de termos e abreviaturas potencialmente desconhecidos nos materiais informativos. O Python foi instalado e os pacotes necessários, como o Tkinter, o Fitz e outros, foram importados. Além disso, antes de desenvolver o código, foi criado um protótipo utilizando a ferramenta de desenho Figma (Fig. 14.23). Desta forma, foi selecionada uma interface gráfica conveniente e bonita para o programa [35]. Após a criação do design, o layout da interface gráfica foi desenvolvido usando a biblioteca Tkinter (Fig. 14.24a).

O código da interface gráfica do programa é apresentado em Apêndice A. Assim, tornou-se possível abrir o programa e usá-lo usando a interface gráfica. O passo seguinte foi o desenvolvimento do código do programa principal (Fig. 14.24b). Graças a este código, o programa tem toda a funcionalidade descrita nos requisitos. O último passo foi a criação de um ficheiro executável utilizando as capacidades Python para executar o programa no sistema operativo Windows. Depois de desenvolver um sistema de informação, um dos passos seguintes mais importantes é o teste do software. É essencial no domínio militar, porque mesmo pequenas falhas podem causar muitos danos.

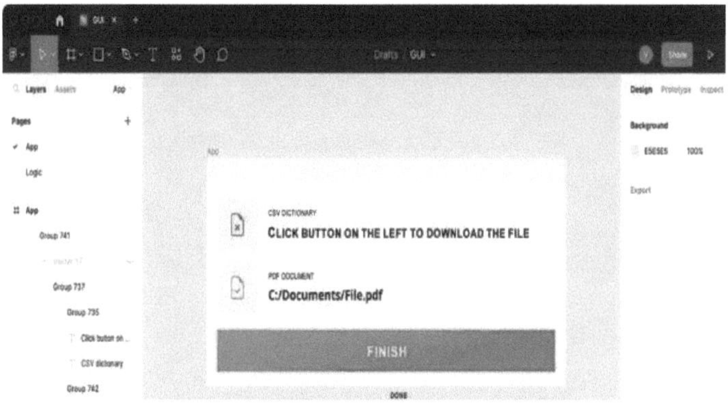

Fig. 14.23. Desenho da interface gráfica

O teste de software é necessário porque, se existirem erros no software, estes podem ser detectados numa fase inicial e resolvidos antes de o produto de software ser enviado. Um produto de software adequadamente testado garante fiabilidade, segurança e elevado desempenho, o que conduz a poupanças de tempo, eficiência de custos e satisfação do cliente. A implementação do projeto é também uma fase obrigatória. Para que os utilizadores possam utilizar os produtos de software, é necessário que estes sejam implantados na Internet ou que lhes sejam fornecidas informações e ferramentas de instalação. A implantação é o mecanismo através do qual as aplicações, os módulos, as actualizações e os patches são entregues pelos programadores aos utilizadores. Os métodos que os programadores utilizam para criar, testar e implementar novo código afectarão a rapidez com que o produto pode responder a alterações nas preferências ou requisitos dos clientes, bem como a qualidade de cada alteração. Foram desenvolvidas duas fases para levar a cabo o processo de teste do projeto: verificação e validação. Em primeiro lugar, a verificação foi realizada para confirmar a conformidade do projeto com as tarefas. Todos os requisitos relacionados com o projeto foram trabalhados e verificados. Como resultado, foi obtido um valor percentual numérico da avaliação da conformidade do resultado com os requisitos do projeto. Uma vez que o sistema de informação inclui vários programas autónomos, todos eles foram analisados separadamente (Tabela 14.2) e, com base nesses valores, foi calculado o valor final para o sistema de informação desenvolvido neste trabalho.

```
csvTitleLabel = Label(root, text="CSV СЛОВНИК", bg='#ffffff', font=titleFont)
csvPathLabel = Label(root, textvariable=csvPath, bg='#ffffff', font=pathFont)

pdfTitleLabel = Label(root, text="PDF ДОКУМЕНТ", bg='#ffffff', font=titleFont)
pdfPathLabel = Label(root, textvariable=pdfPath, bg='#ffffff', font=pathFont)

csvButton.place(x=20, y=20)
pdfButton.place(x=20, y=110)
saveButton.place(x=20, y=210)

csvTitleLabel.place(x=120, y=34)
csvPathLabel.place(x=120, y=56)

pdfTitleLabel.place(x=120, y=124)
pdfPathLabel.place(x=120, y=146)

root.mainloop()
```

```
def run(pathes):
  dictionary_keys = dict()
  dictionary_values = dict()

  with open(pathes["csv"], 'r') as file:
    reader = csv.reader(file, delimiter = ";")

    i = -1
    for (keys, input) in reader:
      i += 1
      stems = []
      keys = keys.strip().split(",")

      for key in keys:
        tokens = re.findall(r'\[?\w+\]?', key.strip())
        if ord(tokens[0][1]) < 127:
          for j in range(len(tokens)):
            tokens[j] = USStemmer.stem(tokens[j])
        else:
          for j in range(len(tokens)):
            tokens[j] = UAStemmer.stem(tokens[j])
        stems.append(' '.join(tokens))

      def get_index():
        for key in dictionary_keys.keys():
          for stem in stems:
            if stem in dictionary_keys[key]:
              return key
        return i

      index = get_index()
```

Fig. 14.24. Fragmento de código da interface gráfica e fragmento de código do programa

Tabela 14.2. Conformidade do software com os requisitos estabelecidos

O nome do componente do sistema de informação é o programa para	Classificações de conformidade
estruturação das informações militares	93%
visualização e classificação de objectos aéreos em tempo real	90%
classificação dos objectos para a informação radiotécnica	95%
integração de definições de termos e abreviaturas potencialmente desconhecidos em materiais informativos	91%

Depois de receber os resultados, pode prestar atenção ao facto de todas as classificações de conformidade serem superiores ou iguais a 90%, o que significa que as ferramentas de software são excelentes em termos de conformidade com os requisitos descritos acima. Embora cada programa tenha classificações elevadas, estas não atingem os 100%. Isso significa que alguns requisitos não foram totalmente cumpridos. No caso do programa de estruturação da informação militar, o objetivo era encontrar rapidamente a informação pretendida devido à estrutura hierárquica das páginas. Este requisito foi cumprido, mas faltaram alguns pontos e pormenores da visualização da árvore de páginas. São pormenores como o destaque do caminho da página no seu estado ativo ou quando se passa o rato sobre ela. O processamento de dados em tempo real era o objetivo do programa para a visualização e classificação de objectos aéreos em tempo real. Este requisito foi cumprido, mas algumas coisas foram simplificadas. Idealmente, assim que o radar recebe dados, o programa recebe esses dados ao mesmo tempo, mas como existem diferentes tipos de radares, tivemos de fazer verificações intervaladas para atualizar os dados. Assim, há um intervalo de tempo mínimo em que os dados podem não ser relevantes.

Para o programa de classificação de objectos para a inteligência técnica de rádio, o objetivo era encontrar as probabilidades de o objeto de entrada pertencer a uma determinada classe. Este requisito foi cumprido, mas com dados específicos, as probabilidades podem não ser tão exactas quanto poderiam ser. O algoritmo de classificação procura um intervalo no qual compara caraterísticas. Esse intervalo é calculado a partir do valor da caraterística de destino. Com dados específicos, os intervalos podem ser demasiado pequenos ou demasiado grandes, o que, embora não seja muito, afectará o valor das probabilidades.

Para um programa de integração de definições de termos e abreviaturas potencialmente desconhecidos em materiais de informação, o objetivo era processar ficheiros de informação para incorporar um dicionário específico nos mesmos. Este requisito foi cumprido, mas apenas em formato PDF. Embora este tipo de ficheiro seja o mais comum no domínio dos materiais de informação , existem ainda várias extensões que podem ser utilizadas. Não é possível utilizar estas extensões nesta versão do programa; no entanto, a arquitetura do sistema permite adicionar facilmente novas implementações para diferentes tipos de ficheiros, pelo que este indicador irá aumentar no futuro.

Depois de resumir as avaliações de todas as ferramentas de software incluídas no sistema de informação complexo para o processamento de dados militares para ajudar os comandantes das unidades tácticas, obteve-se um valor de conformidade de 94%, pelo que o sistema passou com êxito a fase de verificação.

O passo seguinte foi a validação do projeto. A validação confirma a capacidade das ferramentas desenvolvidas no âmbito do projeto para implementar o processo de resolução da tarefa especificada sob condições especificadas, obtendo o resultado adequado, relevante e correto, confirmando a conformidade com os requisitos funcionais, bem como executando uma solução de controlo da tarefa do projeto. Uma vez que a abordagem BDD (Behaviour Driven Development) foi utilizada durante o desenvolvimento do projeto, as Histórias de Utilizadores foram utilizadas para os testes. O desenvolvimento orientado para o comportamento (BDD) é uma metodologia flexível de desenvolvimento de software segundo a qual um programa é documentado e desenvolvido de acordo com o comportamento esperado pelo utilizador quando interage com ele [36]. Ao encorajar os programadores a concentrarem-se apenas no comportamento pretendido da aplicação, o BDD ajuda a evitar o inchaço, o excesso de código, as funcionalidades desnecessárias ou a concentração insuficiente. Esta metodologia combina, complementa e melhora as práticas utilizadas no desenvolvimento orientado para os testes (TDD) e nos testes de aceitação. Um projeto típico que utiliza o desenvolvimento orientado para o comportamento começa com uma conversa entre os programadores, os gestores e o cliente para formar uma ideia geral de como o produto deve funcionar. As expectativas de comportamento do produto são então definidas como objectivos para os programadores. Depois de todas as verificações comportamentais terem sido aprovadas, o produto está em conformidade e pronto para ser entregue ao cliente. O BDD oferece a oportunidade de expandir o conjunto de contributos e feedback para incluir os intervenientes empresariais e os utilizadores finais que podem não ter conhecimentos suficientes sobre o desenvolvimento de software. Com este ciclo de feedback melhorado, as equipas de desenvolvimento podem utilizar mais facilmente o BDD em ambientes de integração contínua e de entrega contínua. Quanto à parte matemática do teste de algoritmos, foram utilizados dados de teste (Fig. 14.25) para verificar o funcionamento de todos os algoritmos que envolvem o trabalho com dados. Após a conclusão destas fases de teste, os testadores testaram adicionalmente o sistema de informação. As pessoas testaram o sistema em condições reais para simular o comportamento de potenciais utilizadores reais. Uma vez que o sistema de informação envolve o trabalho numa rede local à qual os programadores não têm acesso, será entregue ao utilizador final um pacote com todos os programas e instaladores. É essencial ter em conta que é necessário utilizar o sistema operativo Windows para trabalhar com todos os programas do sistema. Para instalar um sistema de informação para o processamento de dados militares para ajudar os comandantes de unidades tácticas, o utilizador só precisa de executar um script bash que instalará todos os programas incluídos no próprio sistema de informação. Graças à interface gráfica de todos os programas incluídos no sistema de informação que está a ser desenvolvido, é pouco provável que os utilizadores tenham problemas em utilizar os programas. O programa de estruturação da informação militar tem várias páginas que fornecem todas as funcionalidades necessárias.

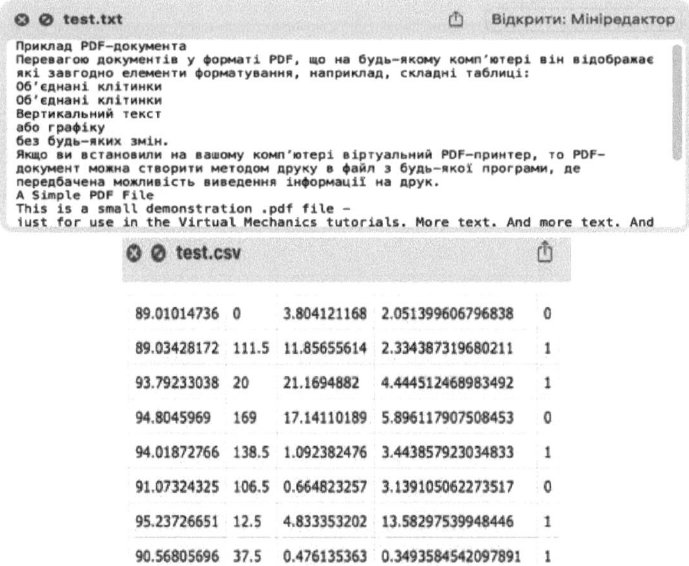

89.01014736	0	3.804121168	2.051399606796838	0
89.03428172	111.5	11.85655614	2.334387319680211	1
93.79233038	20	21.1694882	4.444512468983492	1
94.8045969	169	17.14110189	5.896117907508453	0
94.01872766	138.5	1.092382476	3.443857923034833	1
91.07324325	106.5	0.664823257	3.139105062273517	0
95.23726651	12.5	4.833353202	13.58297539948446	1
90.56805696	37.5	0.476135363	0.3493584542097891	1

Fig. 14.25. Um dos ficheiros de dados de teste e dados de teste para visualização e classificação

Depois de abrir a aplicação web através do browser, o utilizador chega à página de seleção de livros (Fig. 14.26a). Depois de selecionar um livro, o utilizador passa a ver o livro com uma visualização da sua estrutura na parte esquerda da página (Fig. 14.26b). Utilizando o menu à esquerda, o utilizador pode deslocar-se de página para página. O utilizador deve estar autorizado a utilizar a aplicação como administrador para gerir a informação contida na aplicação. Depois disso, todas as páginas acessíveis a um utilizador simples terão controlos adicionais (Fig. 14.27a) com os quais pode adicionar, eliminar e editar informações.

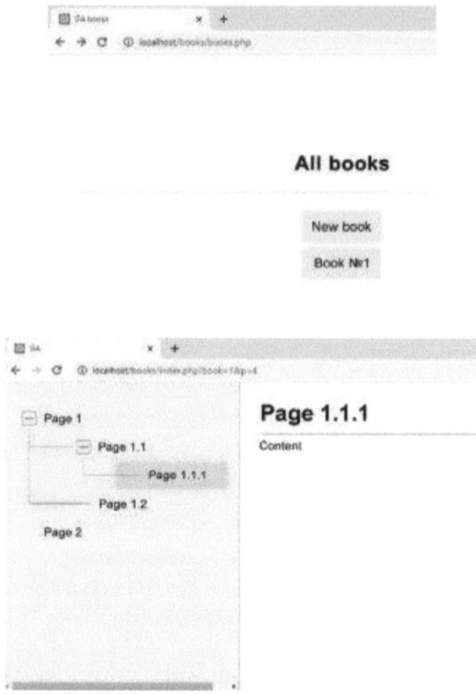

Fig. 14.26. Seleção do livro e visualização do livro

O programa de visualização e classificação de objectos aéreos em tempo real tem uma interface gráfica composta por uma janela (Fig. 14.27b). Esta janela mostra os objectos aéreos já classificados e colocados nos locais corretos, cujos dados foram recebidos do radar. Esta janela é actualizada periodicamente. Este período e outras definições podem ser definidas no ficheiro de configuração descrito na secção anterior. As informações sobre os objectos aéreos, o seu nome e as cores de renderização também são apresentadas no canto inferior esquerdo.

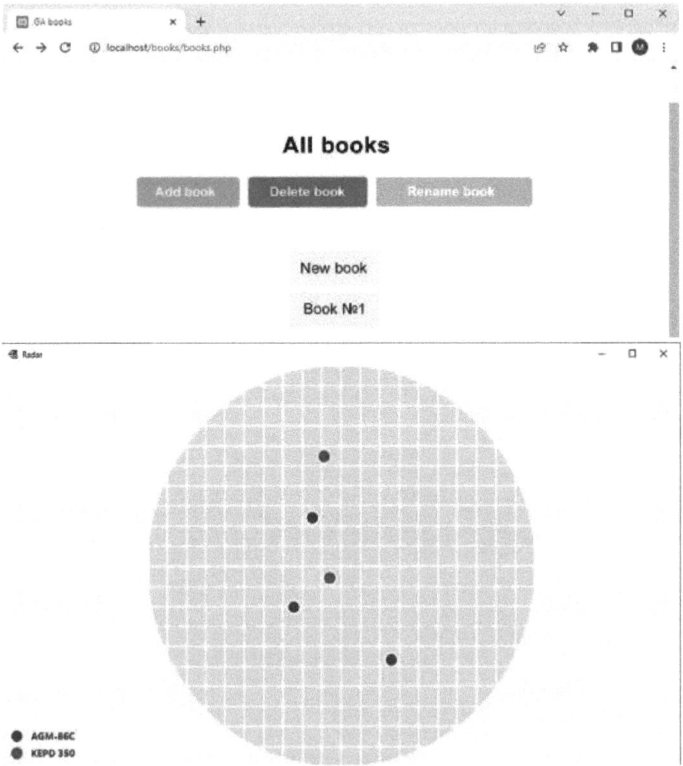

Fig. 14.27. Controlos do administrador e interface gráfica do programa

O programa de classificação de objectos para a inteligência radiotécnica tem também uma janela através da qual se interage com o programa. Depois de abrir o programa no browser, o utilizador chega à página do programa (Fig. 14.28a) onde pode introduzir parâmetros para o classificador. O classificador reage à alteração de cada parâmetro, o que significa que após cada alteração da caraterística, de acordo com os dados actuais, a classificação será realizada e a probabilidade de pertencer ao objeto com as caraterísticas introduzidas no formulário às classes existentes será derivada. O programa para integrar definições de termos e abreviaturas potencialmente desconhecidos nos materiais de informação, tal como os dois programas anteriores, tem uma janela para a interação do utilizador com o programa (Fig. 14.28b). No entanto, ao contrário dos outros programas, este programa envolve primeiro a criação de um dicionário (Fig. 14.28c) em qualquer programa conveniente que permita exportar dados com o tipo CSV. Este ficheiro, bem como o ficheiro de informação do tipo PDF, serão carregados no programa para os combinar. Como resultado, uma cópia do ficheiro de informações com dados adicionais aparece no computador do utilizador, que é apresentado no browser como notas (Fig. 14.28d).

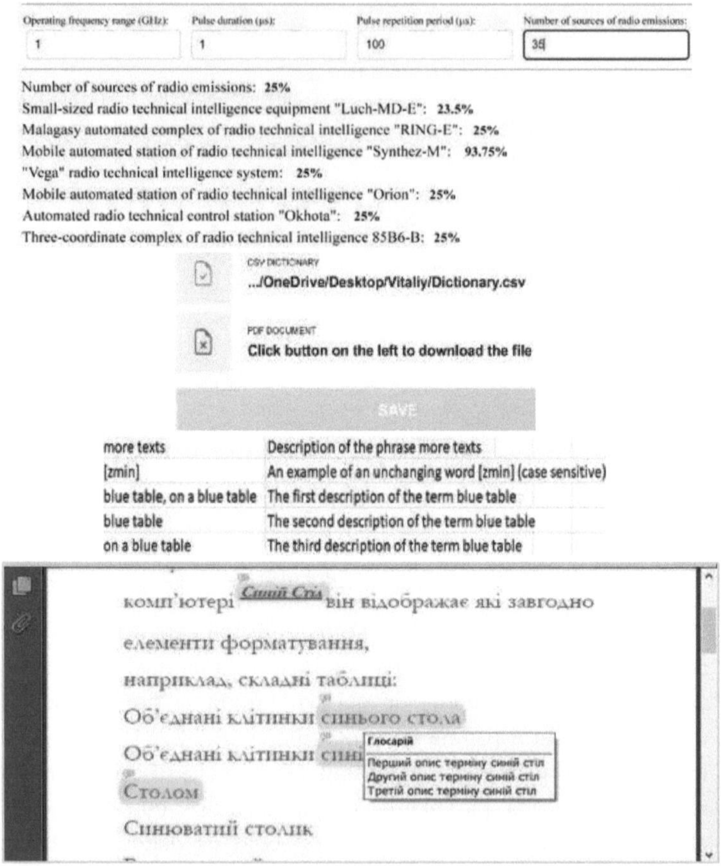

Fig. 14.28. Interface gráfica para classificação de objectos, interface gráfica, dicionário (dados sobre palavras e frases) e visualização do ficheiro de informação gerado pelo programa

Desta forma, o utilizador pode visualizar o documento sem informações desnecessárias e, quando estas informações forem necessárias, pode encontrá-las passando o cursor sobre a palavra relevante.

14.5 Conclusões

No decurso do trabalho, a relevância do tema escolhido foi investigada e revelada. O processo e os vários aspectos do trabalho do comandante de unidades tácticas foram analisados e foram identificados os potenciais problemas com que se pode ter deparado durante o seu trabalho. Foi apresentada uma solução para resolver os problemas sob a forma de um sistema de informação para o processamento de dados militares para ajudar os comandantes das unidades tácticas. Durante a análise do estado atual e das perspectivas no domínio da investigação, foram aprofundados os pormenores do processo de comando e controlo levado a cabo pelo comandante das unidades tácticas. Foram também analisados os análogos mais próximos que existiam na altura do desenvolvimento do projeto. Determinaram-se as suas vantagens e desvantagens e, com base nestes dados, formou-se a visão final do sistema de informação. Para criar corretamente a arquitetura e destacar as tarefas funcionais do sistema em desenvolvimento, foi realizada uma análise do sistema e construído um modelo concetual. Antes disso, todos os requisitos do sistema de informação foram definidos e documentados. Utilizando estes dados em combinação com informações sobre o objetivo, os problemas que o produto deve resolver e a sua visão global, foram construídos todos os diagramas necessários utilizando a notação UML. Estes diagramas mostram as relações entre os objectos e a arquitetura global do sistema. A arquitetura do sistema foi construída de forma a que os sistemas componentes e o sistema como um todo pudessem ser facilmente expandidos sem gastar muito tempo e recursos. Os diagramas resumem toda a informação sobre os processos e os objectos do sistema de informação numa representação visual. Os meios adequados de desenvolvimento do projeto são selecionados, descritos e fundamentados para um desenvolvimento conveniente. Os algoritmos programados no sistema de informação são descritos e visualizados nos diagramas. Todos os principais métodos utilizados para realizar tarefas específicas no projeto foram definidos e descritos. Em particular, para o funcionamento eficaz de algumas partes do sistema, foi apresentado um novo método de classificação baseado em métodos conhecidos. A sua ideia e algoritmo de trabalho são apresentados. Durante e após o desenvolvimento do projeto, foram efectuados testes ao sistema de informação para confirmar o cumprimento de todos os requisitos. O grau de implementação de cada componente do sistema de informação foi avaliado e esta informação foi analisada. Na fase de testes, o produto final foi verificado e validado, o que permitiu formular uma conclusão sobre o resultado do trabalho. No final do trabalho, foi fornecida informação sobre a implementação do projeto. Foi descrito o processo de funcionamento dos componentes do sistema do lado do utilizador final e o processo de implementação pelo utilizador final do sistema de informação para processamento de dados militares para ajudar os comandantes das unidades tácticas.

14.6 Referências

[1] Gurney, Jennifer M., et al. Treinamento, conhecimento e utilização de cuidados táticos de combate a vítimas no Exército dos EUA. Medicina Militar, 2020, 185.Supplement_1: 500-507.

[2] Halyna Antonyuk, Lilia Chernysh, Análise Diacrónica de Fontes Lexicográficas de Terminologia Militar, Actas do Workshop CEUR, Vol-3171, 2022, pp. 664-676

[3] Barbar, Ana Elisa. Desafios para respostas éticas de saúde humanitária em contextos de conflito contemporâneo. Dædalus, 2023, 152.2: 53-62.

[4] Korolov, Volodymyr, et al. Pré-requisitos para a criação de um sistema de informação-referência para a identificação das forças terrestres no campo de batalha de acordo com as normas da NATO. In: COLINS. 2021. p. 1152-1172.

[5] O. Klymovych, V. et al. Os métodos de diagnóstico para ferramentas de comunicação modernas nas Forças Armadas da Ucrânia com base na abordagem de rede neural, CEUR Workshop Proceedings 2631, 2020, pp. 198-208.

[6] O. Pashchetnyk, et al. A composição do sistema de apoio à decisão ontológica e a determinação da estrutura para comandantes de formações de forças terrestres, CEUR Workshop Proceedings 2870, 2021, pp. 1077-1086.

[7] Y. Zdorenko, et al. Route Selection Method in Military Information and Telecommunication Networks Based on ANFIS, volume Vol-2917 das Actas do Workshop CEUR, 2021, pp. 514-524.

[8] O. Sharko, et al. Building an Intelligent System for Managing Emigration Labor Resources in Conditions of Uncertainty of Military Actions Based on Markov Chains, CEUR Workshop Proceedings, 2023, 375-386.

[9] Nastakalov, A. R. (2021). A avaliação da tolerância a falhas, eficiência e desempenho da topologia de rede local de campo militar. Sistemas de Informação Avançados, 5(3), 81-85.

[10] Talibov A. & Guliyev B. (2021). Um método de avaliação dos indicadores económico-militares com o objetivo de localizar um centro logístico para a reafectação de tropas. Sistemas de Informação Avançados, 5(2), 152-158.

[11] Bidyuk, P., et al. Modelagem de conflitos militares usando redes bayesianas. Em: 2018 IEEE 1ª Conferência Internacional sobre Análise de Sistemas e Computação Inteligente, SAIC 2018 - Proceedings, 2018, 8516861
[12] Butko, I. (2021). A utilização de informação geoespacial pelas autoridades públicas para apoiar a tomada de decisões de gestão. Sistemas de Informação Avançados, 5(1), 39-44. https://doi.org/10.20998/2522-9052.2021.1.05
[13] Tverytnykova, E., et al. (2021). Sistema de gestão da segurança no trabalho nas empresas ucranianas: dimensão internacional e europeia. Sistemas de Informação Avançados, 5(1), 45-53.
[14] Chystov, V., et al. (2021). Um método para escolher uma estratégia para o comportamento de um autómato celular ao resolver o problema de encontrar alvos por um grupo de objectos em movimento. Sistemas de Informação Avançados, 42-48.
[15] F. Buschmann, et al. Pattern-Oriented Software Architecture. 2002.
[16] L. Bass, P. Clements, R. Kazman. Software Architecture in Practice. Addison-Wesley, 2003.
[17] Sempre verde. UML. URL: https://evergreens.com.ua/ua/articles/uml-diagrams.html.
[18] Jacobsen, I., et al. Object Oriented Software Engineering. 1992.
[19] Modelo de dados hierárquico. 2021. URL: https://www.wiki.uk-ua.nina.az/Ієрархічна_модель_даних.html
[20] Aprendizagem clássica de máquinas. URL: https://evergreens.com.ua/ua/articles/classical-machine-learning.html.
[21] Regressão logística. 2021. URL: https://gazette.com.ua/edu/regresiya-logistichna-model-i-metodi.html.
[22] Classificador Naive Bayesian. 2024. URL: https://www.wiki.uk-ua.nina.az/Наївний_баєсів_класифікатор.html.
[23] K-vizinhos mais próximos. 2024. URL: https://www.wiki.uk-ua.nina.az/Метод_найближчих_k-сусідів.html.
[24] Geeksforgeeks. Árvore de decisão. 2022. URL: https://www.geeksforgeeks.org/decision-tree/.
[25] Método dos vectores de apoio. 2024. URL: https://www.wiki.uk-ua.nina.az/Опорно_векторна_машина.html.
[26] PNL na aprendizagem automática. 2024. URL: https://gyansetu.in/blogs/what-is-natural-language-processing/.
[27] Trevor Hastie, et al. The Elements of Statistical Learning, Springer, 2001.
[28] Stuart Russell & Peter Norvig. Artificial Intelligence - A Modern Approach (Inteligência Artificial - Uma Abordagem Moderna). Prentice Hall. 2002.
[29] Código do Visual Studio. URL: https://code.visualstudio.com/docs/editor/whyvscode.
[30] Simplilearn. Node.js vs. Java. URL: https://www.simplilearn.com/node-js-vs-java-article/.
[31] Coursera. Desenvolvedor Front-End. URL: https://www.coursera.org/articles/front-end-developer/.
[32] Coursera. Desenvolvedor Back-End. URL: https://www.coursera.org/articles/back-end-developer/.
[33] Pelekh, I., et al. Design of a system for dynamic integration of weakly structured data based on mash-up technology, Data Stream Mining and Processing, DSMP 2020, 2020, pp. 420-425.
[34] URL: https://www.techtarget.com/searchunifiedcommunications/definition/real-time-application-RTA/.
[35] Design da experiência do utilizador. URL: https://www.smashingmagazine.com/2010/10/what-is-user-experience-design-overview-tools-and-resources/
[36] Carlos Solis, Xiaofeng Wang. Um Estudo das Caraterísticas do Desenvolvimento Orientado pelo Comportamento. 2011.

Conclusões

A visão computacional está a tornar-se cada vez mais importante na nossa vida quotidiana, desde as tecnologias de reconhecimento facial à imagiologia médica. Nesta monografia, apresentámos os conceitos básicos da visão computacional, incluindo o seu funcionamento e as diferentes formas de aplicação. Explorámos os vários tipos de visão computacional, desde 2D a 3D e aprendizagem profunda, e discutimos a importância dos dados na visão computacional e a forma de os recolher. No entanto, a visão computacional não está isenta de desafios, incluindo precisão, velocidade e preocupações éticas. Analisámos estes problemas e apresentámos exemplos reais de visão computacional em ação. Finalmente, explorámos o futuro da visão por computador, incluindo os avanços e o seu potencial impacto. Quer se trate de um principiante ou apenas de um interessado em visão computacional, esta monografia fornecer-lhe-á os recursos e as ferramentas de que necessita para começar. A visão computacional é um campo excitante da inteligência artificial que se concentra na compreensão de imagens digitais. Tem muitas aplicações no mundo real, incluindo carros autónomos, robótica e realidade aumentada. Um componente crucial é a deteção e reconhecimento de objectos, que envolve o treino de máquinas para identificar com precisão objectos em imagens. A aprendizagem profunda tem feito progressos significativos em tarefas complexas de visão computacional. Com as redes neurais profundas, os computadores podem agora detetar objectos com uma precisão sem precedentes, mesmo em imagens complexas. Ao utilizar algoritmos de aprendizagem automática e grandes conjuntos de dados, as máquinas podem aprender a classificar rapidamente os objectos, identificando-os com precisão. Estão disponíveis muitos cursos de iniciação para os interessados em aprender visão computacional. Estes cursos abrangem uma vasta gama de tópicos, desde conceitos básicos como a manipulação de imagens até aplicações mais avançadas como a tecnologia de reconhecimento facial. O estudo da visão por computador estabelece as bases para a criação de óptimos produtos e soluções tecnológicas. A visão computacional é um subcampo da inteligência artificial que permite aos computadores extrair informações úteis de imagens ou vídeos digitais. Ao contrário do processamento de imagens, em que uma nova imagem é criada a partir de uma já existente, a visão por computador centra-se na análise de imagens visuais e na compreensão do seu conteúdo. Isto envolve a obtenção de uma imagem, o seu processamento e a obtenção de informações significativas para tomar medidas adequadas. A aprendizagem automática é uma componente fundamental da visão computacional, uma vez que permite a um sistema informático melhorar o seu desempenho através da aprendizagem a partir de dados de amostra. Os modelos de aprendizagem profunda são amplamente utilizados para desenvolver modelos robustos de aprendizagem automática para tarefas de visão computacional, como o reconhecimento, a segmentação, a deteção e a classificação de objectos. Para um processamento preciso de imagens ou vídeos em programas de visão computacional, a seleção precisa de caraterísticas desempenha um papel vital. Este processo envolve a identificação de caraterísticas dominantes nas imagens que podem ser utilizadas para análise, como arestas ou texturas presentes nas imagens. As ferramentas normalmente utilizadas para implementar a visualização por computador incluem bibliotecas da linguagem de programação Python, como a OpenCV e a Pillow. A visão computacional pode ser dividida em três tipos principais: visão bidimensional, visão 3D e aprendizagem profunda. A visão bidimensional envolve a análise de imagens ou vídeos bidimensionais para obter informações como formas, cores e texturas. Este tipo de visão computacional é utilizado em aplicações como o reconhecimento facial, o seguimento de objectos e a classificação de imagens. Por outro lado, a visão 3D envolve a análise de dados tridimensionais a partir de fontes como câmaras estéreo ou sensores de profundidade. Este tipo de visão computacional pode ser utilizado para aplicações como a reconstrução de objectos, a estimativa de postura e a realidade aumentada. A aprendizagem profunda é uma parte de alto nível da visão computacional que utiliza redes neuronais para compreender padrões visuais complexos. Envolve o treino de grandes redes neuronais em grandes quantidades de dados observados para reconhecer objectos ou realizar tarefas específicas com um elevado nível de precisão. A aprendizagem profunda conduziu a avanços em áreas como a deteção e segmentação de objectos. É importante notar que a visão artificial é um subconjunto da visão por computador que se centra em casos de utilização industrial. Os sistemas de visão artificial são concebidos para executar tarefas específicas, como o controlo de qualidade durante a produção ou a deteção de defeitos nos produtos.

Os dados são um componente fundamental na criação de modelos de IA aplicáveis à visão por computador. As modernas plataformas de visão computacional tornaram mais fácil a recolha de dados de vídeo de alta qualidade para tarefas específicas, fornecendo informações contextuais sobre dados de imagem para fins de reconhecimento e deteção. No entanto, a qualidade dos dados também é essencial para criar algoritmos de visão computacional e resolver problemas de desvio de dados na produção. A recolha de dados fiáveis de várias fontes é o primeiro passo para a tecnologia de visão por computador alimentada por IA. A recolha de diversos conjuntos de dados de formação pode minimizar os erros nas previsões e nos resultados do modelo. É importante notar que conjuntos de dados de treino enviesados ou incompletos podem levar a modelos defeituosos que gerarão resultados injustos ou imprecisos. Para recolher dados de elevada qualidade, é necessário ter em conta vários factores, incluindo a origem e a clareza das imagens, a posição e o ângulo da câmara, as condições de iluminação e a qualidade das anotações, entre outros. A anotação de dados é um aspeto essencial deste processo, uma vez que envolve a rotulagem de dados em bruto para os tornar mais compreensíveis para os modelos, melhorando, em última análise, o seu desempenho. Estes factores devem ser considerados ao criar um conjunto de dados com rótulos precisos que representam diferentes cenários. As plataformas de visão por computador dependem fortemente de grandes quantidades de dados de imagem rotulados e de alta qualidade para criar modelos eficientes que utilizam algoritmos de aprendizagem automática para detetar com precisão um objeto ou classificá-lo com base nas suas caraterísticas. Os conjuntos de dados corretamente selecionados e a anotação precisa dos dados são fundamentais não só para a criação de modelos eficazes de aprendizagem automática, mas também para ajudar a resolver problemas éticos, reduzindo os preconceitos e, ao mesmo tempo, tornando o progresso geral mais consistente no domínio.

A visão por computador é um domínio em rápida evolução que tem por objetivo ensinar os computadores a ver e a interpretar imagens da mesma forma que os seres humanos. No entanto, ainda há alguns desafios a ultrapassar no que diz respeito à precisão, velocidade e ética. No que diz respeito à precisão da visão por computador, um dos maiores desafios é obter dados de qualidade. Sem conjuntos de dados adequados, o reconhecimento exato de imagens torna-se difícil. Além disso, a escolha da base CNN afecta significativamente a relação entre velocidade e precisão nos programas de visão por computador. As imagens de alta velocidade continuam a ser um desafio na tecnologia de visão artificial. Assim, é essencial desenvolver um algoritmo que possa processar imagens a alta velocidade, mantendo a exatidão. Isto requer um equilíbrio entre a complexidade do modelo e a velocidade de cálculo. As questões éticas da visão por computador incluem questões de fraude, parcialidade e privacidade. Um problema comum é a utilização de software de reconhecimento facial sem consentimento ou para fins discriminatórios. Assim, as considerações éticas devem ser tidas em conta aquando do desenvolvimento e implementação da tecnologia de visão por computador. A visão computacional é um subconjunto da inteligência artificial (IA) que processa dados visuais. Os recentes avanços na aprendizagem profunda e nas redes neuronais tornaram possível que a visão computacional identifique objectos em imagens digitalizadas fornecidas por câmaras. Algumas tarefas de visão computacional estabelecidas incluem a classificação de imagens, a deteção e alinhamento de rostos e a localização e reconhecimento de objectos. A tecnologia também permite aos sistemas informáticos analisar e interpretar informações visuais. A visão por computador tem inúmeras aplicações em vários sectores. No sector da saúde, pode ser utilizada para ajudar os radiologistas a ler as imagens médicas com maior precisão. Os retalhistas podem utilizar esta tecnologia para analisar os clientes e monitorizar as prateleiras, e os fabricantes utilizam-na para garantir a qualidade e a manutenção preditiva. Os veículos autónomos dependem fortemente da visão por computador, bem como da deteção de objectos, para garantir uma navegação segura nas estradas. Outro exemplo da utilização da visão computacional é na indústria do entretenimento, especificamente nas experiências de realidade virtual (RV), dado que a RV gira frequentemente em torno da imersão através de imagens. Ao utilizar câmaras para seguir os movimentos reais do utilizador no ambiente com elevada precisão, os computadores podem criar um efeito de imersão, uma vez que são capazes de sobrepor imagens digitais ao ambiente que rodeia as pessoas com uma latência insignificante.

A visão por computador é uma indústria que se tornou a base de um futuro autónomo em vários sectores industriais. Utiliza algoritmos informáticos para permitir que as máquinas interpretem dados visuais do mundo que as rodeia. O potencial de crescimento desta indústria é vasto e tem o potencial de revolucionar os cuidados de saúde, o fabrico, as restrições de mobilidade e muito mais.

Os avanços nas tecnologias de visão por computador, como a aprendizagem profunda e a deteção de objectos, são muito promissores para o futuro. A aprendizagem profunda envolve a utilização de algoritmos complexos que podem aprender e melhorar automaticamente através da experiência. Isto significa que, à medida que mais dados se tornam disponíveis ao longo do tempo, a tecnologia irá melhorar. Uma das áreas de influência mais significativas da visão computacional é a dos cuidados de saúde. A visão computacional pode ser utilizada no tratamento do cancro, onde a deteção automática reduz os erros de diagnóstico, melhorando a precisão. Nos processos de fabrico, a visão por computador aumenta a eficiência, automatizando a produção linhas e reduzindo os erros causados pelo envolvimento humano. O futuro da visão computacional parece brilhante graças à investigação em curso sobre imagens 3D, processamento em tempo real e arquitecturas de computação de ponta que proporcionam maior desempenho com menor latência. À medida que continuamos a desenvolver novos casos de utilização e aplicações para esta tecnologia, podemos esperar que o seu impacto na nossa vida quotidiana seja ainda mais forte.

Ao iniciar a visão por computador, é essencial compreender e definir tarefas específicas para projectos e programas específicos. Isso inclui a identificação de tarefas de visão computacional estabelecidas, como a classificação de imagens. As bibliotecas populares de aprendizagem profunda para tarefas de visão computacional incluem PyTorch e TensorFlow. Os algoritmos de visão computacional são concebidos para analisar imagens e reconhecer padrões. Estão disponíveis várias ferramentas para o efeito, incluindo OpenCV, TensorFlow, CUDA, MATLAB, Keras e SimpleCV. É também essencial ter uma compreensão básica de tópicos matemáticos como álgebra linear e a decomposição de valores singulares. Para iniciantes que desejam começar a usar interfaces de visão computacional, o Vision Programming Interface (VPI) e o TAO Toolkit são recomendados. Além disso, a API de visão computacional do Microsoft Azure utiliza modelos pré-preparados para análise de imagens. Com os recursos e ferramentas adequados à sua disposição, a aprendizagem da visão computacional pode ser uma viagem emocionante, repleta de possibilidades infinitas de inovação em vários domínios, como os cuidados de saúde ou o fabrico. À medida que progride nos seus estudos, os conceitos de visão computacional, como a deteção de objectos ou o reconhecimento facial, podem tornar-se mais fáceis de compreender, permitindo-lhe criar aplicações práticas no âmbito da disciplina que resolvam eficazmente objectivos do mundo real.

A visão por computador é um domínio em rápido crescimento que tem muitas aplicações em vários domínios. Ao compreender como funciona a visão por computador, os tipos de visão por computador, a importância dos dados e os desafios enfrentados pelos profissionais, os principiantes podem obter uma base sólida neste domínio. Exemplos reais de visão computacional em ação demonstram o seu potencial para transformar a indústria e melhorar as nossas vidas. medida que a visão computacional continua a desenvolver-se, é essencial considerar o potencial impacto na sociedade e assegurar que as considerações éticas são tidas em conta. Para aqueles que querem começar a trabalhar com visão computacional, existem muitos recursos e ferramentas disponíveis para os principiantes aprenderem e experimentarem.

Com dedicação e prática, qualquer pessoa pode aprender visão computacional e contribuir para este domínio apaixonante.

Referências

[1] Vysotska V., Romanchuk R., Nazarkevych M., Lavrut O., Lavrut T., Pysarchuk M., Desenvolvimento de um módulo de reconhecimento automático de alvos para um sistema de controlo de incêndios baseado na aprendizagem automática, CEUR Workshop Proceedings 3711 (2024) 287-303.

[2] Motyka V., Nasalska M., Stepaniak Y., Vysotska V., Bublyk M. , Radar Target Recognition Based on Machine Learning, CEUR Workshop Proceedings, Vol-3373, 2023, pp. 117-128.

[3] Peleshko D., Rak T., Noennig J. R., Lytvyn V., Vysotska V., Sistema de monitorização por drones DROMOS da dinâmica ambiental urbana, Actas do Workshop CEUR. 2020. Vol. 2565: Anais do primeiro workshop internacional de gerenciamento de projetos de TI (ITPM 2020), Slavsko, região de Lviv, Ucrânia, 18 a 20 de fevereiro de 2020. Vol. 1. P. 178-193.

[4] Lytvyn, V., Vysotska, V., Mykhailyshyn, V., Rzheuskyi, A., Semianchuk, S., Desenvolvimento de um sistema de análise de dados de fluxos de vídeo, Advances in Intelligent Systems and Computing, 1020, 315-331. (2020)

[5] Krislata I., Katrenko A., Lytvyn V., Vysotska V., Burov Y., Desenvolvimento de sistemas de fluxos de tráfego para cidades inteligentes, Actas do Workshop CEUR. 2020. Vol. 2565: Actas do primeiro workshop internacional de gestão de projectos de TI (ITPM 2020), Slavsko, Região de Lviv, Ucrânia, 18-20 de fevereiro de 2020. Vol. 1. P. 280-294.

[6] Peleshchak I., Peleshchak R., Vysotska V., Tchynetskyi S. A neural network development for multispectral images recognition, Computer science and information technologies: proceedings of IEEE 16th International conference (Lviv, Ukraine, 22-25 September, 2021). - 2021. - C. 278-284.

[7] Uhryn D., Ushenko Y., Korolenko V., Lytvyn V., Vysotska V., Hu Z. Programação do sistema de um modelo de identificação de doenças baseado em imagens médicas, Proceedings of SPIE. - 2024. - Vol. 12938: 16th International conference on correlation optics COR 2023, Chernivtsi, Ucrânia, 18-21 de setembro de 2023.

[8] Lytvyn V., Vysotska V., Mykhailyshyn V., Peleshchak I., Peleshchak R. e Kohut I. Sistema Inteligente de uma Casa Inteligente, Conferência Internacional sobre Tecnologias Avançadas de Informação e Comunicação (AICT), Lviv, Ucrânia, 2019, pp. 282-287.- https://ieeexplore.ieee.org/document/8847748.

[9] Lytvyn V., Vysotska V., Shakhovska N., Mykhailyshyn V., Medykovskyy M., Peleshchak I., Peleshchak R., Shcherbak S., Fernandes V. Desenvolvimento de um sistema doméstico inteligente, Advances in Intelligent Systems and Computing (AISC). - 2020. - Vol. 1080. Artigos selecionados da conferência internacional sobre ciência da computação e tecnologias da informação, CSIT 2019, 17-20 de setembro de 2019, Lviv, Ucrânia. - P. 804-830.

[10] Batiuk T., Vysotska V., Lytvyn V., Sistema Inteligente de Socialização por Interesses Pessoais com Base em SEO-Tecnologias e Métodos de Aprendizagem Automática. In: Linguística Computacional e Sistemas Inteligentes, COLINS, atas do workshop CEUR, Vol-2604, 1237-1250. (2020).

[11] Batiuk T., Vysotska V., Holoschuk R., Holoshchuk S, Sistema inteligente para a socialização de indivíduos com interesses partilhados com base em tecnologias de PNL, aprendizagem automática e SEO, Actas do Workshop CEUR. - 2022. - Vol. 3171: Linguística Computacional e Sistemas Inteligentes 2022: Actas da 6.ª Conferência Internacional sobre Linguística Computacional e Sistemas Inteligentes (COLINS 2022). Vol. 1: Conferência principal, Gliwice, Polónia, 12-13 de maio de 2022. - P. 572-631.

[12] Tymoshenko K., Vysotska V. Algorithm of Text Recognizing in Ukrainian on the Video Mode, Actas da 4.ª conferência internacional sobre linguística computacional e sistemas inteligentes (COLINS 2020), Lviv, Ucrânia, 23-24 de abril de 2020. Vol. II: Workshop.

- P. 81-89. - ISSN 2523-4013. - http://colins.in.ua/wp-content/uploads/2020/06/preface_colins_volume2_2020_part6.pdf.

[13] Motyka V., Stepaniak Y., Nasalska M., Vysotska V., People's Emotions Analysis while Watching YouTube Videos, Actas do Workshop CEUR, Vol-3403, 2023, 500-525.

[14] Aksonov D., Vysotska V. Telegram bot development based on with text-to-speech functions and text recognition from an images, Computational Linguistics and Intelligent Systems. Actas. - 2022. - Actas da 6.ª conferência internacional "Linguística computacional e sistemas inteligentes" COLINS 2022 (Gliwice, Polónia, 12-13 de maio de 2022). Vol. II: workshop. - P. 95-119.

[15] Tymoshenko K., Vysotska V., Kovtun O., Holoshchuk R., Holoshchuk S., Real-time Ukrainian text recognition and voicing, Actas do Workshop CEUR. - 2021. - Vol. 2870: Actas da 5ª conferência internacional sobre linguística computacional e sistemas inteligentes (COLINS 2021). Vol. I: conferência principal. Kharkiv, Ucrânia, 22-23 de abril de 2021. - P. 357-387.

[16] Zdebskyi, P., Vysotska, V., Peleshchak, R., Peleshchak, I., Demchuk, A., Krylyshyn, M., Desenvolvimento de uma aplicação para o reconhecimento da vista a fim de controlar o ponteiro do rato, Actas do Workshop CEUR, Vol-2386, 55-74. (2019).

[17] Vysotska V., Sharonova N., Chupryna A., Shirokopetleva M., Dolhanenko O., Smelyakov S. Investigação de métodos para avaliação da nitidez de imagens em fotografias de pessoas, Actas do Workshop CEUR. - 2024. - Vol. 3664: Actas da 8ª conferência internacional sobre linguística computacional e sistemas inteligentes. Vol. I: Workshop de aprendizagem de máquinas, Lviv, Ucrânia, 12-13 de abril de 2024. - P. 255-272.

[18] Sartiukova A., Peleshchak R., Peleshchak I., Vysotska V. The multiclass classification of objects based on multispectral images recognition, Computer science and information technologies: proceedings of IEEE 16th International conference on computer science and information technologies (Lviv, Ukraine, 22-25 September, 2021). - 2021. - C. 52-60.

[19] Tsybulia S., Lavrut O., Lytvyn V., Lavrut T., Nazarkevych M., Vysotska V., Clustering Methods Analysis for Terrain Colors Characteristics Determination, CEUR Workshop Proceedings, Vol-3387, 2023, pp. 103-116.

[20] Voloshyn S., Peleshchak R., Peleshchak I., Vysotska V. Big Data analysis for multispectral images recognition based on deep learning, Computer science and information technologies: proceedings of IEEE 16th International conference on computer science and information technologies (Lviv, Ukraine, 22-25 September, 2021). - 2021. - C. 160-170.

[21] Vysotska V., Sharonova N., Smelyakov K., Vakulik E., Filipov O., Kotelnykov R. Fast color images clustering for real-time computer vision and AI system, CEUR Workshop Proceedings. - 2024. - Vol. 3664: Actas da 8ª Conferência Internacional sobre Linguística Computacional e Sistemas Inteligentes. Vol. I: Workshop de aprendizagem de máquinas, Lviv, Ucrânia, 12-13 de abril de 2024. - P. 161-177.

[22] Lytvyn V., Vysotska V., Tyshko S., Lavrut O., Lavrut T., Nazarkevych M., Desenvolvimento de um método de diagnóstico para a medição das caraterísticas das armas com base na análise espetral para a determinação do desvio de fase dos sinais, CEUR Workshop Proceedings 3723 (2024) 42-58.

[23] Vasyl Lytvyn, Roman Peleshchak, Victoria Vysotska, Ivan Peleshchak, Lyubomyr Chyrun, Mariia Nazarkevych, Serhii Vladov, Olga Lozynska, Serhii Voloshyn, Olena Nagachevska. Sistema inteligente de deteção passiva e classificação de minas utilizando redes neurais profundas feed-forward 3861 (2024) 77-111.

[24] Lytvyn, V., Peleshchak, I., Vysotska, V., Motyka, V., & Peleshchak, R. (2024, outubro). Método passivo para deteção e classificação de minas usando campos magnéticos e redes neurais convolucionais. Em 2024 IEEE 17ª Conferência Internacional sobre Tendências Avançadas em Radioelectrónica, Telecomunicações e Engenharia Informática (TCSET) (pp. 1-6). IEEE.

[25] Y. Matseliukh, M. Bublyk, V. Vysotska, Desenvolvimento de sistema inteligente para simulação de fluxos visuais de passageiros de transporte público em Smart City com base em rede neural, CEUR Workshop Proceedings, Vol-2870, 2021, pp. 1087-1138.
[26] Y. Matseliukh, V. Vysotska, M. Bublyk, Sistema Inteligente de Simulação Visual de Fluxos de Passageiros, Actas do Workshop CEUR, Vol-2604, 2020, pp. 906-920.
[27] Danylyk V., Vysotska V., Andrunyk V., Uhryn D., Ushenko Y., Tecnologia da informação para o processamento operacional de conteúdos militares para comandantes de unidades tácticas do exército, International Journal of Computer Network and Information Security(IJCNIS), Vol.16, No.3, 2024,pp.115-143. DOI:10.5815/ijcnis.2024.03.09. https://www.mecs-press.org/ijcnis/v16n3.html, https://www.mecs-press.org/ijcnis/ijcnis-v16-n3/v16n3-9.html, DOI: https://doi.org/10.5815/ijcnis.2024.03.09

MIX
Papier aus verantwortungsvollen Quellen
Paper from responsible sources
FSC® C105338

Printed by Books on Demand GmbH, Norderstedt / Germany